WordPress, Joomla, Drupal

Information & stratégie

regroupe des ouvrages pratiques et de réflexion destinés à l'entreprise et à ses professionnels, aux enseignants et aux étudiants concernés par la gestion de l'information et toutes les problématiques stratégiques qui y sont liées.

La collection s'adresse tant aux responsables marketing, communication, business analysts, RH, documentalistes, ingénieurs, chercheurs, bibliothécaires ou journalistes qu'aux étudiants et enseignants de ces filières. Elle fournit des outils et analyses de qualité, au contenu complet bien que concis, avec des exemples concrets et des illustrations. Des encadrés thématiques et une structure bien découpée permettent, au choix, une lecture fragmentée ou continue des ouvrages, toujours opérationnelle.

« Information & Stratégie » porte le label de l'**ADBS**, l'Association des professionnels de l'information et de la documentation, la plus importante association professionnelle de France dans le domaine des métiers de l'information. Créée en 1963, l'ADBS compte près de 3000 membres actifs.

La collection est dirigée par **Stéphane Cottin**, chargé de mission pour le développement des systèmes d'information et la valorisation des ressources documentaires auprès du cabinet du Secrétaire général du Gouvernement, et **Ghislaine Chartron**, professeur au Conservatoire national des arts et métiers de Paris (CNAM) et directrice d'un institut de formation des professionnels de l'information (INTD). Tous deux lui apportent leur expertise dans les domaines de l'information et de la documentation.

DÉJÀ PARUS :

Joumana Boustany, Evelyne Broudoux, Ghislaine Chartron (dir.),
La médiation numérique : renouvellement et diversification des pratiques. Actes du colloque « Document numérique et société », Zagreb, 2013

Franck Bulinge
Maîtriser l'information stratégique. Méthodes et techniques d'analyse

Lisette Calderan, Pascale Laurent, Hélène Lowinger et Jacques Millet (coord.),
BIG DATA. Nouvelles partitions de l'information. Actes du séminaire IST Inria, octobre 2014

Véronique Mesguich, Armelle Thomas
Net Recherche 2013. Surveiller le web et trouver l'information utile

Jean-Michel Salaün, Benoît Habert (dir.),
Architecture de l'information. Méthodes, outils, enjeux

Evelyne Broudoux, Ghislaine Chartron (dir.),
Big data - Open data. Quelles valeurs ? Quels enjeux ? Actes du colloque « Document numérique et société », Rabat, 2015

André Tricot, Gilles Sahut et Julie Lemarié
Le document : communication et mémoire

Lisette Calderan, Pascale Laurent, Hélène Lowinger et Jacques Millet (coord.),
Publier, éditer, éditorialiser. Nouveaux enjeux de la production numérique

Frédéric Simonet
WordPress, Joomla, Drupal. Comparer avant de s'engager : guide pratique des trois CMS les plus utilisés

Information & stratégie

Frédéric Simonet

WordPress, Joomla, Drupal

Comparer avant de s'engager : guide pratique des trois CMS les plus utilisés

de boeck SUPÉRIEUR

ADBS

Pour toute information sur notre fonds et les nouveautés dans votre domaine de spécialisation, consultez notre site web : **www.deboecksuperieur.com**

Couverture et maquette intérieure : cerise.be
Mise en page : Nord Compo

1re édition
Rue du Bosquet, 7 - B-1348 Louvain-la-Neuve

Imprimé en Belgique

Dépôt légal :
Bibliothèque nationale, Paris : décembre 2016
Bibliothèque royale de Belgique, Bruxelles : 2016/13647/063
ISSN 2295-3825
ISBN 978-2-8073-0213-6

SOMMAIRE

PRÉFACE

Cela fait aujourd'hui plus de 20 ans que je navigue dans les entrailles du Web et de ce que l'on appelle désormais SEO (*Search Engine Optimization*) et que les dinosaures du domaine appelaient à l'époque « référencement naturel » ou « référencement organique ». Quand on fait donc comme moi un métier de consultant SEO depuis plus de deux décennies, on passe ses journées « les mains dans le cambouis », à essayer d'optimiser des sites, des pages et des contenus web afin qu'ils soient les plus réactifs possibles aux critères de pertinence des grands moteurs de recherche tels que Google.

Et quand on a la chance de faire ce métier quasiment depuis le début du Web, on a pu assister à une évolution (presque une révolution) étonnante et très rapide des outils de création de site. On est passé du simple code HTML brut, tapé dans un traitement de texte basique de type WordPad, à des outils de composition Wysiwyg comme Frontpage, Kompozer et Dreamweaver. D'abord limités à la conception de page, ces outils se sont mués en gestionnaires d'arborescence. Puis sont vite apparus les CMS (*Content Management System*) permettant de gérer un site dans une globalité encore plus grande, avec encore plus de facilité et d'efficacité. Difficile d'imaginer de nos jours la création d'un site web sans passer par un outil de type WordPress, Drupal ou Joomla (ou bien d'autres...) pour mener à bien son projet. Ces outils sont clairement devenus indispensables à la gestion quotidienne de nos sources d'information, que ce soit au strict niveau technique (définition des *templates* de pages, de l'arborescence, de la charte graphique, addition d'extensions diverses...) ou pour faciliter la prise en main et la maintenance des contenus par les rédacteurs au travers d'interfaces dédiées.

Bien sûr, on voit encore de nos jours des CMS « maison », créés par des agences web pour leurs propres besoins. Ce sont souvent eux, d'ailleurs, qui posent le plus de problèmes en termes d'optimisation SEO. Il m'est arrivé d'« affronter » certains CMS conçus par d'anciennes équipes d'ingénieurs qui étaient parties sans documenter leur travail. Les développeurs qui avaient « hérité du bébé » hésitaient fortement avant de toucher à quoi que ce soit pour configurer l'outil, de peur que tout leur « pète entre les mains »... Drôle d'expérience. Heureusement, tout ne se passe pas toujours ainsi... Mais il est vrai que la norme est aujourd'hui clairement l'utilisation de CMS tels que Drupal, Joomla ou WordPress, pour ne citer qu'eux.

Me voici donc en train de préfacer un ouvrage sur ces outils. Au début, je dois bien avouer que j'ai été un peu étonné qu'on me propose d'écrire ce texte. En tant que consultant SEO, je ne participe en effet qu'à une partie du projet web et donc de la conception du futur site. Une partie certes essentielle, qui s'immisce dans toutes les étapes du projet depuis sa conception, mais un travail parcellaire tout de même, qui n'englobe pas le projet dans son ensemble. Et puis, en y réfléchissant, je me suis dit que ce n'était finalement pas si illogique que cela... En effet, le SEO a, depuis des années, fortement participé à l'évolution des divers CMS du marché. Que ce soit au travers des problématiques de classification des contenus, des choix de navigation (avec l'introduction du *siloing* et aujourd'hui du cocon sémantique), de la gestion des titres et des métadonnées tout comme pour la réécriture des URL (ce ne sont là que quelques exemples), l'optimisation pour les moteurs de recherche leaders a toujours été au cœur des préoccupations au moment du choix du CMS. C'est donc certainement pourquoi me voici en train d'introduire cet ouvrage...

Dans mon métier, on me pose souvent la question suivante : « Quel est le meilleur CMS pour le SEO ? Lequel est aujourd'hui le plus adapté à la visibilité Google ? » Une question que l'on pourrait rapprocher de celle-ci, encore plus générale : « Quel est le meilleur CMS actuel ? » Sincèrement, ces questions n'ont pas de sens ! Le meilleur CMS est celui qui s'adaptera à votre projet, vos besoins, vos attentes. La VRAIE question est donc : « Quels sont vos besoins, vos attentes ? » Avez-vous défini un cahier des charges précis de ce que le site web devra faire ? Au niveau des fonctionnalités globales tout comme pour le SEO, l'accessibilité, la compatibilité mobile et bien d'autres points. Une fois tous ces besoins clairement exprimés, une bonne connaissance des différents CMS du marché vous permettra – de façon presque naturelle – de choisir celui qui sera le plus à même de finaliser votre projet.

C'est le but d'un ouvrage comme celui que vous avez entre les mains que de vous aider dans cette voie. Lorsque vous l'aurez lu, les méandres des CMS majeurs n'auront plus de secrets pour vous et vous pourrez enfin mettre en relation vos attentes avec les possibilités de chacun de ces outils. Vos décisions finales en seront ainsi grandement facilitées et votre futur site web ne s'en portera certainement que mieux.

Vous savez désormais ce que vous voulez offrir à vos futurs visiteurs ? Voici, dans les pages qui viennent, une porte ouverte vers votre future trousse à outils qui vous évitera de bricoler et vous permettra de faire un travail sérieux et professionnel en toute connaissance de cause. Bon travail et bon CMS !

Olivier Andrieu
Consultant SEO. Éditeur du site Abondance.com

INTRODUCTION

Qu'est-ce qu'un CMS ? Les CMS (*Content Management System*), plus rarement appelés SGC (Système de gestion de contenu), sont des outils dont la fonction est de simplifier la création de sites Web et la gestion de leurs contenus au fil du temps. Pour mettre en ligne un contenu, un article par exemple, il n'est pas nécessaire de connaître les technologies du Web, HTML/CSS et PHP/MySQL notamment.

... Mettre en ligne un contenu... soit, mais à l'heure du Web 2.0, des Blogs, des Wikis (Wikipedia), des médias sociaux (YouTube, Flickr, Slideshare) et des réseaux sociaux (Facebook, Twitter), qui ont fait du poke ou du tweet une seconde respiration, il convient de préciser ce qu'apportent les CMS :

a. les CMS donnent la possibilité de personnaliser l'apparence de son site Web, sa charte graphique, mais aussi la mise en page des contenus – vous pourrez ajouter tel encadré à tel endroit dans la ou les pages de votre choix ;
b. à l'instar des dossiers de Windows, Mac OS ou n'importe quel autre système (Linux), que l'on utilise pour classer des fichiers, les CMS donnent la possibilité d'organiser les contenus du site Web – vous pourrez rattacher vos articles à des rubriques ;
c. les CMS donnent accès à la gestion des menus – menus dans lesquels vous pourrez intégrer des liens, qui par ailleurs permettent de personnaliser la présentation des contenus (exemple : intégrer une liste d'articles dans un tableau) ;
d. les CMS donnent la possibilité de faire intervenir plusieurs utilisateurs sans que, pour autant, la sécurité du site Web ne soit menacée, car ils permettent de restreindre l'accès aux fonctionnalités les plus sensibles.

Il convient enfin de noter qu'avec un CMS, rien n'est jamais figé, l'utilisateur peut en effet revenir à tout moment sur le travail réalisé. La reprise des contenus, leur éventuel retrait, la reprise de la mise en page ou des menus sont autant de possibilités que l'utilisateur exploitera à sa guise.

Qu'est-ce qu'on entend par front-office *vs* back-office ? Les sites Web réalisés avec un CMS font intervenir un front-office et un back-office. Le front-office s'adresse à l'utilisateur final (grand public), il s'agit du site Web en tant que tel. Le back-office représente quant à lui l'espace réservé aux administrateurs du site Web, son arrière-boutique en quelque sorte. Cet espace est sécurisé, on ne peut y accéder que si l'on possède un identifiant et un mot de passe, attribués par le « super administrateur » du site Web (personne ayant installé le CMS).

Que publie-t-on avec un CMS ? Les CMS sont des outils essentiellement dédiés à la publication de contenus textuels, que l'on pourra enrichir avec des images (photos, infographies), des animations ou des vidéos. Pour autant, ils n'excluent pas l'intégration de services complémentaires (galerie de photos, vidéothèque, glossaire, etc., voire espace de vente en ligne), mais il faut savoir que si les services en question ne font pas partie des fonctions de base, il faudra faire appel à des extensions dont la pérennité et la sécurité ne sont pas toujours assurées.

Quid de la mise en page et des contenus périphériques ? Avec un CMS, les contenus – et les services, tout autant – sont intégrés dans un bloc dit « principal » autour duquel viennent se greffer des blocs périphériques qui définissent la mise en page. Ces derniers serviront à intégrer non seulement le ou les menu(s) du site Web, mais aussi toutes sortes de micro-applications : ces micro-applications sont soit embarquées, c'est-à-dire fournies par les CMS eux-mêmes (exemples : moteur de recherche, articles les plus consultés, bannières publicitaires, etc.) soit non embarquées, c'est le cas de Google Maps par exemple, le service de cartographie mis au point et distribué par Google, que l'on utilise pour intégrer la géolocalisation.

Quels sont les principaux types de contenu(s) ? Les CMS font intervenir deux types de contenus : a) les rubriques, dont la fonction est de regrouper des contenus de niveau inférieur, qui peuvent être des sous-rubriques ; b) les contenus élémentaires, à savoir les contenus de plus bas niveau du site Web (exemple : des articles). Les rubriques sont importantes car, au travers des menus, elles indiquent à l'utilisateur le chemin à suivre pour accéder au contenu recherché, mais les contenus élémentaires ne le sont pas moins, loin de là, car ce sont eux qui intéressent véritablement l'utilisateur – les rubriques n'étant qu'un support servant à les organiser.

Qu'est-ce qui distingue une page dynamique d'une page statique ? Deux types de blocs (principal *vs* périphérique), deux types de contenus (rubriques *vs* contenus élémentaires), mais aussi deux types de pages : les pages statiques et les pages dynamiques.

Les pages dites statiques sont des pages que le site Web présentera aussi longtemps qu'il existera, il s'agit des pages ayant pour vocation de fixer le cadre général du propos, l'utilisateur pourra toujours y accéder – directement – depuis le ou les menu(s) du site Web (exemple : pages institutionnelles d'une entreprise). Au contraire, les pages dynamiques sont des pages dont la portée temporelle se limitera à quelques jours, quelques semaines ou quelques mois (dépêches/articles/projets), ces pages ont pour vocation de relater un fait d'actualité.

Cependant, indépendamment du fait que les contenus s'inscrivent ou non dans durée, la notion de page dynamique sert aussi à désigner les pages que l'administrateur pourra générer à partir de contenus déjà intégrés, dans d'autres pages, une première fois. Prenons l'exemple d'une société dont le métier est la formation. Chacune des formations fera l'objet d'*une* page indiquant non seulement le sommaire du programme, mais aussi son prix, sa durée et le lieu où elle est dispensée.

Les pages dynamiques dont on parle ici sont des pages synthétiques que l'administrateur n'aura pas à réintégrer – leur contenu l'a déjà été une première fois – et qui, dans le cas présent, permettront à l'utilisateur final d'avoir une vue d'ensemble sur les formations, qu'il pourra comparer en s'appuyant sur les critères utilisés (coût, durée, lieu, etc.).

L'ajout d'une formation se traduira par une mise à jour automatique de la vue sur l'ensemble des formations, c'est d'ailleurs pour cette raison que les pages dynamiques sont aussi apparentées à des flux.

OBJET DE L'OUVRAGE

Les statistiques de W3Techs[1] l'indiquent depuis plusieurs années, WordPress, Joomla et Drupal, sont les trois CMS les plus utilisés dans le monde... et le fait qu'ils aient été retenus par le gouvernement fédéral américain dans le cadre du programme FedRAMP (Federal Risk and Authorization Management Program)[2], ou qu'ils soient utilisés pour des projets innovants dans le cadre du GSoC notamment (Google Summer of Code[3]), invitent à penser qu'ils devraient le rester encore longtemps.

Du fait de leur histoire, de leur environnement technologique, de leurs fonctionnalités et du modèle utilisé pour les distribuer – l'*open source*[4] –, il fallait s'attendre à ce que ces trois outils fassent un jour l'objet d'un comparatif, nous y sommes.

Depuis 2007, j'interviens régulièrement en tant que formateur [sur WordPress, Joomla et Drupal], et de manière récurrente – tous publics confondus –, il m'est demandé de répondre à la question suivante :

« Lequel des trois est le meilleur ? »

Je vais sans doute vous surprendre... mais l'ouvrage ne répond pas à cette question, et je défie quiconque de me démontrer que l'un des trois serait meilleur que les deux autres. Il est en effet impossible de sortir un podium avec un numéro 1 qui serait meilleur que ses deux « concurrents » sur TOUS les critères.

Un critère peut en cacher un autre. WordPress ne serait-il pas meilleur que Joomla et Drupal au regard de sa popularité ? Certainement,

1 « Usage of content management systems for websites », *www.w3techs.com,* http://w3techs.com/technologies/overview/content_management/all.

2 « FedRAMP Websites and CMS ToolsFedRAMP Compliant Websites powered by CMS Tools from Drupal, Joomla and WordPress », *www.projecthosts.com,* https://www.projecthosts.com/fedramp-compliant-websites.aspx.

3 « Google Summer of Code », *www.wikipedia.org,* https://fr.wikipedia.org/wiki/Google_Summer_of_Code.

4 Les trois CMS sont des *logiciels libres* distribués sous licence GNU GPL *(General Public Licence)* : cela confère le droit de les utiliser, de les modifier (cela suppose l'accessibilité [ouverture] du code source, c'est la raison pour laquelle on utilise aussi le terme *open source*) et de les distribuer librement. Pour autant, il faut savoir que les trois CMS sont couverts par le droit d'auteur – qu'on appelle le *copyleft* pour faire écho au *copyright* : cela signifie que la licence GNU GPL interdit de les réutiliser pour les transformer en logiciels propriétaires. D'autre part, il faut savoir que, si WordPress, Joomla et Drupal sont effectivement gratuits, la licence GNU GPL n'interdit pas la commercialisation de leurs extensions.

si l'on considère que les coûts de possession sont le seul critère à retenir ; pour autant, l'étude menée dans cet ouvrage montre qu'il existe un autre critère, non moins important, qui est le coût marginal de l'intégration des pages, pour lequel WordPress n'est pas forcément mieux placé que ses « concurrents ».

La supériorité d'un critère est toujours relative. WordPress, Joomla et Drupal ont chacun leurs atouts, dans des domaines différents, que l'on ne peut pas hiérarchiser : dans un contexte donné, les fonctions de gestion des contenus primeront sur les fonctions dédiées à leur présentation ; dans un autre contexte, ce sera le contraire.

Il y a toujours une contrepartie. Je viens de l'indiquer, il n'y a pas de podium absolu, mais il est toujours possible d'en établir un sur un critère bien déterminé, qui serait la gestion des formats d'affichage par exemple. Cependant, même dans ce cas, il faut intégrer le fait qu'un atout donné implique toujours une contrepartie qui, en l'occurrence, se traduira par une configuration un peu plus lourde.

Dans ces conditions, la seule question qui vaille est la suivante :

« Lequel des trois est le plus pertinent ? »

C'est à cette question que l'ouvrage répond. L'accent sera mis non seulement sur les problématiques fonctionnelles relatives à la structuration, à la présentation et à l'optimisation du référencement par les moteurs de recherche *(SEO)*, mais aussi sur les problématiques de coûts.

WORDPRESS, JOOMLA, DRUPAL : DATES CLÉS ET SITES DE RÉFÉRENCE

Dates clés marquant l'émergence des trois CMS

Les dates indiquées montrent que c'est entre 2005 et 2007 que les trois CMS se sont véritablement installés. J'ajouterai que l'année 2005 marque un virage important entre l'époque où l'ouverture d'un site était réservée aux institutionnels et aux entreprises, du fait de la barrière financière induite par la complexité des technologies, et celle que nous connaissons aujourd'hui, qui permet à tout un chacun de publier pour un coût dérisoire, grâce aux CMS notamment.

Année 2001. Drupal est né en 2001, il est le fruit d'une initiative personnelle, celle de Dries Buytaert (Belgique) qui à l'époque était un jeune étudiant de 23 ans, il soutiendra sa thèse en informatique en 2008, alors que Drupal était déjà devenue un standard.

Année 2003. WordPress est né en 2003 à partir d'un embranchement *(fork)* du Blog b2 dont le développement fut initié par Michel Valdrighi (France) en 2001. Il devient une référence avec la création de la société américaine Automattic, éditeur de logiciels spécialisé dans le développement d'extensions... pour WordPress.

Année 2005. Joomla est né en 2005 à partir d'un embranchement du CMS Mambo, dont le développement fut impulsé par l'ex-société australienne Miro Construct Pty Ltd en 2000. Il devient une référence avec la création de l'association OpenSourceMatters par l'ex-équipe de développement de Mambo, le projet est financé par le don et la vente de produits dérivés.

Année 2007. Drupal devient un standard en 2007 avec la création de la société Acquia dont le positionnement est un peu différent de la société Automattic. Acquia intervient d'abord en tant que société de service (PaaS Provider : Platform as a Service Provider) spécialisée dans l'hébergement de Drupal, et ensuite en tant qu'éditeur de solutions « clés en main » développées à partir de... Drupal.

Quelques sites de référence [classés par ordre alphabétique]

Les exemples cités sont le résultat d'un travail de veille réalisé en novembre 2016, à partir du code source des pages générées par les différents sites. La date est importante car les solutions utilisées peuvent évoluer au fil du temps.

Sites réalisés avec WordPress :
- http://www.guggenheim.com (Musée Guggenheim)
- http://www.newyorker.com (Magazine new-yorkais)
- https://group.renault.com (Groupe Renault)

Sites réalisés avec Joomla :
- https://www.unric.org (Centre régional d'information des Nations Unies pour l'Europe occidentale)
- http://www.lefilmfrancais.com (Magazine des professionnels de l'audiovisuel)
- http://www.peugeot.com (Groupe Peugeot)

Sites réalisés avec Drupal :
- https://www.ge.com (General Electric)
- https://www.nasa.gov (Nasa)
- https://www.whitehouse.gov (Maison Blanche)

AUDIENCE

L'objectif de la première partie étant de fournir une aide quant au choix du CMS, il ne faudrait pas s'imaginer que son contenu s'adresse exclusivement à des décideurs ou à des chefs de projet, elle intéressera tout autant les personnes souhaitant ouvrir un site Web dans le cadre d'un projet plus personnel.

Si la première partie s'adresse à un public cherchant plutôt la globalité et la transversalité, la seconde partie intéressera quant à elle les personnes qui souhaitent comprendre, dans le détail, la façon d'utiliser les trois CMS.

Les trois principaux chapitres de cette partie s'apparentent à un guide-utilisateur, mais à la différence des guides traditionnels traitant de manière exhaustive toutes les fonctionnalités des outils, ils se concentrent sur celles qui sont vraiment importantes, au travers d'un projet-type indiquant le chemin à suivre pas à pas.

Ces trois chapitres sont auto-suffisants, le lecteur pourra ainsi s'intéresser à Drupal sans avoir à lire les deux chapitres sur WordPress et Joomla.

Trois niveaux de lecture sont à considérer :

- Le premier niveau indique les étapes à suivre, chacune d'elles correspondant à un lot.
- Le deuxième niveau indique les procédures à exécuter.
- Le troisième niveau indique les tâches à réaliser.

PLAN DÉTAILLÉ DE LA PREMIÈRE PARTIE

Chapitre I : Premier contact avec les trois CMS. Ce chapitre se donne pour objectif de marquer les similitudes et les différences à observer entre les trois outils, avec, dans un premier temps, une présentation des écrans les plus parlants, que l'on utilisera, dans un deuxième temps, pour rapprocher et unifier, d'un côté, les terminologies de trois CMS, de l'autre, leur logique de fonctionnement.

Chapitre II : Comparaison des trois CMS hors coûts d'intégration des contenus. Ce chapitre se découpe en deux parties, avec une première partie très synthétique (moins de dix pages) et une seconde partie, beaucoup plus détaillée, indiquant les forces et les faiblesses des trois CMS, pour chacun des quinze critères retenus.

Chapitre III : Comparaison des trois CMS en termes de coûts d'intégration des contenus. Ce chapitre se découpe lui aussi en deux parties. La première a pour vocation d'établir les fondamentaux de cet ouvrage, en termes de *procédures*, de *tâches* (macro *vs* micro) et de *micro-tâches*.

La seconde porte sur l'analyse des coûts en termes de délais et de facturation, à partir du décompte des *micro-tâches*. L'accent sera mis sur la dynamique des coûts, c'est-à-dire sur l'évolution de ces derniers en fonction de la phase d'intégration considérée et du nombre de pages à intégrer.

PLAN DÉTAILLÉ DE LA SECONDE PARTIE

Chapitre IV : Fondamentaux d'un projet Web. Ce chapitre se découpe en cinq parties. La première partie est relative à la gestion des priorités, avec deux plans-types de répartition des tâches, l'un correspondant à un projet d'entreprise de six mois, l'autre, à un projet personnel de six semaines.

La deuxième partie est relative aux problématiques transversales (logo, domaine et hébergement). Les troisième et quatrième parties sont respectivement relatives aux questions de mise en production du site Web (chez l'hébergeur) et de gestion des contenus après l'ouverture du site. La cinquième partie est relative aux questions de sauvegarde.

Chapitre V : Présentation des projets. Ce chapitre se découpe en deux parties. La première partie sert à fixer le cadre général du « cahier des charges » que l'on soumettra à chacun des CMS. Cette première partie présente l'architecture du contenu, le modèle de navigation adopté *(siloing)*, en vue d'un meilleur référencement, et les règles de nommage des menus.

La seconde partie de ce chapitre fournit quant à elle une graduation des tâches que l'on aura à traiter dans les trois chapitres suivants. Compte tenu du nombre de tâches impliquées, il était indispensable de faire appel à des marqueurs permettant de dégager les fonctionnalités les plus importantes.

Chapitre VI : Projet WordPress 4. Ce chapitre fournit le détail des tâches à réaliser (micro-tâches) pour intégrer les contenus avec WordPress. Le scénario à dérouler se divise en 17 étapes, chacune d'elle aboutissant à la livraison d'un lot.

Chapitre VII : Projet Joomla 3. Ce chapitre fournit le détail des tâches à réaliser avec Joomla. Par rapport à WordPress, le scénario fait intervenir trois étapes supplémentaires tenant principalement à l'intégration des menus contextuels.

Chapitre VIII : Projet Drupal 7. Ce chapitre fournit le détail des tâches à réaliser avec Drupal, le scénario permettant d'aller au bout de l'intégration des contenus se divise en 31 étapes, mais nous nous arrêterons à mi-parcours car le traitement complet du cas aurait nécessité un chapitre supplémentaire.

L'importance de l'écart par rapport à WordPress et Joomla tient au fait que Drupal fournit un cadre général beaucoup plus ouvert que ses deux « concurrents », rendant sa configuration beaucoup plus lourde, au départ...

ANNEXE : ENVIRONNEMENT TECHNOLOGIQUE DES TROIS CMS

Cette annexe présente l'environnement technologique de WordPress, Joomla et Drupal, qui, du reste, est celui de bon nombre d'applications Web (Wiki/Blogs, réseaux/médias sociaux). L'annexe comprend trois volets. Le premier volet présente le modèle d'architecture auquel se réfèrent les trois CMS *(trois-tiers)*. Le second situe les langages utilisés (HTML/CSS/PHP/SQL). Le troisième aborde la question du contenu technologique des plateformes supportant les trois CMS (exemple : serveur de page Web [HTTP] Apache).

Tableau 1. Fiches Wikipedia des trois CMS, novembre 2016

	WordPress	Joomla	Drupal
Éditeur, développeur	Automattic	OpenSourceMatters	[Acquia], Dries Buytaert
Première version	Mai 2003	Septembre 2005	Janvier 2001
Dernière version	461	363	821 [et 751]
Langage	PHP	PHP	PHP
État du projet	Développement actif	[Développement actif]	[Développement actif]
Environnement	Multiplateforme	Multiplateforme	Multiplateforme
Langues	Multilingue	Multilingue	Multilingue
Type	CMS	CMS	CMS
Licence	Licence libre GNU GPL	[Licence libre] GNU GPL	[Licence libre] GNU GPL
Portail	www.wordpress.org	www.joomla.org	www.drupal.org
Plateforme	www.wordpress.com	www.joomla.com	Pas de plateforme

PÉRIMÈTRE DE L'OUVRAGE

WordPress, Joomla et Drupal ne se limitent pas à la gestion de contenu, dans son acception la plus stricte. Les trois outils donnent la possibilité d'intégrer d'autres fonctionnnalités tels que les commentaires en ligne ou le multilinguisme. Ils intègrent aussi un système de gestion des droits qui permet de personnaliser les profils et, de par le modèle utilisé pour les développer, l'*open source*, chacun donne accès à des milliers d'extensions.

Tableau 2. Nombre d'extensions disponibles

	Nombre d'extensions disponibles en novembre 2016	Adresse
WordPress	47 563	wordpress.org/plugins
Joomla	7 885	extensions.joomla.org
Drupal	35 814	www.drupal.org/project/project_module

Vous devez savoir que l'ouvrage qui est entre vos mains n'abordera pas TOUS les sujets. Ce n'est pas son objectif. Notre propos est de vous aider à saisir la philosophie de la gestion de contenu – par delà Wordpress, Joomla et Drupal –, de mettre l'accent sur ce que ces trois outils SAVENT et non ce qu'ils PEUVENT faire, et donc de vous amener à prendre LA décision qui vous permettra de choisir votre futur outil en connaissance de cause.

CONVENTIONS TYPOGRAPHIQUES

L'*italique* sera utilisé pour marquer les *concepts clés*.

La majuscule servira à marquer le nom des champs, des listes déroulantes, des cases à cocher... dans les chapitres VI, VII et VIII.

Le **gras** servira quant à lui à marquer les **procédures** et les **tâches** à réaliser dans les chapitres VI, VII et VIII.

REMERCIEMENTS

Je remercie Ghislaine Chartron, directrice de l'INTD, et Stéphane Cottin, Chargé de mission Développement des systèmes d'information et valorisation des ressources documentaires (Cabinet du Secrétaire général du Gouvernement), pour le soutien qu'ils ont apporté à ce projet, et sans qui cet ouvrage n'aurait jamais vu le jour.

Je remercie aussi les personnes qui, de par leur confiance et leurs encouragements, m'ont permis de l'élaborer. Je pense à Nadia Raïs et Loïc Lebigre, professeurs associés à l'INTD, je pense à Vincent Montet, Directeur de la Stratégie Digitale du groupe EDH (EFAP-EFJ-ICART).

[Message personnel] Muriel, merci pour ton dévouement inconditionnel. C'est aussi pour toi et nos deux filles, Marine et Charlotte, que j'ai écrit cet ouvrage.

PARTIE 1

COMPARAISON DES TROIS CMS

Sommaire

CHAPITRE I
PREMIER CONTACT AVEC LES TROIS CMS

1. PRÉSENTATION DES CONTENUS

Les trois CMS intègrent un espace dédié à la présentation générale des contenus que l'on retrouvera dans toutes les pages du site Web (son nom, éventuellement son logo, ou encore le bandeau que l'on affichera au-dessus des contenus).

Cet espace fonctionnel, qui est généré par des composants appelés moteurs de gabarits[1] *(template engines)*, permet aussi de traiter les questions de structuration matérielle (mise en page) et logique (titres et descriptifs des contenus, notamment), les questions de style (couleur du texte) et enfin les questions de comportement (ouverture/fermeture des menus).

Il convient de préciser que ces moteurs de gabarits s'installent (et peuvent se désinstaller) en quelques clics, et que certains offrent, pour quelques dizaines d'euros seulement, un très haut niveau de personnalisation permettant, par ailleurs, d'adapter la présentation des contenus en fonction des supports utilisés pour consulter le site Web (moniteur de PC, tablette, smartphone, etc.).

Remarque. – Avec Drupal, le nom du site et le slogan ne sont pas rattachés au style des moteurs de gabarits. (Ces deux paramètres se trouvent – assez logiquement d'ailleurs – dans l'écran dédié aux informations les plus générales.)

Tableau 3. Paramètres de base dédiés à la présentation générale des contenus

	WordPress 4	Joomla 3	Drupal 7
Titre [nom] du site	Titre du site	Titre	Nom du site
Slogan	Slogan	Description	Slogan
Logo	[non disponible]	Logo	Logo
Bandeau	Image d'en-tête	Bandeau *(header)*	[non disponible]
Couleur d'arrière-plan	Couleur d'arrière-plan	Couleur de fond	Arrière-plan principal

1 Voir *infra*, section « Unité *vs* spécificité des terminologies ».

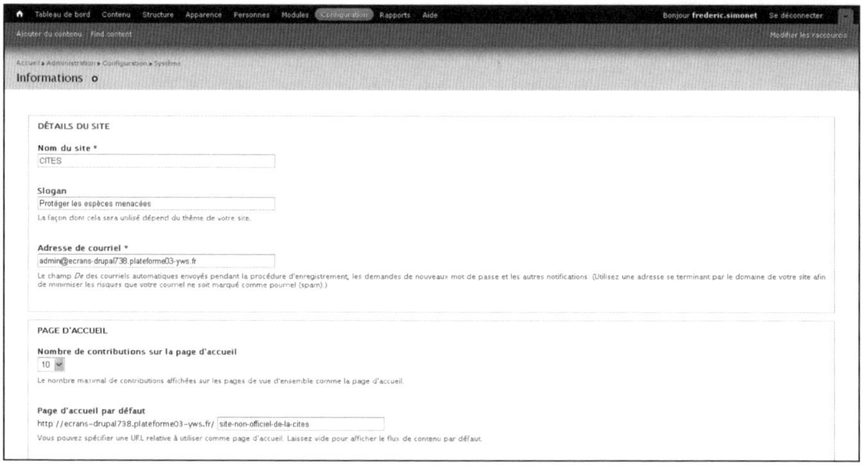

Écran 1. Configuration des informations les plus générales avec Drupal

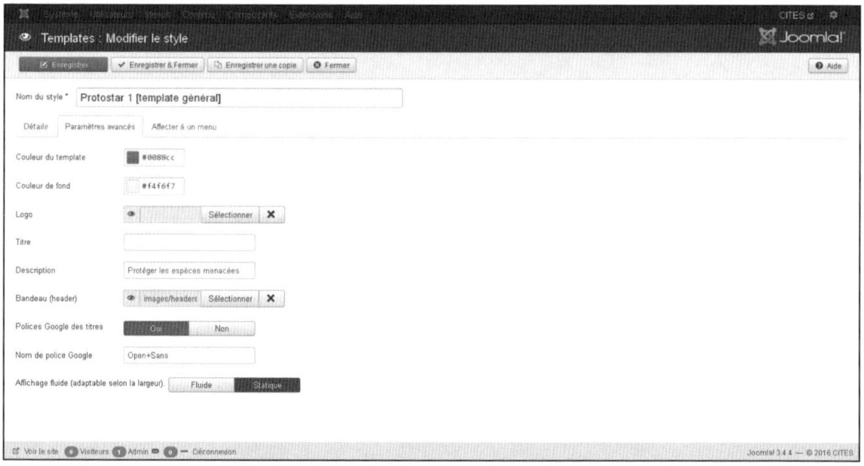

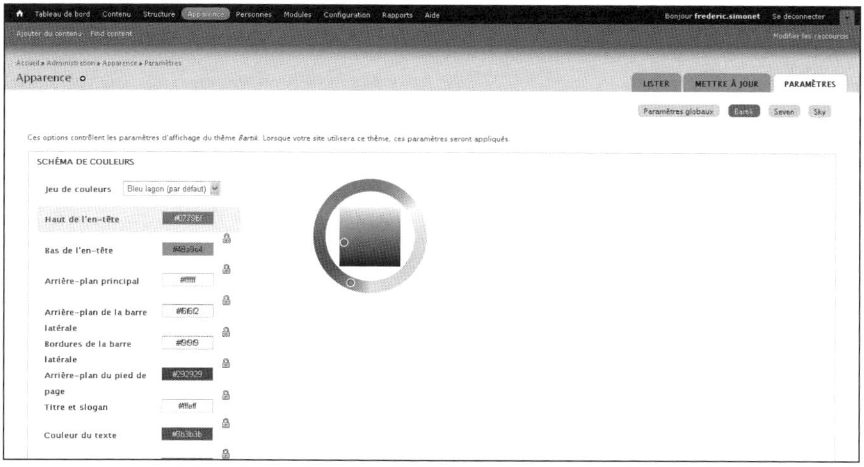

Écran 2. Configurations relatives au style des contenus

2. GESTION DES CONTENUS

Les trois CMS font intervenir un espace de gestion des contenus. Cet espace donne la possibilité d'éditer des contenus textuels, des images voire des vidéos. Il convient de préciser que les contenus textuels ont pour vocation d'être hiérarchisés et que les trois outils donnent par ailleurs la possibilité de les marquer avec des mots-clés.

WordPress fait intervenir des « formats ». Le format Par Défaut sert à présenter des articles classiques (plusieurs centaines de mots), par opposition au format En Passant que l'on utilisera pour présenter des contenus beaucoup plus courts de type Tweet. Le format Galerie sert quant à lui à marquer les contenus qui contiennent des galeries.

WordPress fait aussi intervenir des « modèles », c'est-à-dire des gabarits prédéfinis que l'on pourra utiliser pour distinguer les univers, au sein d'un même site Web.

Joomla et Drupal répondent aussi à ces problématiques de formatage, mais d'une autre manière, en faisant appel à leurs propres concepts.

Tableau 4. Paramètres de base du contenu principal des pages

	WordPress 4	Joomla 3	Drupal 7
Titre	[pas d'étiquette]	Titre	[personnalisable]
Éditeur de contenu	[pas d'étiquette]	[pas d'étiquette]	[personnalisable]
Rubrique(s) du contenu	Catégories	Catégorie	[personnalisable]
Mots-clés du contenu	Étiquettes	Tags	[personnalisable]
Identifiant de la page	Identifiant	Alias	Alias

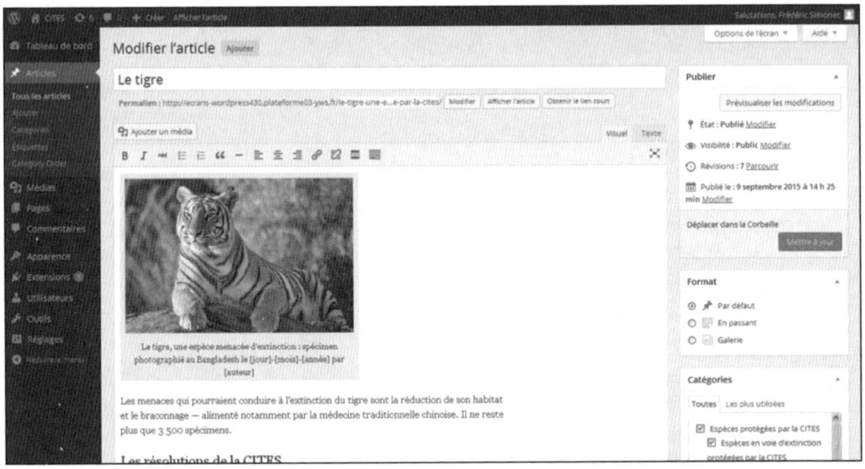

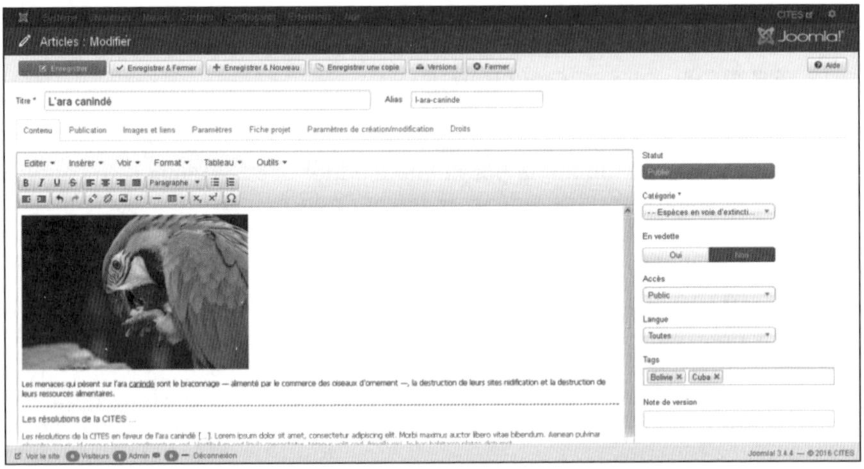

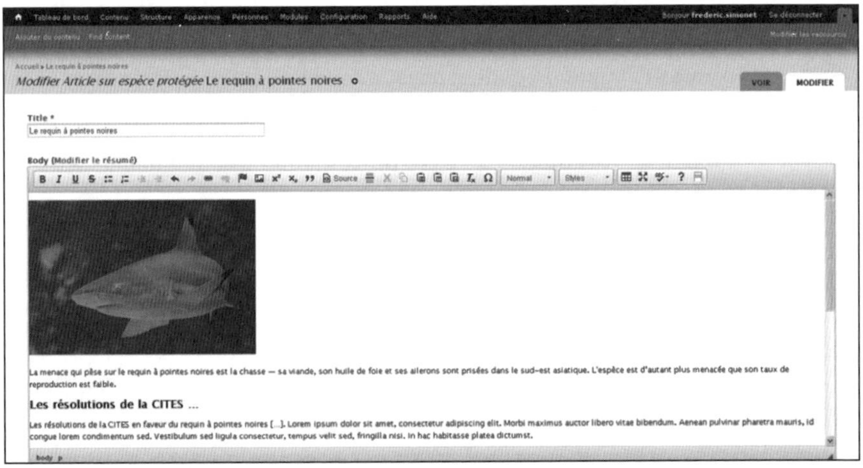

Écran 3. Configurations relatives à l'édition de contenus

3. GESTION DES MENUS

Les trois CMS font intervenir un espace de gestion des menus dans lesquels on pourra ajouter des liens. Cet espace est couplé à l'espace de gestion des blocs périphériques[2] dans lesquels ceux-ci seront intégrés. Avec WordPress, ces trois espaces forment un tout, tandis qu'avec Joomla et Drupal, ils sont clairement séparés.

Le tableau 5 indique qu'avec WordPress, les chemins des liens ne sont pas accessibles. Cela ne signifie pas pour autant qu'ils n'existent pas, ils sont simplement masqués. (Toute page Web possède un chemin. Celui-ci permettant d'identifier celle-là sans ambiguité au sein d'un domaine donné... qui servira quant à lui à identifier la page d'accueil du site Web.)

Avec Joomla, les chemins apparaissent (index.php?option=com_content&view=article&id=8), mais ne sont pas modifiables. Ils sont générés automatiquement par l'outil en fonction des contenus sélectionnés par l'utilisateur. (Le terme utilisé par Joomla pour désigner les chemins est impropre car celui-ci (URL du lien) entretient la confusion entre ces deux notions. Je rappelle ici que les URL sont des adresses faisant intervenir un protocole (HTTP) et un domaine complété, le plus souvent, par un chemin.)

Avec Drupal, c'est à l'utilisateur de définir le chemin des pages.

Tableau 5. Paramètres de base des liens de menu

	WordPress 4	Joomla 3	Drupal 7
Libellé	Titre de la navigation	Titre de menu	Titre du lien dans le menu
Chemin	[non accessible]	URL du lien	Chemin
Descriptif (infobulle)	[pas de descriptif]	Attribut « Titre » du lien	Description
Lien parent	[tabulation]	Lien parent	Lien parent

2 Ces blocs viennent se positionner autour du bloc intégrant le contenu principal des pages. (Voir *infra*, section « Unité *vs* spécificité des terminologies ».)

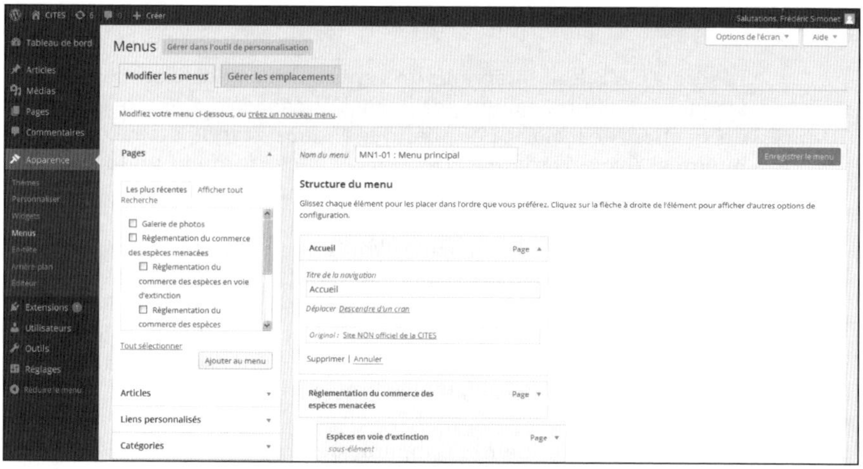

Écran 4. WordPress regroupe la gestion des liens (ajout/suppression) et leur configuration

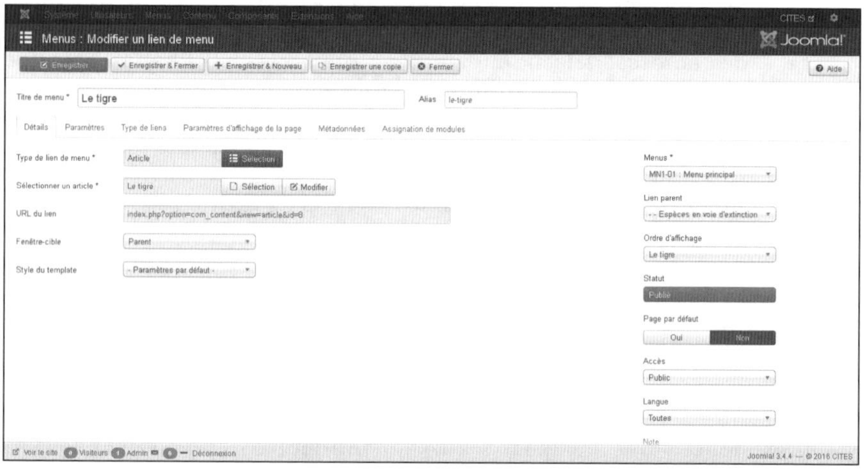

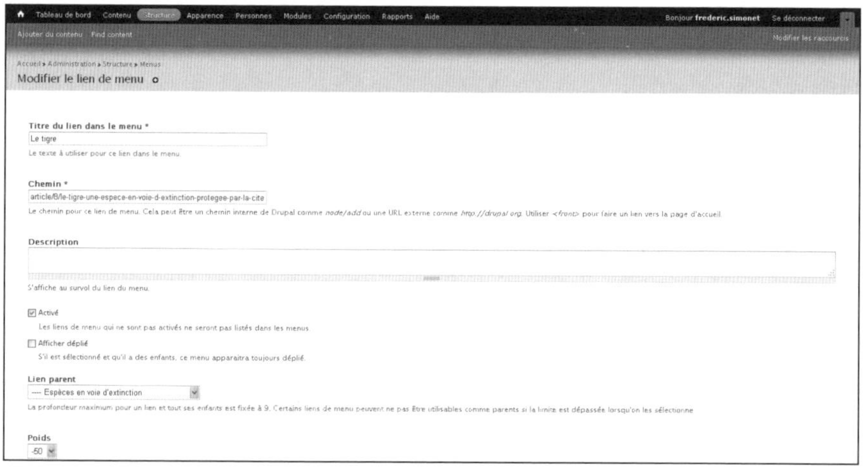

Écran 5. Joomla et Drupal traitent séparément la configuration des liens

4. GESTION DES UTILISATEURS

Les trois CMS font intervenir un espace de gestion des utilisateurs. Cet espace donne la possibilité d'ajouter des utilisateurs. Les fiches créées comprennent systématiquement le nom, l'identifiant, le mot de passe, l'adresse électronique et le profil des utilisateurs.

Tableau 6. Paramètres de base des fiches-utilisateurs

	WordPress 4	Joomla 3	Drupal 7
Nom public [pseudonyme]	Pseudonyme	Nom	Nom d'utilisateur
Identifiant	Identifiant	Identifiant	
Mot de passe	Mot de passe	*idem*	*idem*
Adresse électronique	E-mail	*idem*	*idem*
Profil	Rôle	Groupe	Rôle

Focus
Les trois CMS et la gestion des profils

WordPress intègre cinq *rôles* prédéfinis non personnalisables : Abonné, Contributeur, Auteur, Éditeur et Administrateur.

Joomla intègre neuf *groupes* personnalisables : Public, Guest, Manager… Super Users. L'outil donne en plus la possibilité de rattacher un utilisateur à plusieurs *groupes*. Ce n'est pas tout, il est aussi possible de créer de nouveaux *groupes*.

Drupal n'intègre que trois *rôles* personnalisables : « Utilisateur anonyme », « Utilisateur authentifié » et Administrateur. Mais, de la même manière que Joomla, il donne la possibilité de rattacher les utilisateurs à plusieurs *rôles* et, en cas de besoin, d'en créer de nouveaux très facilement.

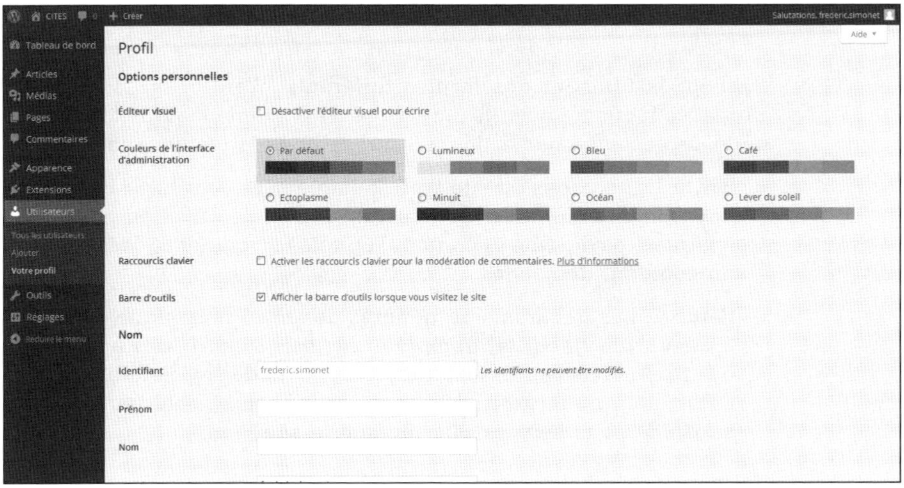

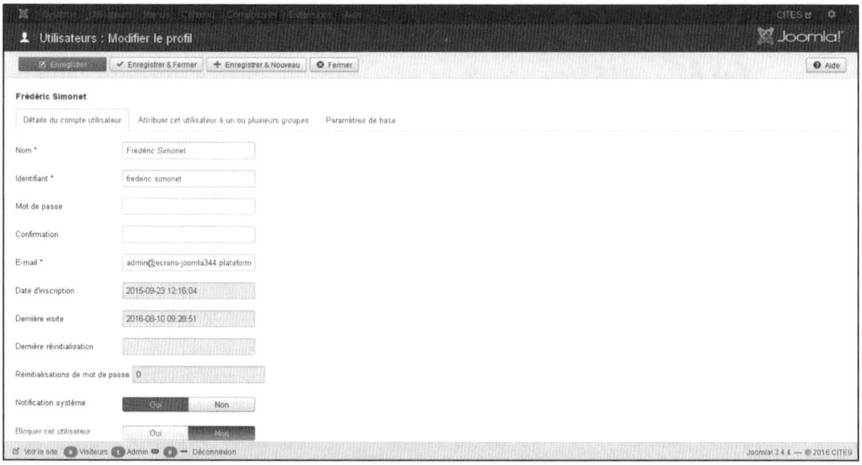

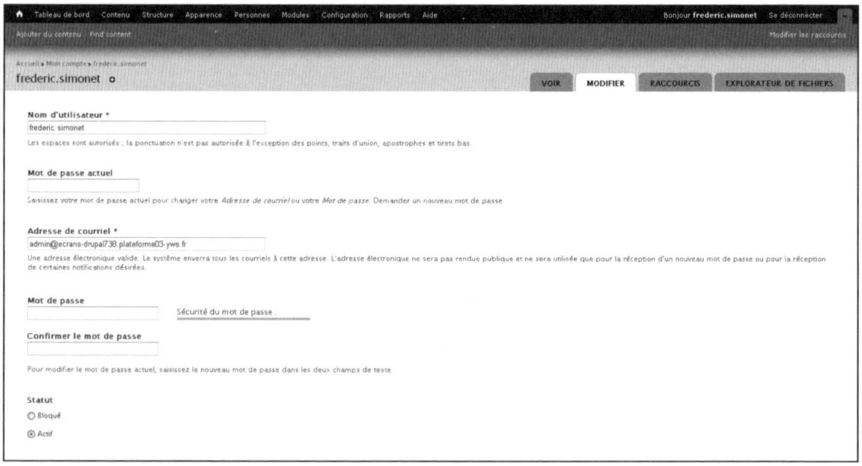

Écran 6. Configurations relatives à l'édition d'une fiche-utilisateur

5. UNITÉ *VS* SPÉCIFICITÉ DES TERMINOLOGIES

Bien qu'ils utilisent des termes différents, WordPress, Joomla et Drupal se fondent en vérité sur une seule et même logique fonctionnelle, représentée par la figure 1 qui se lit de la manière suivante :

Règle 1. Les pages du site Web sont générées à partir de gabarits intégrant les éléments de structure matériels (mise en page) et logiques (navigation *vs* contenu, en-têtes du contenu, description du contenu) des pages.

Règle 2. Les gabarits sont générés de façon dynamique par des moteurs [de gabarits] *(template engine)*, à partir des adresses des pages. (Ces adresses, qui proviennent du logiciel utilisé par l'utilisateur final [exemple : navigateur Firefox], sont transmises au CMS par le serveur qui héberge le site Web.)

Règle 3. Les gabarits font nécessairement (losange plein) intervenir un bloc principal et des blocs périphériques de niveau 1 qui sont définis par le moteur de gabarits, et sur lesquels l'administrateur ne peut pas agir[3].

Règle 4. Les blocs de niveau 1 intègrent des blocs de niveau 2 [servant par exemple à intégrer les menus], la suppression d'un bloc de niveau 2 n'induit pas la suppression du bloc de niveau 1 parent (losange creux).

Règle 5. Le bloc principal peut intégrer trois types de contenus :

- Les contenus élémentaires présentés individuellement (exemple : un article).
- Les contenus élémentaires intégrés dans des collections, que les outils présentent partiellement (exemple : une liste d'articles intégrés dans un Blog n'affichant que les accroches suivies d'un lien donnant accès au détail des contenus).
- Les contenus générés à partir d'une extension (dans le cas d'une extension dédiée au e-commerce, il s'agira du catalogue des produits ou des services vendus par la boutique).

Remarque I. – La notion de collection regroupe sous un même chapeau, d'un côté les contenus élémentaires rattachés à une même rubrique, de l'autre, ceux qui sont décrits par un même mot-clé. Il est important de dissocier ces deux façons de regrouper les contenus, car elles renvoient à deux problématiques différentes, la classification des contenus et leur indexation[4].

Remarque II. – L'accroche des contenus élémentaires se définit soit en tant que résumé venant s'ajouter aux contenus soit en qu'extrait reprenant littéralement les premières lignes des contenus.

Règle 6. Les contenus peuvent être enrichis avec des extensions, un article peut ainsi intégrer n'importe quel service fourni par le CMS lui-même (intégration d'une photo dans un article) ou provenant d'une autre plateforme (Flickr).

Règle 7. Les blocs périphériques de niveau 2 servent à intégrer les menus. Ils peuvent aussi servir à intégrer des services – fournis par le CMS ou provenant de l'extérieur (exemple : l'authentification) – ou à afficher du texte, tout simplement. (L'usage du losange plein signifie que la suppression ou le retrait des contenus se traduit par la suppression des blocs associés.)

Règle 8. Les menus font intervenir une collection de liens pointant vers les pages principales du site Web.

Attention ! La notion de sous-menu est « étrangère » aux trois CMS. Pour intégrer des sous-menus dans le menu principal, il suffit de créer UN SEUL MENU à l'intérieur duquel seront définis des liens de premier niveau, de deuxième niveau, de troisième niveau… C'est le moteur de gabarits utilisé qui se chargera de traduire visuellement la hiérarchie des liens en menus et sous-menus.

3 Si l'on souhaite ajouter ou supprimer un bloc, il faut agir au niveau du code.

4 Voir *infra*.

Remarque. – Les trois CMS donnent la possibilité de définir plusieurs menus.

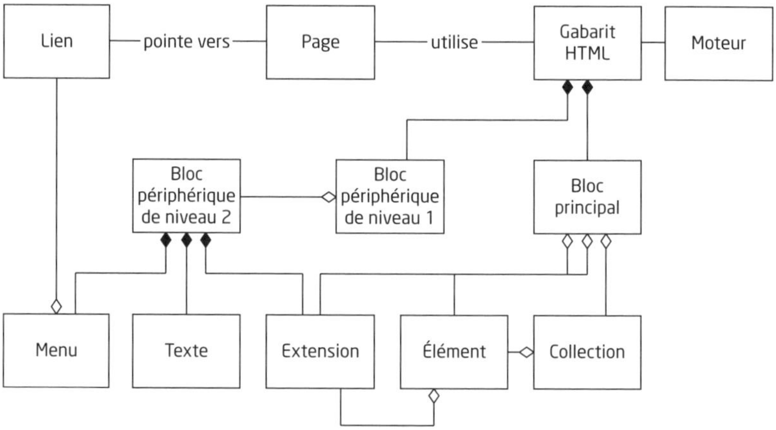

Figure 1. Architecture fonctionnelle de WordPress, Joomla et Drupal

Notion de *moteur de gabarits*. Les moteurs de gabarits sont les composants responsables de la présentation des contenus. Les trois technologies de base qu'ils utilisent sont le langage HTML, les feuilles de style (CSS) et le langage Javascript. Ces trois technologies permettent respectivement de décrire et de structurer les contenus, de définir leur style et de dynamiser leur présentation[5].

Notion de *format d'affichage*. Les trois CMS font intervenir la notion de format d'affichage qui est relative à la façon de présenter le contenu principal [dans le bloc principal]. En plus du format d'affichage utilisé pour présenter les articles, Joomla donne ainsi la possibilité de présenter :

- une rubrique avec ses sous-rubriques ;
- une rubrique et les articles associés intégrés dans un tableau, par exemple ;
- la liste des mots-clés utilisés pour décrire les articles ;
- etc.

Cette notion n'a pas été intégrée dans la figure 1 car chacun des outils la traite à sa manière :

- Avec WordPress, les formats d'affichage sont déterminés par les liens, et de manière plus spécifique, dans le cas des liens pointant vers des articles, par le *format* appliqué à ces derniers.
- Avec Joomla, les formats d'affichage à appliquer sont définis par les liens, au travers d'un paramètre appelé *Type de lien de menu* dont la fonction est soit de surcharger soit de reprendre simplement les formats d'affichage appliqués aux contenus.
- Avec Drupal, les formats d'affichage sont définis par des *vues*.

On s'aperçoit donc que, selon l'outil considéré, la notion de format d'affichage est traitée soit comme un attribut soit comme une entité :

5 Voir *infra*, annexe « Environnement technologique des trois CMS ».

- comme un attribut « à deux étages » intervenant une première fois au niveau des liens[6] et une seconde fois au niveau des articles, avec WordPress ;
- comme un attribut des contenus que les liens peuvent surcharger, avec Joomla ;
- comme une entité n'étant rattachée ni aux liens ni aux contenus, avec Drupal.

Remarque. – La notion d'attribut met l'accent sur le fait que la définition des formats d'affichage est intégrée dans la configuration des liens et des contenus ; la notion d'entité sur le fait que les formats d'affichage ont leur propre espace de gestion.

Tableau 7. Terminologies de WordPress, Joomla et Drupal en termes d'organisation matérielle du contenu

	WordPress	Joomla	Drupal
Moteur de gabarits	*Thème*	*Template*	*Thème*
Bloc principal	Bloc principal	Bloc principal	Bloc principal
Bloc périphérique de niveau 1	*Emplacement, zone*	*Position*	*Région*
Bloc périphérique de niveau 2	*Widget*	*Module*	*Bloc*

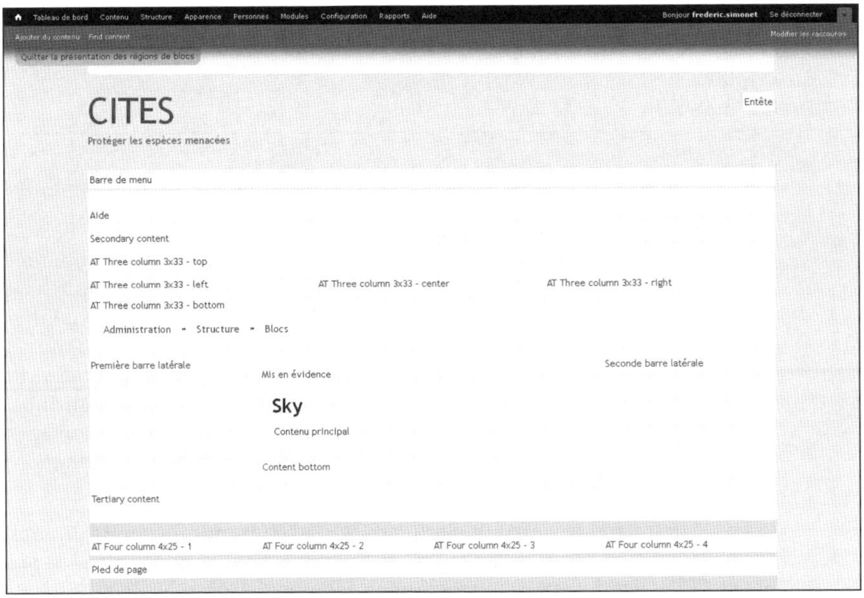

Écran 7. Exemple de répartition des blocs périphériques de niveau 1 (Barre de Menu, Aide, Secondary Content, etc…) autour du bloc principal (positionné entre les blocs Mise en Évidence et Content Bottom)

6 Cette première intervention vise à faire la différence entre les contenus élémentaires présentés individuellement et les contenus élémentaires intégrés dans une collection.

Tableau 8. Terminologies de WordPress, Joomla et Drupal en termes d'organisation logique du contenu

	WordPress		**Joomla**	**Drupal**
Facette (ensemble de termes)	Une seule facette non configurable depuis le back-office[6]		*Idem*	*Vocabulaire*
Racine [classe de base] – page d'accueil du site	Liste des derniers *articles*[7] (pages élémentaires de type *article*)		*Catégorie* [avec en option sous-catégories ou *articles* associés]	*Terme*
	Page élémentaire de type *page*		Page élémentaire de type *article*	Page élémentaire appelée *nœud* (deux types prédéfinis : *page* et *article*)
Classe – rubrique	*Page*	*Cat.*	*Catégorie*	*Terme*
Élément – page élémentaire	*Page*	*Article*	*Article*[8]	*Nœud*
Indice, descripteur, étiquette, mot-clé	*Étiquette*		*Tag*	*Terme*

Ci-dessous, la définition des notions introduites dans le tableau 8 :

Classe [catégorie] *vs* objet, élément [individu]. « Pour le *Littré*, il s'agit d'un "ensemble d'objets qui sont de même nature, qui présentent les mêmes caractères" [rouge, vert, bleu]. [Le terme] "Catégorie" est souvent employé comme synonyme de classe. [Pour les logiciens] Une classe est un regroupement d'individus opéré en fonction d'au moins un attribut commun [couleur], qui sert de critère distinctif [rouge, vert, bleu]. Ce qui constitue une classe est la présence de cet attribut, chez tous ses éléments. » (Jacques Maniez, *Actualité des langages documentaires | Fondements théoriques de la recherche d'information,* chap. 8, p. 231, 2002.)

Dans notre projet, le tigre, l'ara canindé et le requin à pointes noires appartiennent à la classe des espèces en voie d'extinction protégées par la CITES, les trois espèces retenues partagent deux traits de caractère : a) elles sont en voie d'extinction ; b) elles sont protégées par la CITES.

7 WordPress – mais aussi Joomla – imposent une seule facette c'est-à-dire un seul plan de classement, à l'intérieur duquel l'administrateur définit ses rubriques et sous-rubriques, il n'est pas possible de définir plusieurs plans de classement.

8 Classement antéchronologique : les *articles* les plus récents sont présentés en premier.

9 Avec Joomla, la notion d'article se confond avec celle de page élémentaire, autrement dit les articles constituent le seul type de page élémentaire.

D'autre part, chacune des espèces considérées se caractérise par le fait qu'elle fait l'objet de menaces (premier attribut commun [servant à les distinguer]), ces menaces font l'objet de résolutions (deuxième attribut commun) donnant lieu à des projets visant à protéger les différentes espèces (troisième attribut commun).

Attention ! Il y a donc une distinction à faire entre les classes qui servent à définir les éléments de structure externes des pages (rubriques), que l'on définit avec des *catégories* ou des *termes* et, d'autre part, les classes qui servent à définir les éléments de structure interne des pages (menaces, résolutions, projets), que l'on définit avec Drupal en faisant appel à la notion de *type de contenu*. Avec WordPress et Joomla, la notion de *type de contenu* est présente mais elle reste sous-jacente, il n'y a pas de *type de contenu* à définir de manière explicite.

Remarque. – La première définition indique qu'une classe est un ensemble d'objets, et non un ensemble d'éléments, par définition indivisibles (c'est la raison pour laquelle on parle aussi d'individus). La notion d'objet, plus large que celle d'élément, a été introduite pour intégrer le fait qu'une classe ne sert pas seulement à regrouper des éléments, elle peut aussi servir à introduire des classes de niveau inférieur.

Classification. Ensemble de classes hiérarchisées servant de support au classement [catégoriel] des éléments. Par extension, ensemble des éléments répartis en classes et sous-classes. (Jacques Maniez, *Actualité des langages documentaires | Fondements théoriques de la recherche d'information,* chap. 8, p. 233, 2002.)

> « La répartition des objets [éléments, pages élémentaires] d'une collection en une série de classes emboîtées [rubriques et sous-rubriques] ne donne pas un accès direct à une cible spécifique [page élémentaire], mais elle permet de suivre un parcours gradué de classe en sous-classe [par le biais des menus] qui dispense d'explorer toute la collection. » (Jacques Maniez, *Actualité des langages documentaires | Fondements théoriques de la recherche d'information,* chap. 1, p. 29, 2002.)

Plan de classement. Ensemble des classes – hors classe de base – d'une classification. Le plan de classement du projet comporte cinq classes correspondant à autant de rubriques. (La page d'accueil, qui décrit le site Web dans son ensemble, n'est pas assimilable à une rubrique.)

Niveaux hiérarchiques *vs* niveaux de classement. Le nombre de niveaux hiérarchiques d'une classification est égal au nombre de niveaux de classement augmenté de deux unités issues de la classe de base et des éléments. Notre projet fait intervenir au maximum deux niveaux de classement correspondant à quatre niveaux hiérarchiques.

Classement catégoriel [rangement]. « *(Robert)* Fait de placer dans une classe, d'affecter à une catégorie préétablie. » (Jacques Maniez, *Actualité des langages documentaires | Fondements théoriques de la recherche d'information,* chap. 8, p. 233, 2002.)

L'article sur le tigre (élément) est ainsi affecté à la rubrique (classe, catégorie) « Espèces en voie d'extinction protégées par la CITES ».

Classement relatif [mise en ordre, tri]. « *(Robert)* Fait d'attribuer une place, un rang à chacun des membres d'un ensemble. » (Jacques Maniez, *Actualité des langages documentaires | Fondements théoriques de la recherche d'information,* chap. 8, p. 233, 2002.)

La notion de classement relatif s'applique aussi bien aux classes qu'aux éléments. La rubrique (classe) sur les espèces en voie d'extinction et l'article sur le tigre (élément) sont placés en première position.

Classification monohiérarchique *vs* classification polyhiérarchique. Les classifications monohiérarchiques postulent qu'un élément ne peut appartenir qu'à une seule classe, au contraire, dans le cas des classifications polyhiérarchiques, un élément peut appartenir à plusieurs classes. (Jacques Maniez, *Actualité des langages documentaires | Fondements théoriques de la recherche d'information,* chap. 8, p. 241, 2002.)

Commentaire. – WordPress et Drupal intègrent dans leur système de gestion des contenus la polyhiérarchie, mais pas Joomla. Dans notre projet, la polyhiérarchie ne sera exploitée qu'avec WordPress, pour contourner le fait que ce dernier n'intègre pas la classification à facettes.

Indice, index, indexation. « "Indexer" dit le *Robert*, "C'est attribuer à un document [page Web] une marque distinctive renseignant sur son contenu et permettant de le retrouver". Les termes "indice", "index" et "indexation" appartiennent à la même famille. [...] Indexer, c'est accoler sur le document un indice [descripteur, étiquette, mot-clé] permettant de repérer son sujet matière [dans notre projet, la répartition géographique des espèces]. Mais cet indice, pour être facilement retrouvé en cas de besoin, doit être placé dans une liste ordonnée, un index [nuage de mots-clés]. On passe ainsi de l'apposition d'un indice à son versement [automatique avec les trois CMS] dans un index où l'indice, suivi de l'adresse de son document [URL] joue le rôle de panneau indicateur. » (Jacques Maniez, *Actualité des langages documentaires | Fondements théoriques de la recherche d'information,* chap. 6, p. 144-145, 2002.)

L'indexation consiste donc à décrire les contenus, *a posteriori,* avec un ou plusieurs indices non hiérarchisés, elle donne lieu à un index permettant d'accéder à ces mêmes contenus en passant par plusieurs chemins : l'indexation est en fait l'antithèse de la classification.

Dans notre projet, les deux modèles d'organisation seront intégrés.

Classification à facettes. « Dans une classification à facettes, les termes rassemblés sont rangés en groupes ou facettes exprimant chacun un point de vue sous lequel les termes inclus sont considérés. [...] À l'intérieur de chaque facette, les termes sont classés hiérarchiquement suivant le principe général de toute classification. » (Jacques Chaumier, *Les techniques documentaires,* chap. 4, p. 65, 1979.)

Les classifications à facettes conjuguent les caractéristiques de la classification et de l'indexation avec, d'une part, un versant hiérarchique faisant intervenir des termes (classes), et, d'autre part, un versant multidimensionnel, défini par les facettes, permettant de définir plusieurs plans de classement. L'intérêt de ce modèle réside dans le fait qu'il permet d'affecter un élément à plusieurs termes (classes) sans pour autant trahir les principes de la classification monohiérarchique – plus conformes aux attentes des moteurs de recherche.

Drupal est le seul à intégrer ce modèle dans son système de gestion des contenus. Le projet mis en œuvre avec celui-ci fait intervenir deux facettes, la première est composée de termes conformes aux catégories définies avec WordPress et Joomla, la seconde est quant à elle composée de termes relatifs à la classe (mammifères/oiseaux/poissons/reptiles) des différentes espèces.

CHAPITRE II
COMPARAISON DES TROIS CMS HORS COÛTS D'INTÉGRATION DES CONTENUS

1. COMPARAISON GLOBALE DES TROIS CMS

1.1 Présentation et origine des critères retenus

Les quinze critères retenus s'inspirent très largement d'une étude de référence (américaine) menée en 2014 par Idealware[1]. La plupart ont été repris quasiment tels quels (*Ease of Hosting and Installation* est devenu « Hébergement et installation du CMS »). Les quinze critères utilisés pour comparer les trois CMS sont donc les suivants (avec, entre parenthèses, les critères correspondants établis par Idealware en 2014) :

1. Hébergement et installation du CMS *(Ease of Hosting and Installation)*.
2. Complétude du CMS *(Ease of Setting Up a Simple Site)*.
3. Personnalisation du site Web *(Learning Curve to Set Up a Complex Site)*.
4. Édition des contenus *(Ease of Content Editing)*.
5. Gestion des contenus *(Structural Flexibility)*.
6. Services attachés aux articles (initialement affilié au critère *Ease of Content Editing*).
7. Présentation des contenus (élargissement du critère *Graphical Flexibility*).
8. Gestion des profils et des processus métier *(User Roles and Workflow)*.
9. Interactivité du site Web (fonctionnalités 2.0) *(Web 2.0 Functionnality)*.
10. Accessibilité du back-office *(Accessibility)*.
11. Accessibilité du front-office *(Accessibility)*.
12. SEO (optimisation du référencement) *(Search Engine Optimization)*.
13. Performances et sécurité du CMS *(Security)*.
14. Administration du site Web *(Ease of Managing a Site)*.
15. Maturité du CMS *(Support and Community Strength)*.

1 K. Andrei, L. Quinn et E. Pope, « The Consumers Guide to Content Management Systems for Nonprofits », *www.idealware.org,* mars 2014, http://www.idealware.org/reports/consumers-guide-content-management-systems-nonprofits?key=38999306.

Critère 1 : Hébergement et installation du CMS. Ce critère comprend, d'une part, le coût de l'hébergement et le degré d'implantation, chez les hébergeurs, des technologies utilisées, et d'autre part, le temps requis pour les installer et les compétences que cela suppose.

Critère 2 : Complétude du CMS. Ce critère est relatif aux fonctions de base directement exploitables sans qu'il soit nécessaire d'installer la moindre extension, à l'exception des moteurs de gabarits.

Critère 3 : Personnalisation du site Web. Ce critère est relatif à la création de moteurs de gabarits, « extensions » dédiées à la présentation [apparence] des contenus. Il est aussi relatif aux extensions prêtes à l'emploi, développées par chacune des communautés, que l'on utilisera pour enrichir les fonctions de base des trois CMS.

Critère 4 : Édition des contenus. Ce critère est relatif à l'édition des contenus textuels et à l'intégration des images.

Critère 5 : Gestion des contenus. Ce critère est relatif à l'organisation des contenus, au formatage des contenus et au multilinguisme.

Critère 6 : Services attachés aux articles. Ce critère comprend : a) le service d'intégration des articles dans un Blog ; b) le service de pagination des contenus ; c) le service d'historisation [révision] *(versionning)* des contenus ; d) les services dédiés à l'impression des contenus et à leur conversion au format « pdf » ; e) le service dédié au partage des contenus par email.

Critère 7 : Présentation des contenus. Ce critère est tout d'abord relatif aux blocs périphériques venant se greffer autour du bloc principal, et cela en termes de mise en page, de style et de visibilité (un bloc, affichant par exemple une publicité, n'a pas forcément besoin d'être affiché dans toutes les pages du site Web). Ce critère est ensuite relatif aux formats d'affichage des contenus du bloc principal (exemples : liste d'articles intégrés dans un tableau ou présentés à la manière d'un Blog). Il est enfin relatif à la personnalisation du style des différents espaces [univers] qu'un site Web est susceptible de proposer (espace institutionnel/espace Blog/espace Forum, etc.).

Critère 8 : Profils et processus métier. Ce critère est relatif aux profils des utilisateurs du back-office et à l'enchaînement des tâches que chacun doit réaliser, en fonction du profil auquel il est rattaché.

Critère 9 : Interactivité du site Web. Ce critère est relatif aux commentaires, au partage des contenus avec les réseaux sociaux et aux flux RSS.

Critères 10 et 11 : Accessibilité du back-office/front-office. Ces deux critères – qui, dans l'étude menée par Idealware, n'en forment qu'un seul – font référence à la notion d'accessibilité, qui est normalisée. Le WCAG[2] *(Web Content Accessibility Guidelines)*, établi par le

2 « Web Content Accessibility Guidelines [...] », *www.w3.org,* https://www.w3.org/Translations/WCAG20-fr {version française : « Accessibilité Numérique », *references.modernisation.gouv.fr,* http://references.modernisation.gouv.fr/accessibilite-numerique}.

W3C (World Wide Web Consortium, organisme de standardisation du Web), stipule qu'une application[3] n'est accessible que si elle est perceptible, utilisable, compréhensible et robuste :

Perceptible. Cela signifie qu'il faut « proposer des équivalents textuels à tout contenu non textuel [c'est le cas des images] » de façon à ce que les technologies d'assistance[4] puissent le décrire.

Utilisable. Cela signifie qu'il faut d'une part, « rendre toutes les fonctionnalités accessibles au clavier » et d'autre part, « fournir à l'utilisateur des éléments d'orientation pour naviguer, trouver le contenu et se situer dans le site ». Cela comprend les liens de navigation bien sûr, mais pas seulement. Les titres, les en-têtes de section ou encore le fil d'Ariane sont eux aussi concernés.

Attention ! Ce terme, *utilisable (operable)*, ne doit pas être confondu avec la notion d'*utilisabilité (usability)* définie plus bas. L'utilisabilité *(usability)* est une notion qui, aussi générale soit-elle, n'intègre pas les contraintes de l'accessibilité (fonctions accessibles au clavier).

À ce propos, le W3C indique : « Web accessibility and usability are closely related; their goals, approaches, and guidelines overlap significantly [but] Accessibility is about ensuring an equivalent user experience for people with disabilities [whereas] Usability is about designing products to be effective, efficient, and satisfying. »[5]. {L'accessibilité et l'utilisabilité ne visent pas les mêmes objectifs, mais les deux domaines sont très voisins et se recouvrent en grande partie.}

Compréhensible. Cela signifie qu'il faut d'une part, « rendre le contenu textuel lisible [préciser la façon de prononcer les mots quand c'est nécessaire] et compréhensible [expliciter les sigles] », et d'autre part, « faire en sorte que les pages apparaissent et fonctionnent de manière prévisible [les écrans doivent correspondre aux mots-clés utilisés pour les décrire, dans les liens de navigation notamment] ».

Robuste. Cela signifie qu'il faut « optimiser la compatibilité avec les agents utilisateurs [terme générique désignant notamment les navigateurs et les applications mobiles] actuels et futurs, sans oublier les technologies d'assistance ».

Critère 10 : Accessibilité du back-office. Ce critère est relatif à la navigabilité[6] (règle 2.4 du WCAG rattachée au deuxième principe, les outils doivent être utilisables) du back-office des trois CMS et à

3 Terme générique désignant en l'occurrence soit le site Web soit le back-office permettant de l'administrer.

4 Matériel/logiciel répondant aux besoins d'utilisateurs limités (aveugles, malentendants, etc.).

5 « Web Accessibility and Usability Working Together », *www.w3.org*, https://www.w3.org/WAI/intro/usable.

6 « Bypass Blocks: Understanding SC 2.4.1 », *www.w3.org*, https://www.w3.org/TR/UNDERSTANDING-WCAG20/navigation-mechanisms-skip.html.

« Page Titled: Understanding SC 2.4.2 », *www.w3.org*, https://www.w3.org/TR/UNDERSTANDING-WCAG20/navigation-mechanisms-title.html.

« Headings and Labels: Understanding SC 2.4.6 », *www.w3.org*, https://www.w3.org/TR/UNDERSTANDING-WCAG20/navigation-mechanisms-descriptive.html.

leur prévisibilité[7] (règle 3.2 du troisième principe, les outils doivent être compréhensibles).

Critère 11 : Accessibilité du front-office. Contrairement au critère précédent, ce critère s'applique aux sites Web générés par les trois CMS, et non à leur back-office. Il fait lui aussi référence à la notion de navigabilité, et donc au principe d'utilisabilité, mais à la différence du critère précédent, il intègre, en plus, le fait qu'une application, un site Web en l'occurrence, doit aussi être perceptible et robuste.

Critère 12 : SEO (optimisation du référencement). Ce critère est relatif aux techniques permettant d'optimiser le référencement des pages d'un site Web par les moteurs de recherche.

Critère 13 : Performance et sécurité. Ce critère est relatif, d'une part, aux temps de réponse des trois CMS, indépendamment des ressources fournies par les hébergeurs ; d'autre part, à la façon dont les trois éditeurs gèrent la question de la sécurité.

Critère 14 : Administration du site Web. Ce critère est relatif aux sauvegardes et aux mises à jour. Les sauvegardes sont indispensables car aucun hébergeur n'est à l'abri d'un accident ou d'une attaque de ses serveurs. Les mises à jour le sont tout autant car elles permettent de corriger les failles [vulnérabilités] des CMS utilisés.

Critère 15 : Maturité du CMS. Ce critère est relatif à l'ancienneté des trois CMS, à la diversité des supports disponibles et à la possibilité de se former (dans le cadre de la formation continue notamment).

1.2 Évaluation globale des trois CMS

Les quinze critères donnent lieu à une évaluation se fondant sur le système des étoiles :

- Une étoile (1/5) : très insuffisant.
- Deux étoiles (2/5) : insuffisant.
- Trois étoiles (3/5) : bon.
- Quatre étoiles (4/5) : très bon.
- Cinq étoiles (5/5) : excellent.

Le tableau 9 fournit les résultats de l'étude réalisée à partir des versions 4, 3 et 8 de WordPress, Joomla et Drupal.

7 « Consistent Navigation: Understanding SC 3.2.3 », *www.w3.org*, https://www.w3.org/TR/UNDERSTANDING-WCAG20/consistent-behavior-consistent-locations.html.
« Consistent Identification: Understanding SC 3.2.4 », *www.w3.org*, https://www.w3.org/TR/UNDERSTANDING-WCAG20/consistent-behavior-consistent-functionality.html.

Tableau 9. Grille d'évaluation globale des trois CMS

	WordPress 4	Joomla 3	Drupal 8
Hébergement et installation	★★★★☆	★★★★☆	★★★★☆
Complétude du CMS	★★★★☆	★★★☆☆	★★★★☆
Personnalisation du site Web	★★★★☆	★★★☆☆	★★★☆☆
Édition des contenus	★★★★★	★★★★☆	★★★★☆
Gestion des contenus	★★★☆☆	★★★☆☆	★★★★★
Services attachés aux articles	★★☆☆☆	★★★★☆	★★☆☆☆
Présentation des contenus	★★☆☆☆	★★★★★	★★★★☆
Profils et processus métier	★★☆☆☆	★★★☆☆	★★★★☆
Interactivité du site Web	★★★☆☆	★★★☆☆	★★★★☆
Accessibilité du back-office	★★★☆☆	★★★☆☆	★★★★☆
Accessibilité du front-office	★★★★★	★★★★☆	★★★★★
SEO (opt. du référencement)	★★☆☆☆	★★★★☆	★★★★☆
Performances et sécurité	★★★☆☆	★★★★☆	★★★★★
Administration du site Web	★★★★☆	★★★★★	★☆☆☆☆
Maturité du CMS	★★★★★	★★★★★	★★★★★

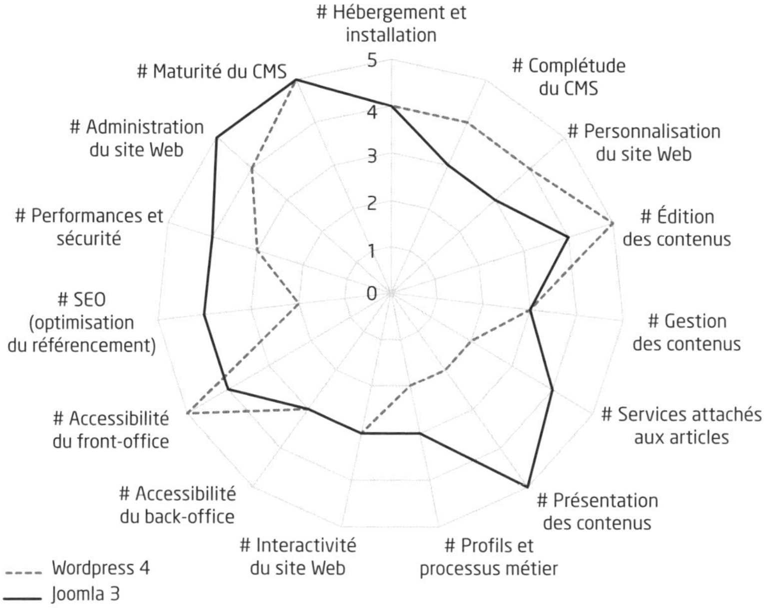

Figure 2. Évaluations comparées de WordPress et Joomla

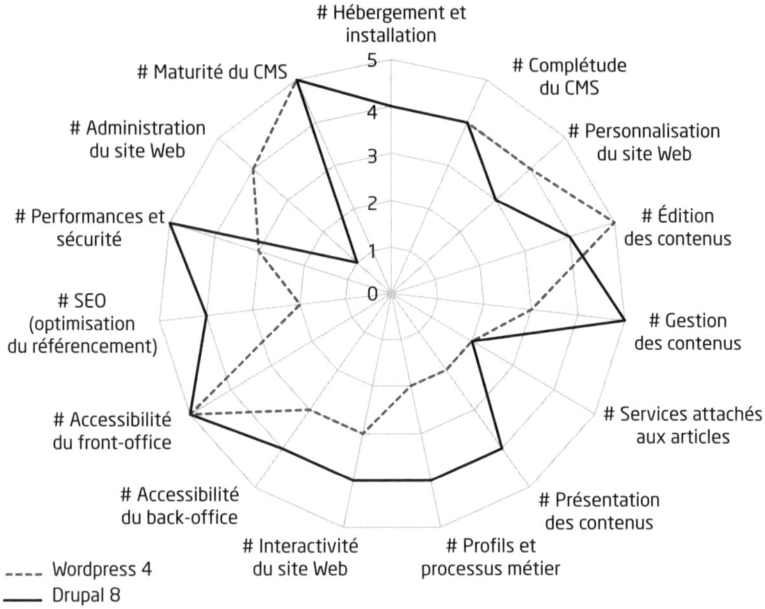

Figure 3. Évaluations comparées de WordPress et Drupal

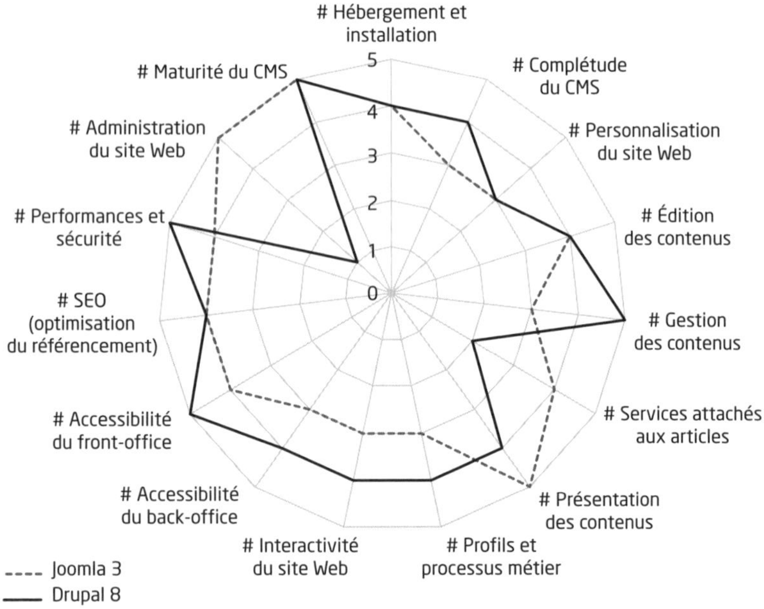

Figure 4. Évaluations comparées de Joomla et Drupal

Les figures 2, 3 et 4 permettent de comparer les outils deux par deux. Le mode de représentation utilisé permet par ailleurs de visualiser les points forts de chacun des outils : – l'édition des contenus et l'accessibilité du front-office concernant WordPress ; – la présentation des contenus et l'administration du site Web, concernant Joomla ; – la gestion des contenus et l'accessibilité du front-office, d'une part, les questions de performances et de sécurité, d'autre part, concernant Drupal (qui en même temps révèle une vraie faiblesse en terme d'administration).

2. COMPARAISON DES TROIS CMS PAR CRITÈRE

2.1 Principes directeurs des évaluations

Les quinze critères retenus se subdivisent en critères de second rang, chacun donnant lieu à une évaluation comparée des trois CMS, exprimée en *points de performance* (ce sont ces *points de performance* qui ont déterminé l'attribution des étoiles). Le premier critère, relatif à l'hébergement et à l'installation des trois CMS, fait ainsi intervenir les critères [secondaires] suivants :

- le coût annuel de l'hébergement ;
- le degré d'implantation des technologies utilisées par le CMS ;
- le temps nécessaire pour installer le CMS considéré ;
- les compétences requises pour l'installer.

Concernant le coût annuel de l'hébergement, l'échelle de points sur laquelle se fonde l'évaluation des trois CMS va de zéro à deux points. L'attribution de deux points signifie que le coût de l'hébergement se limite à quelques dizaines d'euros par an ; aucun point, plusieurs milliers d'euros par an.

À l'exception des critères faisant référence à l'utilisabilité des trois CMS et à la qualité de leur documentation, le système de cotation utilisé pour chaque critère de second rang sera conforme à l'exemple donné ci-dessus.

Pour autant, lorsque les outils seront sur un même pied d'égalité, en termes d'utilisabilité (quatre points), un bonus d'*un* ou plusieurs points pourra leur être accordé de façon à mieux les différencier.

Avant d'aborder la question des critères relatifs à l'utilisabilité et à la documentation des trois CMS, il convient d'ajouter que les évaluations ne seront pas systématiquement commentées au motif que l'objet de ce deuxième chapitre n'est pas tant de produire une étude exhaustive que de mettre en exergue tantôt les avantages tantôt les inconvénients des uns par rapport aux autres.

2.2 Utilisabilité et système de cotation associé

L'utilisabilité[8] est un critère très général – défini par l'ISO (organisme international de normalisation) – traduisant la capacité d'un outil à répondre au besoin de l'utilisateur **(efficacité)** en lui réclamant un minimum d'effort **(efficience)** tout en lui apportant un maximum de confort **(satisfaction)**. La notion d'efficience est quant à elle relative au travail que l'utilisateur doit produire en termes de clics et de saisie ; la notion de confort dépend quant à elle d'autres facteurs[9] tels que :

- la compatibilité du lexique [de l'outil] avec celui de l'utilisateur[10] ;
- la densité des informations présentées ;
- ou encore l'homogénéité de l'interface.

8 « Utilisabilité », *www.wikipedia.org,* https://fr.wikipedia.org/wiki/Utilisabilit%C3%A9 {version anglaise : « Usability », *www.wikipedia.org,* https://en.wikipedia.org/wiki/Usability}.

9 « Critères ergonomiques de Scapin et Bastien », *www.ergoweb.ca,* http://ergoweb.ca/criteres.

10 Chacun sait ce que recouvre la notion de catégorie (WordPress, Joomla) ; la notion de terme (Drupal) ne parle qu'aux initiés.

Ci-dessous, la définition de l'ISO :

> « Usability (see ISO 9241-11) is the extent to which a product can be used by specified users to achieve specified goals with effectiveness, efficiency, and satisfaction in a specified context of use. Effectiveness is fundamental as it is about achieving the intended goal(s). Efficiency is about the resources (such as time or effort) needed by users to achieve their goals so it can be important. In addition, it is important that users are satisfied with their experience, particularly where users have discretion over whether to use a product and can readily choose some alternative means of achieving their goals. »[11]

Attention ! L'utilisateur dont nous parlons dans ce chapitre est en fait l'administrateur, c'est-à-dire l'utilisateur du back-office, qu'il ne faut surtout pas confondre avec l'utilisateur final du site Web.

Nous venons de le mentionner, l'utilisabilité est un critère très général qui, pour cette raison, appelle un système de cotation plus sophistiqué. Le système de cotation retenu se fonde sur une échelle allant de 0 à 4 *points de performance* :

- Aucun point : l'outil n'intègre pas la fonctionnalité considérée et il n'y a pas d'extension disponible.
- *Un* point : l'outil n'intègre pas la fonctionnalité considérée, mais il existe une extension qui permet de l'intégrer.
- Deux points : l'outil intègre la fonctionnalité considérée (efficacité), mais il n'est pas efficient – soit parce qu'il impose un travail préliminaire soit parce qu'il faut plus de trois clics pour accéder aux écrans à configurer.
- Trois points : [concernant la fonctionnalité considérée] l'outil est à la fois efficace et efficient, mais non satisfaisant – du fait de la densité des informations par exemple.
- Quatre points : [concernant la fonctionnalité considérée] l'outil est pleinement utilisable (efficacité, efficience et satisfaction de l'utilisateur).

2.3 Qualité de la documentation et système de cotation associé

La qualité de la documentation [en ligne] sur les fondamentaux fait intervenir les critères suivants :

- la navigabilité de la documentation – critère relatif aux éléments d'orientation permettant de naviguer, de trouver le contenu et de se situer ;
- la profondeur de la documentation, son niveau de détail ;
- la pertinence du glossaire expliquant les concepts de base ;
- la traduction COMPLÈTE de la documentation en français.

11 « ISO/TS 20282-2:2013 | Usability of consumer products and products for public use », *www.iso.org*, http://www.iso.org/iso/fr/catalogue_detail.htm?csnumber=16883.

Tableau 10. Système de cotation du critère Documentation [en ligne] sur les fondamentaux

	Échelle (points de performance)	Commentaire
Navigabilité de la documentation	0,1 ou 2	Attribution d'un seul point : la documentation manque de navigabilité
Profondeur de la documentation	0,1 ou 2	Attribution d'un seul point : la documentation manque de profondeur
Pertinence du glossaire	0,1 ou 2	Attribution d'un seul point : le glossaire est incomplet ou manque de pertinence
Traduction complète de la documentation en français	0 ou 1	Oui (*un* point)/Non

La qualité de la documentation [en ligne] sur les extensions fait quant à elle intervenir les critères suivants :

- la navigabilité de la documentation ;
- l'intégration de statistiques d'aide à la décision (exemple : le nombre de sites Web faisant appel à une extension donnée) ;
- les commentaires ou évaluations des utilisateurs finaux ;
- l'intégration d'un forum pour chaque extension ;
- la traduction SYSTÉMATIQUE de la documentation en français.

Tableau 11. Système de cotation du critère Documentation [en ligne] des extensions

	Échelle (points de performance)	Commentaire
Navigabilité de la documentation	0,1 ou 2	Attribution d'un seul point : la documentation manque de navigabilité
Intégration de statistiques d'aide à la décision	0 ou 1	Oui (*un* point)/Non
Commentaires ou évaluations des utilisateurs	0 ou 1	Oui (*un* point)/Non
Intégration d'un forum [par extension]	0 ou 1	Oui (*un* point)/Non
Traduction systématique de la documentation en français	0 ou 1	Oui (*un* point)/Non

2.4 Évaluations des trois CMS par critère

Critère 1 : Hébergement et installation du CMS

Ce premier critère comprend :

a. Le coût annuel de l'hébergement.
b. Le degré d'implantation des technologies utilisées par le CMS.
c. Le temps nécessaire pour installer le CMS.
d. Les compétences requises [pour installer le CMS].

Remarque. – En plus des services liés à l'hébergement *stricto sensu*, l'ouverture d'un site Web suppose l'acquisition d'un *nom de domaine*. Les noms de domaine ne coûtent que quelques euros par an qui, le plus très souvent, sont intégrés dans le coût de l'hébergement.

Tableau 12. Système de cotation du critère Hébergement et installation du CMS

	Échelle (points de performance)	Déterminant de l'échelle appliquée
Coût annuel de l'hébergement	0,1 ou 2	Ordre de grandeur allant de la dizaine d'euros (deux points) au millier d'euros (aucun point)
Degré d'implantation des technologies utilisées par le CMS	0,1 ou 2	Tech. standard (deux points)/ standard supposant une prise en charge (*un* point), tech. exotique (aucun point)
Temps nécessaire pour installer le CMS	0,1 ou 2	Ordre de grandeur allant de la minute (deux points) au jour (aucun point)
Compétences requises pour installer le CMS	0,1 ou 2	Non technique (deux points), travail de configuration (*un* point), codage (aucun point)

Tableau 13. Grille d'évaluation du critère Hébergement et installation du CMS

	WordPress 4	Joomla 3	Drupal 8
Coût annuel de l'hébergement	2	2	2
Degré d'implantation des technologies utilisées par le CMS	2	2	2
Temps nécessaire pour installer le CMS	2	2	2
Compétences requises pour installer le CMS	1	1	1
Total (8 points maximum)	7	7	7
Évaluation	★★★★☆	★★★★☆	★★★★☆

Critère 2 : Complétude du CMS

Ce critère s'applique aux sites Web se limitant à **une vingtaine de pages**, il comprend :

a. La diversité des moteurs de gabarits disponibles – en dehors de celui ou ceux proposés par défaut.
b. Le coût des moteurs de gabarits vendus « clés en main » par les éditeurs *(providers)*.
c. [Utilisabilité] L'organisation [rubriquage, catégorisation] des pages.
d. [Utilisabilité] La gestion des menus.
e. [Utilisabilité] La gestion des utilisateurs du back-office.
f. [Utilisabilité] L'intégration des actualités dans un Blog (flux antéchronologique d'articles ou de dépêches).
g. [Utilisabilité] L'intégration d'évènements dans un agenda.
h. [Utilisabilité] L'intégration d'une galerie de photos.
i. Le nombre d'extensions à installer pour rendre son site opérationnel.
j. La qualité de la documentation [en ligne] sur les fondamentaux.

Remarque. – L'utilisabilité des moteurs de gabarits ne dépend pas du CMS que vous retiendrez. En fait, elle dépend du moteur lui-même. Certains moteurs sont très puissants, d'autres le sont beaucoup moins. RocketTheme (WordPress/Joomla), Yootheme (WordPress, Joomla) et Themebrain (Drupal) font partie des éditeurs les plus réputés[12].

Tableau 14. Système de cotation du critère Complétude du CMS

	Échelle (points de performance)	Déterminant de l'échelle appliquée
Diversité des moteurs de gabarits	0,1 ou 2	Ordre de grandeur allant de la dizaine (aucun point) au millier (deux points)
Temps nécessaire pour installer un moteur de gabarits	0,1 ou 2	Ordre de grandeur allant de la minute (deux points) au jour (aucun point)
Coût des moteurs de gabarits	0,1 ou 2	Ordre de grandeur allant de la dizaine (deux points) au millier d'euros (aucun point)
Organisation des pages	Entre 0 et 4	Utilisabilité
Gestion des menus	Entre 0 et 4	Utilisabilité
Gestion des utilisateurs	Entre 0 et 4	Utilisabilité

12 Yootheme, https://www.yootheme.com; Rockettheme, http://www.rockettheme.com; Drupal, https://www.themebrain.com.

	Échelle (points de performance)	Déterminant de l'échelle appliquée
Intégration des actualités	Entre 0 et 4	Utilisabilité
Intégration d'évènements	Entre 0 et 4	Utilisabilité
Intégration d'une galerie	Entre 0 et 4	Utilisabilité
Nombre d'extensions à installer	0,1 ou 2	Ordre de grandeur allant de l'unité (deux points) à la centaine (aucun point)
Qualité de documentation	Entre 0 et 7	Voir *supra*

Tableau 15. Grille d'évaluation du critère Complétude du CMS

	WordPress 4	Joomla 3	Drupal 8
Diversité des moteurs de gabarits disponibles	2	2	2
Temps nécessaire pour installer un moteur de gabarits	2	2	2
Coût des moteurs de gabarits	2	2	2
Organisation des pages	4	2	2
Gestion des menus	4	2	4
Gestion des utilisateurs	4	3	4
Intégration des actualités	4	2	4
Intégration d'évènements	4	1	1
Intégration d'une galerie	2	1	1
Nombre d'extensions à installer	2	2	2
Qualité de la documentation	4	6	6
Total (39 points maximum hors bonus)	34	25	30
Évaluation	★★★★☆	★★★☆☆	★★★★☆

Coût des moteurs de gabarits

Achetés à l'unité, le coût des moteurs de gabarits s'élève à quelques dizaines d'euros chez RocketTheme et Yootheme (WordPress/Joomla) contre un peu moins d'une centaine d'euros chez Themebrain (Drupal).

Organisation des pages

WordPress permet de structurer les pages sans qu'il soit nécessaire de définir des catégories.

Gestion des menus

Avec Joomla, l'ajout d'un lien dans le menu suppose la sélection d'un *type de lien de menu*. Cette notion, que seuls les initiés connaissent – et qui sert en fait à définir le format d'affichage des contenus à présenter (une liste d'articles à intégrer dans un tableau, par exemple) – se heurte aux principes de satisfaction et d'efficience.

Gestion des utilisateurs

Avec Joomla, l'écran permettant d'ajouter un utilisateur présente des champs qui, à ce stade, ne sont pas pertinents (exemple : date d'inscription) et qui en conséquence mettent en défaut de principe de satisfaction. À l'inverse, la liste des profils, qui aurait mérité d'apparaître dans le premier onglet, est « rejetée » dans le deuxième onglet, ce qui implique un clic supplémentaire et donc la mise en défaut du principe d'efficience.

Intégration des actualités

Avec WordPress et Drupal, les contenus définis en tant qu'article apparaissent automatiquement sur la page d'accueil tandis qu'avec Joomla, il faut activer l'option « En vedette » (mise en défaut du principe d'efficience).

Intégration d'une galerie

Avec Joomla et Drupal, l'intégration d'une galerie de photos passe nécessairement par l'installation d'une ou plusieurs extensions.

Avec WordPress, il n'y a pas d'extension à installer, cependant la gestion des galeries n'est pas complètement satisfaisante. Tout d'abord, on pourrait s'attendre à ce que l'outil permette de les créer, directement, depuis le gestionnaire des médias – sans avoir à créer une page, ce n'est pas le cas. Il apparaît ensuite que le lien « Toutes les galeries » – lien généré par l'outil (côté front-office) – n'affiche en réalité que la liste des pages DÉCLARANT des galeries au lieu d'afficher effectivement TOUTES les galeries. Exemple, si le site Web contient trois pages intégrant respectivement *une*, deux et trois galeries, le lien affichera les trois pages au lieu des six galeries. On s'aperçoit d'autre part que leur configuration laisse peu de marge de manœuvre. (Mise en défaut des principes d'efficacité, d'efficience et de satisfaction)

Nombre d'extensions à installer

WordPress, Joomla et Drupal 8 sont des outils complets qui, pour des sites Web intégrant une vingtaine de points d'entrée dans leur menu permettent de travailler immédiatement sur l'intégration des contenus, il y a peu d'extensions à installer voire aucune. (Avec Drupal 7, il faut en installer au moins une dizaine.)

Qualité de la documentation

Chez WordPress, les liens donnant accès aux documents de même que l'organisation des documents manquent de cohérence et de clarté (mise en défaut du principe de navigabilité). Exemple, le document sur la gestion des pages est à la fois un document de premier et de deuxième rang (manque de clarté), par ailleurs pointé par deux liens utilisant des libellés différents, Creating and Using Pages et Understanding Pages (manque de cohérence) (le premier lien apparaît dans la page d'accueil, le second dans la page de rang inférieur Getting Started with WordPress).

J'ajoute que le glossaire manque de pertinence (de nombreux termes techniques sont inappropriés : AJAX, Apache, API, Array, ASCII, etc.) et que sa traduction en français est incomplète.

Tableau 16. Documentation en ligne des trois plateformes

Plateforme	Adresses principales
WordPress	Page d'accueil (en anglais) : https://codex.wordpress.org/Main_Page Installation : https://codex.wordpress.org/fr:Installer_WordPress Extension des fonctions de base : https://codex.wordpress.org/fr:Plugins Présentation des contenus : https://codex.wordpress.org/fr:Utilisation_des_Th%C3%A8mes Glossaire (en anglais) : https://codex.wordpress.org/Glossary Traduction – partielle – du glossaire : https://codex.wordpress.org/fr:Glossaire
Joomla	Page d'accueil : https://docs.joomla.org/Main_Page/fr Concepts : https://docs.joomla.org/Portal:Administrators/fr Installation : https://docs.joomla.org/J3.x:Installing_Joomla/fr Structuration des contenus : https://docs.joomla.org/Understanding_categories_and_articles/fr Extension des fonctions de base : https://docs.joomla.org/Extension/fr Présentation des contenus : https://docs.joomla.org/Portal:Template_Management/fr Glossaire : https://docs.joomla.org/Glossary/fr
Drupal (en anglais)	Page d'accueil : https://www.drupal.org/documentation Concepts : https://www.drupal.org/documentation/understand Installation : https://www.drupal.org/documentation/install Structuration des contenus : https://www.drupal.org/documentation/structure Extension des fonctions de base : https://www.drupal.org/documentation/build Présentation des contenus : https://www.drupal.org/documentation/theme Multilinguisme : https://www.drupal.org/documentation/multilingual Drupal et les applications mobiles : https://www.drupal.org/node/1388470 Glossaire (en anglais) : https://www.drupal.org/glossary Traduction – partielle – du glossaire : http://drupalfr.org/documentation/glossaire-terminologie

Critère 3 : Personnalisation du site Web (moteur de gabarits et extensions)

Ce critère comprend :

a. Les compétences requises pour créer un moteur de gabarits[13].
b. Le nombre d'extensions disponibles.
c. L'accessibilité des extensions, c'est-à-dire la possibilité de les télécharger depuis les plateformes de WordPress, Joomla et Drupal.
d. La qualité de la documentation fournie par les trois plateformes.
e. Le temps nécessaire pour installer une extension.
f. [Utilisabilité] La désinstallation des extensions.
g. [Utilisabilité] La mise à jour des extensions.

Tableau 17. Système de cotation du critère Personnalisation du site Web (moteur de gabarits et extensions)

	Échelle (points de performance)	Déterminant de l'échelle appliquée
Compétences requises pour créer un moteur de gabarits	0 ou 1	Technologies à connaître en plus de HTML/CSS/ Javascript/PHP : oui (aucun point), non (*un* point)
Nombre d'extensions disponibles	0,1 ou 2	Ordre de grandeur allant de la dizaine (aucun point) au millier (deux points)
Accessibilité des extensions	0 ou 1	Oui (*un* point)/Non
Qualité de la documentation	6	Voir *supra*
Temps nécessaire pour installer une extension	0,1 ou 2	Ordre de grandeur allant de la minute (deux points) au jour (aucun point)
Désinstallation des extensions	Entre 0 et 4	Utilisabilité
Mise à jour des extensions	Entre 0 et 4	Utilisabilité

13 « Theme Development », *www.wordpress.org,* https://codex.wordpress.org/Theme_Development.
« The anatomy of a WordPress theme », *www.yoast.com,* https://yoast.com/wordpress-theme-anatomy.
« Création d'un template de base pour Joomla », *docs.joomla.org,* https://docs.joomla.org/Creating_a_basic_Joomla!_template/fr.
« Overview of theme files », *www.drupal.org,* https://www.drupal.org/node/171194.

Tableau 18. Grille d'évaluation du critère Personnalisation du site Web (moteur de gabarits et extensions)

	WordPress 4	Joomla 3	Drupal 8
Compétences requises pour créer un moteur de gabarits	0	0	0
Nombre d'extensions disponibles	2	2	2
Accessibilité des extensions	1	1	1
Qualité de la documentation	4	2	5
Temps nécessaire pour installer une extension	2	2	2
Désinstallation des extensions	4	3	2
Mise à jour des extensions	4	4	2
Total (20 points maximum)	17	14	14
Évaluation	★★★★☆	★★★☆☆	★★★☆☆

Compétences requises pour créer un moteur de gabarits
[en plus de HTML/CSS/Javascript/PHP]

Pour assurer la traduction des libellés qui structurent les sites Web – comme par exemple le « Back to top » que l'on remplacera par « Haut de page » –, WordPress fait appel à la technologie Gettext[14]. Cette technologie implique l'usage d'un logiciel de traduction, comme Poedit par exemple, traitant les formats propres à gettex, « pot », « po » et « mo ».

Joomla fait appel à un autre format pour traduire les libellés, le format « ini », qu'il utilise du reste pour traduire les étiquettes du moteur de gabarits, côté back-office (l'étiquette « Background color » sera remplacée par « Couleur de l'arrière-plan »).

En plus du format « ini », Joomla fait appel au langage XML, utilisé non seulement pour nommer les différents blocs venant se positionner autour du bloc principal (Top/Bottom/Left/Right), mais aussi pour définir les composants d'interface graphique du moteur de gabarits (champ de saisie du nom du site, bouton de chargement du logo, etc.).

Avec Drupal, la traduction des libellés fait appel à la même technologie que WordPress (Gettext). Le fichier utilisé pour configurer les moteurs de gabarits fait quant à lui appel au format « info », très proche du format « ini ». C'est dans ce fichier que l'on déclare, notamment, les blocs périphériques à considérer.

Par ailleurs, il faut savoir que les moteurs de gabarits de Drupal[15] font intervenir une surcouche technologique, Twig[16], impliquant un

14 « I18n for WordPress Developers/Introduction to Gettext », *www.wordpress.org*, https://codex.wordpress.org/I18n_for_WordPress_Developers#Introduction_to_Gettext.
15 « Twig in Drupal 8 », *www.drupal.org*, 22 janvier 2016, https://www.drupal.org/theme-guide/8/twig.
16 Twig, http://twig.sensiolabs.org.

autre langage de programmation[17] que le langage utilisé habituellement, PHP.

Qualité de la documentation

Avec WordPress et Joomla, la présentation des extensions est centralisée, mais leur documentation est le plus souvent externalisée. Avec Drupal, la documentation des extensions les plus importantes est systématiquement intégrée.

Joomla ne fournit que la date de mise à jour des extensions quand WordPress et Drupal fournissent, en plus, des statistiques d'aide à la décision indiquant notamment le nombre de sites utilisant effectivement l'extension considérée, le nombre total de téléchargements (Drupal seulement) et leur historique.

Désinstallation des extensions

Avec Drupal, la désinstallation des extensions est moins simple qu'avec WordPress et Joomla car elle doit s'accompagner d'une suppression manuelle des fichiers soit par le biais d'un logiciel donnant accès au serveur du site Web (exemple : Filezilla) soit depuis l'environnement de travail fourni par l'hébergeur[18]. (Mise en défaut du principe d'efficience)

Joomla ne distingue pas clairement les extensions faisant partie du noyau de celles que l'on ajoute. D'autre part, les critères de sélection proposés – pour retrouver les extensions que l'on souhaite supprimer – ne sont pas toujours très parlants. (Mise en défaut du principe de satisfaction)

Mise à jour des extensions

Avec Drupal, une extension ne peut être mise à jour que si elle a été préalablement désinstallée, il faut ensuite la réinstaller[19] (mise en défaut des principes d'efficience et de satisfaction). Avec WordPress et Joomla, les mises à jour peuvent se faire directement.

Critère 4 : [utilisabilité] Édition des contenus

Ce critère comprend :

a. L'intégration du wysiwyg[20].
b. La gestion des images hébergées par le site Web.
c. L'insertion des images dans le texte.
d. La manipulation des images.

17 « Twig for Template Designers », *twig.sensiolabs.org,* http://twig.sensiolabs.org/doc/templates.html.

18 « Uninstalling modules », *www.drupal.org,* https://www.drupal.org/node/250783.

19 « Update manager [...] », *www.drupal.org,* https://www.drupal.org/documentation/modules/update.

20 « wysiwyg » est un acronyme qui signifie « what you see is what you get », on l'utilise pour caractériser les logiciels (en l'occurrence les éditeurs que les trois CMS intègrent) permettant de visualiser directement – à l'écran – le résultat final issu du travail d'édition [préparation] (un article ou une rubrique dont le contenu sera intégré dans une page Web).

Tableau 19. Système de cotation du critère Édition des contenus

	Échelle (points de performance)	Déterminant de l'échelle appliquée
Intégration du wysiwyg	Entre 0 et 4	Utilisabilité
Gestion des images	Entre 0 et 4	Utilisabilité
Insertion des images	Entre 0 et 4	Utilisabilité
Manipulation des images	Entre 0 et 4	Utilisabilité

Tableau 20. Grille d'évaluation du critère Édition des contenus

	WordPress 4	Joomla 3	Drupal 8
Intégration du wysiwyg	4 + 2	4	4 + 1
Gestion des images	3	2 + 1	1
Insertion des images	4 + 1	3 + 1	4
Manipulation des images	4 + 1	4	4
Total (16 points maximum hors bonus)	19	15	14
Évaluation	★★★★★	★★★★☆	★★★★☆

Intégration du wysiwyg

Le point de bonus accordé à Drupal 8 tient au fait que son éditeur intègre le copier-coller des documents Word (seuls les en-têtes des sections et les listes sont restitués). Sur la question plus générale de l'édition des contenus, il convient d'ailleurs de remarquer que Drupal 8 est nettement plus performant que Drupal 7 avec lequel il faut tout d'abord installer une extension, puis charger les programmes de l'éditeur que l'on souhaite utiliser, soit par le biais d'un logiciel de transfert soit depuis l'environnement de travail fourni par l'hébergeur[21]. À cela s'ajoute le fait que Drupal 7 ne supporte pas vraiment le copier-coller des documents Word : l'opération permet bien de récupérer le texte, mais celui-ci est non exploitable en l'état car totalement brut, les éléments de structure (en-têtes des sections, tableaux, listes, etc.) ne sont pas restitués.

À la différence de Drupal, WordPress n'intègre pas explicitement la fonctionnalité qui permet de transformer [transcoder] les documents Word, mais il convient de souligner que son éditeur supporte très bien le copier-coller (premier point de bonus). En effet, le code HTML généré par l'éditeur est quasiment exploitable en l'état et, mieux encore, il reprend fidèlement la structure des documents d'origine (en-têtes des sections/listes, mais aussi tableaux et notes de bas de page). Avec Joomla, la structure des documents est restituée, mais le code est inexploitable, car non transcodé.

21 Voir *infra*, partie 2, chap. VIII, procédure D2.4.1.

Le second point de bonus accordé à WordPress tient au fait que son éditeur permet d'insérer très facilement des **vidéos de YouTube**, il suffit pour cela de renseigner l'adresse des vidéos fournie par la plateforme (exemple : *https://youtu.be/g5rlAR9jaOs*). Avec Joomla, il faudra récupérer non point l'adresse, mais l'extrait de code – toujours fourni par YouTube –

```
(<iframe width="560" height="315" src="https://www.
youtube.com/embed/g5rlAR9jaOs" frameborder="0"allow
fullscreen></iframe>)
```

... puis activer l'éditeur de code, préalablement configuré pour accepter ce type d'opération, et enfin copier-coller l'extrait de code à l'endroit souhaité. En faisant appel à un autre éditeur que celui proposé par défaut, la procédure peut être simplifiée et se limiter à la saisie de l'adresse apparaissant dans l'extrait de code : *https://www.youtube.com/embed/g5rlAR9jaOs*. Avec Drupal, il faudra, comme avec Joomla, activer l'éditeur de code puis copier-coller l'extrait fourni par YouTube à l'endroit souhaité.

Gestion des images hébergées par le site Web

Le point de bonus accordé à Joomla tient au fait que son gestionnaire des médias permet de classer les images dans des répertoires tandis que WordPress impose un ordre chronologique. Ce point de bonus est contrebalancé par le fait que Joomla ne permet pas de glisser-déposer les images d'un répertoire à l'autre (si l'on souhaite déplacer une image, il faut la supprimer du répertoire initial puis la recharger depuis son ordinateur dans le répertoire souhaité) (mise en défaut du principe d'efficience).

Mais WordPress et surtout Drupal ont eux aussi leurs limites. Il faut savoir que le moteur de recherche de WordPress ne prend en considération ni le texte alternatif des images ni leur légende (mise en défaut du principe d'efficience).

Concernant Drupal, il faut savoir que son gestionnaire de fichiers ne permet ni de classer les images ni de les supprimer manuellement. C'est la raison pour laquelle il n'obtient qu'un seul point. Il convient cependant de signaler que la suppression des images est tout de même intégrée par l'outil, mais selon un processus automatisé qui s'applique aux images que l'utilisateur a retirées de son site Web. (La fréquence à laquelle le processus doit se déclencher reste sous le contrôle de l'utilisateur, qui peut d'ailleurs configurer l'outil de façon à ce qu'aucune image ne soit jamais supprimée.)

Insertion des images dans le texte

Le point de bonus accordé à WordPress tient au fait que son éditeur ne fait intervenir qu'un seul bouton à partir duquel l'utilisateur pourra insérer soit des images hébergées par le site lui-même soit des images provenant d'autres sites Web – le copier-coller [de l'image en ligne] fonctionne aussi.

Ce même point de bonus est aussi accordé à Joomla qui, d'un autre côté, se voit pénalisé par le fait qu'il faille considérer non point *un* mais deux boutons, le premier servant à insérer les images provenant d'autres sites Web, le second à insérer les images hébergées « localement », alors que ces deux boutons ne répondent en fait qu'à un seul et même besoin (mise en défaut du principe de satisfaction).

Sur ce critère, Drupal 8, qui s'avère plus performant que Drupal 7 (pas d'extension à installer), reste en deçà de WordPress et Joomla car il ne permet pas d'insérer des images externalisées sans qu'il soit nécessaire d'activer l'éditeur de code (pas de bonus).

Manipulation des images

Le point de bonus accordé à WordPress tient au fait que son gestionnaire des médias permet non seulement de recadrer les images, mais aussi de les retourner verticalement ou horizontalement – à condition d'être hébergées « localement », c'est-à-dire dans l'environnement WordPress. Avec Joomla et Drupal, la manipulation des images se limite à leur redimensionnement.

Critère 5 : [utilisabilité] Gestion des contenus

Ce critère comprend :

a. Le nombre de pages que l'on peut intégrer.
b. Le nombre de niveaux hiérarchiques que l'on peut définir.
c. [Utilisabilité] L'intégration de la polyhiérarchie[22] (exemple : classement d'un article sur WordPress dans les rubriques « CMS » et « logiciels Open source »).
d. [Utilisabilité] L'intégration de plans de classement multifacettes[23] (exemple : création de trois espaces de classement [thèmes/lieux/sessions] que l'on utilisera pour classer des fiches dédiées à la formation).
e. [Utilisabilité] L'intégration de l'indexation[24] (exemple : utilisation des mots-clés *Structuration*, *Polyhérarchie* ou encore *Multilinguisme* pour marquer des articles abordant la question de la gestion des contenus avec un CMS).
f. [Utilisabilité] L'intégration de champs personnalisés[25] pour les types de contenus prédéfinis (exemple de type de contenu prédéfini : le type « Article »). Les champs personnalisés sont des champs qui viennent s'ajouter aux champs déjà existants pour un type de contenu donné (exemple de champ prédéfini concernant le type de contenu « Article » : « Nom de l'auteur »).
g. [Utilisabilité] L'intégration de types de contenus personnalisés[26] (exemple de type de contenu personnalisé : le type « Fiche-formation ») faisant intervenir des champs personnalisés (exemple de champ personnalisé : « Tarif de la formation »).
h. [Utilisabilité] L'intégration du moteur de recherche.
i. [Utilisabilité] L'intégration du multilinguisme côté front-office (site Web multilingue).

22 Voir *supra*, chap. précédent, section « Unité *vs* spécificité des terminologies ».
23 *Ibid.*
24 *Ibid.*
25 Voir *infra*. Partie 2 : chap. VI (procédure W9.2.3), chap. VII (procédure J10) et chap. VIII (procédure D12.2).
26 Voir *infra*, partie 2, chap. VIII, procédure D.4.

Tableau 21. Système de cotation du critère Gestion des contenus

	Échelle (points de performance)	Déterminant de l'échelle appliquée
Nombre de pages	0 ou 1	Limité/Illimité (*un* point)
Nombre de niveaux hiérarchiques	0 ou 1	Limité/Illimité (*un* point)
Intégration de la polyhiérarchie	Entre 0 et 4	Utilisabilité
Intégration de plans de classement multifacettes	Entre 0 et 4	Utilisabilité
Intégration de l'indexation	Entre 0 et 4	Utilisabilité
Intégration de champs personnalisés	Entre 0 et 4	Utilisabilité
Intégration de types de contenus personnalisés	Entre 0 et 4	Utilisabilité
Intégration du moteur de recherche	Entre 0 et 4	Utilisabilité
Intégration du multilinguisme	Entre 0 et 4	Utilisabilité

Tableau 22. Grille d'évaluation du critère Gestion des contenus

	WordPress 4	Joomla 3	Drupal 8
Nombre de pages	1	1	1
Nombre de niveaux hiérarchiques	1	1	1
Intégration de la polyhiérarchie	4	1	4 + 1
Intégration de plans de classement multifacettes	0	0	4
Intégration de l'indexation	4	2 + 1	4
Intégration de champs personnalisés	1 (pas d'extension à installer, mais code à modifier)	1	4
Intégration de types de contenus personnalisés	1	1	4
Intégration du moteur de recherche	4	4 + 1	4 + 2
Intégration du multilinguisme	1	3	4
Total (30 points maximum hors bonus)	17	16	33
Évaluation	★★★☆☆	★★★☆☆	★★★★★

Intégration de la polyhiérarchie

Le bonus accordé à Drupal tient au fait que le classement polyhiérarchique des contenus peut s'appliquer à n'importe quel type de contenu. Une page institutionnelle, un article ou une fiche peuvent ainsi appartenir à plusieurs rubriques (premier point de bonus) et, de surcroît, une rubrique peut elle-même être intégrée dans plusieurs [super]rubriques ; avec WordPress, la polyhiérarchie s'appliquera uniquement aux articles, et ce dans un contexte d'archivage, qui plus est. Pour autant, il convient de noter – qu'avec Drupal – cette fonctionnalité alourdit sensiblement le travail de configuration, même si elle n'est pas exploitée.

Intégration de plans de classement multifacettes

Ni WordPress ni Joomla n'intègrent cette fonctionnalité, alors qu'à l'inverse celle-ci fait partie du noyau de Drupal depuis 2002[27], c'est-à-dire depuis sa naissance quasiment. Existe-t-il des extensions qui permettraient à WordPress et Joomla de s'aligner sur Drupal ? À ma connaissance non, mais si tel était le cas, leur intégration conduirait à une refonte profonde des deux back-offices. Or, je rappelle ici que l'objectif de l'ouvrage n'est pas de montrer ce que les outils peuvent ou pourraient faire (tout est toujours possible dans le domaine de l'informatique dès lors que l'on s'en donne les moyens), mais ce pour quoi ils ont été conçus, autrement dit, ce qu'ils SAVENT faire.

Intégration de l'indexation

Le point de bonus accordé à Joomla tient au fait que les mots-clés composés peuvent intégrer la virgule (exemple : « Formation WordPress, Joomla, Drupal »). Cela n'est possible ni avec WordPress ni avec Drupal, car ceux-ci utilisent la virgule non comme signe de ponctuation, mais comme séparateur (avec Joomla, c'est la touche d'entrée, voire l'espace, qui est utilisée pour valider la saisie des mots-clés).

Ce point de bonus accordé à Joomla est contrebalancé par le fait que ce dernier ne distingue pas les mots-clés séparés par une virgule lorsqu'ils sont copiés-collés en masse (mise en défaut du principe d'efficience), à la différence de WordPress et Drupal.

Intégration de champs personnalisés

WordPress donne la possibilité d'intégrer des champs personnalisés sans qu'il soit nécessaire d'installer une extension, mais l'exploitation de cette fonctionnalité réclame une intervention au niveau du code. Par ailleurs, il convient d'ajouter que la gestion des champs personnalisés n'est pas vraiment satisfaisante, et ce pour deux raisons. Première raison, l'ordre d'affichage des contenus, côté front-office, est dicté par l'ordre de création des champs correspondants, côté back-office (si l'on se trompe, il faut supprimer les champs puis les recréer). Seconde raison, après l'enregistrement du contenu – et sans aucun avertissement –, WordPress reclasse les champs [du back-office] par ordre alphabétique, tout en maintenant cependant l'ordre d'affichage des contenus côté front-office.

27 « Drupal 4 press release », *www.drupal.org,* 15 juin 2002, https://www.drupal.org/drupal-4.0.0.

Intégration de types de contenus personnalisés

Ni WordPress ni Joomla ne permettent de créer des types de contenus personnalisés (exemples : fiches-formation/projet/produit/service) sans faire appel à une extension.

Intégration du moteur de recherche

Le point de bonus accordé à Joomla tient au fait que son moteur de recherche permet, d'une part, d'affiner les requêtes (« Tous les mots », « N'importe quel mot » et « Phrase exacte », avec Joomla), et, d'autre part, de cibler le type de contenu visé (« Catégories », « Contacts », « Articles », « Fils d'actualités » et « Tags », toujours avec Joomla). Drupal intègre aussi ces fonctionnalités (premier point de bonus), le point supplémentaire qui lui est accordé, tient au fait que, dans le cas des sites multilingues, son moteur de recherche traite l'ensemble des contenus – toutes langues confondues –, tandis qu'avec Joomla, le moteur de recherche ne traite que les contenus de la langue courante du site Web.

Intégration du multilinguisme

Le multilinguisme est une fonction native de Joomla. Cependant, il faut savoir que sa mise en place n'est pas intuitive et que, d'autre part, son exploitation est contraignante car elle oblige l'utilisateur à répliquer le site Web (rubriques, articles et menus notamment) dans chacune des langues à considérer – une tâche qui s'avère relativement lourde lorsqu'il y a plusieurs dizaines de pages à intégrer dans plusieurs langues. (Le temps que prend la mise en place du multilinguisme – hors contenus – dépend bien sûr du nombre de langues à intégrer. Pour un site Web se limitant à deux langues, un site franco-anglais par exemple, il faut compter à peu près une heure de travail.)

Avec Drupal, l'intégration du multilinguisme est plus simple car les traductions se traitent localement à l'échelle de chacune des entités composant le site Web (contenus des pages et menus). Du fait de cette approche, le back-office reste lisible quelque soit le nombre de langues à intégrer (cas des menus : Drupal fera toujours intervenir un seul menu principal quel que soit le nombre de langues à considérer ; avec Joomla, il faudra créer un menu principal pour chaque langue) et, de plus, la mise en relation des traductions se fait automatiquement alors qu'avec Joomla, celle-ci doit se faire manuellement. (Il convient de préciser que sur ce critère, Drupal 8, dont on parle ici, est plus performant que Drupal 7 : avec Drupal 8, il suffit d'activer les quatre extensions dédiées au multilinguisme, tandis qu'avec la version 7, il faut considérer une dizaine extensions[28], qui ne font pas partie du noyau et qu'il faudra donc installer.)

WordPress donne aussi la possibilité d'intégrer le multilinguisme, mais pour cela, il faudra faire appel à l'une des six extensions recommandées par le support[29] (les statistiques de WordPress indiquent

28 « HowTo: Basic Internationalization setup », *www.drupal.org,* 15 décembre 2015, https://www.drupal.org/node/1268692.
29 « Site multilingue avec WordPress », *www.wordpress.org,* https://codex.wordpress.org/fr:Site_multilingue_avec_WordPress.

que Polylang et qTranslate X sont les deux extensions les plus utilisées). Pour autant, il y a lieu de remarquer que l'intégration du multilinguisme avec WordPress n'est pas sans risque et que, de ce fait, il faut l'aborder avec précaution. Cela signifie qu'il faut non seulement tester les extensions séparément sur des sites dédiés, mais aussi effectuer les tests de compatibilité avec les autres extensions du site Web.

« In any case, installing a multilingual plugin is a big change for any site. It would be a good idea to first create a test site and verify that everything works correctly between all the required plugins and the theme and only then install. »[30]

Critère 6 : [utilisabilité] Services attachés aux articles

Ce critère comprend :

a. L'intégration de la pagination des contenus avec une table des matières permettant d'accéder directement aux différentes sections [du contenu] (à ne pas confondre avec la pagination des articles intégrés dans des listes, à l'instar des pages de résultats affichées par les moteurs de recherche).
b. L'intégration du résumé des contenus, utilisé pour les introduire quand ils sont intégrés dans des listes.
c. L'intégration de la troncation qui, à la différence du résumé, reprend littéralement les premières lignes des articles.
d. L'intégration des révisions *(versionning)*.
e. L'intégration de la version imprimable.
f. L'intégration de la version « pdf ».
g. L'intégration du partage des articles par email.

Tableau 23. Système de cotation du critère Services attachés aux articles

	Échelle (points de performance)	Déterminant de l'échelle appliquée
Intégration de la pagination	Entre 0 et 4	Utilisabilité
Intégration du résumé	Entre 0 et 4	Utilisabilité
Intégration de la troncation	Entre 0 et 4	Utilisabilité
Intégration des révisions	Entre 0 et 4	Utilisabilité
Intégration de la version imprimable	Entre 0 et 4	Utilisabilité
Intégration de la version « pdf »	Entre 0 et 4	Utilisabilité
Intégration du partage des articles par email	Entre 0 et 4	Utilisabilité

30 « Multilingual WordPress », *www.wordpress.org,* https://codex.wordpress.org/Multilingual_WordPress.

Tableau 24. Grille d'évaluation du critère Services attachés aux articles

	WordPress 4	Joomla 3	Drupal 8
Intégration de la pagination	1	3	1
Intégration du résumé	0 (instabilité)	4	3
Intégration de la troncation	4	4	2
Intégration des révisions	4 + 1	4 + 2	4
Intégration de la version imprimable	1	4	1
Intégration de la version « pdf »	1	1	1
Intégration du partage des articles par email	1	4	1
Total (28 points maximum hors bonus)	13	26	13
Évaluation	★★☆☆☆	★★★★☆	★★☆☆☆

Intégration de la pagination

Avec Joomla, l'intégration de la pagination des contenus fait intervenir deux champs dont les étiquettes manquent de clarté (Titre de la page, Titre dans l'index). D'autre part, il s'avère que la saisie du premier champ (Titre de la page) est inutile. (Mise en défaut du principe de satisfaction)

Intégration du résumé

Avec WordPress, l'intégration des résumés s'avère instable. Il apparaît en effet que selon la version de l'outil et le moteur de gabarits utilisés, une même configuration produira des résultats différents : a) WordPress 430-[moteur de gabarits] Twenty Ten : les résumés se substituent au contenu des articles ; b) WordPress 442-Twenty Ten : les résumés ne sont pas affichés ; c) WordPress 442-Twenty Sixteen : les résumés viennent chapeauter le contenu des articles.

Avec Drupal, l'éditeur des résumés n'est pas wysiwyg, si l'on souhaite mettre en forme le contenu, il faut utiliser le langage HTML (mise en défaut du principe d'efficience). (C'est aussi le cas avec WordPress.)

Intégration de la troncation

Avec Drupal, il faut activer l'option Full HTML, ouvrir l'éditeur de code puis insérer la balise `<!--break-->` à l'endroit souhaité (mise en défaut du principe d'efficience) ; avec WordPress et Joomla, une fois le curseur positionné, il suffit de cliquer sur l'icône dédiée.

Intégration des révisions

Le premier point de bonus accordé à Joomla tient au fait qu'il permet de comparer les révisions (en vert, ce qui a été ajouté ; en rouge, ce qui a été retiré), tout comme WordPress d'ailleurs, et qu'en plus (deuxième point de bonus), il permet de contrôler, depuis le back-office, le nombre de révisions à conserver, alors que WordPress réclame que l'on intervienne au niveau du code[31] (avec Drupal, la question du contrôle des révisions importe moins car leur génération n'est pas automatisée, le problème de surcharge de la base de données du site Web, du fait des révisions, ne se posera pas).

Intégration de la version imprimable

Avec Joomla, l'intégration de la version imprimable se joue en un seul clic, mais attention ! encore faut-il savoir où se trouve le bouton qui va permettre de l'activer. En effet, il faut savoir que Joomla fait intervenir pas moins de trois niveaux de configuration[32], répondant certes à un vrai besoin (celui de pouvoir personnaliser son site Web tout en rationalisant la gestion des contenus), mais cependant déroutants lorsqu'on découvre l'outil. Le premier niveau est global, il permet de fixer les options qui s'appliqueront par défaut à tous les contenus du site Web. Le deuxième niveau sert à personnaliser la présentation des contenus qui sont rattachés à un menu, le troisième niveau sert quant à lui à personnaliser la présentation des contenus qui, à la différence du deuxième niveau, ne sont rattachés à aucun menu. Concrètement, cela se traduit par le fait que le bouton qui, en l'occurrence, va permettre d'activer ou non l'affichage du bouton d'impression dans un ou plusieurs articles du site Web, se retrouve dans trois écrans différents, chacun d'eux correspondant à l'un des niveaux de configuration indiqués ci-dessus.

Intégration du partage des articles par email

Avec Joomla, l'intégration du partage des articles par email obéit aux mêmes règles de gestion que l'intégration de la version imprimable, avec les mêmes limites.

Critère 7 : [utilisabilité] Présentation des contenus

Ce critère comprend :

a. La flexibilité de la mise en page (critère relatif au nombre de blocs périphériques et à leur agencement autour du bloc principal [servant à présenter les articles notamment]).
b. La visualisation des blocs supportant la mise en page (blocs à l'intérieur desquels seront intégrés les blocs périphériques sus-indiqués).
c. La personnalisation du style des blocs périphériques.
d. La diversité des formats d'affichage des rubriques et des articles.
e. Le contrôle de la visibilité des blocs périphériques (critère relatif à l'affichage des blocs dans un contexte donné, les blocs considérés ne seront pas affichés systématiquement).
f. L'intégration du *multi-template* (plusieurs moteurs de gabarits au sein d'un même site).

31 « Revisions », *www.wordpress.org,* https://codex.wordpress.org/Revisions.
32 Voir *infra,* partie 2, chap. VII, focus « Trois espaces de configuration ».

Tableau 25. Système de cotation du critère Présentation des contenus

	Échelle (points de performance)	Déterminant de l'échelle appliquée
Flexibilité de la mise en page	0 ou 1	Limité/Illimité (*un* point)
Visualisation des blocs supportant la mise en page	0 ou 1	Oui (*un* point)/Non
Personnalisation du style des blocs périphériques	Entre 0 et 4	Utilisabilité
Diversité des formats d'affichage (rubriques/articles)	Entre 0 et 4	Utilisabilité
Contrôle de la visibilité des blocs périphériques	Entre 0 et 4	Utilisabilité
Intégration du *multi-template*	Entre 0 et 4	Utilisabilité

Tableau 26. Grille d'évaluation du critère Présentation des contenus

	WordPress 4	Joomla 3	Drupal 8
Flexibilité de la mise en page	1	1	1
Visualisation des blocs supportant la mise en page	0	1	1
Personnalisation du style des blocs périphériques	0	4	0
Diversité des formats d'affichage des rubriques et des articles	4	4 + 1 + 0,5	4 + 1,5 + 0,5 + 1
Contrôle de la visibilité des blocs périphériques	1	3	4
Intégration du *multi-template*	1	4	1
Total (18 points maximum hors bonus)	7	18,5	14
Évaluation	★★☆☆☆	★★★★★	★★★★☆

Personnalisation du style des blocs périphériques

Avec Drupal, il faut intervenir au niveau du code. Idem avec WordPress, mais à la différence de Drupal, ce dernier permet tout de même d'accéder au code depuis le back-office, sans qu'il soit donc nécessaire de faire appel à un logiciel tiers.

Joomla donne la possibilité de personnaliser le style des blocs périphériques sans qu'il soit nécessaire de connaître les feuilles de style CSS, encore moins le langage PHP (si vous maîtrisez ces technologies, sachez que l'outil permet d'accéder aux scripts). Toutefois, il convient de préciser que la personnalisation des blocs périphériques réclame une certaine rigueur, car les paramètres à considérer sont des paramètres techniques directement issus des feuilles de style du site Web.

Diversité des formats d'affichage des rubriques et des articles

Tout d'abord, il faut savoir que Drupal permet de contrôler les informations présentées (exemples : le titre des articles ou leur accroche, la ou les rubriques auxquelles ils appartiennent, leur date de publication, etc.). Ensuite, il faut savoir que Drupal permet aussi d'agir sur la structure des informations présentées (éléments `h1`, `h2`, `h3`, etc.) et qu'il permet, par ailleurs, de personnaliser le format qui leur sera appliqué (liste simple, tableau ou calendrier, par exemple). (Un point et demi de bonus par rapport à WordPress qui n'intègre aucune des fonctionnalités sus-indiquées ; un demi-point de bonus par rapport à Joomla qui ne permet pas d'agir sur la structure des informations présentées. De sorte, le bonus de Joomla par rapport à WordPress s'élève à *un* point.)

Concernant les rubriques ou les articles intégrés dans des listes, il convient de noter que Drupal permet, en plus, d'agir sur l'ordre dans lequel les contenus doivent être affichés. (Pas de point de bonus par rapport à Joomla, qui intègre lui aussi cette fonctionnalité, mais *un* demi-point [de bonus] par rapport à WordPress, qui ne l'intègre pas explicitement. De sorte, le bonus de Joomla par rapport à WordPress s'élève aussi à *un* demi-point.)

À cela s'ajoutent d'autres fonctionnalités, plus pointues, dont certaines sont précisées dans le chapitre VII de la partie 2. (Un point de bonus par rapport à Joomla et WordPress qui n'intègrent pas les fonctionnalités concernées.)

Joomla n'est pas aussi puissant que Drupal, mais il faut mettre à son crédit le fait qu'il intègre un très grand nombre de formats d'affichage, plusieurs dizaines, les trois principaux étant ceux qui permettent de personnaliser l'affichage des rubriques et des sous-rubriques, de personnaliser l'affichage des articles intégrés dans une liste (Blog/tableau) et, bien entendu, de personnaliser l'affichage des articles affichés individuellement.

Chacun des formats d'affichage proposé fait intervenir plusieurs dizaines de paramètres. Le format d'affichage servant à lister les articles d'une rubrique, pour ne citer que lui, permet notamment de personnaliser le nombre de colonnes dans lesquels les articles doivent être intégrés, l'ordre logique de ces derniers (exemple : les plus récents en premier), leur ordre matériel (lecture de haut en bas/de gauche à droite), lorsque plusieurs colonnes sont à considérer, ou encore la position des boutons de pagination.

Avec WordPress, les formats d'affichage sont limités en nombre, ils le sont aussi en termes de personnalisation.

Contrôle de la visibilité des blocs périphériques

Le premier point de bonus accordé à Drupal tient au fait que le contrôle de la visibilité des blocs peut s'appliquer à n'importe quelle page, sans aucune contrainte, tandis qu'avec Joomla, cette fonctionnalité est réservée aux pages pointées par un lien intégré dans un menu.

Le deuxième point de bonus [accordé à Drupal] tient au fait que l'outil donne la possibilité de désigner les pages pour lesquelles un bloc doit être (ou non) affiché de manière élégante. Prenons un exemple. Une seule ligne (formation*), dans laquelle on relèvera la présence de l'astérisque, servira à désigner toutes les pages dont le chemin commencera par... « formation » : « formation-continue », « formation-intra », « formation-initiale », etc., du fait de l'astérisque utilisé comme joker. Avec Joomla, il faudra au contraire sélectionner manuellement chacun des liens pointant vers chacune les pages à considérer (l'outil donne cependant la possibilité d'en sélectionner plusieurs à la fois).

Intégration du « multi-template »

Joomla donne la possibilité de décliner la présentation des contenus à partir d'un seul moteur de gabarits, il donne en plus la possibilité d'intégrer plusieurs moteurs de gabarits au sein d'un même site Web. L'intégration du *multi-template* est une fonctionnalité que l'on exploitera soit pour distinguer les différents espaces d'un site Web (exemple : espace institutionnel/Blog/forum) soit dans le cadre du multilinguisme.

Critère 8 : [utilisabilité] Gestion des profils et des processus métier

Ce critère comprend :

a. La gestion des profils et des droits associés (exemple : [profil] auteur, [droit] éditer un article).
b. La personnalisation des profils des droits associés (exemple : [profil personnalisé] webmaster, [droit] publier un article).
c. L'automatisation des processus *(workflow)* (exemple : le journaliste produit un article/le rédacteur en chef reprend et valide l'article/le webmaster publie l'article) à partir de règles faisant intervenir un évènement déclencheur et une action (exemple de règle : [action] envoyer un email au rédacteur en chef [évènement] lorsqu'un nouvel article est enregistré).

Tableau 27. Système de cotation du critère Gestion des profils et des processus métier

	Échelle (points de performance)	Déterminant de l'échelle appliquée
Gestion des profils et des droits associés	Entre 0 et 4	Utilisabilité
Personnalisation des profils et des droits associés	Entre 0 et 4	Utilisabilité
Gestion des évènements et des actions	Entre 0 et 4	Utilisabilité

Tableau 28. Grille d'évaluation du critère Gestion des profils et des processus métier

	WordPress 4	Joomla 3	Drupal 8
Gestion des profils et des droits associés	3	3	3
Personnalisation des profils et des droits associés	1	3	4
Gestion des évènements et des actions	1	1	4
Total (12 points maximum)	5	7	11
Évaluation	★★☆☆☆	★★★☆☆	★★★★☆

Gestion des profils et des droits associés

Les trois CMS intègrent un système de gestion des profils qui permet notamment de restreindre les droits des utilisateurs les moins aguerris, et donc de sécuriser le site Web. Avec Drupal, les profils sont peu nombreux (mise en défaut du principe de satisfaction), mais l'outil présente l'avantage, à la différence de ses deux « concurrents », d'indiquer clairement les droits qui les définissent. Avec WordPress et Joomla, les profils sont plus nombreux – donc plus proches des besoins de l'administrateur du site Web ; pour autant, il faut reconnaître que l'un et l'autre présentent des lacunes évidentes quant à la clarté des droits qui leur sont associés (mise en défaut du principe de satisfaction) : le back-office de WordPress ne fournit aucune information – l'utilisateur est contraint de se reporter à la documentation de la plateforme[33] –, tandis que du côté de Joomla, même si l'information est accessible, force est de constater que le système adopté, qui est complexe[34], ne facilite pas la lecture comparée des droits associés à chaque profil.

Personnalisation des profils et des droits associés

Drupal et Joomla donnent la possibilité de créer des profils avec des droits personnalisables, avec WordPress, cela n'est pas possible. Il convient d'ajouter que le système de gestion des droits de Joomla est moins facile à exploiter que celui de Drupal (mise en défaut du principe de satisfaction).

Critère 9 : [utilisabilité] Interactivité du site Web (fonctionnalités 2.0)

Ce critère comprend :

a. L'intégration des commentaires.
b. L'intégration du partage des contenus avec les réseaux sociaux.
c. La production de flux RSS auxquels les utilisateurs finaux pourront s'abonner.
d. L'agrégation de flux RSS provenant du Web.

33 « Rôles et Capacités », *www.wordpress.org*, https://codex.wordpress.org/fr:R%C3%B4les_et_Capacit%C3%A9s.

34 « Didacticiel : Liste de Contrôle d'Accès (ACL) », *www.joomla.org*, https://docs.joomla.org/J3.x:Access_Control_List_Tutorial/fr.

Si vous n'en avez jamais entendu parler, sachez que les flux RSS[35] sont des scripts (programmes faisant appel à des balises, tout comme les pages HTML) qui servent à lister des contenus, les articles d'un Blog, par exemple.

Ces scripts possèdent trois caractéristiques : a) le format qu'ils utilisent se caractérise pas sa concision (titre et date de publication des contenus, nom de l'auteur, accroche des contenus) ; b) les contenus qu'ils intègrent sont mis à jour automatiquement par l'outil qui les héberge, en l'occurrence WordPress, Joomla ou Drupal ; c) ces mêmes contenus sont classés chronologiquement, des plus récents aux plus anciens.

Ces flux ont pour vocation d'être exploités par des logiciels (navigateurs, agrégateurs de flux, mais aussi CMS) capables de restituer leur contenu à l'utilisateur final. Du point de vue l'abonné, les flux RSS sont un outil qui permet de rester en prise avec l'actualité, dans un contexte de veille ; du côté de celui qui les produit, il faut les voir comme un moyen supplémentaire de générer du trafic sur le site Web.

Tableau 29. Système de cotation du critère Interactivité du site Web

	Échelle (points de performance)	Déterminant de l'échelle appliquée
Intégration des commentaires	Entre 0 et 4	Utilisabilité
Intégration du partage des contenus avec les réseaux sociaux	Entre 0 et 4	Utilisabilité
Production de flux RSS	Entre 0 et 4	Utilisabilité
Agrégation de flux RSS	Entre 0 et 4	Utilisabilité

Tableau 30. Grille d'évaluation du critère Interactivité du site Web

	WordPress 4	Joomla 3	Drupal 8
Intégration des commentaires	4	1	4
Intégration du partage des contenus avec les réseaux sociaux	1	1	1
Production de flux RSS	4	4 + 1	4 + 2
Agrégation de flux RSS	1	4	2
Total (16 points maximum hors bonus)	10	11	13
Évaluation	★★★☆☆	★★★☆☆	★★★★☆

35 « RSS », *www.wikipedia.org,* https://fr.wikipedia.org/wiki/RSS.

Production de flux RSS

Le point de bonus accordé à Joomla tient au fait qu'il génère autant de flux que de rubriques tandis que WordPress ne génère qu'un seul flux toutes rubriques confondues. Drupal donne aussi cette possibilité de segmenter les flux (premier point de bonus), le point supplémentaire qui lui est accordé, tient au fait qu'il est capable de les générer pour n'importe quel type de contenu, pas seulement des articles, comme dans le cas de Joomla et WordPress.

Agrégation de flux RSS

Avec Drupal, l'agrégation de flux RSS n'est pas aussi simple qu'avec Joomla (mise en défaut du principe d'efficience). Avant de pouvoir intégrer l'adresse du flux à présenter, il faut d'abord activer l'extension qui permet de les intégrer, puis, dans un second temps, ouvrir les droits à l'utilisateur final qui, par défaut, sont réservés à l'administrateur.

Critère 10 : Accessibilité du back-office

Ce critère comprend :

a. La pertinence des entrées [liens de premier niveau du menu] donnant accès aux différents espaces de configuration.
b. La pertinence des titres des écrans.
c. La pertinence des en-têtes servant à délimiter les espaces de configuration.
d. La cohérence des boutons de validation. Ces derniers doivent normalement toujours porter le même nom (Sauvegarder) et se situer au même endroit (en dessous des espaces de saisie, sur la gauche).
e. La cohérence des boutons d'ouverture et de fermeture des écrans.
f. L'accessibilité des boutons du fait de leur emplacement.

Remarque. – Pour être complet, il aurait aussi fallu évaluer la pertinence des étiquettes [libellés] utilisées pour informer l'utilisateur sur la fonction des composants d'interface graphique de plus bas niveau (champs de saisie, cases à cocher, listes déroulantes, boutons radio et boutons de validation). Ce travail n'a pas été réalisé du fait de l'ampleur disproportionnée de la tâche au regard des enjeux – il n'y a que deux points à gagner sur un total de plusieurs dizaines de points – et de l'objectif de l'ouvrage.

Tableau 31. Système de cotation du critère Accessibilité du back-office

	Échelle (points de performance)	Déterminant de l'échelle appliquée
Pertinence des entrées	0,1 ou 2	Degré de pertinence
Pertinence des titres des écrans	0,1 ou 2	Degré de pertinence
Pertinence des en-têtes	0,1 ou 2	Degré de pertinence
Cohérence des boutons de validation	0,1 ou 2	Degré de cohérence
Cohérence des boutons d'ouverture/fermeture	0,1 ou 2	Degré de cohérence
Accessibilité des boutons	0,1 ou 2	Degré d'accessibilité

Tableau 32. Grille d'évaluation du critère Accessibilité du back-office

	WordPress 4	Joomla 3	Drupal 8
Pertinence des entrées	1	1	2
Pertinence des titres des écrans	2	1	2
Pertinence des en-têtes	1	1	2
Cohérence des boutons de validation	1	2	2
Cohérence des boutons d'ouverture/fermeture	1	2	2 - 1
Accessibilité des boutons	2	2	1
Total (12 points maximum)	8	9	10
Évaluation	★★★☆☆	★★★☆☆	★★★★☆

Pertinence des entrées

Avec WordPress, le lien donnant accès aux menus du site Web est un lien de second rang qui, à mon avis, aurait sa place dans le menu principal, en tant que lien de premier rang. Au lieu de cela, celui-ci est noyé dans le sous-menu relatif à la présentation des contenus, au même niveau que les liens donnant accès à la personnalisation du bandeau *(header)* et de l'arrière-plan *(background)*, à la gestion de la mise en page et à la personnalisation des scripts dédiés à la présentation du contenu. Les partis pris adoptés par Joomla et Drupal sont plus pertinents. Avec Joomla, les menus du site Web sont directement accessibles, tandis qu'avec Drupal, le lien permettant d'y accéder est logiquement affilié au lien relatif aux problématiques de structuration.

Le problème soulevé avec WordPress se pose de la même manière avec Joomla, mais cette fois-ci à propos du lien donnant accès aux moteurs de gabarits. Le lien est directement accessible, soit, mais il est quant à lui noyé dans le menu relatif à la gestion des extensions. Joomla étant un outil *multi-template*[36], il serait plus pertinent de proposer à l'utilisateur un menu spécialement dédié aux moteurs de gabarits.

Avant d'aborder la question des titres des écrans, il convient de souligner la pertinence des entrées proposées par Drupal : Contenu, Structure, Apparence, Extension, Configuration, Personnes, Rapports, Aide. Les CMS sont effectivement des outils multi-utilisateurs (Personnes) facilitant la publication des contenus (Contenu) et leur structuration (Structure) ; ce sont des outils qui, par ailleurs, permettent non seulement de personnaliser la présentation des contenus (Apparence), mais aussi d'enrichir les fonctions de base au travers d'extensions (Extensions).

Pertinence des titres des écrans

Il convient de préciser que les commentaires apportés se limitent aux principaux écrans, c'est-à-dire ceux qui sont dédiés à la gestion

36 Voir *supra*, section « Intégration du "multi-template" ».

ou à la configuration : a) des rubriques et des contenus élémentaires ; b) des menus et des liens qui les définissent ; c) des moteurs de gabarits ; d) des extensions.

Tableau 33. Système de cotation du critère de second rang Pertinence des titres des écrans

Pertinence des titres des écrans	Échelle (points de performance)	Déterminant de l'échelle appliquée
Gestion des rubriques	0,1 ou 2	Degré de pertinence
Configuration des rubriques	0,1 ou 2	Degré de pertinence
Gestion des contenus élémentaires	0,1 ou 2	Degré de pertinence
Configuration des contenus élémentaires	0,1 ou 2	Degré de pertinence
Gestion des menus	0,1 ou 2	Degré de pertinence
Gestion des liens dans les menus	0,1 ou 2	Degré de pertinence
Configuration des liens	0,1 ou 2	Degré de pertinence
Gestion des moteurs de gabarits	0,1 ou 2	Degré de pertinence
Configuration des moteurs de gabarits	0,1 ou 2	Degré de pertinence
Gestion des contenus périphériques	0,1 ou 2	Degré de pertinence

Tableau 34. Grille d'évaluation du critère de second rang Pertinence des titres des écrans

Pertinence des titres des écrans	WordPress 4	Joomla 3	Drupal 8
Gestion des rubriques	2	1	2
Configuration des rubriques	2	1	2
Gestion des contenus élémentaires	2	2	2
Configuration des contenus élémentaires	2	1	2
Gestion des menus	2	2	2
Gestion des liens dans les menus	2	1	2
Configuration des liens	2	1	2
Gestion des moteurs de gabarits	2	1	2
Configuration des moteurs de gabarits	2	1	2
Gestion des contenus périphériques	2	2	2
Total (20 points maximum)	20	13	20

L'étude fait apparaître les lacunes de Joomla par rapport à ses deux « concurrents ». Le tableau ci-dessous les met en évidence tout en suggérant les améliorations à apporter.

Tableau 35. Joomla : des titres qui souvent manquent de pertinence

Écran	Titre [partiellement pertinent]	Suggestion
Gestion des rubriques	Articles : Catégories	Catégories
Configuration des rubriques	Articles : Nouvelle catégorie	Ajouter une catégorie
Configuration des contenus élémentaires	Articles : Ajouter	Ajouter un article
Gestion des liens	Menus : Liens de menu ([nom du menu])	Liens du Menu [nom du menu]
Configuration des liens	Menus : Ajouter un lien de menu	Ajouter un lien de menu
Gestion des moteurs de gabarits	Templates : Styles	Apparence des templates
	Templates	Scripts des templates
Configuration des moteurs de gabarits	Templates : Modifier le style	Modifier l'apparence du template [nom du template]
	Templates : Personnaliser	Modifier les scripts du template [nom du template]

Pertinence des en-têtes

Comme précédemment, les commentaires apportés se limitent aux principaux écrans et plus particulièrement aux écrans de configurations. Le système de cotation appliqué est le même que celui appliqué au critère « Pertinence des titres des écrans » : 0, 1 ou 2 points en fonction du degré de pertinence.

Tableau 36. Grille d'évaluation du critère de second rang Pertinence des en-têtes des écrans

Pertinence des en-têtes des écrans	WordPress 4	Joomla 3	Drupal 8
Configuration des rubriques	2	1	1
Configuration des contenus élémentaires	1	1	2
Configuration des menus	1	0	2
Configuration des liens	1	1	2
Configuration des moteurs de gabarits	1	1	1
Configuration des contenus périphériques	1	1	2
Total (12 points maximum)	7	5	10

Tableau 37. Principaux en-têtes de WordPress 4

Écran	En-tête(s)	Commentaire
Configuration des rubriques	Ajouter une nouvelle catégorie	Pertinent
Configuration des contenus élémentaires	Publier	Manque de cohérence par rapport aux autres en-têtes, mais tout de même pertinent.
	Format	Concept propre à l'outil
	Étiquettes	Pertinent
	Catégories	Pertinent
	Image à la une	Non pertinent. Il faut tester pour savoir ce que cela signifie.
Configuration des menus	Structure du menu	Partiellement pertinent. « Structure des liens du menu » le serait davantage.
	Réglages du menu	Pertinent
Configuration des liens	Pages	Pertinent
	Articles	Pertinent
	Liens personnalisés	Partiellement pertinent. « Liens externes » le serait davantage.
	Catégories	Pertinent
Configuration des moteurs de gabarits	Identité du site	Pertinent
	Couleurs	Pertinent
	Image d'en-tête	Pertinent
	Image d'arrière-plan	Pertinent
	Menus	Pertinent
	Widgets	Concept propre à l'outil
	Page d'accueil statique	Partiellement pertinent. « Page d'accueil » tout court le serait davantage.
Configuration des contenus périphériques	Widgets disponibles	Pertinent
	Widgets désactivés	Partiellement pertinent car manque de clarté. Cet espace permet en fait de retirer du site Web les micro-applications périphériques tout en conservant leur configuration.

Tableau 38. Principaux en-têtes de Joomla 3

Écran	En-tête(s)	Commentaire
Configuration des rubriques	Catégorie	Partiellement pertinent du fait de la redondance avec le titre de l'écran. « Édition » ou« Configuration de base » serait sans doute plus approprié.
	Publication	Partiellement pertinent. Certains paramètres sont relatifs à l'optimisation du référencement par les moteurs de recherche.
	Associations	Concept propre à Joomla utilisé pour corréler des contenus multilingues.
	Droits	Pertinent
	Paramètres	Pertinent
Configuration des contenus élémentaires	Contenu	Pertinent
	Publication	Partiellement pertinent (voir *supra*, cas des rubriques)
	Images et liens	Partiellement pertinent. Ne permet pas de faire la différence avec les images et les liens que l'on peut intégrer directement dans le contenu.
	Associations	Concept propre à Joomla (multilinguisme)
	Paramètres	Pertinent
	Paramètres de création/ modification	Non pertinent. Il faut lire les infobulles des champs pour comprendre ce que cet en-tête signifie.
	Droits	Pertinent
Configuration des menus	Détails du menu	Non pertinent car inutile. Il n'y a que deux champs à renseigner obligatoirement.
Configuration des liens	Détails	Pertinent mais, à mon avis, « Configuration de base » le serait davantage.

Écran	En-tête(s)	Commentaire
Configuration des liens	Type de lien	Non pertinent. Il faut lire les infobulles des champs pour comprendre ce que cet en-tête signifie.
	Paramètres d'affichage de la page	Partiellement pertinent. Les champs concernés sont surtout relatifs au traitement des titres par les moteurs de recherche.
	Métadonnées	Pertinent
	Associations	Concept propre à Joomla (multilinguisme)
	Assignation de modules	Non pertinent. Cet en-tête ne fait qu'introduire la liste des modules intégrés sans aucune discrimination.
Configuration des moteurs de gabarits	Détails	Non pertinent car inutile. Il n'y a aucun champ à renseigner.
	Paramètres avancés	Partiellement pertinent. « Paramètres » tout court le serait davantage.
	Affecter à un menu	Partiellement pertinent. Il s'agit en fait d'affecter les moteurs de gabarits à des contenus pointés par des liens qui sont intégrés dans les menus.
	Éditeur	Partiellement pertinent. « Fichiers » le serait davantage.
	Créer des substitutions	Concept propre à Joomla
Configuration des contenus périphériques	Module	Partiellement pertinent du fait de la redondance avec le titre de l'écran. « Configuration de base » serait sans doute plus approprié.
	Assignation des menus	Partiellement pertinent. « Affecter à un menu » le serait davantage, malgré quelques réserves[37].
	Droits sur le module	Pertinent
	Paramètres avancés	Partiellement pertinent. « Paramètres » tout court le serait davantage.

37 Voir *supra*, section « Contrôle de la visibilité des blocs périphériques ».

Tableau 39. Principaux en-têtes de Drupal 8

Écran	En-tête(s)	Commentaire
Configuration des rubriques	Relations	Partiellement pertinent
Configuration des contenus élémentaires	Paramètres des chemins d'URL	Pertinent
	Informations de publication	Pertinent
	Options de publication	Pertinent
	Paramètres des commentaires	Pertinents
	Paramètre du menu	Pertinent
Configuration des menus	[Pas d'en-tête]	Pertinent
Configuration des liens	[Pas d'en-tête]	Pertinent
Configuration des moteurs de gabarits	Schéma des couleurs	Pertinent
	Activer/désactiver l'affichage	Pertinent
	Paramètres du logo	Pertinent
	Paramètres de l'icône de raccourci	Partiellement pertinent
Configuration des contenus périphériques	Visibilité et types de contenus	Pertinent
	Visibilité et pages	Pertinent
	Visibilité et rôles	Pertinent

Cohérence des boutons

Les tableaux 40, 41 et 42 montrent que les boutons de WordPress sont moins cohérents que ceux de Joomla et Drupal.

Le malus appliqué à Drupal tient au fait que celui-ci ne propose pas de boutons de fermeture des écrans, cela peut être perturbant. Pour quitter un écran, l'utilisateur doit exploiter le fil d'Ariane de l'outil qui, malheureusement, ne permet pas toujours de revenir là où on le souhaiterait et qui, par ailleurs, présente l'inconvénient de ne pas toujours apparaître au même endroit (à titre d'exemple, sur les neuf écrans servant de point d'entrée quatre l'intègrent normalement juste en dessous du titre, les cinq autres le font apparaître dans les onglets utilisés pour découper les espaces de configuration).

Tableau 40. Boutons de validation et boutons d'ouverture/fermeture de WordPress 4

Espace de configuration	Boutons de validation	Boutons d'ouverture/ fermeture
Gestion des rubriques	Ajouter une nouvelle catégorie Mettre à jour	[Pas de bouton d'ouverture (lien)]
	Supprimer	[Pas de bouton de fermeture]
Gestion des contenus élémentaires	Publier Mettre à jour	Ajouter
	Déplacer dans/ vider la corbeille	[Pas de bouton de fermeture]
Gestion des menus	Enregistrer le menu	[Pas de bouton d'ouverture (lien)]
	Supprimer le menu	[Pas de bouton de fermeture]
Gestion des liens	Enregistrer le menu	Ajouter au menu
	Supprimer	[Pas de bouton de fermeture]
Gestion des moteurs de gabarits	Enregistrer & publier	Personnaliser
		[Icône de fermeture]
Gestion des contenus périphériques	Enregistrer	[Icône d'ouverture]
	Supprimer	[Icône de fermeture]

Tableau 41. Boutons de validation et boutons d'ouverture/fermeture de Joomla 3

Espace de configuration	Boutons de validation	Boutons d'ouverture/ fermeture
Gestion des rubriques	Enregistrer [plus complément]	Bouton Nouveau
	Corbeille-Vider la Corbeille	Boutons Annuler ou Fermer
Gestion des contenus élémentaires	[Idem (Gestion des rubriques)]	[Idem (Gestion des rubriques)]
Gestion des menus	Enregistrer [plus complément]	[Idem (Gestion des rubriques)]
	Supprimer	

Espace de configuration	Boutons de validation	Boutons d'ouverture/ fermeture
Gestion des Liens	Enregistrer [plus complément]	[Idem (Gestion des rubriques)]
	Corbeille-Vider la Corbeille	
Gestion des moteurs de gabarits	Enregistrer	Bouton Modifier
	Supprimer	Bouton Fermer
Gestion des contenus périphériques	Enregistrer [plus complément]	Bouton Modifier
	Corbeille-Vider la Corbeille	Boutons Annuler ou Fermer

Tableau 42. Boutons de validation et boutons d'ouverture/fermeture de Drupal 8

Espace de configuration	Boutons de validation	Boutons d'ouverture/ fermeture
Gestion des rubriques	Enregistrer	Bouton Ajouter un terme
	Supprimer	[Pas de bouton de fermeture]
Gestion des contenus élémentaires	Enregistrer [plus complément]	Ajouter du contenu
	Supprimer	[Pas de bouton de fermeture]
Gestion des menus	Enregistrer	Ajouter un menu
	Supprimer	[Pas de bouton de fermeture]
Gestion des Liens	Enregistrer	Ajouter un lien
	Supprimer	[Pas de bouton de fermeture]
Gestion des moteurs de gabarits	Enregistrer la configuration	[Pas de bouton d'ouverture (lien)]
		[Pas de bouton de fermeture]
Gestion des contenus périphériques	Enregistrer le bloc	Bouton Configurer
	Supprimer	[Pas de bouton de fermeture]

Accessibilité des boutons de validation

Avec WordPress et Joomla, les boutons de validation restent accessibles y compris lorsque l'utilisateur se reporte à la partie basse des écrans ; avec Drupal, ils le sont beaucoup moins car ceux-ci se situent en dessous des zones de configuration, il revient donc à l'utilisateur de faire l'effort d'aller les chercher, sans compter les allers-retours entre partie haute et partie basse que cela peut induire.

Critère 11 : Accessibilité du front-office

Ce critère comprend :

a. L'intégration de la description des images (attribut `alt` de l'élément `img`).
b. La gestion des titres de page (éléments `title` et `h1`).
c. La gestion des en-têtes de section (éléments `h2`, `h3`, `h4`, etc.).
d. L'intégration du RWD *(Responsive Web Design)*. (Terme désignant tout à la fois les principes et les techniques qui permettent d'adapter la présentation des contenus en fonction du format et de la résolution des écrans[38]).
e. L'intégration de l'AMP *(Accelerated Mobile Pages)*. (Technologie *open source*, mise au point par Google, permettant de réduire de manière très significative le temps de chargement des pages sur les smartphones et les tablettes[39]).

Tableau 43. Système de cotation du critère Accessibilité du front-office

	Échelle (points de performance)	Déterminant de l'échelle appliquée
Intégration de la description des images	0 ou 1	Oui (*un* point)/Non
Gestion des titres de page	Entre 0 et 4	Utilisabilité
Gestion des en-têtes de section	Entre 0 et 4	Utilisabilité
Intégration du RWD	0 ou 1	Oui (*un* point)/Non
Intégration de l'AMP	0 ou 1	Oui (*un* point)/Non

Tableau 44. Grille d'évaluation du critère Accessibilité du front-office

	WordPress 4	Joomla 3	Drupal 8
Description des images	1	1	1
Gestion des titres de page	4	2 + 1	4
Gestion des en-têtes de section	4	4	4

38 « Site Web adaptatif », *www.wikipedia.org,* https://fr.wikipedia.org/wiki/Site_web_adaptatif.
39 « What is AMP? », *www.ampproject.org,* https://www.ampproject.org/docs/get_started/about-amp.html.

	WordPress 4	Joomla 3	Drupal 8
Intégration du RWD[32]	1	1	1
Intégration de l'AMP	1	1	1
Total (11 points maximum)	11	10	11
Évaluation	★★★★★	★★★★☆	★★★★★

Gestion des titres de page

La gestion des titres de page et des éléments (`h1` et `title`) à leur appliquer concerne non seulement l'accessibilité mais aussi le SEO (optimisation du référencement) et, au-delà, la formulation des titres dans les pages de résultats des moteurs de recherche. L'évaluation de Joomla (trois points seulement contre quatre pour WordPress et Drupal) sera donc discutée plus bas (critère suivant).

Critère 12 : [utilisabilité] SEO (optimisation du référencement)

Ce critère comprend :

a. La gestion des titres de page (éléments `title` et `h1`).
b. La gestion des métadonnées (description du contenu des pages, que les moteurs de recherche afficheront en dessous des titres, et mots-clés).
c. Le contrôle de la visibilité des menus dits contextuels.
d. La réécriture des URL.
e. L'intégration du plan du site Web.

Remarque. – La réécriture des URL concerne les chemins qui permettent d'identifier les pages. Attention, la notion de chemin n'intègre ni le domaine ni le protocole (HTTP). (C'est la juxtaposition du protocole, du domaine et d'un chemin donné qui constitue une adresse [URL].)

Tableau 45. Système de cotation du critère SEO

	Échelle (points de performance)	Déterminant de l'échelle appliquée
Gestion des titres de page	Entre 0 et 4	Utilisabilité
Gestion des métadonnées	Entre 0 et 4	Utilisabilité
Contrôle de la visibilité des menus	Entre 0 et 4	Utilisabilité
Réécriture des URL	0 ou 1	Oui (*un* point)/Non
Intégration du plan du site Web	Entre 0 et 4	Utilisabilité

40 Il convient de préciser que le RWD s'applique non seulement au front-office des trois CMS, mais aussi à leur back-office. Le lecteur retiendra que WordPress, Joomla et Drupal donnent tous les trois la possibilité d'administrer son site Web depuis une tablette voire un smatphone.

Tableau 46. Grille d'évaluation du critère SEO

	WordPress 4	Joomla 3	Drupal 8
Gestion des titres de page	4	2 + 1	4
Gestion des métadonnées	1	4	1
Contrôle de la visibilité des menus	1	4	4
Réécriture des URL	1	1	1
Intégration du plan du site Web	1	1	4
Total (17 points maximum)	8	13	14
Évaluation (17 points maximum hors bonus)	★★☆☆☆	★★★★☆	★★★★☆

Gestion des titres de page

Le bonus accordé à Joomla tient au fait que celui-ci permet de distinguer les titres présentés dans les pages de résultats des moteurs de recherche (élément `title`) de ceux présentés à l'utilisateur dans les pages du site Web (élément `h1`). Ce point de bonus est contrebalancé par le fait que la prise en compte de l'élément `h1` n'est pas automatique (mise en défaut du principe d'efficience). Pour l'exploiter, l'utilisateur doit activer l'affichage de l'en-tête des pages, et il devra le faire en se reportant non pas aux contenus, comme on pourrait s'y attendre, mais aux liens pointant vers ceux-ci.

Commentaire. – Cela peut sembler bizarre, mais en fait, il y a bien une logique ! Il faut comprendre qu'avec Joomla, les liens des menus ne servent pas seulement à... définir des liens au sens classique du terme : un libellé et une adresse, celle de la page pointée... ; ils servent aussi à définir l'en-tête [cadre général] (élément `h1`) des pages auxquelles l'utilisateur ne pourra pas accéder – directement – depuis un menu[41], et c'est d'ailleurs pour cette raison que le titre des pages pointées par les liens fait appel, par défaut, à l'élément `h2`.

Critère 13 : Performances et sécurité du CMS

Ce critère comprend :

a. [Performance] La capacité du CMS à supporter un trafic important (plusieurs dizaines de milliers de visiteurs par jour).
b. [Performance] L'intégration d'un système de cache[42]. Il s'agit de programmes permettant d'améliorer les temps de réponse du fait de la limitation du nombre de requêtes utilisées pour extraire les contenus de la base de données du site Web.

41 Les liens des menus servent par ailleurs à définir le format d'affichage des contenus (voir *supra*, section « Diversité des formats d'affichage des rubriques et des articles »).

42 « Les caches de données avec PHP, MySQL, HTTP... », *www.webrankinfo.com*, 16 août 2010, http://www.webrankinfo.com/dossiers/webmastering/cache-de-donnees.

c. [Sécurité] La gestion des failles [vulnérabilités] du CMS et des correctifs *(patchs)*.
d. [Sécurité] Le contrôle des extensions avant qu'elles ne soient référencées par les trois plateformes de téléchargement.

Remarque. – Les systèmes de cache ont une contrepartie. La présentation des versions les plus récentes des contenus – déjà consultés une première fois – est bloquée pendant un laps de temps ; le système présente à leur place des versions plus anciennes qui, du fait de leur enregistrement à l'issue de la première requête, évitent d'avoir à déclencher de nouvelles requêtes.

Les questions de performance et de sécurité sont des questions très complexes liées aux techniques de programmation. Il convient d'ajouter que ces questions dépassent de très loin le seul cadre des trois CMS traités dans cet ouvrage car il faut aussi considérer :

- les logiciels utilisés par l'utilisateur pour accéder soit au front-office soit au back-office (exemple : navigateur Firefox) ;
- les logiciels des plateformes sur lesquelles les outils sont installés (exemple : serveur de pages Web Apache) ;
- les logiciels de réseaux utilisés pour transmettre les requêtes des utilisateurs et les contenus à délivrer. (Ces logiciels, intégrés dans le système d'exploitation des ordinateurs, font appel à des protocoles de communication dont certains sont relativement connus, comme HTTP par exemple).

Sur les questions plus spécifiques de sécurité, il faut savoir que le piratage des outils [programmes] ou des contenus résulte à 90 % non pas des failles technologiques, mais du manque de rigueur des utilisateurs quant à la protection de leurs données personnelles. Un manque de rigueur qui est à l'origine des deux failles de sécurité les plus élémentaires :

1. La non-suppression des données de navigation les plus sensibles :
   a. mots de passe ;
   b. cookies[43] ;
   c. données de saisie automatique ;
   d. historique de navigation.
2. La faiblesse des mots de passe utilisés : « admin », « 1234 », etc.

Il convient donc de relativiser ces questions de sécurité, cependant, ce n'est certainement pas une raison pour ignorer les vraies attaques, celles qui représentent 10 % des cas de piratage, dont le but est de pirater les systèmes volontairement, en tirant parti de leurs failles technologiques.

Il faut savoir que les attaques les plus communes se fondent soit sur l'exploitation des champs de saisie des formulaires (authentification, commentaires) soit sur l'exploitation des paramètres utilisés dans les

43 Les cookies sont des fichiers qui contiennent les données de navigation dont les sites Web ont besoin pour faciliter la navigation des utilisateurs (ex. : les utilisateurs peuvent ouvrir leur compte sans avoir à renseigner manuellement leur identifiant et leur mot de passe). Ces fichiers sont générés automatiquement, sur l'ordinateur de l'utilisateur. Lorsque l'on utilise un ordinateur public, il est impératif de les supprimer avant de fermer sa session.

adresses pour déterminer les contenus à retourner. Ces portes d'entrée – formulaires et adresses – donnent lieu à deux types d'attaques : d'une part, celles qui visent à introduire des programmes venant perturber le fonctionnement normal des outils et, d'autre part, celles qui visent soit à dénaturer les contenus (exemple : changement des mots de passe des utilisateurs à leur insu), soit à les « aspirer ».

Les parades existent. Chacun des outils y répond en appliquant un principe de base qui consiste à contrôler systématiquement la nature des informations provenant de l'extérieur. Pour autant, il faut intégrer le fait que nul système n'est infaillible et que, s'il l'était, cela aurait de telles conséquences sur ses performances que plus personne ne l'utiliserait. On le voit bien, les questions de sécurité et de performance sont intimement liées. La question n'est pas de savoir si un système est sûr à 100 %, il s'agit plutôt de savoir quelle est la politique de l'éditeur en matière de gestion des failles.

Si vous ne souhaitez prendre aucun risque, oubliez WordPress, Joomla et Drupal, qui tous les trois font appel à la même technologie, PHP ; oubliez les CMS faisant appel à des technologies plus sécurisées comme Java par exemple, qui elles non plus ne sont pas infaillibles ; oubliez les CMS ; oubliez les outils du Web. Bref, oubliez l'Internet…

Tableau 47. Système de cotation du critère Performances et sécurité du CMS

	Échelle (points de performance)	Déterminant de l'échelle appliquée
Capacité à supporter un trafic important	0,1 ou 2	Ordre de grandeur allant du millier (aucun point) à la centaine de milliers de visiteurs par jour (deux points)
Intégration d'un système de cache	Entre 0 et 4	Utilisabilité
Gestion des failles et des correctifs	0 ou 1	Oui (*un* point)/Non
Contrôle des extensions référencées	0 ou 1	Oui (*un* point)/Non

Tableau 48. Grille d'évaluation du critère Performances et sécurité du CMS

	WordPress 4	Joomla 3	Drupal 8
Capacité à supporter un trafic important	1	1	1
Intégration d'un système de cache	1 (non testé)	4	4 + 1
Gestion des failles et des correctifs	1	1	1

	WordPress 4	Joomla 3	Drupal 8
Contrôle des extensions référencées	1	1	1 + 1
Total (8 points maximum)	4	7	9
Évaluation	★★★☆☆	★★★★☆	★★★★★

Intégration d'un système de cache

WordPress intègre bien un système de cache permettant de réduire le nombre de requêtes, mais il n'est pas configurable depuis le back-office, autrement dit, il n'est pas possible de fixer le laps de temps, qui en général se limite à quelques minutes voire quelques heures, pendant lequel les requêtes donnant accès aux contenus les plus récents seront tout simplement désactivés. Il convient d'ajouter que le périmètre fonctionnel du cache de WordPress est limité. Celui-ci n'est utilisé que localement pendant l'exécution des scripts permettant de générer les pages Web. Les contenus, qui proviennent de la base de données, ne sont pas réutilisés en bloc.

Gestion des failles et des correctifs

Les politiques de WordPress, Joomla et Drupal sont identiques, elles reposent sur la transparence et la réactivité. Dès lors qu'une faille apparaît, celle-ci est enregistrée dans CVE[44]. (CVE est un portail américain dédié au référencement des failles informatiques. Son financement est assuré par le gouvernement fédéral, sa maintenance par l'agence MITRE[45].)

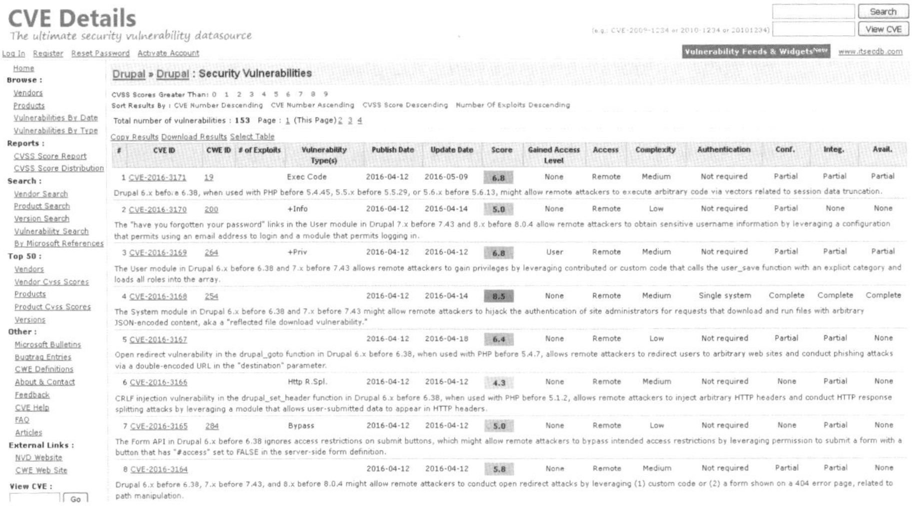

Figure 5. Dictionnaire des failles [vulnérabilités] du CMS Drupal diffusé par CVE

44 « Common Vulnerabilities and Exposures », *www.wikipedia.org,* https://en.wikipedia.org/wiki/Common_Vulnerabilities_and_Exposures.
45 « MITRE Corporation », *www.wikipedia.org,* https://en.wikipedia.org/wiki/Mitre_Corporation.

Chacune des failles est qualifiée à partir de critères tels que l'impact sur la confidentialité des données, l'impact sur leur intégrité – il s'agit de savoir si les données peuvent être ou non corrompues – le type de la faille, etc. Toutes ces informations sont complétées par un lien sur les sites de WordPress, Joomla et Drupal, chacun d'eux indiquant les correctifs à apporter pour sécuriser son site Web.

Contrôle des extensions référencées

Les trois éditeurs exercent un contrôle sur les extensions référencées. Lorsqu'une extension présente une faille, une discussion s'engage avec son auteur de façon à la corriger. Si le problème n'est pas résolu en temps et en heure, l'extension est tout simplement retirée de l'annuaire.

Le point de bonus accordé à Drupal tient au fait que ses extensions font l'objet de contrôles plus poussés pendant la phase de développement[46], avant leur mise en production. (Ces contrôles sont assurés par un groupe de travail très structuré[47] faisant intervenir une cinquantaine de personnes[48].)

Avec WordPress et Joomla, les extensions font aussi l'objet de contrôles avant et après la mise en production, mais pas de manière aussi stricte qu'avec Drupal.

[WordPress] « Themes and plugins [...] are manually reviewed by volunteers **before making them available on the repository**. Inclusion of plugins and themes in the repository is not a guarantee that they are free from security vulnerabilities. [...] When a plugin vulnerability is discovered by the WordPress Security Team, they contact the plugin author and work together to fix and release a secure version of the plugin. If there is a lack of response from the plugin author or if the vulnerability is severe, the plugin/theme is pulled from the public directory, and in some cases, fixed and updated directly by the Security Team. »[49] {Les *thèmes* et les *plugins* sont analysés par des bénévoles, avant leur mise en ligne. Pour autant, leur intégration dans l'annuaire n'est pas une garantie absolue. [...] Lorsque l'équipe Sécurité de WordPress découvre une faille, celle-ci prend contact avec l'auteur du *plugin* de façon à régler le problème. Si l'auteur du plugin manque de réactivité ou si les failles observées présentent un risque, le *plugin* en question est tout simplement retiré de l'annuaire. Il sera éventuellement corrigé par l'équipe de WordPress.}

[Joomla] « **Your submission will be reviewed** in a 4 steps process. Before you submit a file to Joomla Extensions Directory you should also take the same steps to avoid delays in publishing [Submission/Trademark/License/Installation and Functionality Checklist]. »[50] {L'extension que vous nous soumettrez fera l'objet d'un contrôle [en quatre étapes] que vous devrez aussi intégrer pendant la phase developpement, de façon à raccourcir les délais de mise en ligne dans l'annuaire.}

46 « Project Application Checklist », *www.drupal.org,* https://www.drupal.org/node/1587704.
47 « Security Team Structure and Responsibilities », *www.drupal.org,* https://www.drupal.org/node/1760856.
48 « Security Team Members », *www.drupal.org,* https://security.drupal.org/team-members.
49 « Security », *www.wordpress.org,* https://wordpress.org/about/security.
50 « Submission Checklists », *docs.joomla.org,* https://docs.joomla.org/Publishing_to_JED#Submission_Checklists.

« If an extension is found to contain vulnerabilities, it will be removed from the site until a safer version is released. »[51] {Lorsqu'on s'aperçoit qu'une extension présente des failles, celle-ci est provisoirement retirée, jusqu'à ce que son auteur en propose une version sécurisée.}

Critère 14 : Administration du site Web

Ce critère comprend :

a. La gestion « manuelle » des sauvegardes.
b. [Utilisabilité] La mise à jour du CMS.
c. [Utilisabilité] La mise à jour des extensions du CMS.
d. L'intégration des notifications (email) relatives aux nouvelles versions.

Les sauvegardes dites manuelles consistent à générer une copie opérationnelle du site Web sur une autre machine que celle utilisée par l'hébergeur – la vôtre par exemple. Ces sauvegardes sont indispensables car elles permettent de se protéger contre une attaque ou un accident que l'hébergeur pourrait subir – j'ai eu personnellement l'occasion d'en mesurer la nécessité.

Remarque. – Ces sauvegardes impliquent une migration du site Web dans son ensemble avec, d'un côté, les scripts [programmes] du CMS utilisé, de l'autre, la base de données dans laquelle sont enregistrés les contenus du site Web[52].

Tableau 49. Système de cotation du critère Administration du site Web

	Échelle (points de performance)	Déterminant de l'échelle appliquée
Gestion manuelle des sauvegardes	0 ou 1	Non contraignante (*un* point)/ Contraignante
Mise à jour du CMS	Entre 0 et 4	Utilisabilité
Mise à jour des extensions du CMS	Entre 0 et 4	Utilisabilité
Notification des nouvelles versions	0 ou 1	Oui (*un* point)/Non

51 « Why does the Extensions site include insecure extensions? », *docs.joomla.org,* https://docs.joomla.org/Security_and_Performance_FAQs#Why_does_the_Extensions_site_include_insecure_extensions.3F.
52 Voir *infra*, partie 2, chap. IV, section « Sauvegarde du site de production ».

Tableau 50. Grille d'évaluation du critère Administration du site Web

	WordPress 4	Joomla 3	Drupal 8
Gestion manuelle des sauvegardes	0	1	0
Mise à jour du CMS	4	4	0
Mise à jour des extensions du CMS	4	4	0
Notification des nouvelles versions	1	1	1
Total (10 points maximum)	9	10	1
Évaluation	★★★★☆	★★★★★	★☆☆☆☆

Gestion manuelle des sauvegardes

Avec WordPress, la gestion des sauvegardes est plus contraignante qu'avec Joomla car l'importation des données n'est pas exploitable en l'état. Certains contenus, relatifs à la configuration générale du site Web, doivent être mis à jour manuellement *via* phpMyAdmin[53].

Avec Drupal, le problème vient du fait que la base de données compte un très grand nombre de tables. De sorte, les scripts générés pour exporter/importer dépassent rapidement le poids limite autorisé. Pour contourner ce problème, il y a une première solution, qui peut être suffisante, et qui consiste à compresser les scripts exportés. La seconde solution consiste à rehausser le poids limite des scripts en reprenant la configuration de phpMyAdmin.

Mise à jour du CMS et de ses extensions

Avec Drupal, la mise à jour du CMS et de ses extensions ne peut se faire que manuellement[54]. Cela signifie que, pour toute mise à jour, il faut tout d'abord télécharger la nouvelle version, depuis la plateforme de Drupal, puis charger celle-ci sur la machine qui héberge le site Web. Cela se fera en utilisant soit l'application de l'hébergeur soit un logiciel de transfert tel que Filezilla par exemple. Il convient d'ajouter que le chargement de la nouvelle version devra dans certains cas s'accompagner d'une mise à jour de la base de données, que l'on déclenchera depuis l'écran http://[domaine-du-site-web]/update.php (plutôt que de chercher le lien dans le back-office, utilisez la barre d'adresse de votre navigateur, cela vous évitera de perdre du temps).

Toutefois, cette « faiblesse » de Drupal est en grande partie compensée par le fait que, de toute façon, quel que soit le CMS utilisé, toute mise à jour DOIT être précédée d'une sauvegarde complète du site Web. Finalement, le temps que l'on gagne avec WordPress et Joomla, du fait de la gestion des mises à jour depuis le back-office, s'avère marginal.

53 Voir *infra*, partie 2, chap. IV, focus « Mettre en place un environnement de travail local ».
54 « Update procedure in Drupal 8 », www.drupal.org, 4 octobre 2016.

Critère 15 : Maturité du CMS

Ce critère comprend :

a. L'ancienneté du CMS.
b. L'existence d'un support officiel.
c. L'existence de supports alternatifs.
d. L'existence d'un ou plusieurs ouvrages.
e. L'existence de formations.

Tableau 51. Système de cotation du critère Maturité du CMS

	Échelle (points de performance)	Déterminant de l'échelle appliquée
Ancienneté du CMS	0,1 ou 2	Ordre de grandeur allant du mois (aucun point) à la décade (deux points)
Existence d'un support officiel	0 ou 1	Oui (*un* point)/Non
Existence de supports alternatifs	0 ou 1	Oui (*un* point)/Non
Existence d'ouvrage(s)	0 ou 1	Oui (*un* point)/Non
Existence de formations	0 ou 1	Oui (*un* point)/Non

Tableau 52. Grille d'évaluation du critère Maturité du CMS

	WordPress 4	Joomla 3	Drupal 8
Ancienneté du CMS	2	2	2
Existence d'un support officiel	1	1	1
Existence de supports alternatifs	1	1	1
Existence d'ouvrage(s)	1	1	1
Existence de formations	1	1	1
Total (6 points maximum)	6	6	6
Évaluation	★★★★★	★★★★★	★★★★★

CHAPITRE III
COMPARAISON DES TROIS CMS EN TERMES DE COÛTS D'INTÉGRATION DES CONTENUS

1. NOTION DE PROCÉDURE ET TYPOLOGIE DES TÂCHES À RÉALISER

1.1 Notion de procédure

Une procédure est une tâche Macro regroupant des tâches Micro.

Exemple type,

[Tâche Macro A] Procédure P

Tâches à réaliser :

1. Tâche Micro A1.
2. Tâche Micro A2.
3. Tâche Micro A3.

Exemple,

[Installation de WordPress] Procédure W1

Tâches à réaliser :

1. Sélectionner le domaine.
2. Saisir le nom du site et son descriptif.
3. Saisir son identifiant, son mot de passe et son email.
4. Sélectionner la langue.
5. Saisir le nom de la base de données.

Cas des super-procédures. Les super-procédures faisant appel à des tâches Macro sont des procédures dont le détail a déjà été livré et qui par conséquent ne seront pas développées.

Cas des sous-procédures. Lorsqu'une procédure met en jeu une configuration complexe ou faisant intervenir plusieurs espaces fonctionnels, elle se subdivise en sous-procédures.

1.2 Typologie des tâches Macro

Les tâches Macro sont des tâches qui ne s'appliquent qu'à des objets. Mis à part les extensions et les contenus multimédias, qui en plus font intervenir des fichiers, ces objets se caractérisent par le fait qu'ils regroupent, dans la base de données du site Web, des informations fortement corrélées.

Exemples :

- La page est un objet faisant intervenir plusieurs informations telles que le titre [de la page], son alias, son contenu, son auteur, sa date de publication, etc.
- Le lien est un objet faisant intervenir, au moins, un libellé et l'adresse de la page qu'il cible.
- L'image est un objet faisant intervenir, notamment, une adresse (celle du fichier), une légende, un texte alternatif.

Création [d'un objet]. Type de tâche aboutissant à la *création* de l'objet considéré dans la base de données[1] du site Web. Cette tâche se limite à la saisie de quelques champs : deux voire trois au maximum.

Exemple,

> *Créer un menu avec Drupal.* (Il suffit pour cela de définir son nom, son identifiant et éventuellement sa description.)

Création/configuration [d'un objet]. Type de tâche aboutissant à la *création* de l'objet considéré avec un *plus grand nombre de champs* que la *création* simple, au sein d'un *même espace fonctionnel*. (Dans ce cas, les interfaces des trois CMS peuvent faire intervenir plusieurs fenêtres [de configuration] appelées *lightbox*.)

Exemple,

> *Configurer un* type de contenu *(Drupal)*. Il s'agit d'une tâche intégrant la création du *type de contenu* en tant que tel (Article sur espèce protégée), puis la création et la configuration des *champs* du *type de contenu* considéré (titre, corps, photo de l'accroche, photo de l'article, catégorie de l'article, répartition géographique de l'espèce, etc.).

Remarque. – Il vaut mieux utiliser le terme *intégration [i]*[2] lorsque plusieurs espaces fonctionnels sont à considérer.

Ajout [d'un objet]. Type de tâche mettant l'accent sur le fait que l'objet ajouté initie ou complète une liste déjà existante.

Exemple,

> *Ajouter un lien dans un menu.*

Reconfiguration [d'un objet]. Mise à jour d'une configuration générée automatiquement par le CMS considéré ou par l'une de ses extensions, à l'issue de leur installation.

1 Tout CMS fait appel à une base de données dans laquelle sont stockés les contenus du site Web.
2 Voir *infra*, p. suivante.

Reprise [i]. En opposition à la *reconfiguration*, ce type de tâche signifie un retour en arrière par rapport à une *configuration* déjà mise en place, par l'administrateur, et non par l'outil.

Cas du terme *intégration*. La signification de ce terme est dictée par le contexte :

Intégration [i]. Type de tâche faisant intervenir plusieurs espaces de configuration et donc plusieurs espaces fonctionnels.

Exemple,

> *Intégrer un menu.* Ici, il s'agit d'englober la *création* du menu (premier espace fonctionnel), l'ajout des liens (deuxième espace fonctionnel, sous-espace du premier) et la façon de présenter le menu sur le site (troisième espace fonctionnel, du même niveau que le premier).

Intégration [ii]. Type de tâche correspondant à un sous-espace de configuration.

Remarque. – Cette acception du terme ne sera que très rarement utilisée dans le cadre de l'ouvrage.

Intégration [iii]. Type de tâche faisant intervenir le *chargement* d'une d'extension et son *activation*.

[Test d'] intégration [iv]. Type de tâche relatif à des tests d'interopérabilité entre plusieurs composants logiciels, le CMS considéré et une extension par exemple.

Exemple,

> *Test d'intégration (informatique) du gestionnaire des images.*

Remarque. – Dans son acception la plus générale, le mot *intégrer* signifie incorporer, inclure, introduire.

1.3 Typologie des tâches Micro

Tâches Micro relatives aux interfaces des trois CMS

Il s'agit de tâches faisant intervenir :

- un champ de saisie ;
- une liste déroulante [avec ses options] ;
- un bouton radio, une case à cocher ;
- un bouton de validation ;
- mais aussi un panneau [déroulant] auquel il faudra se reporter, et qu'il faudra éventuellement ouvrir.

Saisie. Type de tâche se traduisant par l'ajout d'*une* information dans la base de données du site Web.

Exemple,

> *Saisir le titre d'une page.*

Sélection. Type de tâche se traduisant par l'ajout d'*une* ou plusieurs informations dans la base de données du site Web.

Exemple,

Sélectionner les paramètres à afficher pour une page donnée.

Mise à jour. Type de tâche consistant à rafraîchir *une* ou plusieurs informations déjà enregistrées.

Reprise [ii]. Type de tâche consistant à modifier localement une information générée par l'outil pendant la phase de configuration.

Classement. Type de tâche relatif au classement [rangement] d'un ou plusieurs objets.

Exemple,

Classer un article. (C'est-à-dire l'affilier à une catégorie.)

Indexation. Type de tâche relatif à l'indexation d'un ou plusieurs objets.

Exemple,

Indexer un article. (C'est-à-dire lui appliquer des mots-clés.)

Hiérarchisation. Type de tâche relatif à la hiérarchisation d'un ou plusieurs objets.

Exemple,

Hiérarchiser des liens dans un menu. (C'est-à-dire les rattacher à un lien de niveau supérieur.)

Mise en ordre. Type de tâche relatif à la mise en ordre de plusieurs objets.

Exemple,

Ordonner les liens d'un menu.

Affectation. Type de tâche relatif à l'affectation [assignation] d'objets à d'autres objets.

Exemple,

Affecter un bloc à une région.

Suppression. Type de tâche relatif à la suppression définitive d'objets (une page, un menu, un lien… une extension). Les objets en question sont retirés de la base de données du site Web, ils ne sont plus récupérables. Dans le cas des extensions, ce type de tâche conduit aussi à la disparition des scripts.

Exemple,

Supprimer un menu.

Retrait. Type de tâche correspondant à une *mise à jour*. Le retrait d'un objet n'implique ni sa *suppression* ni sa *désactivation*[3].

Exemple,

Retirer [masquer, dépublier] un menu pour une page donnée. (Le menu n'est plus affiché par la page considérée, mais il est toujours disponible et peut être exploité par d'autres pages.)

3 Voir *infra*, p. suivante.

Chargement [ibo] (*intra* back-office). Type de tâche relatif au chargement de fichiers *via* l'interface graphique du CMS considéré. Les fichiers peuvent se trouver soit sur le poste local de l'administrateur soit sur un serveur, autre que celui qui héberge le site Web.

Exemple,

Charger une extension.

Chargement [ebo] (*extra* back-office). Type de tâche relatif au chargement de fichiers par le biais de logiciels de transfert comme Filezilla par exemple.

Exemple,

Charger une librairie (composant logiciel [ensemble de programmes] utilisée comme ressource par une *voire plusieurs extensions du CMS considéré).*

Activation. Type de tâche concernant des extensions ou des fonctionnalités (lien, commentaires en ligne, etc.) à activer.

Remarque. – Ce type de tâche fait intervenir des programmes (au minimum des instructions), le terme ne sera pas utilisé pour marquer les tâches les plus élémentaires visant par exemple à contrôler l'affichage ou le masquage d'une information.

Exemples :

Activer une fonction de tri par ordre alphabétique. (Programme)

Activer un lien hypertexte. (Instruction)

Contre-exemple,

Activer l'affichage du nom de l'auteur. (Contrôle basique sur l'affichage)

... on écrira plutôt

Afficher le nom de l'auteur.

Désactivation. Type de tâche concernant des extensions ou des fonctionnalités à désactiver. Dans le cas des extensions, la *désactivation* n'implique PAS la *suppression* des scripts et des données relatives à leur *configuration*. D'autre part, il est important de faire la différence entre *désactivation* et *retrait*[4] : une extension peut être retirée [masquée, dépubliée] tout en restant active [utilisable].

***

Remarque. – Ces tâches Micro sont corrélées à des micro-tâches.

Exemple,

```
Champ : Nom du menu ; valeur : « Menu principal »
```

signifie

Se reporter au champ « Nom du menu », puis saisir comme valeur « Menu principal ».

4 Voir *supra*, p. précédente.

Tâches Micro relatives à la reprise du code

Il sera parfois nécessaire d'intervenir au niveau du code en faisant appel aux types suivants :

- [Langage PHP] L'ajout d'instructions.
- [PHP] La mise à jour d'instructions.
- [PHP] Le déplacement d'instructions.
- [PHP] La désactivation de fonctions.
- [CSS] L'ajout de classes.
- [CSS] La mise à jour de propriétés.

2. MÉTRIQUES DE RÉFÉRENCE ET RÉSULTATS DE L'ÉTUDE

2.1 Métriques de référence

Les indicateurs ci-dessous sont issus d'un test réalisé avec Joomla, en 2016, portant sur l'intégration des neuf principaux articles du site Web :

- durée du travail d'intégration [hors chargement des photos] : 90 minutes ;
- poids de l'intégration par article [hors mots-clés] : 25 micro-tâches ;
- poids de l'intégration des neuf articles [hors mots-clés] : 225 micro-tâches ;
- poids de l'intégration des 77 mots-clés : 77 micro-tâches ;
- poids total de l'intégration des neuf articles – avec mots-clés – : 302 micro-tâches ;.
- vitesse d'intégration : 201 micro-tâches par heure.

Attention ! La vitesse d'intégration retenue est celle de l'auteur, celle-ci n'est pas conforme à la réalité, d'une part parce que les outils ne sont pas forcément maîtrisés et, d'autre part, parce que le contenu à intégrer n'est jamais complètement prédéfini, avec un scénario d'intégration optimisé, qui plus est. Les examens que je fais passer régulièrement à des étudiants spécialisés dans le digital depuis 2008 montrent que, dans les faits, la vitesse d'intégration varie entre 50 et 150 micro-tâches par heure. Les délais présentés ci-après ont été calculés à partir d'une vitesse moyenne de **100 micro-tâches par heure**.

2.2 Résultats de l'étude

La figure 6 compare les coûts, exprimés en micro-tâches, générés par les trois CMS pour réaliser les [trois] sites Web, à partir du cahier des charges présenté dans le chapitre V de la partie 2. Les deux figures suivantes (figures 7 et 8) ne font que traduire ces premiers résultats, elles indiquent les délais d'intégration et le coût qu'ils représentent sur une base de 450 euros hors taxe par jour (7 heures).

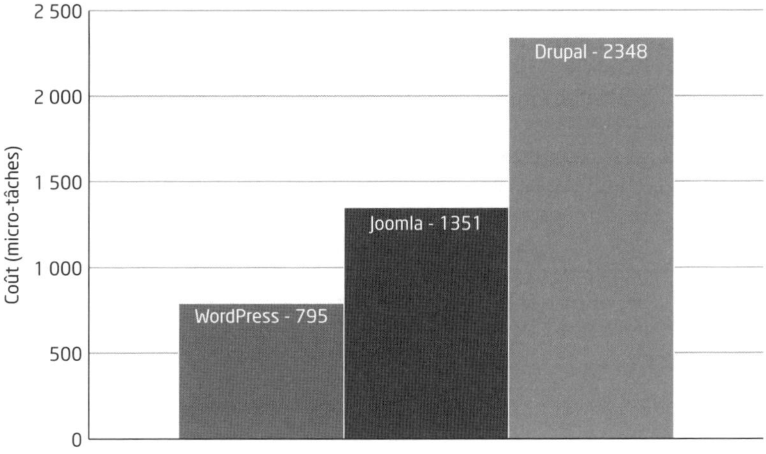

Figure 6. Coût de l'intégration des vingt pages exprimé en micro-tâches

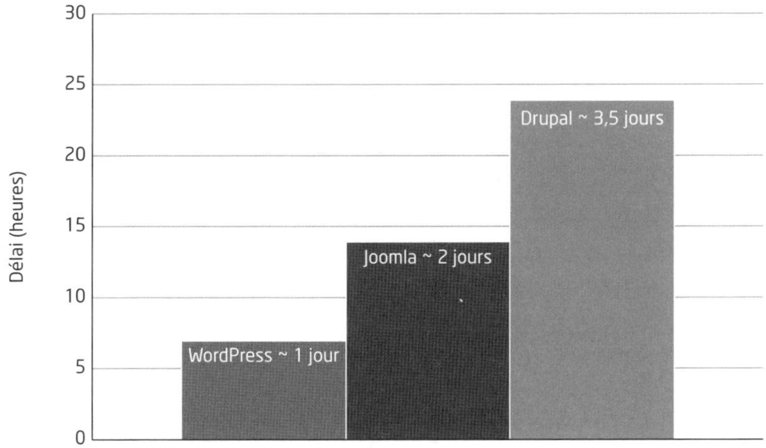

Figure 7. Délai de l'intégration des vingt pages en heures et en jours

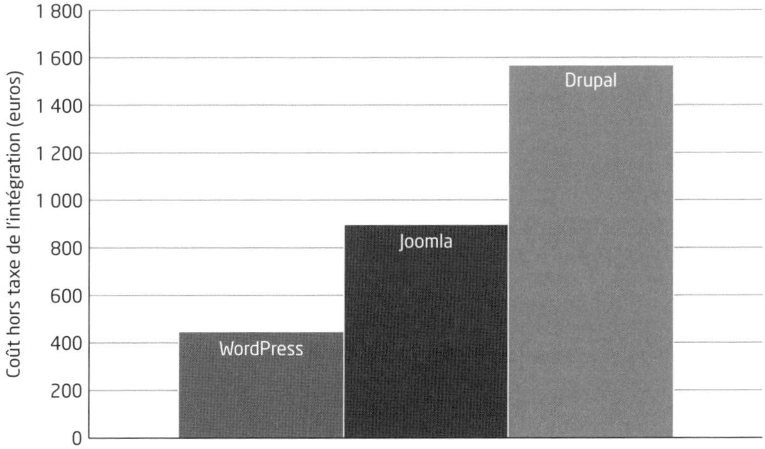

Figure 8. Coût hors taxe de l'intégration des vingt pages

La figure 9 resserre le champ du comparatif autour du coût généré par l'intégration du contenu, c'est-à-dire en faisant abstraction de l'installation des outils et des tâches relatives à la préparation de l'intégration, comme l'installation des extensions, par exemple.

Les résultats indiquent un premier tassement des écarts entre WordPress et ses deux concurrents. L'écart entre WordPress et Joomla ne diminuant que très légèrement, celui-ci passe de 556 à 542 micro-tâches, il faut surtout remarquer la diminution très sensible des écarts par rapport à Drupal. L'écart entre WordPress et Drupal passe en effet de 1553 à 1276 micro-tâches, tandis que celui qui sépare Joomla et Drupal passe de 997 à 734 micro-tâches.

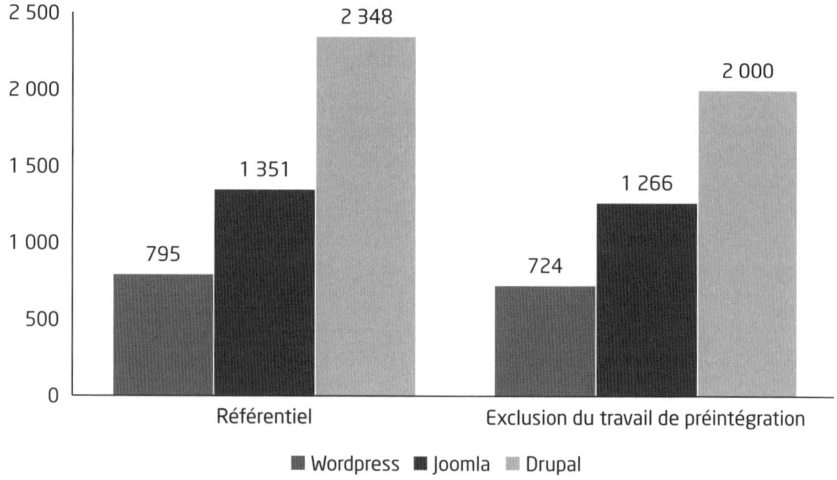

Figure 9. Tassement du différentiel entre WordPress, Joomla et Drupal (micro-tâches)

La conversion de ces écarts en pourcentage (tableau 53) montre que l'écart relatif entre Drupal et WordPress passe de +195 % à +176 %, ce qui représente un gain en faveur de Drupal de 10 %. L'écart relatif entre Drupal et Joomla passe de +74 % à +58 %, le gain réalisé par Drupal par rapport à Joomla s'élève à 22 %.

Tableau 53. Conversion des écarts en pourcentage

	Référentiel		Exclusion du travail de préintégration		Gain de Drupal
Différentiel Drupal/ WordPress	1553 mt	+195 %	1276 mt	+176 %	10 %
Différentiel Drupal/ Joomla	997 mt	+74 %	734 mt	+58 %	22 %

Les contenus ou les fonctionnalités qui ont été intégrés spécifiquement pour marquer la valeur ajoutée des outils, comme les menus contextuels par exemple, avec Joomla et Drupal, faussent le comparatif, c'est la raison pour laquelle il importe de resserrer le champ [du comparatif] autour du coût généré par l'intégration du tronc commun, qui comprend :

- la page d'accueil ;
- l'espace réglementaire sur le commerce des espèces menacées ;
- l'espace de communication sur les espèces protégées ;
- le suivi des projets ;
- la galerie de photos.

Les résultats indiquent un second tassement des écarts – plus marqué que le précédent – entre WordPress et ses deux concurrents. L'écart entre WordPress et Joomla passant de 556 à 238 micro-tâches, il faut de nouveau remarquer la diminution très sensible des écarts par rapport à Drupal : l'écart entre WordPress et Drupal passe de 1553 à 722 micro-tâches, celui qui sépare Joomla et Drupal passe de 997 à 484 micro-tâches.

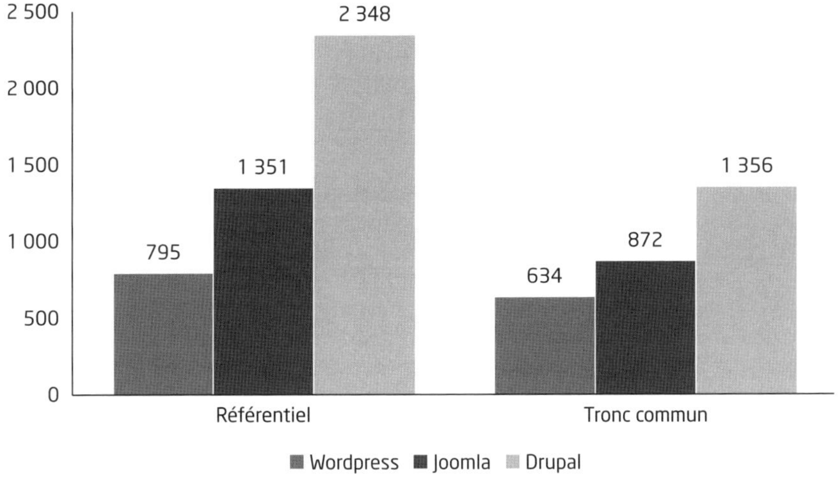

Figure 10. Tassement plus marqué du différentiel entre WordPress, Joomla et Drupal (micro-tâches)

Le tableau 54 montre que l'écart relatif entre Drupal et WordPress passe de +195 % à +114 %, ce qui représente un gain en faveur de Drupal de 42 %. L'écart relatif entre Drupal et Joomla passe de +74 % à +56 %, le gain réalisé par Drupal s'élève à 24 %.

Tableau 54. Conversion des écarts en pourcentage

	Référentiel		Tronc commun		Gain de Drupal
Différentiel Drupal/WordPress	1553 mt	+195 %	722 mt	+114 %	42 %
Différentiel Drupal/Joomla	997 mt	+74 %	484 mt	+56 %	24 %

S'il on exclut l'ensemble des tâches structurantes, pour ne retenir que les contenus à la fois dynamiques et créateurs de valeur (articles sur les espèces protégées) la tendance observée précédemment se confirme et se traduit même par un retournement des écarts au profit de Drupal, c'est ce que montre la figure 11. L'écart entre WordPress et Drupal passe en effet de 1553 micro-tâches, en faveur de WordPress, à 209 micro-tâches, en faveur de Drupal ; le retournement s'applique aussi à Joomla, l'écart entre Joomla et Drupal passe de 997 micro-tâches, en faveur de Joomla, à 233 micro-tâches (450-217), en faveur de Drupal.

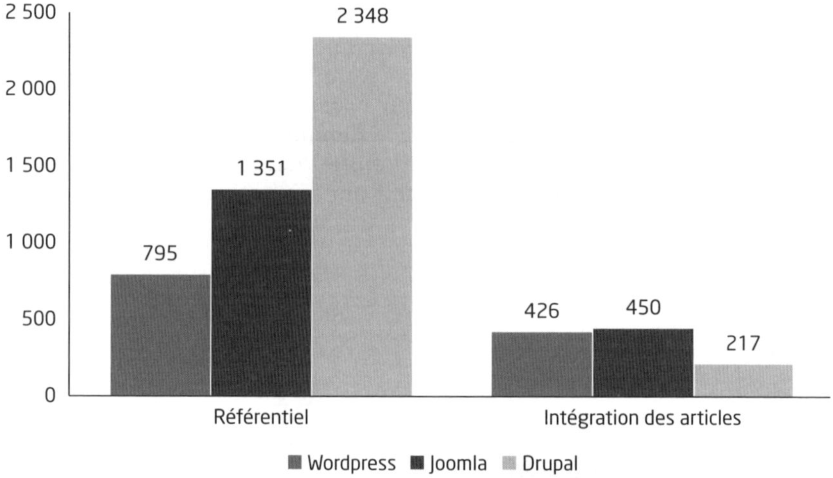

Figure 11. Inversion du différentiel entre Drupal et ses deux concurrents (micro-tâches)

Le tableau 55 montre que l'écart relatif entre Drupal et WordPress passe de +195 % à -49 %, ce qui représente un gain en faveur de Drupal de 125 %. L'écart relatif entre Drupal et Joomla passe de +74 % à -52 %, le gain réalisé par Drupal s'élève à 170 %.

Tableau 55. Conversion des écarts en pourcentage

	Référentiel		Articles		Gain de Drupal
Différentiel Drupal/WordPress	1553 mt	+195 %	- 209 mt	- 49 %	125 %
Différentiel Drupal/Joomla	997 mt	+74 %	- 233 mt	- 52 %	170 %

La figure 12 synthétise les gains réalisés par Drupal au fur et à mesure que l'on retire : 1° les tâches relatives à la préparation de l'intégration ; 2° les tâches relatives à l'intégration des contenus spécifiques ; et 3° les tâches relatives à l'intégration des éléments de structure. Les résultats montrent que c'est pendant la phase d'intégration des articles que Drupal donne toute sa puissance.

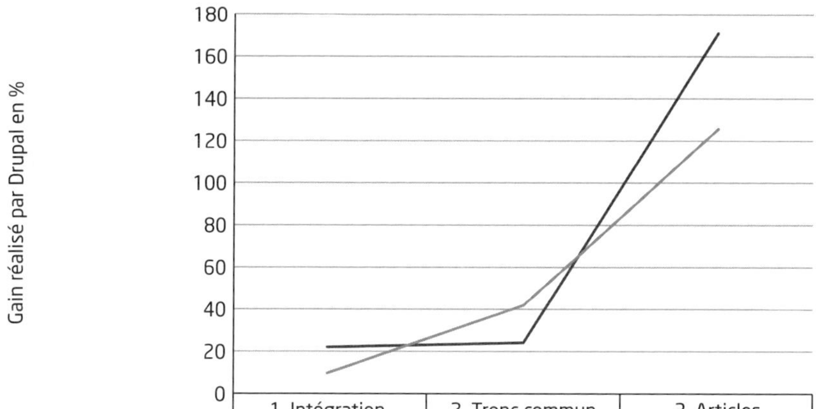

	1. Intégration	2. Tronc commun	3. Articles
Drupal vs Wordpress	10	42	125
Drupal vs Joomla	22	24	170

Figure 12. Courbes de progression des gains réalisés par Drupal

La figure 13 met l'accent sur la dynamique de réduction des écarts avec, en dernier lieu, leur retournement lorsque le comparatif se concentre sur l'intégration des articles.

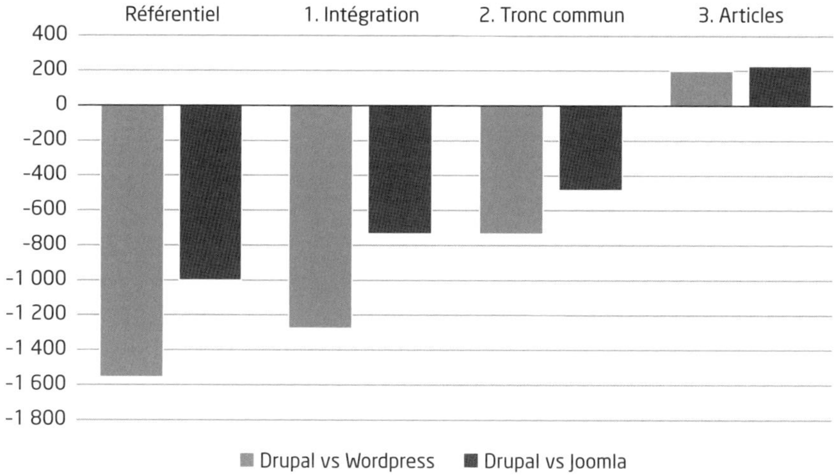

Figure 13. Évolution des différentiels Drupal/WordPress et Drupal/Joomla (micro-tâches)

Ce dernier résultat est particulièrement intéressant, il indique qu'à partir d'un certain nombre de pages, le gain que l'on réalise avec Drupal, par rapport à WordPress et Joomla, finit par compenser le poids que représente la préparation de l'intégration des contenus et le travail de structuration à mettre en place avant de pouvoir présenter le contenu. La figure 14 est une extrapolation du coût en micro-tâches généré par l'ajout de 15 lots de 9 articles, chacun des lots faisant intervenir, comme l'indique la figure 11, 426 micro-tâches avec WordPress, 450 avec Joomla et 217 avec Drupal. La figure 14 montre que Drupal finit par coûter moins cher que WordPress et Joomla à partir de 65 et 92 pages.

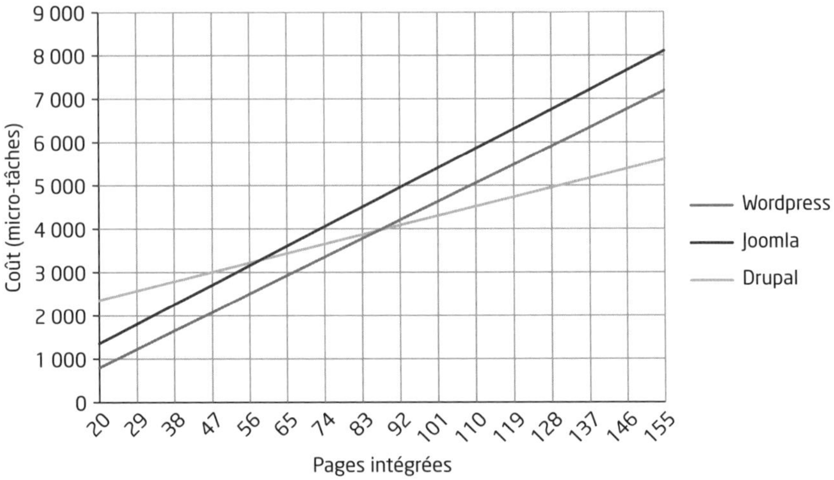

Figure 14. Extrapolation du coût généré par les trois CMS (micro-tâches)

PARTIE 2

COMPARAISON DES TROIS CMS EN MODE PROJET

Sommaire

CHAPITRE IV
FONDAMENTAUX D'UN PROJET WEB

L'ouverture d'un site Web, avec un CMS, est un projet à part entière qu'il faut traiter comme tel. Les tableaux 56 et 57 indiquent la répartition des tâches à réaliser sur un projet type de six mois, dans lequel plusieurs personnes sont impliquées, et sur un projet plus modeste, s'étalant quant à lui sur six semaines, qu'une seule personne pourrait parfaitement assumer.

Quelle que soit l'envergure du projet, les tâches suivantes sont à réaliser :

- choisir un nom de domaine/créer un logo ;
- définir et structurer le contenu et le(s) menu(s) ;
- définir la charte graphique, c'est-à-dire les règles de mise en page et de composition du texte ;
- comparer les outils du marché ;
- intégrer les contenus du site Web « localement »[1] ;
- migrer [répliquer, déplacer] le site Web « local » chez l'hébergeur, autrement dit, ouvrir le site Web.

Pour autant, il convient de remarquer une vraie différence quant au mode de répartition des tâches. Le premier projet, qui est collaboratif, donne la possibilité de traiter certaines tâches en parallèle, tandis que le second, assumé par une seule personne, impose un traitement séquentiel de celles-ci.

À titre indicatif, il y a lieu de remarquer que les quatre mois consacrés à la définition du contenu dans le premier projet permettront de produire une centaine d'articles ; les deux semaines du second projet, consacrées à cette même tâche, permettront d'en produire, tout au plus, une quinzaine.

Ces chiffres sont le résultat d'une estimation intégrant le nombre d'heures requis pour produire un article et les ressources allouées à la production de contenu. Il faut tout d'abord intégrer le fait que la production d'un article de 500 mots (3 000 signes, *une* page au format A4), que les moteurs de recherche reconnaîtront en tant que tel, du fait de sa consistance[2], représente environ cinq heures de travail. Ces cinq heures comprennent deux heures incompressibles[3],

1 Voir *infra*, focus « Mettre en place un environnement de travail local ».

2 Du point de vue des moteurs de recherche, un article consistant doit compter au moins 300 mots.

3 Dans le monde de la presse écrite, le feuillet (250 mots, 1 500 signes), qui est l'unité de référence utilisée pour rémunérer les piges (45 euros au minimum), correspond à une heure de travail (« Enfin un barème minimal dans la presse spécialisée », *www.snj.fr,* http://www.snj.fr/content/enfin-un-bar%C3%A8me-minimal-de-pige-dans-la-presse-sp%C3%A9cialis%C3%A9e).

relatives à l'écriture, auxquelles s'ajouteront trois heures supplémentaires intégrant :

- La structuration des contenus. En effet, il ne s'agit pas d'ajouter simplement un article venant s'intégrer dans un existant, il s'agit au contraire de produire un tout cohérent et structuré mettant en jeu des contenus de premier/deuxième/troisième voire quatrième niveau.
- La production des contenus non textuels (exemple : les photos).
- L'optimisation du référencement des contenus.

Il faut ensuite intégrer le fait qu'en France, on ne travaille en moyenne « que » 16,5 jours par mois[4]. De ce fait, les 4 mois consacrés au contenu du premier site Web ne représentent en réalité que 66 jours. S'il l'on s'en tient aux 7 heures légales de travail par jour, cela représente un total de 462 heures qui permettront donc de produire 92 articles. Dans le cas du second projet, le temps consacré à la définition du contenu est beaucoup plus court, deux semaines seulement, soit 10 jours, représentant 70 heures. Ces 70 heures permettront de produire quant à elles une quinzaine d'articles.

Tableau 56. Répartition-type des tâches à réaliser pour un projet de six mois, en mode collaboratif

	M1	M2	M3	M4	M5	M6
Domaine et logo	■	■	■	■		
Contenu et menu(s) associé(s)	■	■	■	■		
Charte graphique	■	■	■	■		
Comparaison des outils				■	■	
Intégration locale des contenus				■	■	
Migration du site local						■

Tableau 57. Répartition-type des tâches à réaliser pour un projet de six semaines, assumé par une seule personne

	S1	S2	S3	S4	S5	S6
Domaine et logo		■	■	■	■	
Contenu et menu(s) associé(s)	■	■	■			
Charte graphique		■	■			
Comparaison des outils				■	■	
Intégration locale des contenus				■	■	
Migration du site local						■

4 Cyrille Chartier-Kastler, *Précis de conduite de projet informatique*, chap. 7, p. 267, 1995.

1. GESTION DES PRIORITÉS

1.1 Priorité numéro 1 : le contenu

Nature des enjeux

Le contenu est fondamental, il détermine à la fois la visibilité des sites Web, dans les pages de résultats des moteurs de recherche, et leur capacité à engager leurs utilisateurs. Sur les questions de visibilité, il faut effectivement intégrer le fait que le trafic des sites Web est en grande partie généré par les moteurs de recherche (environ 30 %), à égalité avec les liens posés dans les pages (le levier le plus important étant l'accès direct) ; les contributions des autres leviers (l'email, les réseaux sociaux et la publicité) sont marginales (environ 5 %)[5].

Tâches à réaliser

Il est primordial de rester concentré sur la définition et la structuration du contenu. Le conseil peut sembler trivial, mais l'expérience montre que, très souvent, ce principe est vite oublié car il est toujours tentant de passer du temps sur des sujets plus attrayants, comme le graphisme par exemple. Il faut toujours avoir à l'esprit que le contenu est à la base de tout, il détermine, d'un côté, le modèle de navigation et la charte graphique à adopter, de l'autre, les outils qu'il conviendra d'utiliser.

Ci-dessous, les tâches à réaliser :

1. Constituer un corpus de documents, éventuellement, recueillir des témoignages.
2. Constituer une webographie en utilisant des outils comme « Google Favoris », par exemple.
3. Structurer le contenu du site Web.
4. Vérifier la pertinence et la cohérence des en-têtes (titres et en-têtes de section).
5. Calibrer [formater] les contenus les plus importants.

[Tâche 5] Remarque. – Calibrer les contenus signifie qu'il faut standardiser le nombre de sections par page, le nombre d'entrées par section voire le nombre de mots par entrée. Une page standard contiendra, par exemple, trois sections de 150 mots faisant intervenir chacune trois entrées de 50 mots. Ce travail de standardisation permet de renforcer la cohérence du site Web, il s'appliquera, en particulier, aux pages les plus importantes du site Web, celles dont la fonction est de fixer le cadre général du propos.

La réalisation de ces cinq tâches aboutira à la production du cahier des charges « Contenu ». Celui-ci présentera, dans le détail :

- L'architecture du site Web, sous la forme d'une arborescence.

5 Robert Allen, « The Digital Marketing Landscape 2015 », *www.smartinsights.com,* http://www.smartinsights.com/internet-marketing-statistics/the-digital-marketing-landscape-2015.

- Le contenu de chacune des pages :
  - Le titre (ex. : Le tigre).
  - Le texte.
  - Le nom de la rubrique parente (ex. : Espèces en voie d'extinction protégées par la CITES).
  - La description de la page et les mots-clés caractérisant celle-ci, de façon à optimiser le référencement.
  - S'ils existent, le détail des contenus de second rang venant compléter le contenu principal. (Ces contenus seront intégrés dans les blocs périphériques de la page Web.)
  - Si cela se justifie, les liens externes qui donneront la possibilité à l'utilisateur d'aller plus loin, sur d'autres sites Web. (Attention ! les liens dont on parle ici ne doivent pas être confondus avec les liens de navigation pointant vers les pages du site Web à réaliser.)
- Les fiches techniques des contenus non textuels (photos) avec, pour chacune d'entre elles :
  - Le chemin d'accès au contenu (ex. : especes-menacees/extinction/tigre.jpg).
  - La description du contenu (ex. : Photo du tigre).
  - Éventuellement, la légende du contenu (ex. : Le tigre, une espèce menacée d'extinction).
  - L'origine du contenu (ex. : https://fr.fotolia.com/id/65375059).

Documents à utiliser en entrée [attendus]

Les documents à utiliser en entrée sont :

- [Projet d'envergure] Le rapport d'étude de faisabilité.
- [Projet d'envergure] La fiche-projet.
- Le dossier de bilan de l'existant.

Remarque. – Le rapport d'étude de faisabilité a pour objet l'estimation du ROI, le retour sur investissement.

Documents à produire en sortie [livrables]

Les documents à produire en sortie sont :

- [Projet d'envergure] Le diagramme de planification des tâches propres à cette phase.
- Le cahier des charges « Contenu ».

1.2 Priorité numéro 2 : le design

Nature des enjeux

Le design est moins fondamental que le contenu, mais il joue tout de même un rôle très important car il détermine tout d'abord, la capacité des sites à retenir l'attention des utilisateurs, ensuite, leur capacité à les accompagner, et enfin, leur capacité à soulager leur effort de lecture.

En premier lieu, le design a donc pour vocation de retenir l'attention des utilisateurs, l'objectif étant de réduire autant que possible le pourcentage (d'utilisateurs) quittant le site Web sitôt la première page consultée ; en deuxième lieu, le design a pour vocation d'orienter les utilisateurs vers les pages qui motivent leur visite ; en troisième lieu, il a pour vocation de soulager au maximum l'effort que réclame la lecture tout contenu sur un écran.

C'est dans ce contexte, très orienté marketing, que l'on doit aborder la question du design dont les trois composantes sont l'esthétique, l'intelligibilité et la lisibilité[6]. (Lesquelles, encore faut-il le remarquer, sont aussi celles du support papier[7].)

L'esthétique – qui se fonde moins sur les aspects graphiques[8], et la couleur en particulier[9], que sur l'orientation des lignes de force, et l'expressivité[10] qui en résulte – permet d'établir un premier dialogue, non verbal, avec l'utilisateur.

L'intelligibilité a affaire avec les questions de mise en page. Il s'agit de traduire visuellement les relations logiques qu'entretiennent les éléments de contenu de telle façon que l'utilisateur pourra hiérarchiser immédiatement les informations délivrées.

La lisibilité a quant à elle affaire avec le fractionnement des contenus. Il s'agit ici de « recréer la respiration suscitée par la pagination » des contenus imprimés en faisant appel aux techniques utilisées, depuis toujours[11], pour soulager l'effort de lecture.

De fait, le lecteur comprendra aisément les relations qui se nouent entre, d'un côté, le design et ses trois composantes (esthétique/intelligibilité/lisibilité), et de l'autre, l'utilisabilité et l'accessibilité des sites Web[12].

Il y a lieu de remarquer que le design n'a aucune incidence sur l'efficacité. Cela pourrait surprendre, mais en fait, c'est logique car l'efficacité est un principe relatif aux objectifs, en termes de fonctionnalités. C'est la question des moyens à mettre en œuvre pour les atteindre (efficience) et le niveau de satisfaction des utilisateurs qui concernent le design.

6 Anne-Sophie Fradier, *Webgrids | Structure et typographie de la page Web*, chap. 2, p. 14, 2012.

7 Les solutions à apporter pour satisfaire les trois principes sus-indiqués, dans le domaine du Web, ont leur spécificité car, en effet, il n'est pas envisageable d'appliquer les techniques habituelles à un support qui n'a rien de comparable avec le support papier. Première différence, les supports électroniques sont des supports lumineux, beaucoup plus fatigants que le support papier ; seconde différence, les supports électroniques sont des supports dont la taille et la résolution (nombre de pixels par unité de surface) sont volatiles (moniteur, tablette, smartphone) ; troisième différence, les supports électroniques sont interactifs, ils donnent la possibilité de choisir l'orientation du texte (paysage *vs* portrait), de changer sa taille, etc.

8 « À l'échelle d'un site, conserver […] les mêmes lignes et points de force d'une page à l'autre est une solide garantie de cohérence qui peut permettre ensuite plus de variétés dans le traitement graphique "de surface". » (Anne-Sophie Fradier, *Webgrids | Structure et typographie de la page Web*, chap. 4, p. 65, 2012.)

9 « Signification des couleurs », *www.code-couleur.com*, http://www.code-couleur.com/signification.

10 Ligne verticale : force/énergie, mouvement/lumière/chaleur ; ligne horizontale : stabilité/fiabilité, immobilité/obscurité/froideur.

11 Marquage des titres et des sous-titres, alignement du texte, interlignage, contrôle du nombre de caractères par ligne, etc.

12 Voir *supra*, partie 1, chap. II. Paragraphe « Critères 10 et 11 : Accessibilité du back-office/front-office » et section « Utilisabilité et système de cotation associé ».

Tâches à réaliser

Le design est un domaine complexe qu'il faut aborder avec humilité. Pour régler les questions de fond relatives à l'esthétique, l'intelligibilité et la lisibilité, il conviendra de faire appel à des professionnels maîtrisant à la fois les aspects graphique et technique. Toutefois, il vous reviendra de travailler, d'un côté, sur la définition des menus de navigation[13], de l'autre, sur les bases de la charte graphique.

Ci-dessous, les tâches à réaliser :

1. Définir le(s) menu(s) de navigation.
2. Poser les bases de la charte graphique :
    2.1. Étudier les sites Web se rapprochant du site à réaliser.
    2.2. Identifier et hiérarchiser les couleurs candidates. Pour vous déterminer, vous vous reporterez aux tableaux 58-61 indiquant la signification des couleurs.
    2.3. Produire des maquettes de test à partir de logiciels tels qu'Artisteer[14].

La réalisation des tâches 1 et 2 aboutira à la production du cahier des charges « Design ». Celui-ci présentera, dans le détail :

- Les menus à intégrer.
- La charte graphique et, notamment, la palette graphique à adopter.
- Les écrans issus du maquettage.
- La liste des sites Web voisins du site à réaliser et les écrans associés.

Tableau 58. Signification des couleurs primaires

Couleur	Signification
Bleu	Signification positive : rêve, sagesse, sérénité, vérité, loyauté, fraîcheur Signification négative : mélancolie Représentation : océan, ciel, fleurs (bleuet)
Jaune	Signification positive : fête, joie, chaleur, ego, puissance, connaissance, amitié Signification négative : traîtrise, mensonge, tromperie Représentation : boîtes aux lettres, sable, soleil, œuf, fleurs (marguerite)
Rouge	Signification positive : amour, passion, chaleur, sexualité, ardeur, triomphe Signification négative : colère, interdiction, danger Représentation : sang, feu, lave, végétaux (tomate, coquelicot, fraise)

13 Les questions de navigation sont à la fois relatives à l'utilisabilité et à l'accessibilité, en termes de navigabilité.
14 Artisteer, https://www.artisteer.com.

Tableau 59. Signification des couleurs secondaires. (Couleurs combinant deux couleurs primaires)

Couleur	Signification
Vert	Signification positive : espérance, chance, stabilité, concentration Signification négative : échec, infortune Représentation : végétaux, légumes (poivrons, petits pois)
Orange	Signification positive : joie, créativité, communication, sécurité, optimisme Signification négative : kitch Représentation : fruits (orange, abricot, melon)
Violet	Signification positive : rêve, délicatesse, paix, amitié, méditation Signification négative : mélancolie, solitude Représentation : végétaux (raisin, aubergine), fleurs (violette), habits des évêques

Tableau 60. Signification des couleurs tertiaires

Couleur	Signification
Marron	Signification positive : nature, douceur, neutralité Signification négative : aucune Représentation : terre, arbres, aliments (cacao, café)
Doré	Signification positive : richesse, fortune, fécondité Signification négative : aucune Représentation : métaux (or), lingots d'or

Tableau 61. Signification des autres couleurs

Couleur	Signification
Noir	Signification positive : élégance, simplicité, sobriété, rigueur, mystère Signification négative : mort, deuil, tristesse, vide, obscurité Représentation : ténèbres (nuit), certains animaux (merle, corbeau, chats)
Blanc	Signification positive : pureté, innocence, virginité, mariage Signification négative : aucune Représentation : neige, lumière, lait, robe de marié
Gris	Signification positive : calme, douceur Signification négative : tristesse, solitude, monotonie, mélancolie Représentation : animaux (souris, éléphants), poussière
Rose	Signification positive : féminité, romantisme, séduction, bonheur, tendresse, jeunesse Signification négative : couleur réservée aux filles Représentation : fleurs (roses)

Document à utiliser en entrée [attendu]

Le document à utiliser en entrée est le cahier des charges « Contenu ».

Document à produire en sortie [livrable]

Les documents à produire en sortie sont :

- [Projet d'envergure] Le diagramme de planification des tâches propres à cette phase.
- Le cahier des charges « Design ».

1.3 Priorité numéro 3 : la comparaison des outils et l'intégration du contenu

Nature des enjeux

Les outils jouent un rôle moins fondamental que le contenu, à l'instar du design, car c'est bien le contenu qui détermine les outils à utiliser, et non le contraire. Cependant, le rôle des outils, et des technologies sous-jacentes fournies par les hébergeurs, est tout de même très important car ceux-là (outils), comme celles-ci (technologies), conditionnent tout à la fois les temps de réponse, la disponibilité et la sécurité du site Web.

Remarque. – Sur les questions de disponibilité, l'exigence est de rigueur. On ne peut pas se satisfaire de 99 %, le sacrifice des 1 % signifierait 3,65 jours d'indisponibilité par an ! Il faut donc exiger la haute disponibilité : 99,99 % (cela représente, au maximum 0,0365 jour d'indisponibilité soit environ 50 minutes, ce qui est déjà beaucoup pour les sites Web qui génèrent beaucoup de trafic).

Tâches à réaliser

À la différence des tâches considérées jusqu'à présent, l'intégration des contenus fait intervenir des tâches d'ordre technique qui sont relatives à l'installation des outils, sur un poste local notamment.

La mise en place d'un environnement de travail dédié [sur poste local], séparé de l'environnement de production est incontournable. Cela permet, en premier lieu, de prévenir les éventuels accidents, du fait d'une mauvaise manipulation par exemple, en second lieu, de présenter non seulement aux utilisateurs, mais aussi aux moteurs de recherche, un site Web abouti.

Dans le cadre d'un projet d'entreprise, il est toujours possible de sous-traiter ce genre de tâche ; dans le cadre d'un projet personnel, c'est plus difficile... si vous êtes dans cette situation, il va falloir faire un petit « saut » technologique.

Ci-dessous, les tâches à réaliser :

1. Comparer les trois CMS en fonction des contraintes de votre projet.
2. Intégrer les contenus :
   2.1. Mettre en place un environnement de travail local.
   2.2. Tester l'intégration des principaux contenus avec les trois CMS.
   2.3. Réévaluer les trois CMS.
   2.4. Intégrer le moteur de gabarits du CMS retenu.
   2.5. Finaliser l'intégration des contenus.

[Tâche 1] Remarque. – La comparaison des trois CMS sera théorique et se fera à partir des critères d'évaluation introduits dans le deuxième chapitre, au regard de vos propres contraintes (si vous comptez administrer votre futur site Web vous-même, vous n'aurez que faire du critère relatif à la gestion des droits).

[Tâches 2.1, 2.2 et 2.3] Remarque. – L'intégration des contenus se fera dans un environnement dit local, de sorte que personne ne puisse accéder au travail en cours, qui, à ce stade, consistera à tester les fonctionnalités des trois CMS. Les tests réalisés seront l'occasion de reprendre les évaluations ; ces deux tâches, menées en parallèle, aboutiront, d'une part, à la validation du CMS à retenir, d'autre part, à l'homologation du site Web à réaliser. Une fois homologué, le site Web pourra alors être mis en production [migré, déplacé chez l'hébergeur].

La réalisation des tâches 1 et 2 aboutira à la production d'un dossier de choix dans lequel seront consignées les forces et les faiblesses de chacun des outils étudiés au regard des besoins exprimés dans les cahiers des charges « Contenu » et « Design ».

[Tâche 2.1] Focus
Mettre en place un environnement de travail local

L'installation de WordPress, Joomla ou Drupal sur son propre ordinateur suppose la mise en place d'une plateforme intégrant les composants [logiciels] sans lesquels aucun des trois CMS ne peut fonctionner.

Installer la plateforme AMP (Apache/MySQL/PHP). Pour fonctionner, les CMS font appel aux services [programmes] de trois composants externes. Le premier d'entre eux, [Zend]PHP, sert à traduire les scripts des trois CMS qui, justement, font appel au langage PHP. Le deuxième composant, auquel les trois CMS font appel, est le serveur de base de données MySQL, la fonction première de celui-ci étant de traduire les requêtes SQL que les CMS utilisent pour interagir avec la base de données du site Web[15]. Le troisième composant est le serveur de pages Web (Apache étant l'un des plus utilisés), la principale fonction de ce composant est de retourner aux utilisateurs les pages Web que les CMS leur transmettent[16].

Bref, si vous utilisez un PC (Windows), la solution la plus simple consistera à installer le logiciel WAMP (Windows, Apache, MySQL, [Zend]PHP). Si vous utilisez un Mac, vous devrez installer le logiciel... MAMP (Mac OS,...). Ces deux logiciels vous permettront d'installer d'un seul coup les trois composants dont WordPress, Joomla et Drupal ont besoin pour fonctionner.

15 Ces requêtes sont utilisées soit pour ajouter des contenus soit pour extraire ces mêmes contenus (exemples de contenus : une rubrique, un article ou un lien de menu).

16 Les serveurs de page Web sont des passerelles assurant les quatre fonctions suivantes : a) ils réceptionnent les requêtes des utilisateurs (ces requêtes, déclenchées par les clics sur les liens, contiennent le chemin des pages à délivrer) ; b) ils déclenchent l'exécution des scripts PHP du CMS ; c) Ils réceptionnent les pages Web retournées par le CMS puis retournent celles-ci à l'utilisateur, qui pourra alors les visualiser.

Installer les CMS WordPress, Joomla et Drupal. L'installation des trois CMS est relativement simple, mais cela réclame un peu de rigueur. Il faut tout d'abord activer les services des deux serveurs, Apache et MySQL. Il faut ensuite :

1. Télécharger l'archive du CMS à installer. (Archive : scripts du CMS compressés.)
2. Créer le répertoire dans lequel l'archive devra être décompressée.
3. [Depuis le navigateur] Se connecter au panneau d'administration de WAMP/MAMP puis lancer phpMyAdmin de façon à pouvoir créer la base de données du site Web. (phpMyAdmin : application dédiée à la gestion des bases de données, automatiquement installée par WAMP/MAMP.)
4. [Navigateur] Toujours depuis le panneau d'administration de WAMP/MAMP, se connecter au site Web. Le CMS se chargera alors de lancer automatiquement le script de l'installation.
5. [Navigateur] Renseigner l'identifiant et le mot de passe de MySQL de sorte que le CMS puisse se connecter [à MySQL] et intégrer la base de données du site Web (tables et champs associés).
6. [Navigateur] Renseigner son identifiant, son mot de passe et son email. Dès lors le back-office du CMS considéré est accessible.

Remarque. – L'identifiant et le mot de passe à renseigner pour se connecter au serveur MySQL ne sont pas les mêmes selon que l'on utilise WAMP ou MAMP. Avec WAMP, il faut renseigner « root » pour l'identifiant et il n'y a pas de mot de passe (chaîne vide) ; avec MAMP, il faut renseigner « root » deux fois (une première fois pour l'identifiant et une seconde fois pour le mot de passe).

[Tâche 2.4] Focus
Intégrer le moteur de gabarits du CMS retenu

Je l'ai déjà indiqué au-dessus : le design est un domaine complexe [...] il conviendra donc de faire appel à des professionnels maîtrisant à la fois les aspects graphique et technique. Il est toujours possible de confier le développement d'un moteur de gabarits à une agence, mais cela présente un risque. La solution la plus sûre consiste à acheter un moteur « clés en main », que vous confierez ensuite à un professionnel ou une agence, pour y intégrer votre propre charte graphique.

Sachez que les moteurs de gabarits développés par des éditeurs tels que RocketTheme (WordPress/Joomla), Yootheme (WordPress/Joomla) ou Themebrain (Drupal) sont très performants :

- Ils respectent les fondamentaux du design[17].
- Ils prennent en considération les contraintes d'accessibilité (menus accessibles au clavier, sans qu'il soit nécessaire d'utiliser la souris).
- Ils prennent en considération les contraintes d'interopérabilité (Internet Explorer, Safari, Chrome, Firefox, etc.).

17 Voir *supra*, section « Priorité numéro 2 : le design ».

- Ils intègrent la contrainte du RWD *(Responsive Web Design)*[18].
- Ils participent à l'optimisation du référencement du fait de la compression des scripts et des images, qui permet de réduire les temps de chargement[19].
- Ils donnent la possibilité de personnaliser la présentation des contenus, en termes de charte graphique et de mise en page notamment, sans avoir à coder.

La question du coût des moteurs de gabarits vendus par RocketTheme, Yootheme et Themebrain a déjà été abordée dans le deuxième chapitre de la partie 1. Il faut compter quelques dizaines voire une centaine d'euros.

Ci-dessous les tâches à réaliser :

1. Acheter un moteur de gabarits.
2. Installer le moteur de gabarits.
3. Personnaliser le moteur de gabarits.

[Tâche 2] Remarque. – Le chemin à suivre pour installer les moteurs de gabarits est indiqué dans les chapitres VI, VII et VIII, selon que l'on utilisera WordPress, Joomla ou Drupal.

[Tâche 3] Remarque. – La personnalisation du moteur de gabarits réclame des compétences techniques plus ou moins pointues, cela dépend du CMS concerné[20]. Quoi qu'il en soit, c'est une tâche qui implique une bonne connaissance du langage HTML et des feuilles de style CSS, il faut aussi connaître les rudiments du langage PHP.

Documents à utiliser en entrée [attendus]

Les documents à utiliser en entrée sont :

- Le cahier des charges « Contenu ».
- Le cahier des charges « Design ».

Documents à produire en sortie [livrables]

Les documents à produire en sortie sont :

- [Projet d'envergure] Le diagramme de planification des tâches propres à cette phase.
- Le dossier de choix.
- Les fiches techniques des environnements et des sites installés localement.

18 Voir *supra*, partie 1, chap. II, section « Critère 11 : Acessibilité du front-office ».

19 « Warp Framework », *www.yootheme.com*, http://yootheme.com/themes/warp-framework ; « Gantry Advanced », *www.rockettheme.com*, http://docs.gantry.org/gantry4/configure/advanced. (Avec Drupal, la compression des scripts est une fonction native.)

20 Voir *supra*, partie 1, chap. II, section « Compétences requises pour créer un moteur de gabarits ».

2. PROBLÉMATIQUES TRANSVERSALES

2.1 Création du logo

La création du logo n'est pas une obligation absolue, ne serait-ce que parce qu'il pourrait déjà exister. Sinon, il conviendra, là encore, d'aborder ce mini-projet avec maxi-humilité, la création d'un logo ne s'improvise pas. Il y a trois possibilités :

- Soit utiliser le modèle fourni par le moteur de gabarits retenu. Il suffit, dans ce cas, de saisir le texte, le moteur de gabarits se chargera de le styliser, et il n'y aura pas de surcoût.
- Soit créer le logo soi-même avec un outil spécialisé[21] tel que LogoMaker, LogoEase ou FreeLogoServices.
- Soit faire appel à un professionnel.

Les tarifs sont extrêmement variables[22] : sans parler des tarifs exorbitants s'élevant à plusieurs centaines de milliers d'euros, il faut retenir que, pour une petite entreprise, les tarifs varient entre 700 et 1 200 euros, ils peuvent s'élever jusqu'à 3 000 euros pour une PME. Avec les outils cités au-dessus, les tarifs se limitent à une centaine d'euros.

2.2 Gestion du domaine et de l'hébergement

L'ouverture d'un site Web suppose l'achat d'un *nom de domaine* (une dizaine d'euros pour les domaines faisant appel à une extension classique en .fr, .eu ou .com), qu'il faudra renouveler une fois par an, et la location d'un ordinateur, communément appelé *serveur*, chez un *hébergeur*. Il est tout à fait possible de gérer séparément la gestion de ces deux services, mais l'achat du *nom de domaine* chez l'*hébergeur* simplifie les choses.

Les *hébergeurs* donnent le choix entre plusieurs formules parmi lesquelles : l'*hébergement mutualisé* (dans ce cas, le serveur est partagé par plusieurs clients) et l'*hébergement dédié*. La première formule est moins onéreuse que la seconde (quelques dizaines d'euros par an contre plusieurs centaines d'euros [par an]) et donc plus attractive ; cependant, si votre site Web exige un niveau de performance (temps de réponse/disponibilité) ou de sécurité particulièrement élevé, des sauvegardes plus fréquentes (plusieurs par jour), ou encore un espace mémoire particulièrement important (plusieurs centaines de gigaoctets[23]), l'*hébergement mutualisé* ne suffira pas, et vous devrez vous orienter vers un *hébergement dédié* qui vous donnera accès à la configuration des logiciels de plus bas niveau : a) le serveur de pages Web ; b) le serveur de base de données ;

21 Mindy Lilyquist, « 6 Affordable or Free Logo Maker Tools », *www.about.com*, 17 mai 2016, http://homebusiness.about.com/od/Home_Business_Toolbox/tp/7-Affordable-Or-Free-Logo-Maker-Tools.htm.

22 Hugo Essique, « Combien coûte la création d'un logo ? », *www.anthedesign.fr*, 24 mai 2015, https://www.anthedesign.fr/print-2/combien-coute-la-creation-dun-logo.

23 Les unités de stockage s'expriment aussi en *byte* qu'il ne faut pas confondre avec le *bit* : *un* octet (*byte*) regroupe huit *bit*, le *bit* (*binary digit*, chiffre binaire soit égal à zéro soit égal à *un*) étant l'unité d'information la plus élémentaire.

c) le système d'exploitation. (Les serveurs sont *stricto sensu* des [composants] logiciels, les ordinateurs [centraux] sur lesquels ils sont installés le deviennent par extension.)

Pour autant, l'*hébergement mutualisé* répond à la très grande majorité des besoins. À titre d'exemple, sachez que ce mode d'hébergement peut supporter un trafic de plusieurs centaines de milliers de pages par mois[24] avec des niveaux de performance tout à fait acceptables[25].

Il existe un très grand nombre de sociétés spécialisées dans l'hébergement, il est par conséquent indispensable de faire un travail de veille avant de s'engager. Voici quelques références d'annuaires qui vous permettront d'objectiver votre choix :

http://www.guide-hebergeur.fr
http://www.guide-hebergement-web.com
http://www.hebergementweb.info
http://www.hebergementweb.org
http://www.top10hebergeurs.com
http://www.tophebergeur.com

En plus des critères cités au-dessus (performances, sauvegardes, etc.), il est aussi important de prendre en considération les services que propose l'hébergeur, et, à ce titre je vous recommande de vous tourner vers ceux qui intègrent dans leur offre des outils tels que CPanel, qui simplifie grandement l'administration de son site Web – hors contenu (cela comprend notamment la gestion des éventuels sous-domaines, la gestion des scripts et des données du site Web, et la gestion des boîtes aux lettres) –, et Softaculous, qui permet d'installer WordPress, Joomla ou Drupal en quelques clics seulement.

> « CPanel is a [...] web hosting control panel that provides a graphical interface and automation tools designed to simplify the process of hosting a web site. CPanel [...] provides capabilities for [...] end-user website owners to control the various aspects of website and server administration through a standard web browser. »[26]

> « Softaculous is a commercial script library [vendu aux hébergeurs] that automates the installation of commercial and open source web applications to a website. Softaculous scripts are executed from the administration area of a website control panel, typically via an interface tool such as cPanel, Plesk, H-Sphere, ISPmanager, DirectAdmin and InterWorx. Softaculous applications typically create tables in a database, install software, adjust permissions, and modify web server configuration files.

24 Dominique Filippone, « Dédié ou mutualisé : choisir quand la question se pose », *www.journaldunet.com*, 4 mai 2007, http://www.journaldunet.com/solutions/0705/070504-hebergement-dedie-mutualise.shtml.

25 Disponibilité moyenne : 99,99 %, cela représente moins d'*une* heure d'indisponibilité par an ; temps de réponse moyen des serveurs : quelques dixièmes de secondes, très inférieurs au temps que peut prendre le chargement d'une page [quelques secondes] qui, ne l'oublions pas, dépend aussi du poids des pages, de la façon dont le CMS est programmé et enfin du débit disponible au moment du téléchargement). (Le poids des pages s'exprime en octet (huit *bit*), les débits délivrés par les FAI (Fournisseurs d'Accès à Internet) en *bit*.)

26 « CPanel », *www.wikipedia.org*, https://en.wikipedia.org/wiki/CPanel.

« Softaculous targets open-source software and is available in Pro and Free versions. The free version [mise à la disposition des hébergeurs] supports the installation of over 50 applications [application telles que WordPress, Joomla ou Drupal]. The Pro version provides one-step installation of over 280 applications. »[27]

« Softaculous is widely used in the Web Hosting industry and it has helped millions of users install applications by the click of a button. Softaculous Auto Installer easily integrates into leading Control Panels like cPanel, Plesk, DirectAdmin, InterWorx, H-Sphere. »[28]

3. MIGRATION DU SITE WEB LOCAL

L'exercice réclame de la rigueur, mails il ne prend que quelques dizaines de minutes, la procédure à suivre se décompose en dix étapes :

1. [Côté hébergeur] Installer le CMS retenu[29].
2. Tester le fonctionnement du site Web, en ajoutant un article par exemple.
3. Se connecter aux services d'administration du site Web fournis par l'hébergeur.
4. Lancer l'application donnant accès aux scripts du CMS.
5. [Côté poste local] Après les avoir compressés, charger l'ensemble des scripts du CMS, à l'exception du fichier de configuration, qui est propre à votre système d'exploitation (Windows, Mac OS, Ubuntu, etc.).
6. [Côté hébergeur] Supprimer les scripts générés initialement (étape 1), à l'exception du fichier de configuration, puis décompresser les scripts du site créé localement.
7. Lancer l'application donnant accès à la base de données du site Web.
8. [Côté poste local] Exporter le contenu de la base de données, cela se traduit par la génération d'un fichier utilisant le format « sql », dans lequel sont intégrées les requêtes qui serviront à peupler la base de données initialement générée au moment de l'installation (étape 1).
9. [Côté hébergeur] Importer le contenu du site Web dans la base de données.
10. Tester à nouveau le fonctionnement du site Web. Attention ! l'identifiant et le mot de passe à utiliser seront ceux du site Web créé localement.

4. GESTION DE L'INTÉGRATION DES CONTENUS APRÈS L'OUVERTURE DU SITE WEB

Après l'ouverture du site Web, il n'est plus nécessaire de passer par l'environnement local pour publier, les CMS ont d'ailleurs été conçus pour cela. Pour autant, l'environnement utilisé au départ pour

27 « Softaculous », *www.wikipedia.org,* https://en.wikipedia.org/wiki/Softaculous.
28 Softaculous, https://www.softaculous.com.
29 Voir *infra*, chap. VI, VII, VIII.

homologuer le site Web n'est pas complètement perdu, loin de là, il conviendra de l'utiliser non seulement pour faire des sauvegardes, mais aussi pour tester l'installation de nouvelles extensions, avant qu'elles ne soient mises en production, chez l'hébergeur.

5. SAUVEGARDE DU SITE DE PRODUCTION

La procédure à suivre se décompose en cinq étapes :

1. [Côté hébergeur] Se connecter aux services d'administration du site Web.
2. Lancer l'application donnant accès à la base de données du site Web.
3. Exporter le contenu de la base de données (fichier « sql »).
4. [Côté poste local] Importer le contenu du site Web dans la base de données.
5. Tester à nouveau le fonctionnement du site Web. Attention ! l'identifiant et le mot de passe à utiliser seront ceux du site de production.

CHAPITRE V
PRÉSENTATION DES PROJETS

1. PRÉSENTATION DU CONTENU, DES RÈGLES DE NAVIGATION ET DES MENUS

1.1 Présentation du contenu

Il s'agit de réaliser un site Web de vingt pages sur la protection des espèces menacées. Ce site comprend une page d'accueil, bien sûr, un espace relatif à la réglementation du commerce des espèces menacées, un espace de communication – fictif – sur les espèces protégées par la CITES, une page de suivi des projets affichant un flux de dépêches, et une galerie de photos. L'espace réglementaire est un espace institutionnel faisant intervenir une rubrique avec trois articles. L'espace de communication sur les espèces fait intervenir une rubrique, trois sous-rubriques et neuf articles (trois articles par sous-rubrique) présentés à la manière d'un Blog.

L'architecture du contenu se présente donc de la manière suivante :

```
[Page d'accueil]Site NON officiel de la CITES
   [Rubrique]Réglementation du commerce des espèces menacées
      [Article]Réglementation du commerce des espèces en
      voie d'extinction
      [Article]Réglementation du commerce des espèces
      surexploitées
      [Article]Réglementation du commerce des espèces
      contrôlées
   [Rubrique]Espèces protégées par la CITES
      [Sous-rubrique]Espèces en voie d'extinction protégées
      par la CITES
         [Article]Le tigre
         [Article]L'ara canindé
         [Article]Le requin à pointes noires
      [Sous-rubrique]Espèces surexploitées protégées par la CITES
         [Article]Le Grand Dauphin
         [Article]Le colibri moucheté
         [Article]L'alligator d'Amérique
      [Sous-rubrique]Espèces contrôlées protégées par la CITES
         [Article]Le gorille des Montagnes
         [Article]Le paon bleu
         [Article]La tortue carette
   [Page]Suivi des projets
   [Page]Galerie de photos
```

Tout site Web se définit comme un ensemble de pages, mais la structuration du contenu, et sa future intégration, imposent de faire une distinction entre les *rubriques* et les *pages élémentaires*. Les *rubriques* sont des pages dont la fonction première est de segmenter LE contenu et qui, de là, vont servir à introduire DES contenus de plus bas niveau qui seront soit des sous-rubriques soit des pages dites élémentaires.

À partir de ces deux notions, on peut alors caractériser plus finement les pages qui définissent l'architecture du site Web en précisant leur niveau hiérarchique et leur position relative dans l'arborescence :

- La page d'accueil [PN0 : page de niveau 0] est une page singulière que l'on ne peut pas assimiler à une *rubrique*, car elle décrit le contenu du site Web dans son ensemble, et encore moins à une *page élémentaire*, du fait de sa position dominante dans l'arborescence. Il faut la considérer comme une page hors catégorie[1].
- La page « Réglementation du commerce des espèces menacées » est la première rubrique de niveau 1, elle est représentée par l'indice « RN1:1 ».
- La page « Réglementation du commerce des espèces en voie d'extinction » est la première page élémentaire de niveau 2, elle est représentée par l'indice « PN2:1.1 ».
- La page sur la réglementation du commerce des espèces surexploitées est représentée par l'indice « PN2:1.2 ».
- La page sur la réglementation du commerce des espèces contrôlées est représentée par l'indice « PN2:1.3 ».

... et ainsi de suite.

Si l'on se concentre sur les pages qui sont hiérarchiquement liées à la rubrique sur les espèces protégées (tableau 62), on voit que l'arborescence fait intervenir quatre niveaux hiérarchiques, avec au sommet de celle-ci la page d'accueil, puis la rubrique « Espèces protégées par la CITES » et ses trois sous-rubriques, et enfin les pages élémentaires.

Tableau 62. Arborescence des pages liées hiérarchiquement à la rubrique « Espèces protégées par la CITES »

<table>
<tr><td colspan="9">PN0 (Site NON officiel de la CITES)</td></tr>
<tr><td colspan="9">RN1:2 (Espèces protégées par la CITES)</td></tr>
<tr><td colspan="3">RN2:2.1 (Extinction)</td><td colspan="3">RN2:2.2
(Surexploitation)</td><td colspan="3">RN2:2.3 (Contrôle)</td></tr>
<tr><td>PN3:2.1.1</td><td>PN3:2.1.1</td><td>PN3:2.1.1</td><td>PN3:2.1.1</td><td>PN3:2.1.1</td><td>PN3:2.1.1</td><td>PN3:2.1.1</td><td>PN3:2.1.1</td><td>PN3:2.1.1</td></tr>
</table>

1.2 Présentation des règles de navigation : intégration du *siloing*

Le site Web fait intervenir un menu principal et des sous-menus donnant accès à chacune des pages. Avec Joomla et Drupal, ces menus sont complétés par des menus contextuels selon un modèle qu'on appelle le *siloing*.

1 Du fait de son statut « hors catégorie », on pourrait s'attendre à ce que la page d'accueil fasse l'objet d'un traitement particulier de la part de WordPress, Joomla ou Drupal, mais ce n'est pas le cas. En fait, les trois outils invitent à la définir soit comme une rubrique soit comme une page élémentaire, c'est la seconde solution qui sera retenue pour l'intégrer.

Appliqué de manière stricte, le *siloing* est une technique SEO qui consiste à masquer les menus donnant accès à des pages dont la sémantique n'est pas directement liée aux pages consultées. Le *siloing* répond à un objectif d'ordre technique qui est d'augmenter le PageRank[2] des pages les plus profondes du site, mais il répond aussi à un objectif d'utilisabilité dans la mesure où il s'agit par ailleurs de ne présenter à l'utilisateur que les menus donnant accès aux pages qui se situent dans l'environnement des pages consultées.

Pour une page donnée, le *siloing* consiste à présenter un menu « descendant » dans le lequel ne seront affichés que les liens pointant vers les pages filles de la page consultée. Si la page consultée n'est pas une page de premier niveau, le *siloing* consistera à présenter, en plus du menu descendant, un ou plusieurs menus « ascendants » donnant accès aux pages de niveau (n-1), (n-2), (n-3), etc. qui devront permettre à l'utilisateur de remonter jusqu'aux pages de premier niveau – si, par exemple, la page consultée est une page de deuxième niveau, il suffira de définir un seul menu ascendant. En vertu du principe de proximité sémantique, les menus ascendants n'afficheront que des liens pointant vers des pages ayant la même page parente.

Le tableau 63 permet de visualiser la notion de proximité sémantique, il fait apparaître en gris foncé les pages les plus proches de la page RN3:1.1.1, qui seront pointées par des menus contextuels.

L'application du *siloing* au cas présenté donnera lieu à :

- Un menu descendant donnant accès aux deux pages filles de RN3:1.1.1.
- Un menu donnant accès à la page voisine de RN3:1.1.1, à savoir RN3:1.1.2.
- Un premier menu ascendant donnant accès aux pages voisines RN2:1.1 et RN2:1.2, qui ont en commun RN1:1.
- Un deuxième menu ascendant donnant accès aux pages voisines RN1:1 et RN1:2, qui ont en commun PN0.

Remarque. – Par convention, le lien pointant vers la page d'accueil [souvent représenté par une maison] est intégré dans le menu qui donne accès aux pages de premier niveau qui, en l'occurrence, est le deuxième menu ascendant.

Tableau 63. Environnement sémantique de la page RN3:1.1.1

<table>
<tr><td colspan="16">PN0</td></tr>
<tr><td colspan="8">RN1:1</td><td colspan="8">RN1:2</td></tr>
<tr><td colspan="4">RN2:1.1</td><td colspan="4">RN2:1.2</td><td colspan="4">RN2:2.1</td><td colspan="4">RN2:2.2</td></tr>
<tr><td colspan="2">RN3:1.1.1</td><td colspan="2">RN3:1.1.2</td><td colspan="2"></td><td colspan="2"></td><td colspan="2"></td><td colspan="2"></td><td colspan="2"></td><td colspan="2"></td></tr>
<tr><td></td><td></td><td></td><td></td><td></td><td></td><td></td><td></td><td></td><td></td><td></td><td></td><td></td><td></td><td></td><td></td></tr>
</table>

2 Le PageRank est l'un des nombreux indicateurs utilisés par Google pour évaluer la pertinence des contenus.

Tableau 64. Pages pointées par le menu contextuel de la deuxième rubrique de niveau 1

PN0 (Site NON officiel de la CITES)								
RN1:2 (Espèces protégées par la CITES)								
RN2:2.1 (Extinction)			RN2:2.2 (Surexploitation)			RN2:2.3 (Contrôle)		
PN3:2.1.1	PN3:2.1.1	PN3:2.1.1	PN3:2.1.1	PN3:2.1.1	PN3:2.1.1	PN3:2.1.1	PN3:2.1.1	PN3:2.1.1

Tableau 65. Pages pointées par les deux menus contextuels de la première rubrique de niveau 2

PN0 (Site NON officiel de la CITES)								
RN1:2 (Espèces protégées par la CITES)								
RN2:2.1 (Extinction)			RN2:2.2 (Surexploitation)			RN2:2.3 (Contrôle)		
PN3:2.1.1	PN3:2.1.1	PN3:2.1.1	PN3:2.1.1	PN3:2.1.1	PN3:2.1.1	PN3:2.1.1	PN3:2.1.1	PN3:2.1.1

Tableau 66. Pages pointées par les deux mêmes menus contextuels associés à la première page de niveau 3

PN0 (Site NON officiel de la CITES)								
RN1:2 (Espèces protégées par la CITES)								
RN2:2.1 (Extinction)			RN2:2.2 (Surexploitation)			RN2:2.3 (Contrôle)		
PN3:2.1.1	PN3:2.1.1	PN3:2.1.1	PN3:2.1.1	PN3:2.1.1	PN3:2.1.1	PN3:2.1.1	PN3:2.1.1	PN3:2.1.1

1.3 Règles de nommage des menus appliquées et recommandées

Le nom du menu principal du site Web est préfixé par MN1-01. Cela signifie que le menu considéré est un menu donnant accès à des pages de premier niveau (MN1), et qu'il est le premier menu de ce type (01).

Le nom du menu contextuel donnant accès aux articles sur la réglementation est préfixé par MN2C-01. Cela signifie que le menu considéré est un menu contextuel donnant accès à des pages de deuxième niveau (MN2C), et qu'il est le premier menu de ce type (01).

Le nom du menu contextuel donnant accès aux sous-rubriques de l'espace de communication sur les espèces est préfixé par MN2C-02. Comme précédemment, cela signifie que le menu considéré est un menu contextuel donnant accès à des pages de deuxième niveau

(MN2C), mais qu'il s'agit du deuxième menu de ce type (02), le premier étant relatif à la réglementation (MN2C-01).

Le nom du menu contextuel donnant accès aux articles de l'espace de communication sur les espèces en voie d'extinction est préfixé par MN3C-01. Cela signifie que le menu considéré est un menu contextuel donnant accès à des pages de troisième niveau (MN3C) et qu'il s'agit du premier menu de ce type (01). En suivant la même logique, les noms des menus contextuels donnant accès aux articles concernant la protection des espèces surexploitées et, d'autre part, la protection des espèces contrôlées, sont respectivement préfixés par MN3C-02 et MN3C-03. Ces deux menus sont des menus contextuels donnant aussi accès à des pages de troisième niveau (MN3C), il s'agit des deuxième et troisième menus de ce type (02/03), le premier étant relatif aux espèces en voie d'extinction (MN3C-01).

2. GRILLE DE LECTURE

2.1 Gestion de l'intégration des contenus

L'ouverture des sites Web et l'intégration des contenus avec WordPress, Joomla et Drupal supposent l'installation des trois outils.

Je rappelle ici que, normalement, dans le cadre d'un vrai projet, les contenus doivent être intégrés dans un environnement local avant d'être diffusés au grand public, ne serait-ce que pour des raisons de sécurité[3].

Dans le cadre de cet ouvrage, le problème se pose autrement car les enjeux sont ailleurs. L'objectif n'est pas d'ouvrir un vrai site Web, mais de montrer comment les outils fonctionnent réellement, en situation de production, c'est-à-dire lorsqu'ils sont installés chez un hébergeur.

C'est pour cette raison que les contenus seront intégrés directement, sans passer par un environnement local. (Pour autant, je n'ai pas non plus complètement renversé les fondamentaux de la gestion de projet, j'ai pris le soin de faire « quelques » sauvegardes au fil de l'avancement du projet...)

C'est avec Softaculous[4], un des outils les plus répandus du marché, que WordPress, Joomla et Drupal seront installés.

2.2 Mise en relief des procédures et des tâches importantes

Les projets mis en œuvre font intervenir des procédures faisant référence à des fonctionnalités.

---

3 Voir *supra*, chap. précédent, section « Priorité numéro 3 : la comparaison des outils et l'intégration du contenu ».

4 Voir *supra*, chap. précédent, section « Gestion du domaine et de l'hébergement ».

Deux types de fonctionnalités sont à considérer :

Type MAJ. Il s'agit de fonctionnalités MAJEURES telles que la création de page ou l'ajout d'un lien dans un menu. Ce type sert à marquer les fonctionnalités que vous aurez forcément à exploiter pour votre projet.

Type STR. Il s'agit de fonctionnalités dont l'exploitation est STRUCTURANTE. Ce type sert à marquer les fonctionnalités qui servent à définir des éléments de structure. Ce sont des fonctionnalités importantes, car fondamentales, mais elles ne produisent pas de résultat visible.

Avec WordPress, par exemple, on ne peut ajouter des liens dans le menu principal que si celui-ci a été créé dans un premier temps. C'est à ce titre que la création de menu est structurante. Ce que l'utilisateur voit, ce sont les liens ajoutés dans le menu, et non le menu en tant que tel qui, à la base, n'est qu'une boîte vide.

À la différence des procédures, les tâches font référence à des fonctionnalités de second rang pour lesquelles cinq niveaux sont à considérer :

Niveau 1. Tâches faisant intervenir des fonctionnalités basiques ou incontournables que vous aurez forcément à exploiter, telles que la définition du titre d'une page, de son contenu, ou encore celle du libellé d'un lien.

Niveau 2. Tâches faisant intervenir des fonctionnalités dont l'exploitation dépend de la nature des contenus ou de leur architecture. Par ricochet, les tâches relatives aux formats des contenus et à la structuration des menus doivent aussi être considérées comme des tâches de niveau 2.

Niveau 3. Tâches faisant intervenir des fonctionnalités dont l'exploitation est dictée soit par le besoin d'optimiser le référencement des pages soit par celui de répondre aux contraintes d'accessibilité.

Niveau 4. Tâches faisant intervenir des fonctionnalités qui n'ont pas de réelle valeur ajoutée, mais qui servent de support à l'administration. Les fonctionnalités en jeu sont soit structurantes, soit dictées par des contraintes d'utilisabilité (il s'agira par exemple de mettre en place une configuration particulière pour gagner du temps sur l'intégration des contenus).

Niveau 5. Tâches faisant intervenir des fonctionnalités propres aux extensions utilisées.

Un dernier marqueur sera utilisé, le « **O** », de façon à désigner les tâches vraiment obligatoires, indépendamment du niveau auquel elles seront rattachées. Leur non-réalisation bloquera la validation des configurations mises en place.

Remarque. – Les tâches qui ne seront pas marquées seront soit des tâches faisant appel à des fonctionnalités déjà commentées soit des tâches introduites spécialement pour apporter la matière nécessaire à l'évaluation des coûts, discutée dans le deuxième chapitre.

CHAPITRE VI
PROJET WORDPRESS 4

1. LIGNE DIRECTRICE DE L'INTÉGRATION DES PAGES

Étape 01. Ouverture du site Web et de son back-office
Étape 02. Préparation de l'intégration des contenus
Étape 03. Mise en ligne de la page d'accueil
Étape 04. Mise en ligne de la rubrique sur la réglementation
Étape 05. Mise en place des articles
Étape 06. Intégration du sous-menu donnant accès aux articles
Étape 07. Mise en place des rubriques principales de l'espace de communication sur les espèces
Étape 08. Mise en place des rubriques alternatives
Étape 09. Mise en place des articles
Étape 10. Intégration du menu donnant accès aux rubriques principales
Étape 11. Reprise du format des titres de page correspondant à une rubrique ou un mot-clé
Étape 12. Intégration des sous-menus donnant accès aux articles
Étape 13. Reprise des éléments de structure des articles présentés individuellement
Étape 14. Désactivation des commentaires en ligne
Étape 15. Mise en ligne du suivi des projets
Étape 16. Mise en ligne de la galerie de photos
Étape 17. Traduction des libellés standards du site Web

La progression de l'intégration des pages est illustrée par la figure 15. Ici, la notion d'« intégration » comprend la configuration du contenu et sa mise en ligne, chacun des sauts correspond à une mise en ligne effective du fait des liens ajoutés dans le menu (étapes 3, 4, 6, 10, 12, 15 et 16). Attention ! Cette courbe n'est pas représentative de l'effort à produire à chaque étape car le nombre de micro-tâches par étape est très variable, mais elle a le mérite de montrer que toute mise en ligne [du fait des liens ajoutés dans les menus] suppose en amont un travail d'intégration. Le saut observé à l'étape 12, notamment, est en fait l'aboutissement du travail réalisé lors de l'étape 9, pour le lot correspondant (figure 16).

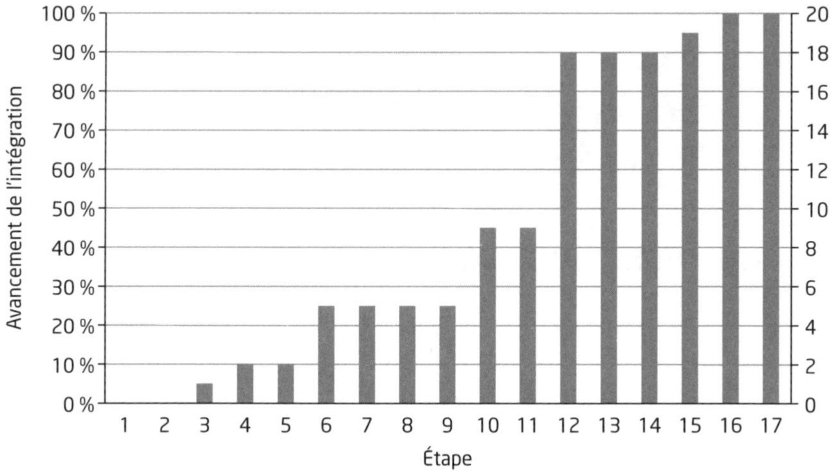

Figure 15. Progression du taux d'intégration des pages et du nombre de pages intégrées

2. COÛT DE L'INTÉGRATION

L'intégration de tous les lots représente **795 micro-tâches**. Avec une vitesse d'intégration de 100 micro-tâches par heure, le temps nécessaire pour réaliser ce site de **vingt pages** s'élève à environ huit heures représentant un coût de **450 euros hors taxes**. Ces 450 euros représentent en quelque sorte le **« ticket d'entrée » de WordPress**.

La figure 16 met en évidence le coût en micro-tâches de chacun des incréments [lots], il apparaît très clairement que c'est la mise en place des neuf articles qui réclame l'effort le plus conséquent.

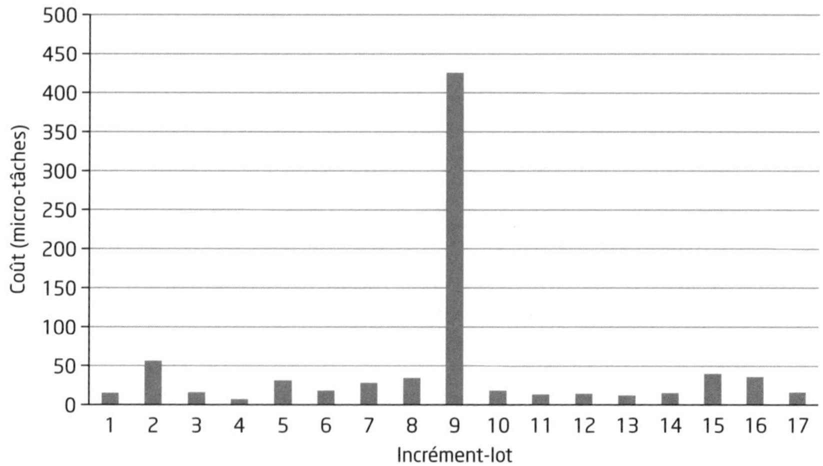

Figure 16. Coût en micro-tâches des dix-sept incréments [lots]

3. LOT 1 : OUVERTURE DU SITE WEB ET DE SON BACK-OFFICE

Ce premier exercice (étape 1/17) a pour objet l'ouverture du site Web et de son back-office. Sa réalisation fait intervenir 15 micro-tâches représentant à peu près 10 minutes de travail. (Avancement de l'intégration des pages à l'issue de l'exercice : 0/20)

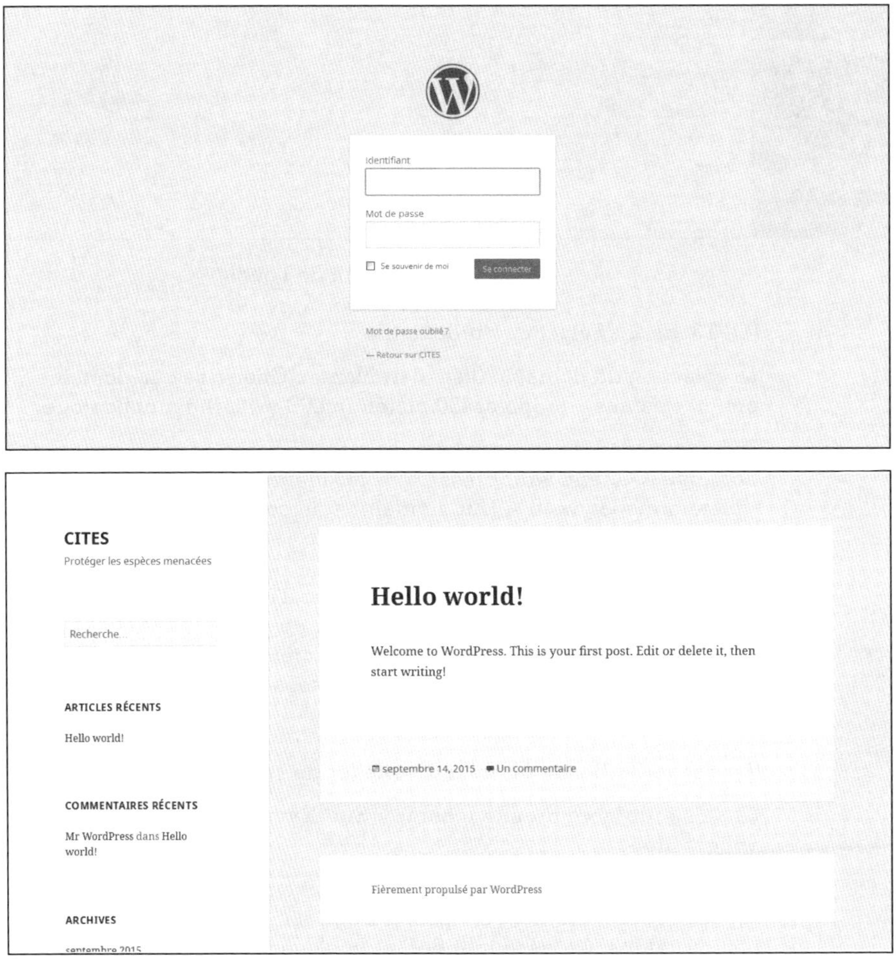

Écran 8. Ouverture du site Web

Procédure W1 : Installation de l'outil avec Softaculous

Tâches à réaliser :

1. Sélectionner le domaine.
2. Saisir le nom du site et sa description.
3. Saisir son identifiant, son mot de passe et son email.
4. Sélectionner la langue.
5. Saisir le nom de la base de données.

Il conviendra de valider la configuration mise en place en cliquant sur le bouton Installation.

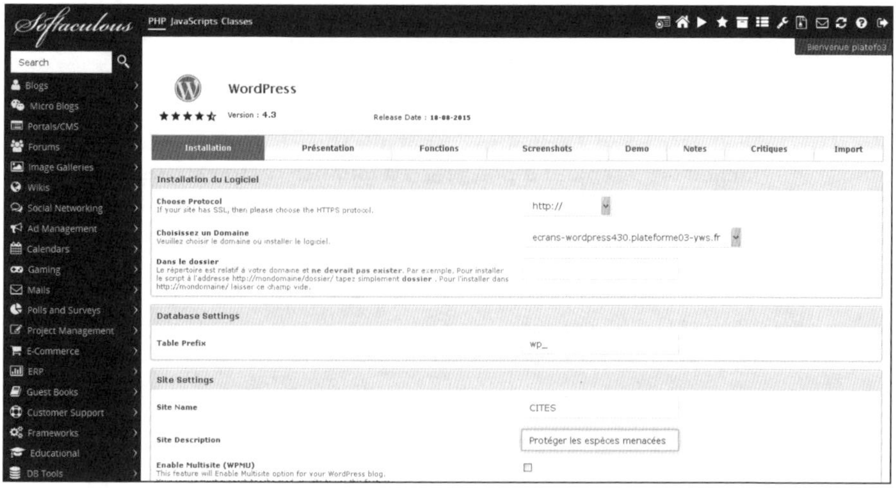

Écran 9. Installation de l'outil

[O] Tâche 1 : Sélection du domaine

La sélection du domaine (liste déroulante : Choisissez un domaine ; option : ecrans-wordpress430.plateforme03-yws.fr) est obligatoire.

Dans le cadre de notre projet, le site Web est associé au sous-domaine « ecrans-wordpress430 », lui-même associé au domaine « plateforme03-yws.fr ». (Au moment où le contenu a été intégré, la version 430 était la plus récente.)

Remarque. – Il convient d'effacer le dossier d'installation suggéré par l'outil (champ : Dans le dossier ; valeur ; « wp_ ») car celui-ci existe déjà. Il a été créé automatiquement en même temps que le sous-domaine ici considéré. S'il n'y a pas de sous-domaine à considérer, ce dossier est encore moins utile.

[O] Tâche 2 : Saisie du nom du site (et de sa description)

La saisie du nom du site (champ : Site Name ; valeur : CITES) est obligatoire.

Celle du descriptif (champ : Site Description ; valeur : Protéger les espèces menacées) ne l'est pas. Il s'agit simplement de gagner un peu de temps. Ce descriptif définit le slogan qui viendra s'afficher en dessous du nom du site.

[O] Tâche 3 : Saisie de l'identifiant, du mot de passe et de l'email

L'identifiant, le mot de passe et l'email sont à saisir obligatoirement (champs Admin Username, Admin Password et Admin Email). L'identifiant et le mot de passe seront utilisés pour sécuriser l'accès au back-office, tandis que l'email sera exploité pour signaler les mises à jour à effectuer.

Micro-tâches :

> Panneau : Admin Account.
> Champ : Admin Username ; valeur : frederic.simonet.
> Champ : Admin Password ; valeur : « 4=dK3.Pf ».

Remarque. – Je l'ai déjà indiqué dans le deuxième chapitre, il faut absolument éviter les mots de passe communs de type « admin », « 1234 », « azerty », etc. Pour qu'un mot de passe soit sécurisé, il doit combiner des chiffres, des lettres et des caractères spéciaux (parenthèses, crochets, accolades, apostrophe, etc.).

Champ : Admin Email ; valeur : frederic.simonet@plateforme03-yws.fr.

Tâche 4 : Sélection de la langue

La sélection du français à ce stade (liste déroulante : Select Language ; option : French) n'est pas obligatoire, cela peut toujours se faire après l'installation de l'outil. Il s'agit là encore de gagner un peu de temps. La langue sélectionnée, le français en l'occurrence, s'appliquera aussi bien au back-office qu'au front-office (site Web).

[O] Tâche 5 : Saisie du nom de la base de données

La saisie du nom de la base de données (champ Nom de la base de données : ecrw430) est obligatoire, il convient d'utiliser un nom conforme à celui du domaine, en intégrant toutefois le fait que le nombre de caractères est limité.

Le libellé qui a été choisi pour nommer la base de données (ecrw430) est la contraction de « ecrans-wordpress430 ». Ce nom sera préfixé avec une clé, fournie par l'hébergeur, qui permettra de sécuriser le contenu du site Web.

4. LOT 2 : PRÉPARATION DE L'INTÉGRATION DES CONTENUS

Cet exercice (étape 2/17) consiste à préparer l'intégration des contenus. Sa réalisation fait intervenir 56 micro-tâches représentant à peu près une demi-heure de travail. (Avancement de l'intégration des pages à l'issue de l'exercice : 0/20)

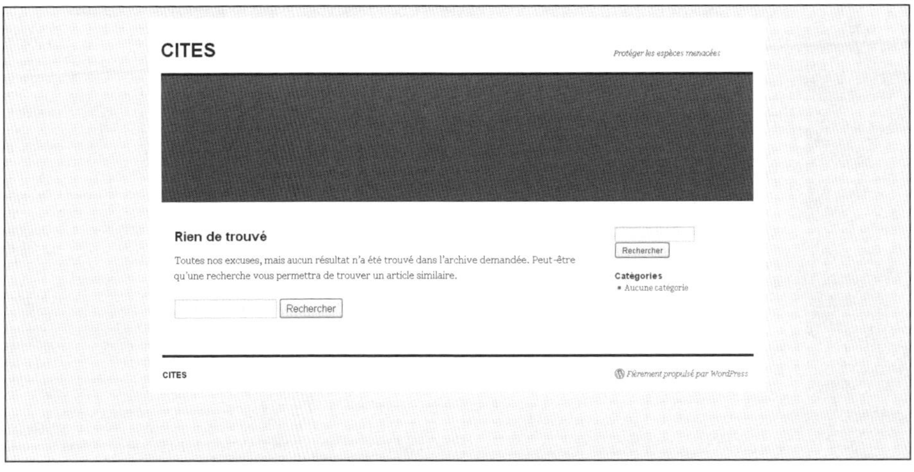

Écran 10. Page d'accueil du site Web à l'issue du travail de préintégration

Procédure W2 : Configuration générale du site Web

Procédure W2.1 : Reprise de la configuration générale.

Procédure W2.2 : Installation du *thème* retenu et du *plugin* Category Order.

Procédure W2.3 : Création/configuration du menu principal.

L'exécution des deux premières procédures n'est pas du tout obligatoire, mais il convient tout de même d'y prêter attention car elles mettent en jeu des fonctionnalités que l'on ne peut pas ignorer.

À l'inverse des deux premières, l'exécution de la troisième procédure est impérative car tout site Web doit faire intervenir au moins *un* menu, que l'on retrouvera dans toutes les pages – à un endroit donné – et dans lequel seront intégrés les liens de navigation.

Procédure W2.1 : Reprise de la configuration générale

Tâches à réaliser :

1. Mettre à jour le pseudonyme de l'administrateur.
2. Mettre à jour le format de la date de publication des *articles*.
3. Mettre à jour les formats à utiliser pour les chemins.
4. Supprimer les contenus inutiles.
5. Retirer les *widgets* inutiles.
6. Reconfigurer le *widget* Catégories.

[N1] Tâche 1 : Mise à jour du pseudonyme de l'administrateur

Cette tâche met en jeu une fonctionnalité de base, la personnalisation du pseudonyme, celui-ci sera utilisé pour signer les articles du site Web.

Pour exploiter cette fonctionnalité, il faudra tout d'abord se reporter à l'écran de gestion des utilisateurs (menu [principal] ; chemin : Utilisateurs > Votre profil).

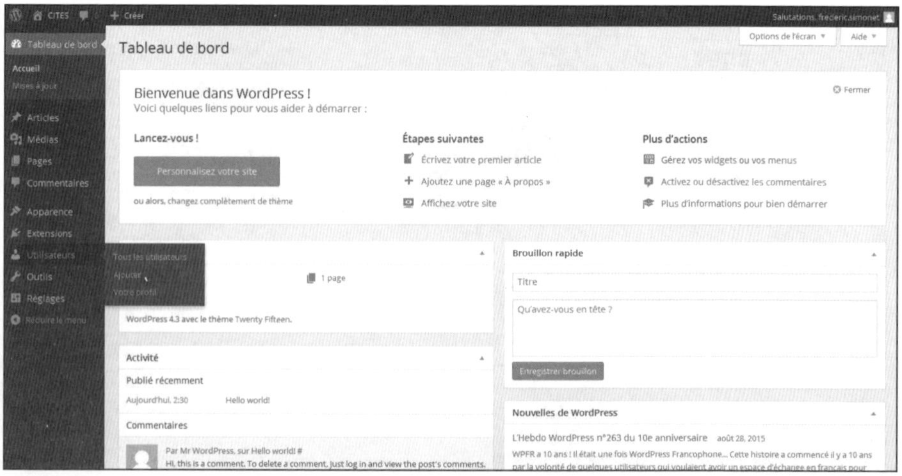

Écran 11. Sous-menu donnant accès à la gestion des utilisateurs et à leur profil

Il faudra ensuite saisir remplacer le pseudonyme initial (frederic. simonet) par le nouveau (Frédéric Simonet) (champ : Pseudonyme (obligatoire) ; valeur : Frédéric Simonet), puis le sélectionner en tant que nom à afficher publiquement dans la liste déroulante... Nom à Afficher Publiquement.

Il conviendra enfin de valider la mise à jour en cliquant sur le bouton Mettre à Jour le Profil.

[N1] Tâche 2 : Mise à jour du format de la date de publication des *articles*

La mise à jour du format des dates de publication des *articles* est aussi une fonctionnalité de base.

Pour l'exploiter, il faudra tout d'abord se reporter à l'espace de configuration générale (menu [principal] ; chemin : Réglages > Général).

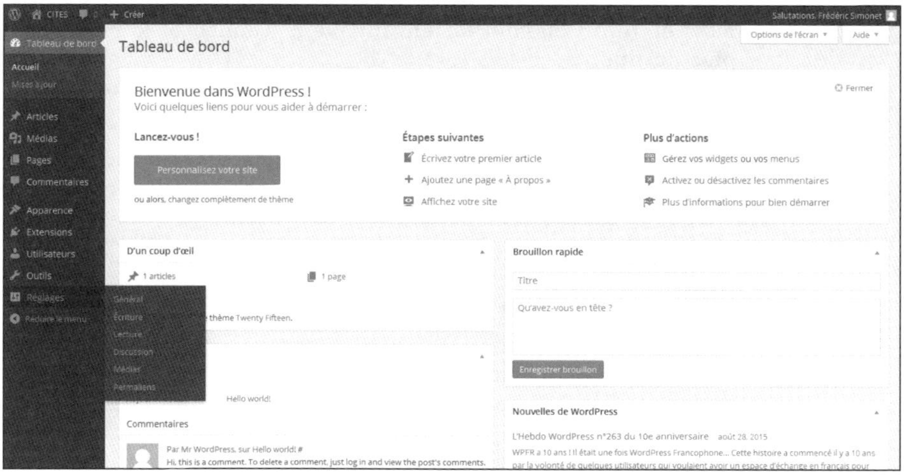

Écran 12. Sous-menu donnant accès à la configuration générale du site Web

Il faudra ensuite sélectionner le format que l'on souhaite appliquer (Boutons radio : Format de la date ; option : 8 septembre 2015), puis le valider en cliquant sur le bouton Enregistrer les Modifications.

Il convient de remarquer que la sélection de l'une des options proposées déclenche automatiquement le renseignement du format correspondant (champ associé à l'option « [Format] Personnalisé ») :

- Format de l'option « 7 juin 2016 » : « j F Y ».
- Format de l'option « 2016-06-07 » : « Y-m-d ».
- Format de l'option « 06/07/2016 » : « m/d/Y ».
- Format de l'option « 07/06/2016 » : « d/m/Y ».

[N3] Tâche 3 : Mise à jour des formats à utiliser pour les chemins

Cette tâche met en jeu une troisième fonctionnalité de base, la réécriture du format des chemins venant compléter le nom de domaine[5].

5 Voir *supra*, partie 1, chap. II, section « Critère 12 : SEO (optimisation du référencement) ».

Son exploitation n'est pas une obligation, mais quel que soit le projet, il convient tout de même de l'intégrer car elle contribue à l'optimisation du référencement des pages par les moteurs de recherche.

Pour cela, il faudra tout d'abord se reporter à l'écran de gestion des *permaliens* (menu [principal] ; chemin : Réglages > Permaliens). Il faudra ensuite sélectionner (ou saisir) les formats à appliquer (bouton radio : Nom de l'article), puis les valider en cliquant sur le bouton Enregistrer les Modifications.

Les formats à considérer concernent, d'un côté, les *articles*, de l'autre, les pages correspondant à une *catégorie* ou une *étiquette*.

Dans le cas des *articles*, WordPress propose, en plus du format utilisé par défaut, cinq formats alternatifs :

- Date et Titre : chemin faisant intervenir la date de publication et le titre des *articles*.
- Mois et Titre : chemin faisant intervenir l'année et le mois, en plus du titre.
- Numérique : chemin faisant intervenir l'identifiant des *articles*.
- Nom de l'Article : chemin faisant intervenir le nom des *articles*.

À l'instar des dates, la sélection de l'une des options proposées déclenche le renseignement du format correspondant (champ associé à l'option Structure Personnalisée) :

- Format de l'option Date et Titre : « %year%/%monthnum%/%day %/%postname% ».
- Format de l'option Mois et Titre : « %year%/%monthnum%/%post name% ».
- Format de l'option Numérique : « archives/%post_id% ».
- Format de l'option Nom de l'Article : « %postname% ».

Remarque. – Pour des *articles* ayant une portée plutôt institutionnelle, c'est le cas de notre site Web, il conviendra de sélectionner l'option Nom de l'Article. Si les *articles* ont des cycles de vie plus courts, les formats Mois et Titre (plusieurs *articles* par an) ou Date et Titre (plusieurs *articles* par mois) seront plus pertinents.

Dans le cas des pages correspondant à des *catégories* ou des *étiquettes*, ce ne sont pas des options mais des champs de saisie qu'il faut considérer (champ : Préfixe des catégories ; valeur : rubrique | champ : Base des étiquettes ; valeur : tag-localisateur). Les valeurs renseignées serviront à personnaliser les préfixes des chemins (les préfixes utilisés par défaut étant Category et Tag).

[N1] Tâche 4 : Suppression des contenus inutiles

Cette tâche met en jeu une fonctionnalité élémentaire, la suppression d'*article*.

Pour l'exploiter, il faut tout d'abord se reporter à l'écran de gestion des *articles* (menu [principal] ; chemin : Articles).

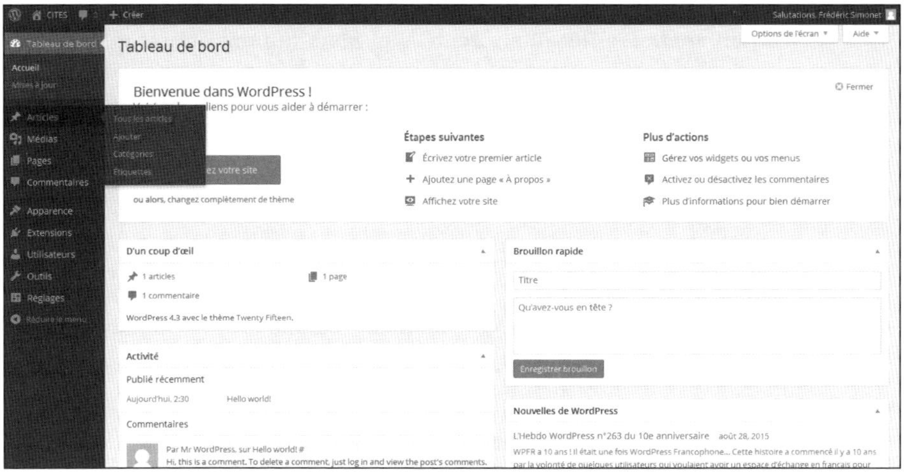

Écran 13. Sous-menu donnant accès aux articles

Il faut ensuite :

1. survoler le titre de l'*article* à supprimer de façon à faire apparaître le lien-bouton Mettre à la Corbeille, sur lequel on cliquera ;
2. cliquer sur le lien Corbeille situé au-dessus des *articles* ;
3. survoler à nouveau le titre de l'*article*, qui cette fois-ci fera apparaître le lien-bouton Supprimer Définitivement, et sur lequel on cliquera de façon à finaliser la suppression de l'*article*.

[N1] Tâche 5 : Retrait des *widgets* inutiles

Le retrait de *widget* est une fonctionnalité aussi élémentaire que la précédente.

Pour l'exploiter, il faut tout d'abord se reporter à l'écran de gestion des *widgets* (menu [principal] ; chemin ; Apparence > Widgets).

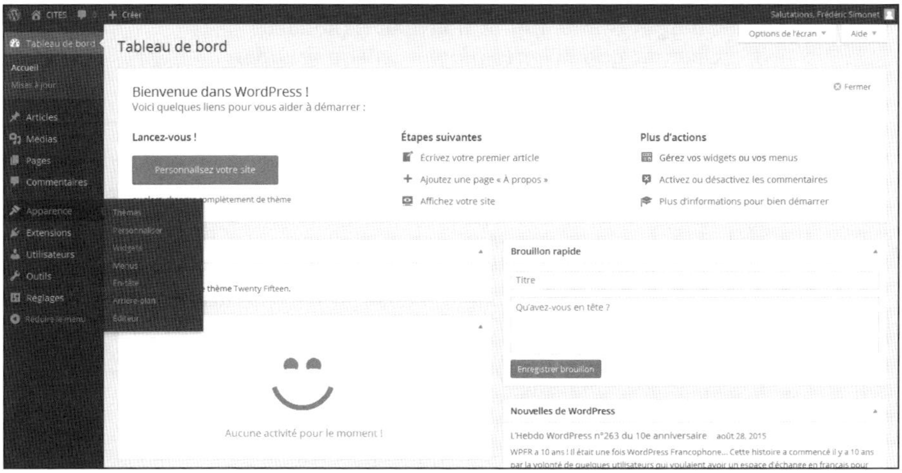

Écran 14. Sous-menu donnant accès aux widgets

Il faut ensuite saisir [d'un clic] le *widget* à retirer puis le glisser-déposer dans la zone de désactivation (section Widgets Désactivés).

Dans le cadre de notre projet, ce sont les *widgets* Articles Récents, Commentaires Récents, Archives et Méta qui ont été retirés.

Remarque I. – Le glisser-déposer dans la zone des *widgets* disponibles (section Widgets Disponibles) fonctionne aussi, mais dans ce cas, la configuration mise en place initialement n'est pas récupérable.

Remarque II. – Il convient de noter que l'outil n'intègre pas de bouton de validation pour ce type d'opération, le simple fait de glisser-déposer un *widget* soit dans la zone des *widgets* désactivés soit dans celle des *widgets* disponibles déclenche leur retrait effectif côté front-office.

Remarque III. – Pour vérifier le retrait des *widgets*, il faut recharger complètement la page courante en utilisant la touche F5 du clavier.

[N1] Tâche 6 : Reconfiguration du *widget* Catégories

La reconfiguration des *widgets* est une fonctionnalité de base.

Pour l'exploiter, il faudra tout d'abord se reporter à l'écran de gestion des *widgets* (menu [principal] ; chemin : Apparence > Widgets). Il faudra ensuite ouvrir le panneau déroulant du *widget* à considérer, le configurer, puis valider la configuration mise en place en cliquant sur le bouton Enregistrer.

Avec le *widget* ici considéré (Catégories), l'activation de l'option Afficher la Hiérarchie (case à cocher) aura pour effet... d'afficher la hiérarchie des *catégories* qui seront créées plus loin.

Procédure W2.2 : Installation du *thème* retenu et du *plugin* Category Order

Tâches à réaliser :

1. Charger et activer le *thème* retenu.
2. Charger et intégrer le nouveau bandeau.
3. Charger et activer le *plugin* Category Order.

[N1] Tâche 1 : Chargement et activation du *thème* retenu

Cette tâche met en jeu une fonctionnalité incontournable, l'installation d'un nouveau *thème*, que l'on peut traiter de deux manières : soit on installe un des *thèmes* de la bibliothèque intégrée au back-office, soit on fait le choix d'installer son propre *thème* – mais dans ce cas, il faudra se connecter au serveur qui héberge le CMS et procéder au chargement manuel du *thème* dans le dossier wp-content/themes[6], que vous utilisiez votre propre logiciel, Filezilla par exemple, ou celui de l'hébergeur (service en ligne) n'a aucune importance.

Dans le cadre de notre projet, c'est la première solution qui a été retenue, la plus simple, celle qui consiste à utiliser un *thème* issu de la bibliothèque. Pour installer l'un d'entre eux, il faut tout d'abord se

6 « Comment installer un nouveau thème dans WordPress », *www.wordpress-fr.net*, http://www.wordpress-fr.net/faq/comment-installer-un-nouveau-theme-dans-wordpress.

reporter à l'écran de gestion des *thèmes* (menu [principal] ; chemin : Apparence > Thèmes), puis cliquer sur le bouton Ajouter.

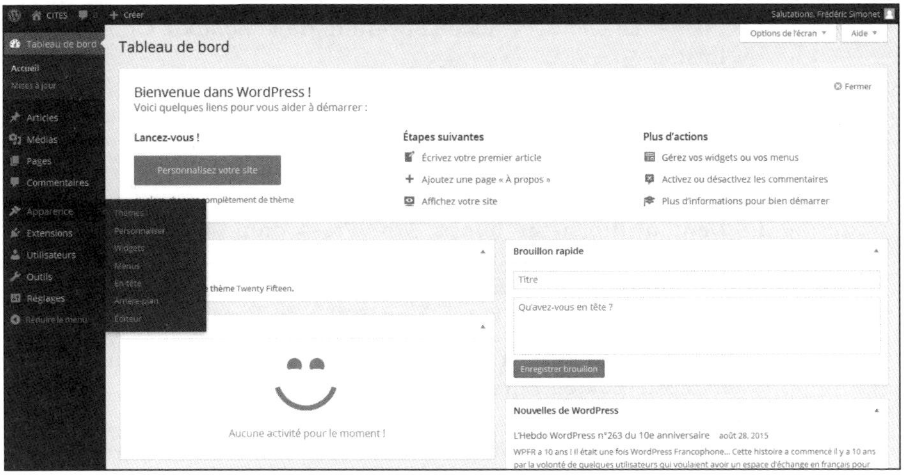

Écran 15. Sous-menu donnant accès aux thèmes

Il faut ensuite survoler le *thème* que l'on souhaite installer de façon à faire apparaître le bouton Installer, sur lequel on cliquera, puis cliquer sur le lien Activer.

Le *thème* qui a été retenu pour notre projet est le *thème* Twenty Ten.

Commentaire. – Pour comparer WordPress avec Joomla et Drupal, il était primordial de travailler sur la base d'un contenu commun et, de la même manière, il était aussi important de choisir des moteurs de gabarits qui soient les plus neutres possibles. C'est la raison pour laquelle notre choix s'est porté sur Twenty Ten, qui par ailleurs est un *thème* officiel, donc fiable.

Remarque I. – Le premier clic (bouton Installer) ne sert qu'à charger les scripts du *thème* chez l'hébergeur, il n'a aucun effet sur l'apparence du site Web.

Remarque II. – Pour visualiser le *thème* côté front-office, il faut recharger complètement la page courante en utilisant la touche F5 du clavier.

[N1] Tâche 2 : Chargement et intégration du nouveau bandeau

Les *thèmes* de WordPress intègrent tous un jeu de fonctionnalités communes que vous exploiterez forcément car elles permettent de personnaliser : a) le nom du site Web et son slogan (panneau déroulant Identité du Site de l'écran de configuration des *thèmes*) ; b) la charte graphique du site Web (panneau déroulant Couleurs) ; c) le bandeau *(header)* du site Web (panneau déroulant Image d'En-tête).

Dans le cadre de notre projet, nous nous contenterons de personnaliser le bandeau.

Pour cela, il faut tout d'abord se reporter à l'écran de gestion des *thèmes* (menu [principal] ; chemin : Apparence > Thèmes), puis cette fois-ci cliquer sur le bouton Personnaliser du *thème* concerné.

Ensuite, l'intégration du bandeau se divise en trois temps :

1. Dans un premier temps, il faut ouvrir le panneau déroulant Image d'En-tête, puis cliquer sur le bouton Ajouter une Nouvelle Image. Le clic déclenche l'ouverture de la *lightbox* Choisir une Image.
2. Dans un deuxième temps, il faut cliquer sur le bouton Choisir des Fichiers, sélectionner le bandeau à charger – enregistré localement –, cliquer sur le bouton Ouvrir de la fenêtre locale, puis cliquer sur le bouton Sélectionner et Rogner. Ce dernier clic déclenche l'ouverture de la *lightbox* Sélectionner et Rogner.
3. Dans un troisième temps, WordPress propose de recadrer le bandeau. S'il doit l'être, il faudra valider le recadrage en cliquant sur le bouton Recadrer l'Image, sinon il suffit de passer son chemin en cliquant sur le bouton Pas de Recadrage.

Il conviendra de valider l'intégration du nouveau bandeau en cliquant sur le bouton Enregistrer & Publier.

[N1/N4] Tâche 3 : Chargement et activation du *plugin* Category Order

Cette tâche met en jeu une fonctionnalité aussi incontournable que l'installation d'un nouveau *thème*, il s'agit dans le cas présent d'installer un nouveau *plugin*. Comme dans le cas des *thèmes*, il y a toujours deux possibilités envisager, relevant de la même problématique : soit on installe un des *plugins* de la bibliothèque, soit on fait le choix d'installer son propre *plugin*[7].

Pour installer un *plugin* issu de la bibliothèque, c'est l'option qui a été retenue, il faut tout d'abord se reporter à l'écran dédié à leur installation (menu [principal] ; chemin : Extensions > Ajouter), il faut ensuite cliquer sur le bouton de chargement du *plugin* visé (bouton Installer Maintenant) et enfin cliquer sur le lien Activer l'Extension.

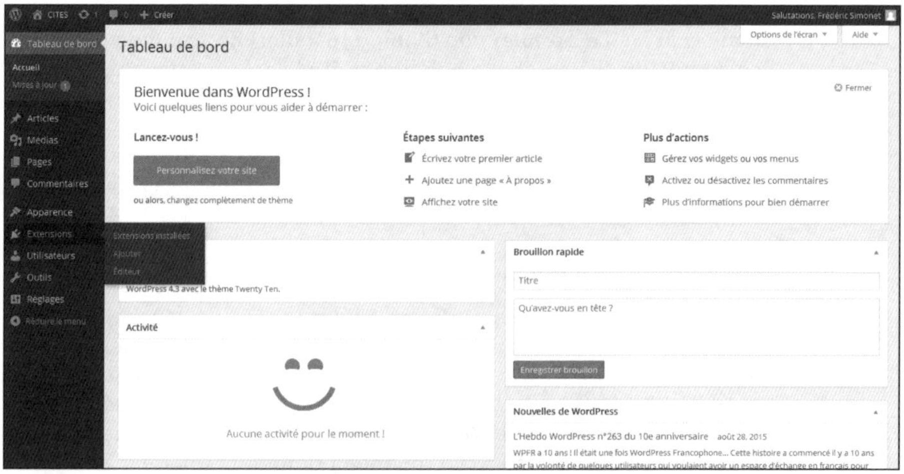

Écran 16. Sous-menu donnant accès aux extensions

7 « Comment installe-t-on un plugin dans WordPress », *www.wordpress-fr.net,* http://www.wordpress-fr.net/faq/comment-installe-t-on-un-plugin-dans-wordpress-2.

Commentaire. – Le *plugin* installé, Category Order, est un *plugin* qui sert à ordonner les *catégories*. Ce *plugin* est tout à fait basique, nous ne le recommandons pas particulièrement. Si notre choix s'est porté sur celui-ci en particulier, c'est tout simplement parce qu'il est très facile à utiliser.

Remarque. – À l'instar des *thèmes*, l'installation des *plugins* se passe en deux temps : dans un premier temps, les *plugins* doivent être chargés, dans un second temps, ils doivent être activés.

[STR] Procédure W2.3 : Création/configuration du menu principal

Cette procédure met en jeu une fonctionnalité structurante **à exploiter impérativement**. Il s'agit de la création du menu principal, dans lequel seront intégrés – ultérieurement – les liens sur les différentes pages du site.

Pour créer le menu principal, il faut tout d'abord se reporter à l'écran de gestion des menus (menu [principal] ; chemin : Apparence > Menus).

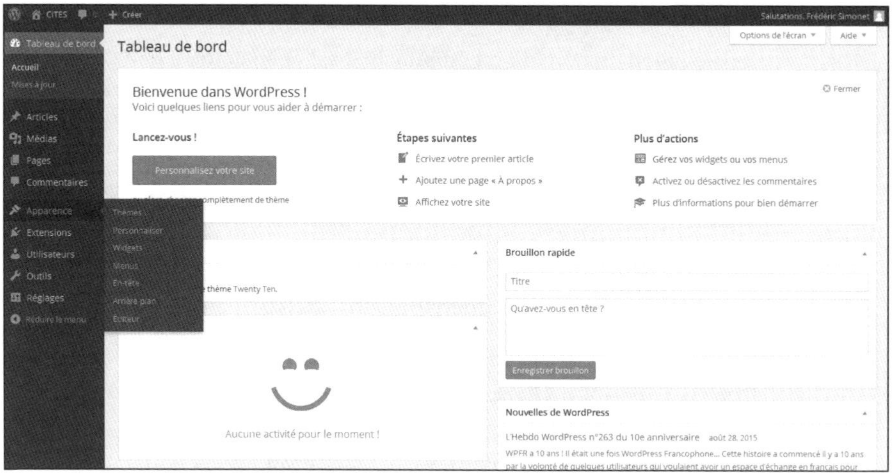

Écran 17. Sous-menu donnant accès aux menus du site Web

Il faut ensuite :

1. Saisir le nom du menu.
2. Affecter le menu à l'« emplacement » qui lui est dédié.
3. Activer l'intégration automatique des liens sur les *pages* de premier niveau.

Il conviendra enfin de valider la configuration du menu en cliquant sur le bouton Enregistrer le Menu.

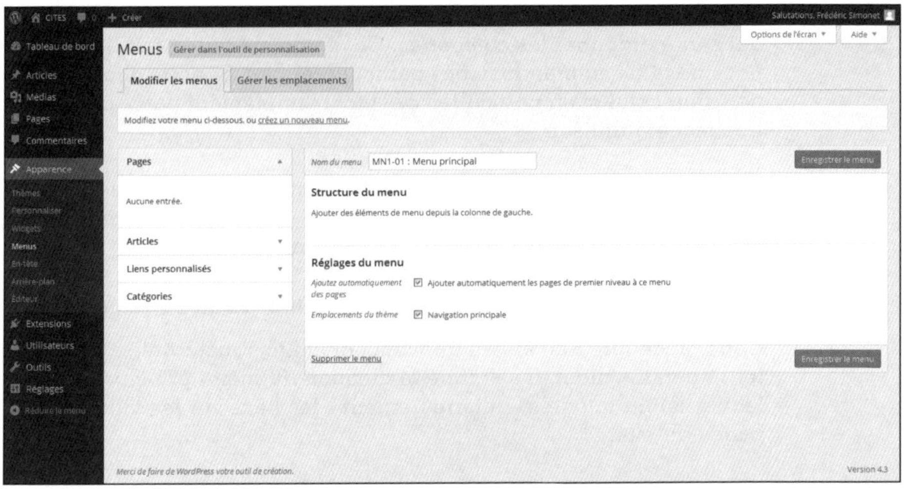

Écran 18. Configuration du menu : intégration du menu dans la zone de navigation principale

[N4][O] Tâche 1 : Saisie du nom du menu

La définition du nom du menu principal est obligatoire. Il faut pour cela renseigner le champ Nom du Menu (MN1-01 : Menu principal). (Dans le monde de la gestion de contenu et plus généralement, celui des technologies de l'information, exister c'est d'abord et avant avoir un nom…)

Commentaire. – Le menu pourrait très bien s'appeler « Menu », tout simplement, car le site Web ne fera intervenir qu'un seul menu. Le nom utilisé, « MN1-01 : Menu principal », anticipe le fait que l'on pourrait créer plusieurs menus (MN1-[01,02,03]) donnant accès à plusieurs niveaux de profondeur (MN[1,2,3]-01), ce sera le cas avec Joomla et Drupal.

[N4][O] Tâche 2 : Affectation du menu à l'« emplacement » qui lui est dédié

L'affectation du menu à l'« emplacement » qui lui est dédié est aussi obligatoire. Il s'agit de le rendre visible. Pour cela, il faut nécessairement indiquer l'endroit où il devra s'afficher dans les différentes pages du site Web.

Avec le *thème* utilisé dans le cadre de notre projet, il faudra cocher la case Navigation Principale qui se trouve en regard de l'étiquette Emplacements du Thème. Attention ! Il faut savoir que le nom de l'« emplacement » à utiliser n'est pas standardisé et que, d'un *thème* à l'autre celui-ci peut changer.

Commentaire. – Joomla et Drupal ne fonctionnent pas autrement. Avec le premier, le menu principal sera affecté à une « position », ce sera une « région » avec le second.

[N4] Tâche 3 : Activation de l'intégration automatique des liens sur les *pages* de premier niveau

Cette tâche met en jeu une fonctionnalité qui permet d'ajouter automatiquement, dans le menu principal, les liens sur les *pages* de premier niveau (case à cocher : Ajouter automatiquement les pages de premier niveau à ce menu).

Son exploitation est motivée par le gain de temps sur l'intégration des liens.

Remarque. – Les liens sur les *pages* de niveau inférieur devront quant à eux être intégrés manuellement.

5. LOT 3 : MISE EN LIGNE DE LA PAGE D'ACCUEIL

Cet exercice (étape 3/17) a pour objet la mise en ligne de la page d'accueil. Sa réalisation fait intervenir 16 micro-tâches représentant à peu près un quart d'heure de travail. (Avancement de l'intégration des pages à l'issue de l'exercice (+1) : 1/20)

Pour intégrer la page d'accueil :

- Il faut tout d'abord créer la page en tant que telle.
- Il faut ensuite faire pointer le domaine du site Web vers la page créée.
- Il faut enfin ajouter le lien, sur cette même page, dans le menu. (La dernière version de WordPress ajoute ce lien automatiquement.)

Dans le cadre de notre projet, il s'agit d'intégrer la page *(page)* « Site NON officiel de la CITES ». Cette page fera appel à un gabarit *(modèle)* permettant, d'une part, d'exclure les blocs périphériques *(widgets)*, et, d'autre part, de centrer la présentation du contenu.

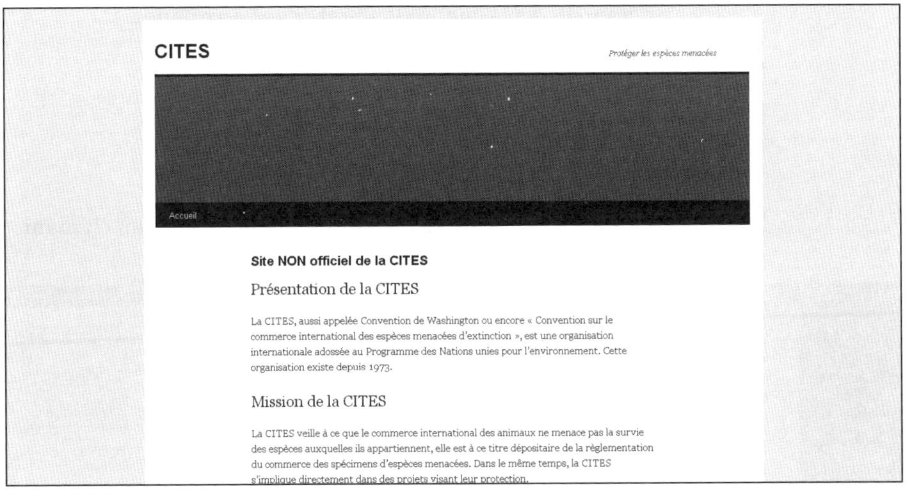

Écran 19. Page d'accueil du site Web

Procédure W3 : Intégration de la page d'accueil

Procédure W3.1 : Création/configuration de la page d'accueil en tant que *page*.

Procédure W3.2 : Reconfiguration de la connexion « domaine-page [à afficher] ».

Procédure W3.3 (une seule tâche) : Mise à jour du libellé du lien sur la page d'accueil.

[M] Procédure W3.1 : Création/configuration de la page d'accueil en tant que *page*

La création de *page* est une fonctionnalité majeure.

Pour créer une *page*, en général, et donc pour créer celle qui nous intéresse ici, en particulier, il faudra tout d'abord se reporter à l'écran de gestion des *pages* (menu [principal] ; chemin : Pages), puis cliquer sur le bouton Ajouter. Vous gagnerez un clic (c'est-à-dire une micro-tâche) en ouvrant le menu Pages, puis en sélectionnant l'item Ajouter (menu [principal] ; chemin : Pages > Ajouter).

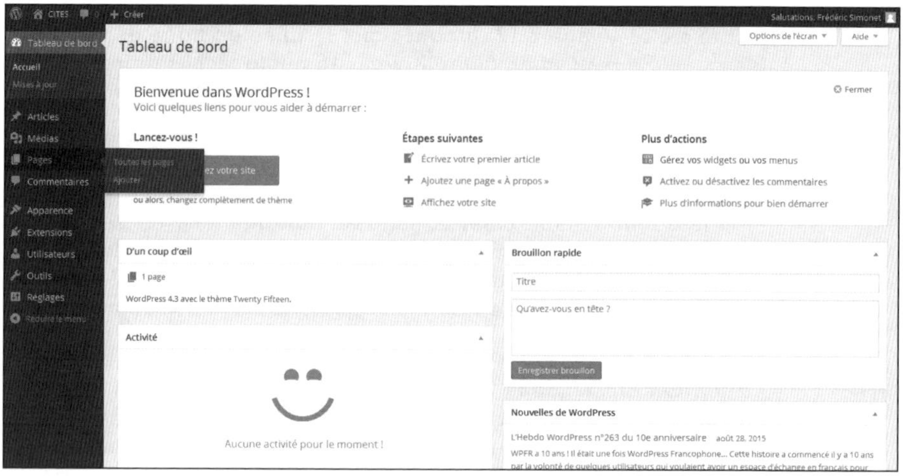

Écran 20. Sous-menu donnant accès aux pages

Il faudra ensuite :

1. Saisir le titre de la *page*.
2. Saisir le contenu.
3. Sélectionner le *modèle* à considérer.

Il conviendra enfin de valider la configuration de la *page* en cliquant sur le bouton Publier.

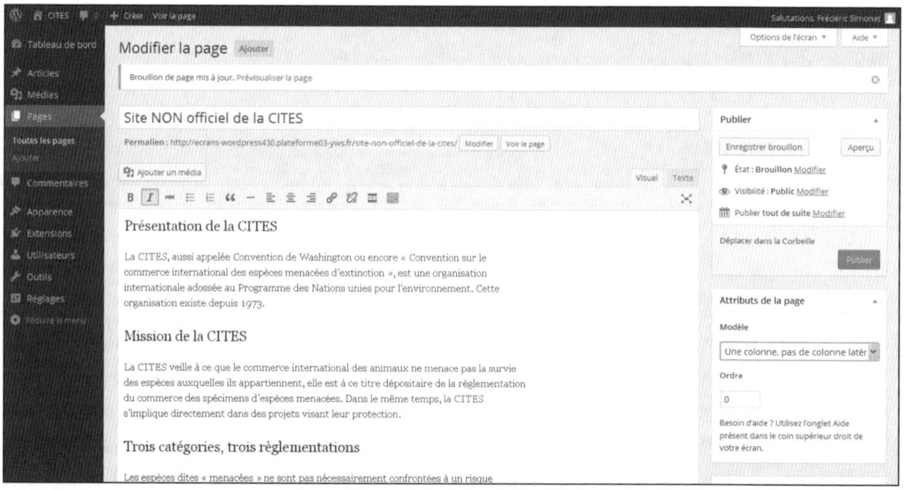

Écran 21. Configuration de la page à utiliser comme page d'accueil

[N1] Tâche 1 : Saisie du titre de la *page*

La définition du titre des *pages* est à la fois basique et incontournable. Il suffit de renseigner le champ positionné sous Ajouter une Nouvelle Page (Site NON officiel de la CITES).

[N1] Tâche 2 : Saisie du contenu

La saisie des contenus, en général, est une opération somme toute banale car l'éditeur de WordPress est relativement robuste. Pour gagner du temps, vous pourrez toujours copier-coller vos contenus, mais il convient tout de même de faire attention. Pour cela, il conviendra d'activer l'onglet Texte (positionné à côté de l'onglet Visuel, juste au-dessus de l'éditeur, sur la droite) de façon à vérifier que le code HTML généré est propre.

Si vous ne connaissez pas le langage HTML, commencez par activer l'onglet Texte, faites votre copier-coller, puis réactivez l'onglet Visuel pour travailler sur la structure (sous-titres) voire le style (couleur du texte) du contenu.

Attention ! Pour accéder à toutes les fonctionnalités de l'éditeur, il faut cliquer sur l'icône qui se trouve à l'extrême droite de la barre d'outils par défaut (infobulle : Ouvrir/fermer la barre d'outils). Sitôt activée, vous verrez apparaître la barre d'outils complémentaire.

[N2] Tâche 3 : Sélection du *modèle* à considérer

Cette tâche met en jeu une fonctionnalité de base, la personnalisation du *modèle* des *pages*. Les *modèles*, en général, sont des gabarits prédéfinis correspondant à des mises en pages-types, propres aux *thèmes* utilisés, que l'on utilisera (ou non) selon la nature des contenus à présenter.

Pour exploiter un *modèle* autre que le *modèle* par défaut, il faut se reporter au panneau déroulant Attributs de la Page, puis sélectionner tout simplement le *modèle* que l'on souhaite appliquer (liste déroulante : Modèle ; option : « Une colonne, pas de colonne latérale »).

Remarque I. – Le *thème* utilisé pour notre projet, qui est basique, ne fait intervenir que deux *modèles*, mais sachez que les *thèmes* professionnels en proposent davantage.

Remarque II. – Certains *thèmes* qui ne fournissent aucun *modèle*. Dans ce cas, la liste déroulante Modèle n'apparaît pas.

Avant de passer à la tâche suivante, il convient de noter que l'intégration de cette première *page* génère automatiquement le lien correspondant (Site NON officiel de la CITES) dans le menu – en accord avec la configuration mise en place précédemment[8] – mais, pour l'instant, la page d'accueil du site Web, celle qui est associée au domaine, ne fournit toujours aucun contenu.

8 Voir *supra*, procédure W2.3, tâche 3.

[M] Procédure W3.2 (tâches corrélées) : Reconfiguration de la connexion « domaine-page [à afficher] »

Cette procédure est corrélée à la procédure précédente. Le fait d'avoir à sélectionner une *page*, comme page d'accueil, est ici une obligation car le contenu à exploiter a bien été défini en tant que *page*, et non en tant qu'*article*, le second type de contenu proposé par WordPress.

Pour qu'une *page* puisse être utilisée comme page d'accueil, il faut tout d'abord se reporter à l'espace de configuration dédié à la présentation des contenus (menu [principal] ; chemin : Réglages > Lecture).

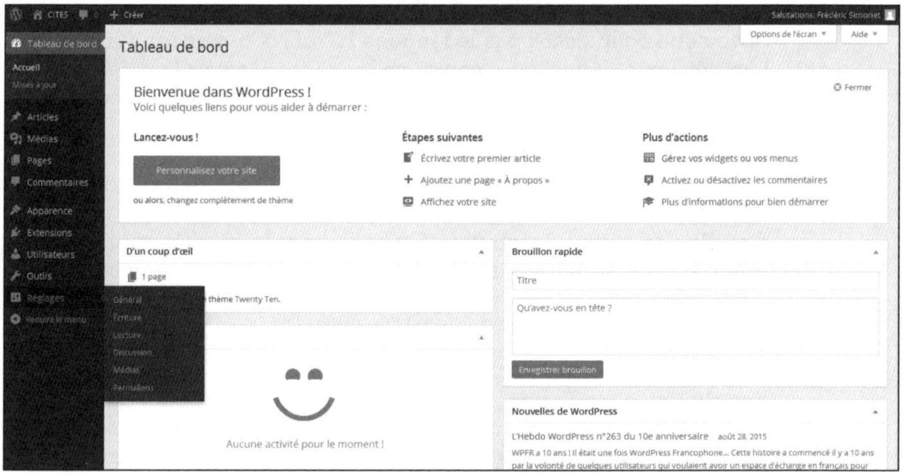

Écran 22. Sous-menu donnant accès à la configuration de la page d'accueil

Il faut ensuite, dans un premier temps, sélectionner l'option Une Page Statique[9] (boutons radio : La page d'accueil affiche ; option : Une page statique), puis dans un second temps, sélectionner la *page* à utiliser comme page d'accueil (Site NON officiel de la CITES) dans la liste déroulante Page d'Accueil.

Il conviendra enfin de valider la configuration mise en place en cliquant sur le bouton Enregistrer les Modifications.

Commentaire. – Par défaut, WordPress présente en page d'accueil le Blog des *articles* les plus récents[10].

9 Cette option désignant les pages faisant appel au type *page*.

10 Si les *pages* sont assimilées à des pages statiques, alors il faut voir les *articles* comme étant des pages dynamiques, c'est la notion de cycle de vie des contenus qui est ici mise en jeu (voir *supra*, Introduction).

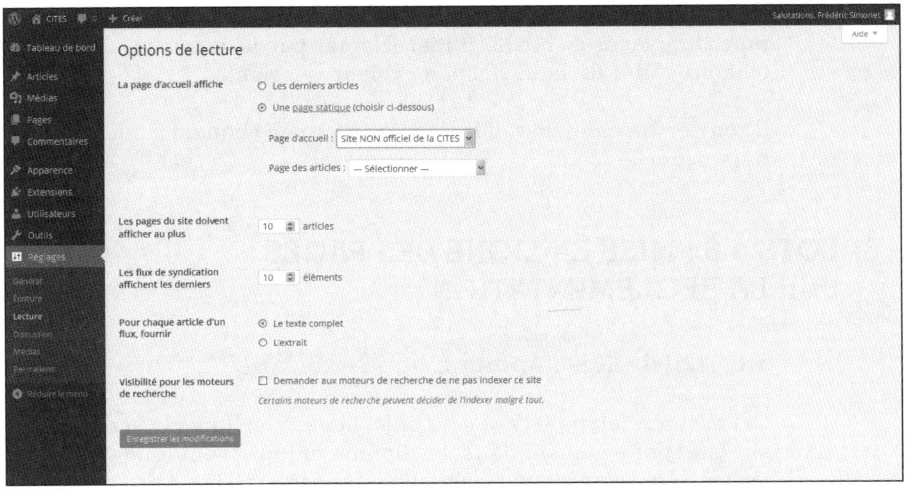

Écran 23. Configuration des options de lecture : indication de la page à utiliser comme page d'accueil

[N1] Procédure W3.3 (une seule tâche) : Mise à jour du libellé du lien sur la page d'accueil

La mise à jour du libellé des liens intégrés dans le menu est une fonctionnalité à la fois basique et incontournable.

Son exploitation est ici dictée par le fait que les sites Web intègrent « toujours » dans leur menu principal un premier lien qui pointe vers la page d'accueil. Ce lien est souvent représenté par une petite maison. Dans le cadre de notre projet, nous nous contenterons de remplacer le libellé d'origine (Home) par sa traduction (Accueil).

Pour mettre à jour le libellé des liens, en général, et plus particulièrement, celui du lien qui nous intéresse ici, il faudra tout d'abord se reporter à l'écran de gestion des menus (menu [principal] ; chemin : Apparence > Menus).

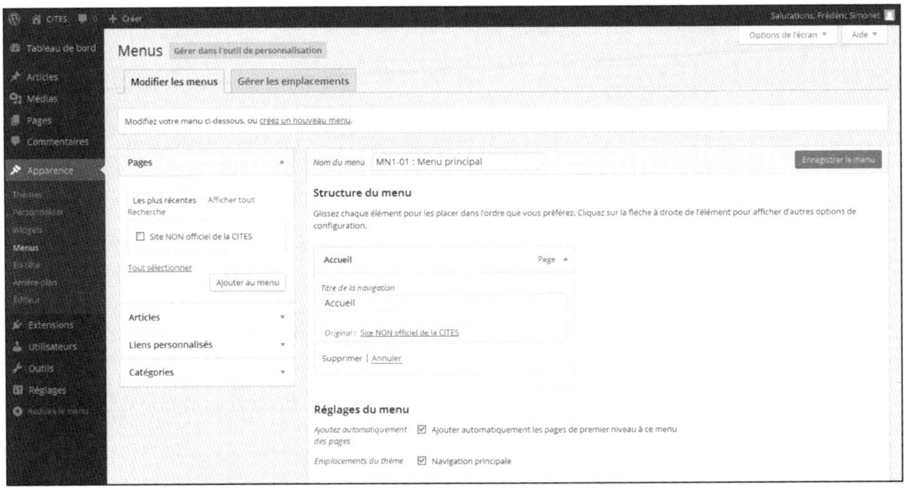

Écran 24. Reconfiguration du lien pointant vers la page d'accueil

Il faudra ensuite ouvrir le panneau déroulant du lien à considérer, puis remplacer le libellé initial (Home) par le nouveau (Accueil) (champ : Titre de la navigation ; valeur : Accueil).

Il conviendra enfin de valider la mise à jour en cliquant sur le bouton Enregistrer le Menu.

6. LOTS 4-6 : MISE EN LIGNE DES PAGES SUR LA RÉGLEMENTATION

6.1 Lot 4 : Mise en ligne de la rubrique

Cet exercice (étape 4/17) a pour objet la mise en ligne de la rubrique sur la réglementation. Sa réalisation ne fait intervenir que 4 micro-tâches. (Avancement de l'intégration des pages à l'issue de l'exercice (+1) : 2/20)

Il suffira de mettre en place la rubrique *(page)* « Réglementation du commerce des espèces menacées ». Le lien sur cette rubrique n'aura pas besoin d'être ajouté, car le menu a été configuré de telle façon[11] que l'outil ajoutera le lien automatiquement, avec un libellé reprenant littéralement le titre de la rubrique.

Écran 25. Rubrique relative à la réglementation

Procédure W4 : Création/configuration de la *page parente*-génération du lien de premier niveau

Cette procédure nous donne l'occasion de revenir sur la création de *page*, déjà abordée lors la mise en place de la page d'accueil[12].

Une fonctionnalité supplémentaire est ici à prendre en considération, la reprise du numéro d'ordre.

11 Voir *supra*, procédure W2.3, tâche 3.
12 Voir *supra*, procédure W3.1.

Je rappelle ici que pour créer une *page*, il faut d'abord se reporter à l'écran de gestion des *pages* (menu [principal] ; chemin : Pages), puis cliquer sur le bouton Ajouter.

Il faudra ensuite :

1. Saisir le titre de la *page*.
2. Saisir le contenu.
3. Reprendre le numéro d'ordre.

Il conviendra enfin de valider la configuration mise en place en cliquant sur le bouton Publier.

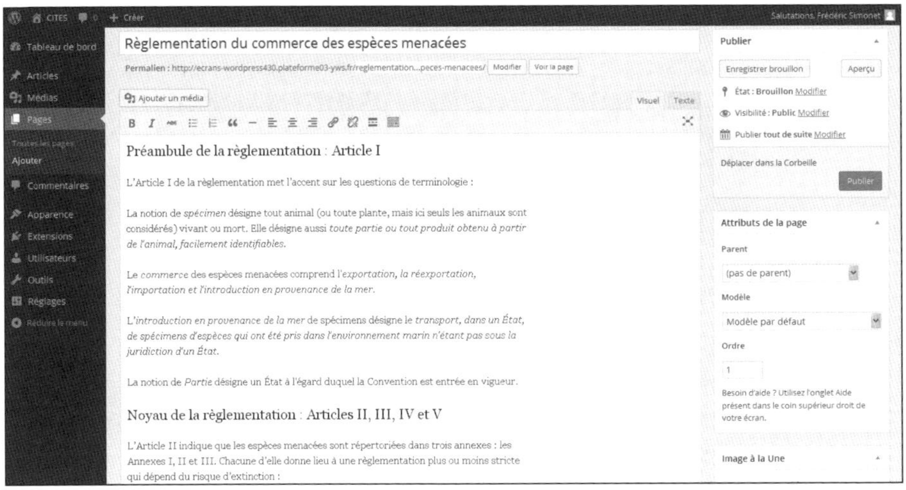

Écran 26. Configuration de la page à utiliser comme rubrique

Tâches 1 et 2 : Saisie du titre et du contenu de la page

Les questions relatives à la saisie du titre et à celle du contenu ont déjà été abordées[13].

[N4] Tâche 3 : Reprise du numéro d'ordre

Cette tâche met en jeu une fonctionnalité de base, la mise en ordre des *pages*.

Comme son nom l'indique, le numéro d'ordre sert à ordonner les *pages*. Son exploitation n'est pas obligatoire, mais il convient tout de même de l'intégrer car il permet d'améliorer l'utilisabilité du back-office. En effet, la mise en ordre des *pages* permet, d'une part, de se conformer à l'ordre des contenus défini dans le cahier des charges, et d'autre part, de gagner un peu de temps sur l'intégration des liens dans le menu.

Pour exploiter cette fonctionnalité, il faut se reporter au panneau Attributs de la Page, puis saisir le numéro d'ordre (champ : Ordre ; valeur : 1), qui bien sûr, doit être un nombre entier. (Le zéro, numéro d'ordre par défaut de la première page intégrée, est utilisé par la page d'accueil.)

13 Voir *supra*, procédure W3.1, tâches 1 et 2.

6.2 Lot 5 : Mise en place des articles

Cet exercice (étape 5/17) a pour objet la mise place des articles sur la réglementation. Sa réalisation fait intervenir 31 micro-tâches représentant à peu près 20 minutes de travail. (Avancement de l'intégration des pages à l'issue de l'exercice *(statu quo)* : 2/20)

Ci-dessous, les articles *(pages)* à considérer :

- Réglementation du commerce des espèces en voie d'extinction.
- Réglementation du commerce des espèces surexploitées.
- Réglementation du commerce des espèces contrôlées.

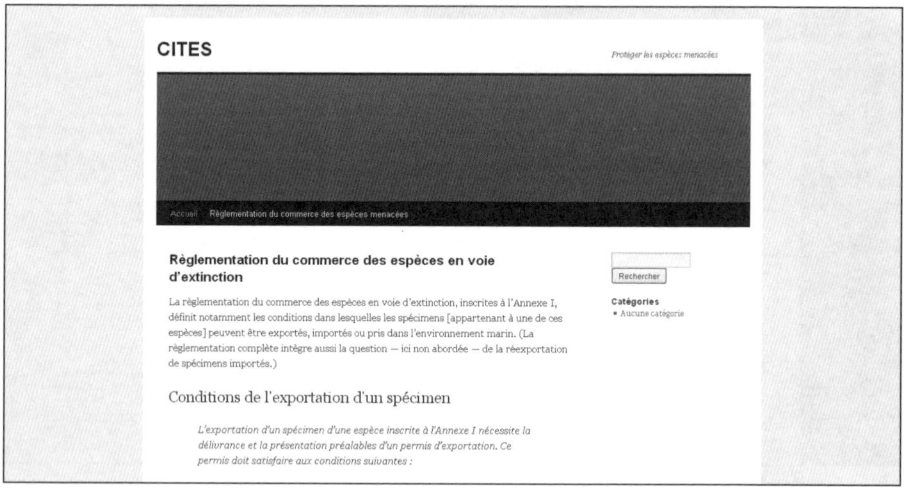

Écran 27. Article sur la réglementation du commerce des espèces en voie d'extinction

Procédure W5 : Création/configuration des *pages filles*

Cette procédure nous donne l'occasion de revenir à nouveau sur la création de *page*. Cette fonctionnalité a déjà été exploitée une première fois, pour intégrer la page d'accueil[14], puis une deuxième fois, pour intégrer la rubrique sur la réglementation du commerce des espèces menacées[15].

Ces deux premiers cas mettant l'accent sur les paramètres de base, à savoir le titre des *pages*, leur contenu et leur numéro d'ordre, le cas présent met en jeu deux paramètres supplémentaires ayant pour objet la personnalisation de l'identifiant des *pages* et leur hiérarchisation. La personnalisation des identifiants est dictée par l'optimisation du référencement. La hiérarchisation des pages, par l'architecture du contenu.

Je rappelle ici que pour créer des *pages*, il faut d'abord se reporter à l'écran de gestion des *pages* (menu [principal] ; chemin : Pages), puis cliquer sur le bouton Ajouter.

14 Voir *supra*, procédure W3.1.
15 Voir *supra*, procédure W4.

Il faudra ensuite :

1. Saisir le titre des *pages*.
2. Reprendre les identifiants.
3. Saisir les contenus.
4. Hiérarchiser les *pages*.
5. Reprendre les numéros d'ordre.

Il conviendra enfin de valider la configuration des *pages* en cliquant sur le bouton Publier.

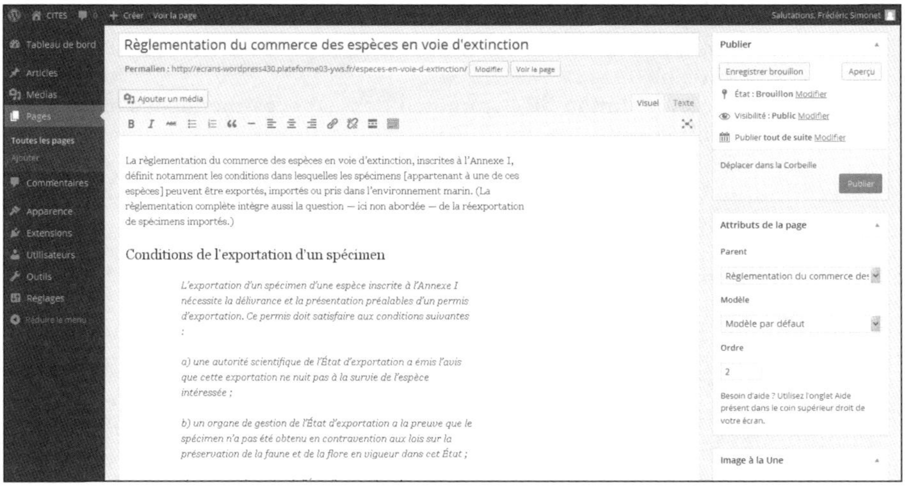

Écran 28. Configuration de la première page fille

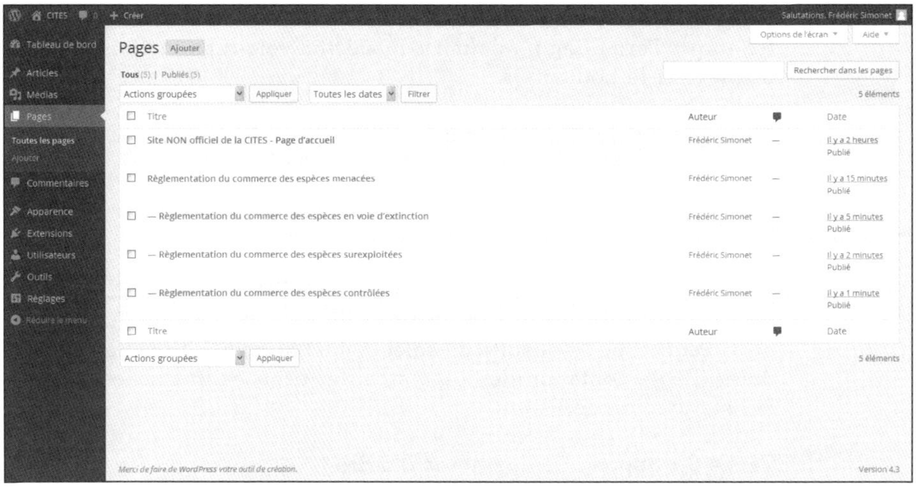

Écran 29. WordPress ne permet pas de catégoriser les pages, mais celles-ci peuvent tout de même être hiérarchisées

Ci-dessous, l'identifiant et le numéro d'ordre des *pages* à saisir :

- especes-en-voie-d-extinction | numéro 2 ;
- especes-surexploitées | numéro 3 ;
- especes-controlees | numéro 4 ;

… en sachant que l'identifiant de la *page parente* est,

reglementation-du-commerce-des-especes-menacees

…et que son numéro d'ordre est le numéro 1.

Je rappelle ici que l'outil a été configuré pour exploiter ces identifiants dans le chemin des adresses[16]. J'ajoute que la hiérarchisation des *pages* conduira WordPress à construire ces chemins par juxtaposition des identifiants de la manière suivante :

- reglementation-du-commerce-des-especes-menacees/especes-en-voie-d-extinction ;
- reglementation-du-commerce-des-especes-menacees/especes-surexploitées ;
- reglementation-du-commerce-des-especes-menacees/especes-controlees ;

… et cela, en accord avec les besoins exprimés dans le cahier des charges du projet.

Tâche 1 : Saisie du titre des *pages*

Cette question a déjà été abordée[17].

[N3] Tâche 2 : Reprise des identifiants

Cette tâche met en jeu une fonctionnalité de base, la personnalisation de l'identifiant des *pages*.

Après avoir saisi le titre des *pages* (champ [titre de la *page*] ; valeur : Réglementation du commerce des espèces en voie d'extinction) – à partir duquel WordPress génère aussitôt un premier identifiant –, il faut cliquer sur le bouton Modifier, saisir le nouvel identifiant (champ : Permalien ; valeur : especes-en-voie-d-extinction), puis cliquer sur le bouton OK.

Tâche 3 : Saisie des contenus

Cette question a déjà été abordée[18].

[N2] Tâche 4 : Hiérarchisation des *pages*

La hiérarchisation des *pages* est aussi une fonctionnalité de base.

Pour l'exploiter, il faut tout d'abord se reporter au panneau Attributs de la Page, il suffit ensuite de sélectionner la *page parente* à considérer (Réglementation du commerce des espèces menacées) dans la liste déroulante Parent.

Tâche 5 : Reprise des numéros d'ordre

Cette question vient d'être discutée[19].

16 Voir *supra*, procédure W2.1, tâche 3.
17 Voir *supra*, procédure W3.1, tâche 1.
18 Voir *supra*, procédure W3.1, tâche 2.
19 Voir *supra*, procédure W4, tâche 3.

6.3 Lot 6 : Intégration du sous-menu donnant accès aux articles

Cet exercice (étape 6/17) a pour objet l'intégration du sous-menu sur la réglementation. Sa réalisation fait intervenir 18 micro-tâches représentant à peu près 10 minutes de travail. (Avancement de l'intégration des pages à l'issue de l'exercice (+3) : 5/20)

Il s'agit donc d'intégrer, dans le menu, le sous-menu qui donnera accès aux trois articles *(pages)* sur la réglementation, sous-menu dont l'ouverture sera commandée par le survol du lien « Réglementation du commerce des espèces menacées ».

Ce sous-menu affichera les trois liens suivants :

- Espèces en voie d'extinction.
- Espèces surexploitées.
- Espèces contrôlées.

Remarque. – Il n'est pas nécessaire de reprendre littéralement le titre des pages visées car le libellé du lien commandant l'ouverture du sous-menu indique déjà le contexte général. Les utilisateurs, mais aussi les moteurs de recherche, comprendront que la question des espèces en voie d'extinction sera traitée sous l'angle de la réglementation de leur commerce.

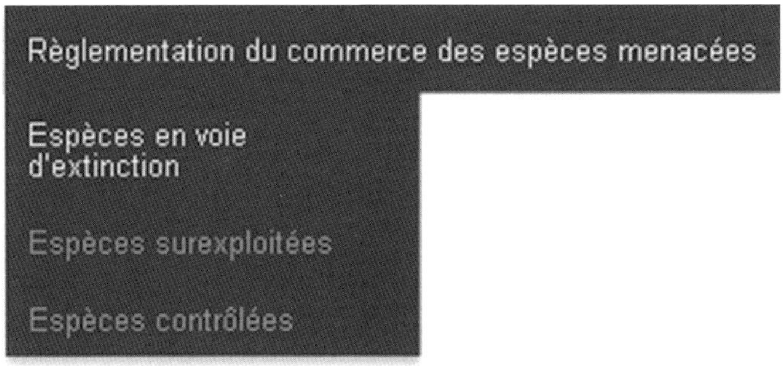

Écran 30. Sous-menu donnant accès aux articles sur la réglementation

[M] Procédure W6 : Création/configuration des liens de deuxième niveau

L'ajout de lien dans un menu est une fonctionnalité majeure. Cette fonctionnalité va de pair avec la création de menu, qu'elle complète. Tout site Web réalisé avec WordPress – mais aussi avec Joomla ou Drupal – fera intervenir au moins *un* menu dans lequel seront intégrés des liens qui permettront à l'utilisateur d'accéder, sinon à toutes les pages[20], du moins aux pages les plus structurantes du site Web à considérer.

20 Typiquement, un menu contiendra au maximum une vingtaine de liens pointant vers autant de pages. Lorsque le nombre de pages devient important, il convient soit de les référencer dans les listes de type Blog ou des tableaux soit de créer des menus supplémentaires que l'on présentera au fur et à mesure, en fonction du chemin suivi par l'utilisateur.

Pour ajouter des liens dans un menu, en général, et donc pour ajouter les trois les liens qui nous intéressent ici, en particulier, il faudra tout d'abord se reporter à l'écran de gestion des menus (menu [principal] ; chemin : Apparence > Menus).

Il faudra ensuite :

1. Ajouter les liens sur les *pages*.
2. Hiérarchiser les liens, car ils pointent vers des *pages filles*.
3. Reprendre le libellé des liens.

Il conviendra enfin de valider cette nouvelle configuration du menu en cliquant sur le bouton Enregistrer le Menu.

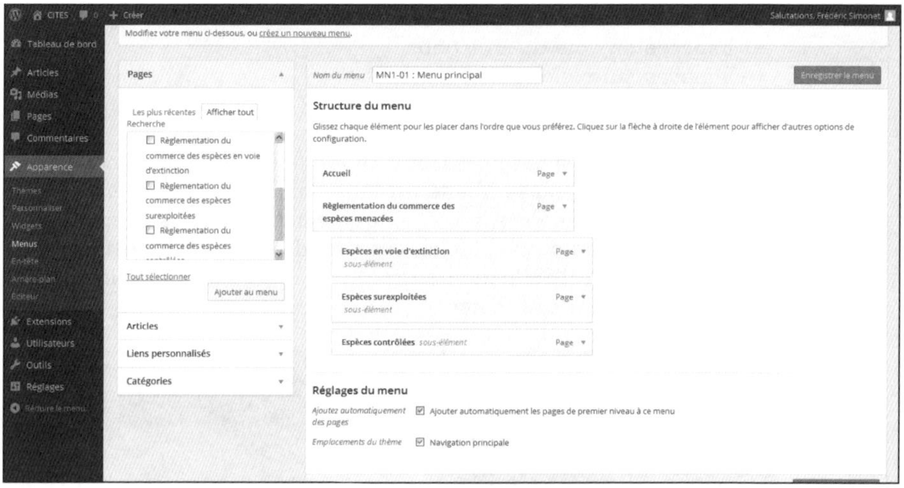

Écran 31. Les trois liens de deuxième niveau définissent le premier sous-menu

[N1] Tâche 1 : Ajout des liens sur les *pages filles*

L'ajout de lien est une fonctionnalité de base.

Pour l'exploiter, il faut se reporter au panneau déroulant Pages, sélectionner les pages (cases à cocher) pour lesquelles on souhaite générer les liens, puis cliquer sur le bouton Ajouter au Menu.

Dans le cadre de notre projet, il y a trois *pages* à sélectionner :

- Réglementation du commerce des espèces en voie d'extinction.
- Réglementation… espèces surexploitées.
- Réglementation… espèces contrôlées.

[N2/N3] Tâche 2 : Hiérarchisation des liens sur les *pages filles*

La hiérarchisation des liens est aussi une fonctionnalité de base. Son exploitation est dictée, d'un côté, par l'architecture du contenu, de l'autre, par l'optimisation du référencement des pages. Il s'agit de faire en sorte que le menu apparaisse comme la « table des matières » que les utilisateurs, et les moteurs de recherche, utiliseront pour appréhender le propos du site Web, au travers des mots-clés intégrés dans les liens.

Pour hiérarchiser un lien, il suffit de le saisir [d'un clic] et de le décaler par glisser-déposer.

Dans le cadre de notre projet, les trois liens ici considérés doivent être affiliés au lien parent de premier niveau précédemment intégré « Réglementation du commerce des espèces menacées ».

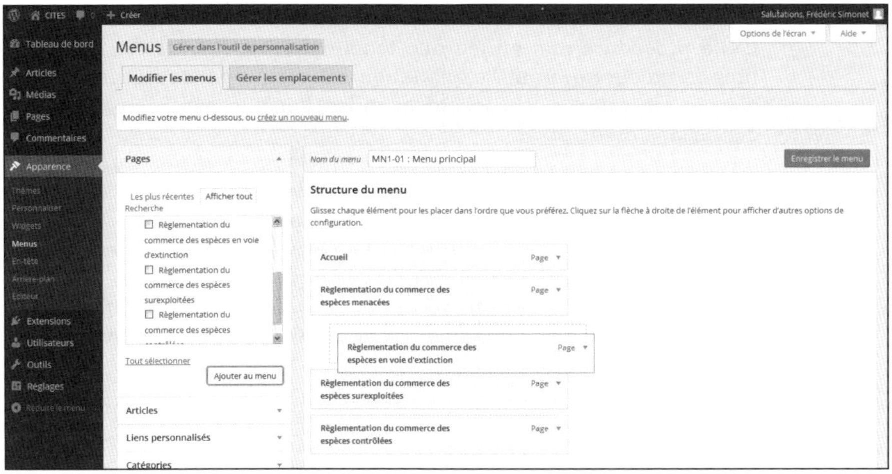

Écran 32. Avec WordPress, il suffit de glisser-déposer les liens pour les hiérarchiser

Tâche 3 : Reprise du libellé des liens

La question de la reprise du libellé des liens a déjà été abordée, pour traiter le cas du lien sur la page d'accueil[21].

7. LOTS 7-14 : MISE EN LIGNE DES PAGES DE L'ESPACE DE COMMUNICATION SUR LES ESPÈCES PROTÉGÉES

7.1 Lot 7 : Mise en place des rubriques principales

Cet exercice (étape 7/17) consiste à mettre en place les rubriques principales de l'espace de communication sur les espèces. Sa réalisation fait intervenir 28 micro-tâches représentant à peu près un quart d'heure de travail. (Avancement de l'intégration des pages à l'issue de l'exercice *(statu quo)* : 5/20)

Sont à considérer, la rubrique parente *(catégorie)* « Espèces protégées par la CITES » et ses trois sous-rubriques *(catégories)* :

- Espèces en voie d'extinction protégées par la CITES.
- Espèces surexploitées protégées par la CITES.
- Espèces contrôlées protégées par la CITES.

21 Voir *supra*, procédure W3.3 (une seule tâche).

Procédure W7 : Intégration du premier plan de classement

Procédure W7.1 : Création/configuration des *catégories*.

Procédure W7.2 (une seule tâche) : Mise en ordre des *catégories filles*.

Procédure W7.1 : Création/configuration des *catégories*

Cette procédure met en jeu une fonctionnalité importante, la création de *catégorie*, dont l'exploitation est dictée par la nécessité de classer les *articles*, en accord avec les besoins exprimés dans le cahier des charges.

Pour créer des *catégories*, en général, et donc pour créer les quatre *catégories* qui nous intéressent ici, en particulier, il suffira de se reporter à l'écran de gestion des *catégories* (menu [principal] ; chemin : Articles > Catégories). (À l'inverse du cas des *pages* – et des *articles*, que nous traiterons plus loin –, l'outil ne distingue pas l'espace de gestion des *catégories* de celui dédié à leur configuration.)

Il faudra ensuite :

1. Saisir le nom des *catégories*.
2. Saisir les identifiants.
3. Saisir les descriptifs.
4. Hiérarchiser les *catégories filles*.

Il conviendra enfin de valider la configuration des *catégories* en cliquant sur Ajouter une Nouvelle Catégorie.

Remarque. – Si les *catégories* ajoutées n'apparaissent pas automatiquement dans la liste, il faut dans ce cas recharger la page.

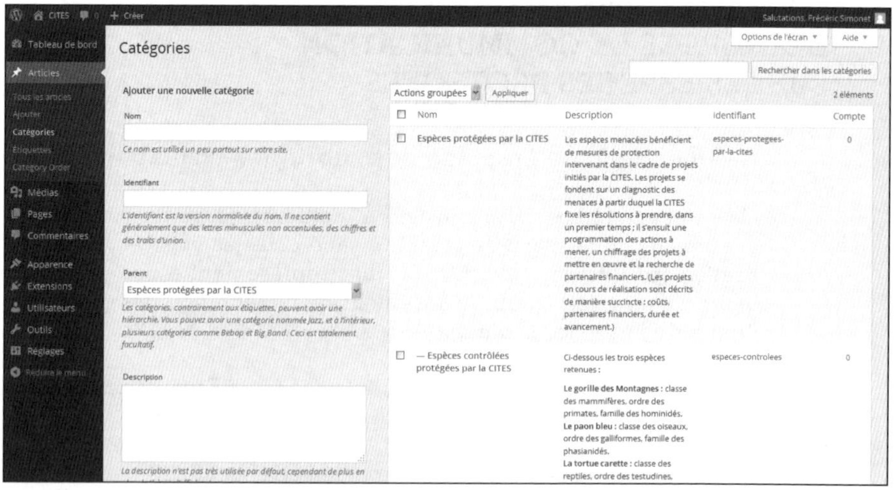

Écran 33. Ensemble des catégories du plan de classement : catégorie parente et catégories filles associées

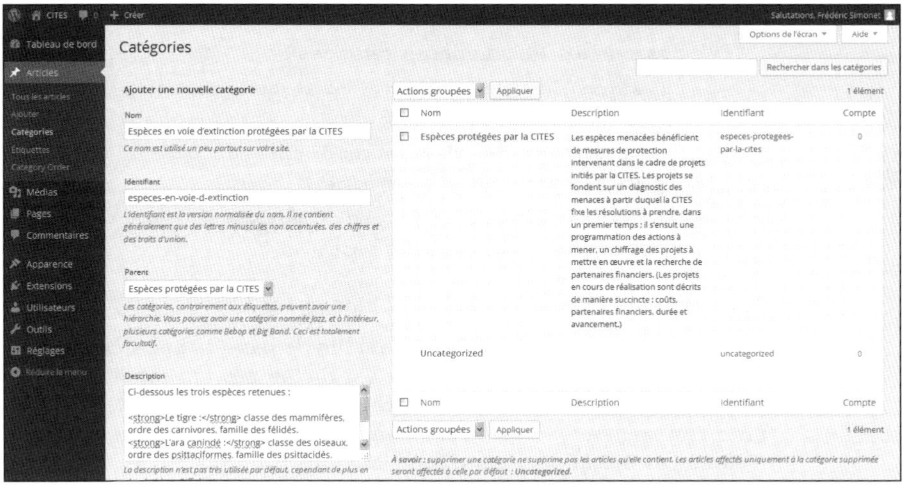

Écran 34. Configuration de la première catégorie fille

[N1][O] Tâche 1 : Saisie du nom des *catégories*

La définition du nom des *catégories* est aussi basique que celle du titre des *pages*. Il suffit de renseigner le champ Nom (Espèces protégées par la CITES) positionné sous l'en-tête de section Ajouter une Nouvelle Catégorie.

[N3] Tâche 2 : Saisie des identifiants

Cette tâche met en jeu une fonctionnalité de base, la personnalisation de l'identifiant des *catégories*. Cette fonctionnalité est à rapprocher de celle permettant de personnaliser celui des *pages*, dans la mesure où il s'agit là encore d'optimiser de référencement[22].

La définition de l'identifiant des *catégories* s'avère elle aussi très basique. Il suffit de renseigner cette fois-ci le champ Identifiant (especes-protegees-par-la-cites).

Ci-dessous, les identifiants à saisir dans le cadre de notre projet :

- especes-protegees-par-la-cites ;
- especes-en-voie-d-extinction ;
- especes-surexploitees ;
- especes-controlees.

[N2] Tâche 3 : Saisie des descriptifs

Cette tâche met en jeu une fonctionnalité de base, l'intégration du descriptif des *catégories*. Celui-ci s'affichera dans un bloc associant, dans l'ordre, le titre des *catégories* et leur description suivis des *articles* de la *catégorie* considérée[23].

Il faut savoir que la définition du descriptif des *catégories* (champ Description) est relativement contraignante car, si l'utilisateur doit effectivement structurer son contenu, il sera contraint de faire appel au langage HTML.

22 Voir *supra*, procédure W5, tâche 2.
23 Voir *infra*, section « Lot 9 : Mise en place des articles ».

Ci-dessous le contenu HTML de la première *catégorie fille* :

« Ci-dessous les trois espèces retenues :

« `<strong>`Le tigre :`</strong>` classe des mammifères, ordre des carnivores, famille des félidés.

« `<strong>`L'ara canindé :`</strong>` classe des oiseaux, ordre des psittaciformes, famille des psittacidés.

« `<strong>`Le requin :`</strong>` classe des poissons, ordre des carcharhiniformes, famille des carcharhinidés. »

[N2] Tâche 4 : Hiérarchisation des *catégories filles*

Cette tâche met en jeu une fonctionnalité de base, la hiérarchisation des *catégories*, dont l'exploitation est dictée par la profondeur du plan de classement des *articles*. Si votre site Web ne fait intervenir qu'un seul niveau de classement (pas de sous-catégories), vous n'aurez pas à exploiter cette fonctionnalité.

Pour hiérarchiser les *catégories*, il suffit de sélectionner la *catégorie parente* (Espèces protégées par la CITES) dans la liste déroulante Parent.

Je rappelle ici que la fonction de hiérarchisation des contenus a déjà été exploitée une première fois avec les *pages* sur la réglementation[24]. Elle le sera aussi avec les *articles* de l'espace de communication sur les espèces[25].

[N2/N5] Procédure W7.2 (une seule tâche) :
Mise en ordre des *catégories filles*

Cette procédure met en jeu une fonctionnalité dont l'exploitation est dictée par l'architecture du contenu, il s'agit de la mise en ordre des *catégories*. Je rappelle ici que cette fonctionnalité ne fait pas partie intégrante du noyau de WordPress, et que c'est le *plugin* installé précédemment, Category Order, qui permet de l'exploiter[26].

Pour cela, il faudra se reporter à l'écran spécialement dédié à la mise en ordre des *catégories* (menu [principal] ; chemin : Articles > Category Order), ouvrir les *catégories parentes* des *catégories* à considérer (« Espèces protégées par la CITES » dans le cas présent), en cliquant sur More, de sorte que celles-ci deviennent accessibles, puis réordonner les *catégories* par glisser-déposer.

On validera l'ordre établi en cliquant sur le bouton Order Categories.

Remarque I. – Les *catégories* qui viennent d'être créées n'apparaîtront sur le site que lorsque les futurs *articles* y auront été rangés.

Remarque II. – L'ordre établi côté back-office sera exploité côté front-office par le *widget* Catégories.

24 Voir *supra*, procédure W5, tâche 4.
25 Voir *infra*, procédure W9.2.1, tâche 5.
26 Voir *supra*, procédure W2.2, tâche 3.

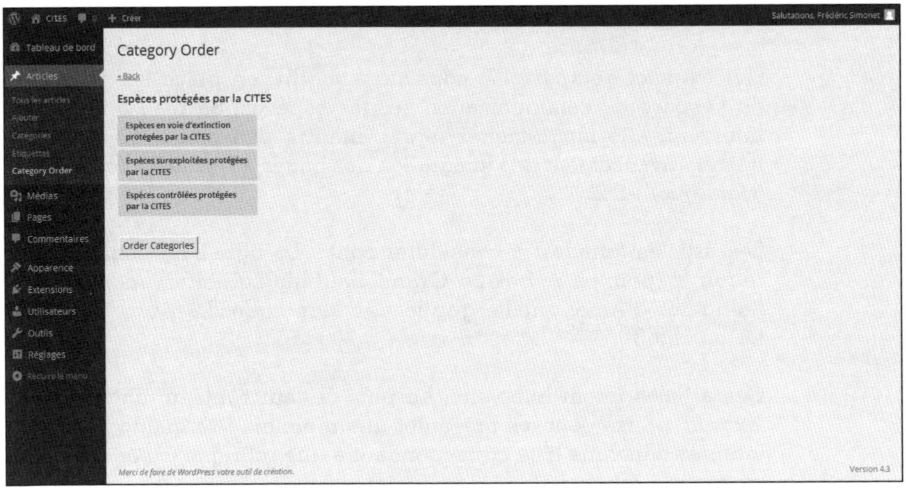

Écran 35. Mise en ordre des catégories

7.2 Lot 8 : Mise en place des rubriques alternatives

Cet exercice (étape 8/17) consiste à mettre en place des rubriques alternatives qui, dans le cas présent, sont relatives à la classe des différentes espèces. Sa réalisation fait intervenir 34 micro-tâches représentant à peu près 20 minutes de travail. (Avancement de l'intégration des pages à l'issue de l'exercice *(statu quo)* : 5/20)

Sont à considérer, la rubrique parente *(catégorie)* « Les espèces toutes classes confondues » et ses quatre sous-rubriques *(catégories)* :

- Les mammifères.
- Les oiseaux.
- Les poissons.
- Les reptiles.

Procédure W8 : Intégration du deuxième plan de classement

Le chemin à suivre est le même que celui ayant conduit à l'intégration du premier plan de classement[27].

Procédure W8.1 : Création/configuration des *catégories*.

Procédure W8.2 : Mise en ordre des *catégories filles*.

Ci-dessous, les identifiants à saisir dans le cadre de notre projet :

- especes-protegees-par-la-cites-toutes-classes-confondues ;
- vue-sur-les-mammiferes ;
- vue-sur-les-oiseaux ;
- vue-sur-les-poissons ;
- vue-sur-les-reptiles.

27 Voir *supra*, procédure W7.

7.3 Lot 9 : Mise en place des articles

Cet exercice (étape 9/17) consiste à mettre en place les articles de l'espace de communication sur les espèces. Sa réalisation fait intervenir 426 micro-tâches représentant à peu près 4 heures de travail. (Avancement de l'intégration des pages à l'issue de l'exercice *(statu quo)* : 5/20)

Les articles *(articles)* à considérer sont : Le tigre/L'ara canindé/Le requin à pointes noires/Le Grand dauphin/Le colibri moucheté/L'alligator d'Amérique/Le gorille des Montagnes/Le paon bleu/La tortue carette.

Ces articles feront intervenir, en plus de leur contenu, un résumé *(extrait)*, utilisé pour les présenter une première fois quand ils sont intégrés dans une liste correspondant à une rubrique *(catégorie)* ou un mot-clé *(étiquette)*.

Ils seront complétés par une fiche Projet indiquant dans l'ordre : le nom des projets (en-tête des fiches), leur coût, le ou les partenaire(s) impliqué(s), leur durée (en mois) et leur avancement (phases 1/2/3).

Par ailleurs, les articles et leur résumé seront agrémentés de deux photos différentes : une pour l'article complet, une autre pour le résumé (plus petite).

Procédure W9 : Intégration des *articles*

Procédure W9.1 (une seule tâche) : Chargement des photos.

Procédure W9.2 : Intégration du contenu des *articles*.

Procédure W9.3 (répétition de tâches identiques) : Mise en ordre des *articles*.

Procédure W9.4 (tâches techniques) : Intégration des *champs personnalisés*.

Procédure W9.5 : Intégration du Widget Nuage d'Étiquettes.

[N1/N4] Procédure W9.1 (une seule tâche) : Chargement des photos

Le chargement de photos est une fonctionnalité de base incontournable.

Pour l'exploiter, il faudra tout d'abord se reporter à l'écran de gestion des médias (menu [principal] ; chemin : Apparence > Médias).

Il faudra ensuite cliquer sur le bouton Choisir des Fichiers, sélectionner les fichiers à charger – enregistrés localement –, puis cliquer sur le bouton Ouvrir (le clic déclenche le chargement).

Remarque. – L'outil nomme certaines photos en reprenant leur titre original, celui du site de Fotolia en l'occurrence (information faisant partie des métadonnées). Ce n'est pas un problème car, pour aligner les titres de ces photos sur les autres, il suffit de se reporter à l'écran de gestion des médias, de sélectionner les photos, puis de mettre à jour les titres en question.

Procédure W9.2 : Intégration du contenu des *articles*

Procédure W9.2.1 : Création/configuration des *articles*.

Procédure W9.2.2 : Intégration de l'*extrait* des *articles*.

Procédure W9.2.3 : Création/valorisation des *champs personnalisés*.

[M] Procédure W9.2.1 : Création/configuration des *articles*

La création d'*article* est une fonctionnalité majeure, au même titre que la création de *page*. Je rappelle ici que les *articles* servent à créer des pages dynamiques ayant pour vocation de relayer un fait d'actualité. (Il revient aux *pages* de fixer le cadre général du contenu des *articles*.)

La logique à suivre pour créer des *articles* reprend celle des *pages* et, de la même manière, il conviendra de personnaliser les identifiants de façon à optimiser le référencement des pages[28].

Il y a toutefois plusieurs différences à relever, parmi lesquelles le fait que les *articles* peuvent, d'une part, être rangés dans des *catégories*, contrairement aux *pages* – même si celles-ci peuvent être hiérarchisées –, et qu'ils peuvent, d'autre part, être indexés avec des mots-clés, ce qui n'est pas le cas des *pages*. L'exploitation de ces deux fonctionnalités est dictée par le contenu.

Pour créer des *articles* (vs *pages*) en général, et plus particulièrement, les neuf *articles* de notre projet, il faudra tout d'abord se reporter à l'écran de gestion des *articles* (vs *pages*) (menu [principal] ; chemin : Articles *vs* Pages), puis cliquer sur le bouton Ajouter.

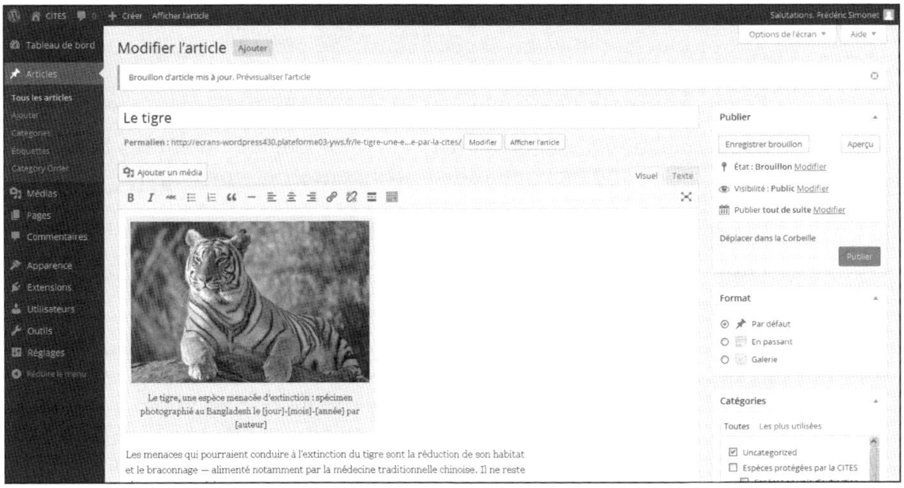

Écran 36. Configuration de base du premier article

28 Voir *supra*, procédure W5, tâche 2.

Il faudra ensuite :

1. Saisir le titre des *articles*.
2. Reprendre les identifiants.
3. Saisir les contenus.
4. Intégrer des photos.
5. Classer les *articles*.
6. Indexer les *articles*.

Il conviendra enfin de valider la configuration des *articles* en cliquant sur le bouton Publier.

Tâches 1 : Saisie du titre des *articles*

Cette question a déjà été abordée une première fois, lors de la mise en place de la page d'accueil[29], puis une deuxième fois, avec les pages sur la réglementation. Le fait d'avoir à traiter des pages de type Article ne change rien.

Tâche 2 : Reprise des identifiants

Cette question a été abordée lors de la mise en place des pages sur la réglementation[30]. Pas de changement.

Ci-dessous, les alias à saisir dans le cadre de notre projet :

- le-tigre-une-espece-en-voie-d-extinction-protegee-par-la-cites ;
- l-ara-caninde-une-espece-en-voie-d-extinction-protegee-par-la-cites ;
- le-requin-a-pointes-noires-une-espece-en-voie-d-extinction-protegee-par-la-cites ;
- le-grand-dauphin-une-espece-surexploitee-protegee-par-la-cites ;
- le-colibri-mouchete-une-espece-surexploitee-protegee-par-la-cites ;
- l-alligator-d-amerique-une-espece-surexploitee-protegee-par-la-cites ;
- le-gorille-des-montagnes-une-espece-controlee-protegee-par-la-cites ;
- le-paon-bleu-une-espece-controlee-protegee-par-la-cites ;
- la-tortue-carette-une-espece-controlee-protegee-par-la-cites.

Tâche 3 : Saisie des contenus

Cette question a elle aussi déjà été abordée, toujours dans le cadre de la mise en place des différentes pages de type Page.

[N1/N3] Tâche 4 : Intégration des photos (*une* par article)

L'intégration de photo dans un *article* est une fonctionnalité de base incontournable.

Pour l'exploiter, il faut tout d'abord positionner le curseur là où l'on souhaite insérer la photo, puis cliquer sur le bouton Insérer un Média. Il faut ensuite sélectionner [d'un clic] la photo à insérer, saisir le texte alternatif (champ : Texte alternatif ; valeur : Photo du tigre.) – pour des raisons d'accessibilité –, puis cliquer sur le bouton Insérer dans l'Article.

29 Voir *supra*, procédure W3.1, tâche 1.
30 Voir *supra*, procédure W5, tâche 2.

La saisie de la légende (champ : Légende ; valeur : « Le tigre, une espèce menacée d'extinction : spécimen photographié au Bangladesh le [jour]-[mois]-[année] par [auteur] ») n'est pas obligatoire, mais il convient tout de même d'en appliquer une, pour plusieurs raisons. Cela permet tout d'abord d'améliorer la compréhensibilité du contenu et donc l'utilisabilité du site Web, cela permet ensuite d'optimiser le référencement des pages dans lesquelles les photos sont insérées. Cela pourrait sembler anecdotique, mais les légendes peuvent aussi servir à citer l'auteur des photos dont on ne serait pas propriétaire.

Remarque. – Le chemin à suivre pour intégrer une photo dans une *page* est exactement le même.

Commentaire. – Les photos ayant pour vocation de retenir l'attention de l'utilisateur, il convient de les positionner en haut et sur la gauche, en vertu du principe de la lecture en « F » établi par Jacob Nielsen[31]. Toujours dans cette même idée de retenir l'attention, il convient de présenter des photos de grande taille (leur définition doit être supérieure à 230 x 210 pixels[32]) et de qualité. Les formats à privilégier sont le « jpeg/jpg » ou le « png » avec une résolution supérieure à 75 ppp [ppi] (pixel par pouce [pixel per inch]).

[N2] Tâche 5 : Classement des *articles*

Le classement des *articles* est une fonctionnalité de base dont l'exploitation est dictée par l'architecture du contenu.

Pour l'exploiter, il faut se reporter au panneau Catégories, puis sélectionner les *catégories* à considérer (cases à cocher concernant le tigre : Espèces protégées par la CITES, Espèces en voie d'extinction protégées par la CITES, Les espèces toutes classes confondues, Les mammifères).

Remarque. – La *catégorie* Uncategorized, qui est prédéfinie, est la *catégorie* utilisée par défaut pour ranger les *articles*. L'outil donne la possibilité de la renommer. Pour cela, il faut se reporter à l'écran de gestion des *catégories* (menu [principal] ; Articles > Catégories).

[N2] Tâche 6 : Indexation des *articles*

L'indexation des *articles* est aussi une fonctionnalité de base, mais contrairement à la fonction de classement, son exploitation est dictée par la nature des contenus, et non par leur architecture. (Il s'agit effectivement de décrire les *articles* et non de les classer.)

Pour l'exploiter, il faut se reporter au panneau Étiquettes, saisir les *étiquettes* de l'*article* considéré (champ [de saisie des étiquettes] ; Bengale, Bangladesh, Inde, Chine du Nord, etc. dans le cas du tigre), que l'on séparera d'une virgule, puis cliquer sur le bouton Ajouter.

31 « F-Shaped Pattern For Reading Web Content », *www.nngroup.com,* 17 avril 2006, https://www.nngroup.com/articles/f-shaped-pattern-reading-web-content.
32 « Eyetrack III: What News Websites Look Like Through Readers' Eyes », *wwwpoynter.org,* 24 août 2004, http://www.poynter.org/2004/eyetrack-iii-what-news-websites-look-like-through-readers-eyes/24963.

Il convient de préciser que WordPress donne la possibilité de copier-coller les *étiquettes* en masse. En contrepartie, l'outil ne permet pas d'intégrer des *étiquettes* composées de plusieurs mots séparés par une virgule (exemple : « Formation WordPress, Joomla, Drupal »).

Procédure W9.2.2 : Intégration de l'*extrait des articles*

Cette procédure met en jeu une fonctionnalité de base, l'intégration d'*extrait* dans les *articles*, dont l'exploitation est dictée par le contenu. Il faut savoir qu'avec WordPress, les *extraits* sont en fait des résumés venant s'ajouter au contenu des *articles*, et non des extraits *stricto sensu* reprenant littéralement les premières lignes des *articles*.

Tâches à réaliser avec le premier *article* :

1. Activer la fonction Extrait.
2. Saisir le code HTML de l'*extrait*.

Il conviendra de valider l'*extrait* en cliquant sur le bouton Mettre à Jour.

Remarque. – Avec les autres *articles*, la fonction Extrait n'aura pas besoin d'être réactivée.

[N4] Tâche 1 : Activation de la fonction Extrait

Pour activer la fonction Extrait, il faut ouvrir le panneau déroulant Options de l'Écran, puis cocher la case Extrait, tout simplement. Sitôt activée, WordPress affiche dans la partie basse de l'écran le panneau Extrait qui permettra justement de saisir l'*extrait* des *articles*.

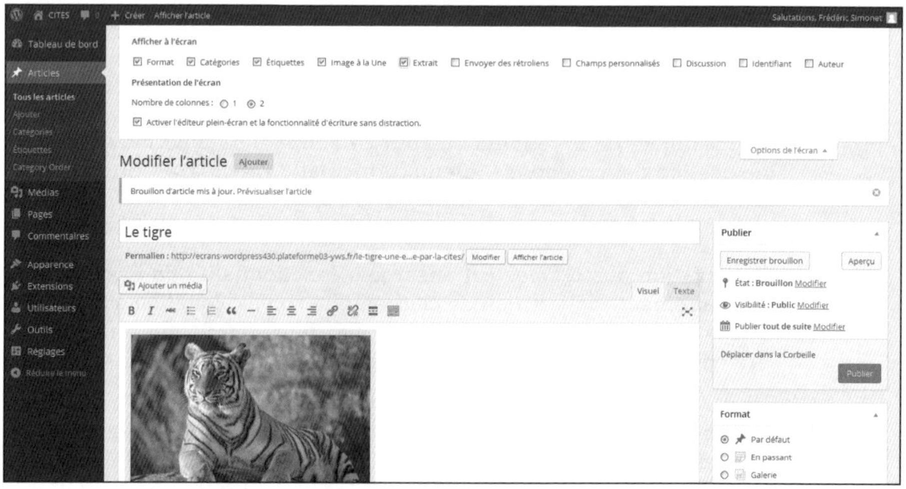

Écran 37. Activation de la fonction Extrait

[N2] Tâche 2 : Saisie du code HTML des *extraits*

L'éditeur des *extraits* est aussi basique que celui des *catégories*. Si l'on souhaite travailler sur la structuration des contenus, ou intégrer une photo, comme dans le cas présent, on est contraint de faire appel au langage HTML.

Micro-tâches :

Panneau-champ : Extrait ; valeur [code à intégrer] :

```
<figure>
      <img src="http://ref-wordpress430.plateforme03-yws.fr/
      wp-content/uploads/2015/09/tigre-mini.jpg" alt="Photo
      du tigre" />
      <figcaption>Le tigre, une espèce menacée d'extinction.</
      figcaption>

</figure>
<p>Les menaces qui pèsent sur le tigre (braconnage, réduction
de son habitat), les résolutions de la CITES et son plan
d'action : projet Tiger.</p>
```

Remarque. – Pour récupérer l'URL de la photo, il faut passer par le gestionnaire des médias (menu [principal] ; Média > Bibliothèque), sélectionner [d'un clic] la photo à intégrer et ensuite se reporter au champ Adresse Web.

Procédure W9.2.3 : Création et valorisation des *champs personnalisés*

Cette procédure met en jeu une fonctionnalité de base, l'intégration de *champs personnalisés*, dont l'exploitation est elle aussi dictée par le contenu. Il s'agit de créer des champs supplémentaires ayant pour vocation de structurer tout à la fois la saisie des contenus à ajouter (côté back-office) et leur présentation (côté front-office), sous la forme de fiche par exemple.

Tâches à réaliser avec le premier *article* :

1. Activer la fonction Champs Personnalisés.
2. Créer et valoriser les *champs personnalisés*.

Il conviendra de valider les champs et leur contenu en cliquant sur le bouton Mettre à Jour.

Remarque. – À l'instar de la fonction Extrait, la fonction Champs Personnalisés n'aura pas besoin d'être réactivée avec les autres *articles*. De la même manière, les champs n'auront pas non plus à être recréés, il suffira de les sélectionner dans la liste déroulante du panneau Champs Personnalisés.

[N4] Tâche 1 : Activation de la fonction Champs Personnalisés

Le chemin à suivre pour activer la fonction Champs Personnalisés est conforme au chemin suivi pour activer les *extraits*. Il faut ouvrir le panneau déroulant Options de l'Écran, puis cocher la case Champs Personnalisés. Sitôt activée, WordPress affiche dans la partie basse de l'écran le panneau Champs Personnalisés, spécialement dédié à la création et à valorisation de champs supplémentaires.

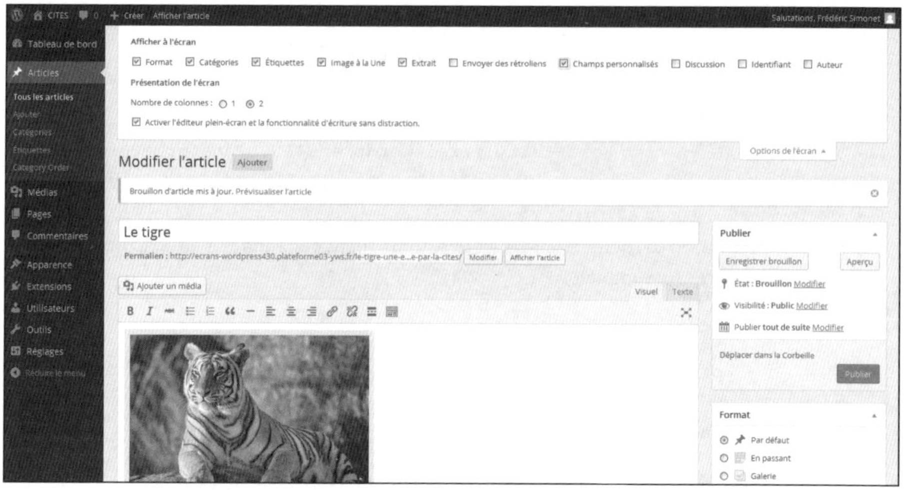

Écran 38. Activation de la fonction « Champs personnalisés »

[N2/N4] Tâche 2 : Création et valorisation des *champs personnalisés*

Cette tâche met en jeu deux fonctionnalités basiques, la création et la valorisation de champ.

Pour exploiter ces deux fonctionnalités, il faut saisir conjointement le nom du champ à créer (champ [libellé du champ, colonne Nom] ; valeur : En-tête de la fiche) et son contenu (champ [valeur du champ, colonne Valeur] ; valeur : Projet Tiger), puis cliquer sur le bouton Ajouter un Champ Personnalisé.

Attention ! Il faut savoir que les contenus seront présentés côté front-office en suivant l'ordre de création des champs, et qu'après leur validation, ils seront reclassés, côté back-office, dans l'ordre l'alphabétique.

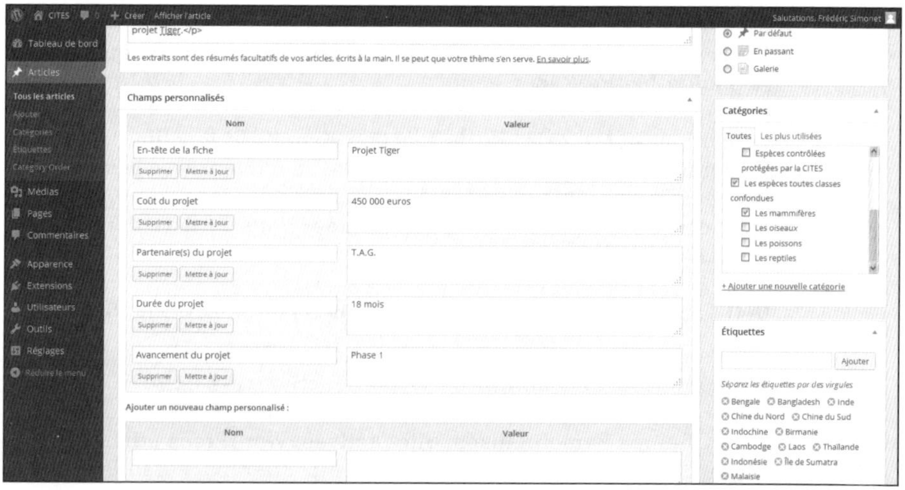

Écran 39. Création et valorisation des champs de la Fiche Projet

[N2] Procédure W9.3 (répétition de tâches identiques) : Mise en ordre des *articles*

Contrairement à ce que l'on pourrait penser, WordPress n'intègre pas de fonctionnalité spécialement dédiée à la mise en ordre des *articles*, comme dans le cas des *pages*[33]. Pour y parvenir, on peut toujours faire appel à un *plugin*, mais il existe une solution plus simple, celle que nous avons retenue, consistant tout simplement à remanier les dates de publication. Je rappelle ici que les *articles* sont classés par ordre antéchronologique.

Pour modifier les dates de publication, il faut tout d'abord se reporter à l'écran de gestion des *articles* (menu [principal] ; chemin : Articles).

Il faut ensuite :

a. survoler le titre des *articles* à considérer de façon à faire apparaître le lien-bouton Modification Rapide, sur lequel on cliquera ;
b. se reporter à l'étiquette Date, puis modifier la date de publication originale de l'*article* considéré en travaillant sur le jour par exemple, si les *articles* à ordonner ont tous été publiés le même mois.

Il faut enfin valider les modifications apportées en cliquant sur le bouton Mettre à Jour.

Remarque. – L'ordre des *articles* ne s'inverse qu'après rechargement complet de l'écran soit en cliquant sur l'item Articles du menu soit en utilisant le bouton de rafraîchissement des pages du navigateur soit en utilisant la touche F5.

Dans le cadre de notre projet, il s'agira de présenter en premier les espèces les plus menacées, c'est-à-dire les espèces en voie d'extinction (tigre/ara/requin, dans cet ordre), seront ensuite présentées les espèces surexploitées (dauphin/colibri/alligator) et enfin les espèces contrôlées (gorille/paon/tortue).

[N4] Procédure W9.4 (tâches techniques) : Intégration des *champs personnalisés*

Cette procédure vient compléter celle relative à la création et à la valorisation des champs[34].

Son exécution implique une mise à jour du script loop-single.php.

Pour accéder à ce script, il faut d'abord se reporter à l'écran de modification des *thèmes* (menu [principal] ; chemin : Apparence > Éditeur), et plus spécialement, à la section Modèles, qui se trouve dans la colonne de droite. C'est à cet endroit que l'on trouvera la référence du script, sur laquelle on cliquera.

---

33 Voir *supra*, procédure W4 (tâche 3) et procédure W5.
34 Voir *supra*, procédure W9.2.3.

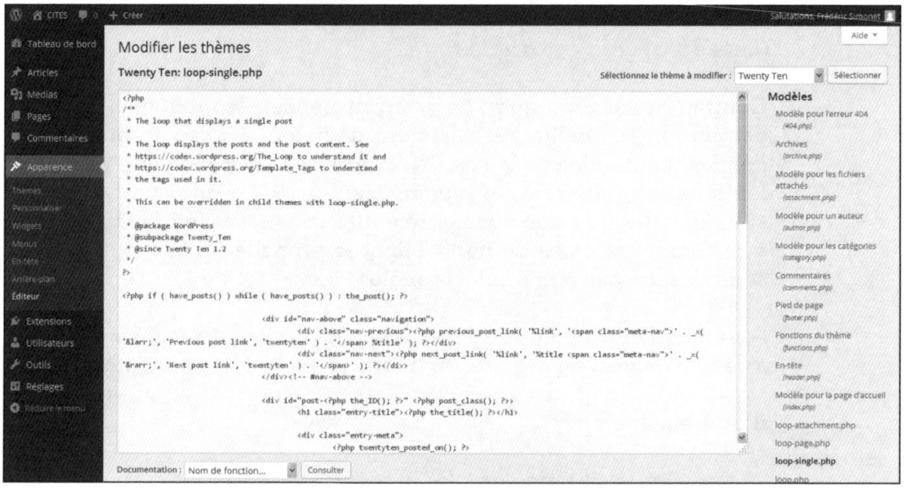

Écran 40. Script des articles présentés individuellement

Il faudra ensuite ajouter à la fin du script les quelques lignes de code indiquées ci-dessous.

Il conviendra enfin de valider la mise à jour du script en cliquant sur le bouton Mettre à Jour le Fichier.

Instructions à ajouter dans le script loop-single.php :

```
<?php
if ( $keys = get_post_custom_keys() ) {
   foreach ( (array) $keys as $key ) {
      $keyt = trim($key);
      if ( is_protected_meta( $keyt, 'post' ) )
      continue;
      $values = array_map('trim',get_post_custom_values($key));
      $value = implode($values,', ');
      if ( $keyt == 'En-tête de la fiche' ) echo '<h3 class="widget-
      title">'.$value.'</h3><ul class="post-meta">';
      else echo '<li>'.$keyt.' : '.$value.'</li>';
   }
   echo '</ul>';
}
?>
```

Procédure W9.5 : Intégration du *widget* Nuage d'Étiquettes

Cette procédure met en jeu une fonctionnalité importante, l'intégration de *widget*, dont l'exploitation est dictée par les besoins exprimés dans le cahier des charges.

Pour intégrer des *widgets*, en général, et donc pour intégrer celui qui nous intéresse ici, en particulier, il faudra d'abord se reporter à l'écran de gestion des *widgets* (menu [principal] ; chemin :

Apparence > Widgets), et plus spécialement, à la zone des *widgets* disponibles (section Widgets Disponibles).

Dans le cadre de notre projet, il faudra ensuite :

1. Ajouter le *widget* Nuage d'Étiquettes.
2. Mettre à jour l'en-tête du *widget*.

[N1] Tâche 1 : Ajout du *widget* « Nuage d'étiquettes »

L'ajout de *widget* est une fonctionnalité de base.

Pour l'exploiter, il faut tout simplement saisir [d'un clic] le *widget* à ajouter (Nuage d'étiquettes) puis le glisser-déposer dans la *zone* souhaitée (Zone Secondaire de Widgets dans le cas présent).

Remarque I. – L'outil n'intègre pas de bouton de validation des *widgets* ajoutés, le simple fait de glisser-déposer un *widget* dans une des *zones* du *thème* déclenche son activation côté front-office.

Remarque II. – Pour visualiser le résultat côté front-office, il faut, comme avec les *thèmes*, recharger complètement la page courante en utilisant la touche F5 du clavier.

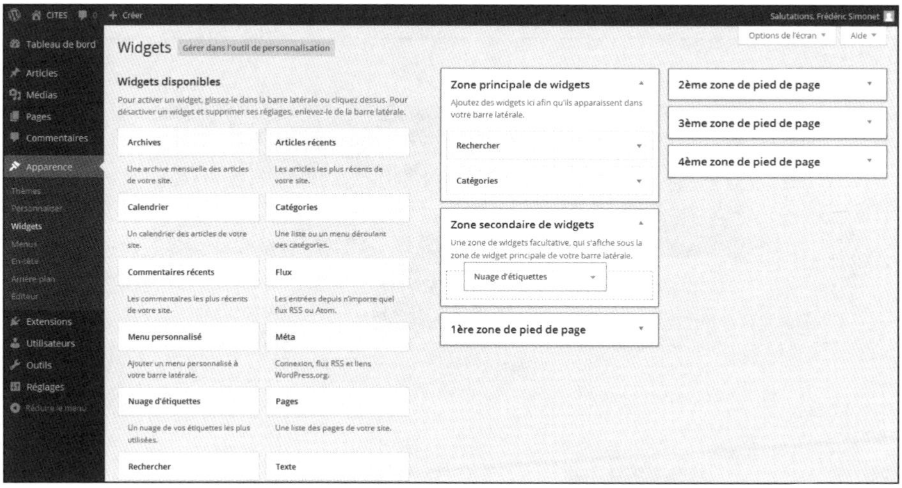

Écran 41. Activation du widget affichant les mots-clés

[N1] Tâche 2 : Mise à jour de l'en-tête du *widget*

La mise à jour de l'en-tête des *widgets* est aussi une fonctionnalité de base.

Pour l'exploiter, il faut ouvrir le panneau déroulant du *widget* à considérer (panneau déroulant : Nuage d'étiquettes), remplacer le titre original (Étiquettes) par le nouveau (Répartition géographique) (champ : Titre ; valeur : Répartition géographique), puis valider la mise à jour en cliquant sur le bouton Enregistrer.

7.4 Lot 10 : Intégration du menu donnant accès aux rubriques principales

Cet exercice (étape 10/17) consiste à intégrer le menu qui donnera accès aux rubriques principales de l'espace de communication sur les espèces. Sa réalisation fait intervenir 18 micro-tâches représentant à peu près 10 minutes de travail. (Avancement de l'intégration des pages à l'issue de l'exercice (+4) : 9/20)

Il s'agit tout d'abord d'ajouter, dans le menu, le lien sur la rubrique parente *(catégorie)* « Espèces protégées par la CITES », le libellé de ce lien reprenant littéralement le titre de la rubrique.

Il s'agira ensuite d'intégrer le sous-menu qui donnera accès aux trois sous-rubriques *(catégories)* de la rubrique parente, sous-menu dont l'ouverture sera commandée par le survol du lien « Espèces protégées par la CITES ».

Ce sous-menu affichera les trois liens suivants :

- Espèces en voie d'extinction.
- Espèces surexploitées.
- Espèces contrôlées.

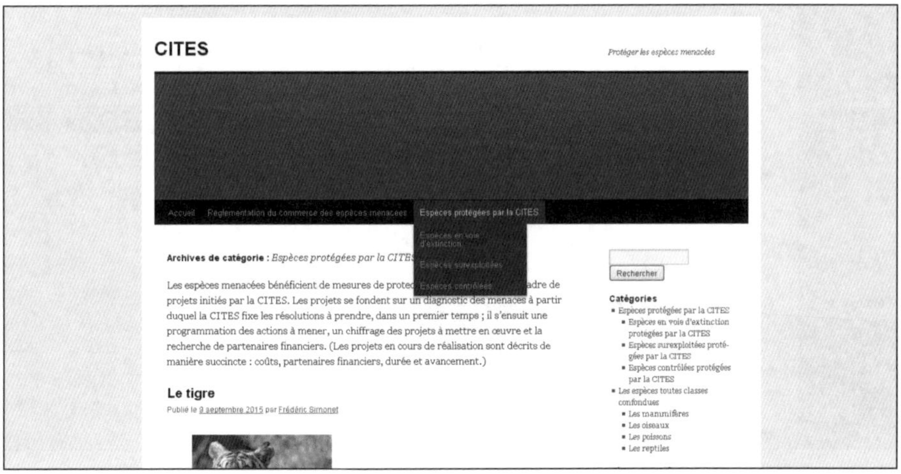

Écran 42. Sous-menu donnant accès aux rubriques de l'espace de communication

Procédure W10 : Création/configuration des liens de premier et de deuxième niveau

Cette procédure nous donne l'occasion de revenir sur l'ajout de lien dans un menu. Cette fonctionnalité a déjà été exploitée une première fois, pour ajouter les liens sur les *pages*[35].

Il s'agit maintenant d'ajouter des liens pointant vers des *catégories*.

35 Voir *supra*, procédure W6.

Je rappelle ici que pour ajouter des liens dans un menu, il faut d'abord se reporter à l'écran de gestion des menus (menu [principal] ; chemin : Apparence > Menus).

Il faudra ensuite :

1. Ajouter les liens sur les *catégories*.
2. Hiérarchiser les liens pointant vers les *catégories filles*.
3. Reprendre le libellé des liens de deuxième niveau.

Il conviendra enfin de valider cette nouvelle configuration du menu en cliquant sur le bouton Enregistrer le Menu.

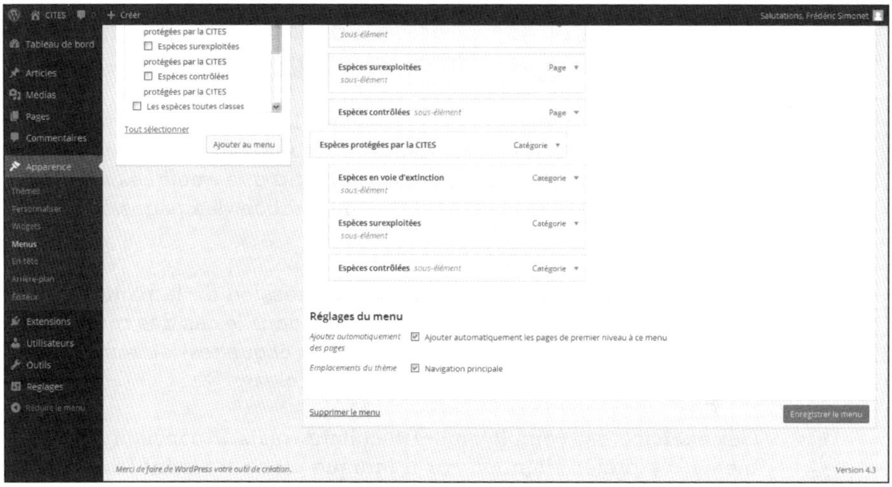

Écran 43. Hiérarchisation et reprise du libellé des liens pointant vers les sous-catégories

Tâche 1 : Ajout des liens sur les *catégories*

La question de l'ajout des liens a déjà été abordée une première fois, pour traiter le cas des liens sur les *pages filles*[36]. Pour ajouter des liens sur des *catégories*, il faudra cette fois-ci se reporter au panneau déroulant Catégories (*vs* Pages). Il faudra ensuite sélectionner les *catégories* (cases à cocher) pour lesquelles on souhaite générer les liens, puis cliquer sur le bouton Ajouter au Menu.

Dans le cadre de notre projet, il y a quatre *catégories* à sélectionner :

- Espèces protégées par la CITES.
- Espèces en voie d'extinction protégées par la CITES.
- Espèces surexploitées... CITES.
- Espèces contrôlées... CITES.

Tâche 2 : Hiérarchisation des liens pointant vers les *catégories filles*

Les questions de hiérarchisation ont elles aussi déjà été abordées, pour traiter le cas des liens pointant vers des *pages filles*[37]. Le fait d'avoir à traiter des liens qui pointent vers des *catégories* ne change

36 Voir *supra*, procédure W6, tâche 1.
37 Voir *supra*, procédure W6, tâche 2.

rien. Pour les hiérarchiser, il suffira donc de les saisir [d'un clic] et de les décaler par glisser-déposer.

Dans le cadre de notre projet, et en tant que liens de deuxième niveau, les trois liens ici considérés doivent être affiliés au lien parent de premier niveau précédemment intégré « Espèces protégées par la CITES ».

Tâche 3 : Reprise du libellé des liens de deuxième niveau

La question de la reprise du libellé des liens a déjà été abordée une première fois, pour traiter le cas du lien sur la page d'accueil[38], puis une deuxième fois, lors de l'ajout des liens sur les articles relatifs à la réglementation.

7.5 Lot 11 : Reprise du format des titres de pages associées à une rubrique ou un mot-clé

Cet exercice (étape 11/17) a pour objet la reprise du format des titres de page associés à une rubrique ou un mot-clé. C'est un exercice technique, mais sa réalisation ne prend que quelques minutes (13 micro-tâches). (Avancement de l'intégration des pages à l'issue de l'exercice *(statu quo)* : 9/20)

L'exercice comprend deux volets, la suppression de la partie générique des titres (« Archives de catégories » dans le cas des *catégories* et « Archives par mot-clé » concernant les *étiquettes*) et leur agrandissement, de façon à les rendre plus lisibles.

Cet exercice est complètement facultatif, mais il convient tout de même d'y prêter attention car il indique où se trouvent les scripts à modifier si l'on souhaite personnaliser, de manière très fine, la présentation des contenus associés aux rubriques *(catégories)* et aux mots-clés *(étiquettes)*.

Procédure W11 (tâches techniques) : Reprise du code des scripts concernés

Je rappelle ici que, pour accéder aux scripts du *thème* que l'on utilise, il faut d'abord se reporter à l'écran de modification des *thèmes* (menu [principal] ; chemin : Apparence > Éditeur).

Les scripts à considérer dans le cas présent sont category.php, tag.php et style.css. Pour y accéder, il faut se reporter respectivement aux sections Modèles (pour les deux premiers) et Styles (pour le troisième).

Tâches à réaliser :

1. Changer le format du titre des *catégories*.
2. Changer le format du titre des *étiquettes*.
3. Reprendre le style des titres.

Il conviendra de valider les modifications apportées en cliquant sur le bouton Mettre à Jour le Fichier.

38 Voir *supra*, procédure W3.3 (une seule tâche).

[N2] Tâche 1 : Changement du format du titre des *catégories*

Instruction à mettre à jour dans le script category.php :

```
<?php printf( __( 'Category Archives: %s', 'twentyten' ),
'<span>' . single_cat_title( '', false ) . '</span>' ); ?>
```

devient

```
<?php printf(single_cat_title( '', false )) ?>
```

[N2] Tâche 2 : Changement du format du titre des *étiquettes*

Instruction à mettre à jour dans le script tag.php :

```
printf( __( 'Tag Archives: %s', 'twentyten' ), '<span>' . single_tag_
title( '', false ) . '</span>' )
```

devient

```
<?php printf(single_cat_title( '', false )) ?>
```

[N3] Tâche 3 : Reprise du style des titres

Propriété `font-size` à mettre à jour dans le script style.css :

```
.page-title {
   color: #000;
   font-size: 14px;
   font-weight: bold;
   margin: 0 0 36px 0;
   }
```

devient

```
.page-title {
   color: #000;
   font-size: 21px;
   font-weight: bold;
   margin: 0 0 36px 0;
   }
```

7.6 Lot 12 : Intégration des sous-menus donnant accès aux articles

Cet exercice (étape 12/17) consiste à intégrer les sous-menus qui donneront accès aux articles de l'espace de communication sur les espèces. Sa réalisation fait intervenir 14 micro-tâches représentant à peu près 10 minutes de travail. (Avancement de l'intégration des pages à l'issue de l'exercice (+9) : 18/20)

Il s'agit donc d'intégrer, dans le menu, les trois sous-menus qui donneront accès aux neuf articles *(articles)* de l'espace de communication sur les espèces.

L'ouverture de ces trois sous-menus sera commandée par le survol des liens « Espèces en voie d'extinction », « Espèces surexploitées » et « Espèces contrôlées ».

Les trois sous-menus afficheront trois liens pointant vers les articles à considérer, les libellés des liens reprenant littéralement les titres des articles : « Le tigre », « L'ara canindé », « Le requin à pointes noires », etc.

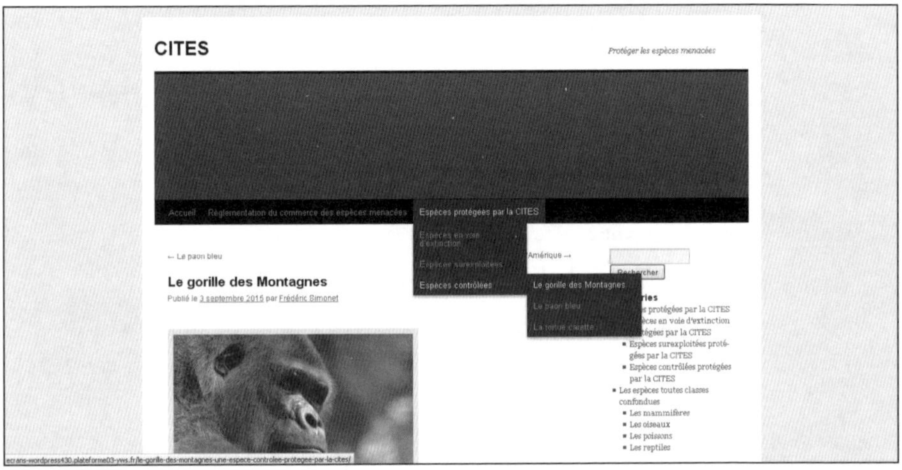

Écran 44. Sous-menu donnant accès aux articles de l'espace de communication sur les espèces

Procédure W12 : Création configuration des liens de troisième niveau

Cette procédure nous donne l'occasion de revenir à nouveau sur l'ajout de lien dans un menu. Cette fonctionnalité a déjà été exploitée une première fois, pour ajouter les liens sur les *pages*[39], puis une deuxième fois, pour ajouter les liens sur les *catégories*[40].

Il s'agit maintenant d'ajouter des liens pointant vers des *articles*.

Je rappelle ici que pour ajouter des liens dans un menu, il faut d'abord se reporter à l'écran de gestion des menus (menu [principal] ; chemin : Apparence > Menus).

Il faudra ensuite :

1. Ajouter les liens sur les *articles*.
2. Hiérarchiser les liens.

Il conviendra enfin de valider cette nouvelle configuration du menu en cliquant sur le bouton Enregistrer le Menu.

39 Voir *supra*, procédure W6.
40 Voir *supra*, procédure W10.

Tâche 1 : Ajout des liens sur les *articles*

La question de l'ajout des liens a déjà été abordée. Pour ajouter des liens sur des *articles*, il faut se reporter au panneau déroulant Articles (*vs* Pages/Catégories). Il faut ensuite sélectionner les *articles* (cases à cocher) pour lesquels on souhaite générer les liens, puis cliquer sur le bouton Ajouter au Menu.

Dans le cadre de notre projet, il y a neuf *articles* à sélectionner :

- Le tigre.
- L'ara canindé.
- Le requin à pointes noires.
- Le Grand dauphin.
- Le colibri moucheté.
- L'alligator d'Amérique.
- Le gorille des Montagnes.
- Le paon bleu.
- La tortue carette.

Tâche 2 : Hiérarchisation des liens

Les questions de hiérarchisation ont déjà été abordées une première fois, pour traiter le cas des liens pointant vers des *pages filles*[41], puis une deuxième fois, pour traiter celui des liens pointant vers des *catégories filles*[42].

Le fait d'avoir à traiter dans le cas présent des liens qui pointent vers des *articles* ne change rien. Pour les hiérarchiser, il suffira donc de les saisir [d'un clic] et de les décaler par glisser-déposer.

En tant que liens de troisième niveau, ils seront affiliés à un lien parent de deuxième niveau qui, dans le cadre de notre projet, sera soit « Espèces en voie d'extinction » soit « Espèces surexploitées » soit « Espèces contrôlées ».

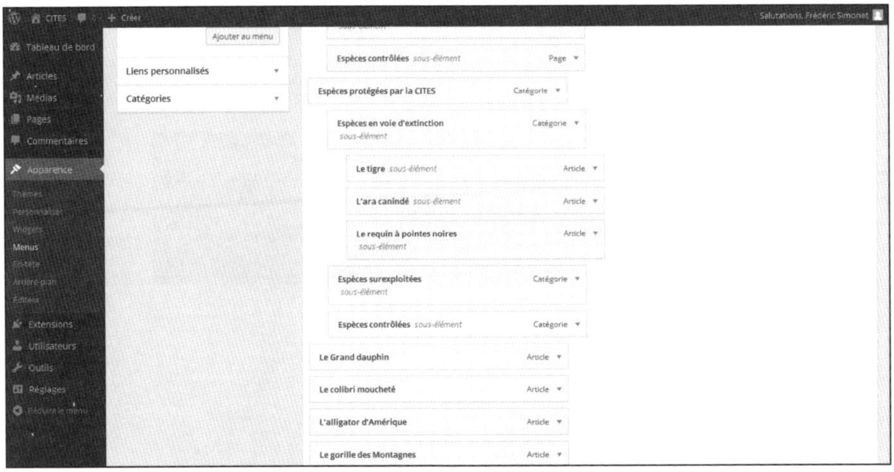

Écran 45. Hiérarchisation des liens pointant vers les articles

41 Voir *supra*, procédure W6, tâche 2.

42 Voir *supra*, procédure W10, tâche 2.

7.7 Lot 13 : Retrait des boutons de pagination et regroupement des métadonnées dans les articles présentés individuellement

Cet exercice (étape 13/17) a pour objet la reprise du format des articles. C'est un exercice technique, mais sa réalisation ne prend que quelques minutes (12 micro-tâches). (Avancement de l'intégration des pages à l'issue de l'exercice *(statu quo)* : 18/20)

L'exercice comprend deux volets :

a. le retrait des boutons de pagination des articles *(articles)*.
b. le regroupement des métadonnées décrivant [caractérisant] leur contenu.

Ces métadonnées intègrent :

- la date de publication ;
- le nom de l'auteur ;
- les rubriques *(catégories)* ;
- les mots-clés *(étiquettes)*.

À l'instar de l'exercice sur la reprise du format des titres de page correspondant à une *catégorie* ou une *étiquette*[43], l'intérêt de cet exercice réside essentiellement dans le fait qu'il indique où se trouvent les scripts à modifier si l'on souhaite personnaliser, là encore de manière très fine, le format des *articles*.

Dans le cadre de notre projet, le retrait des boutons de pagination est motivé par la volonté d'« institutionnaliser » les contenus (les commentaires en ligne le seront eux aussi dans l'exercice d'après). Le regroupement des métadonnées est quant à lui dicté par des considérations propres à l'ouvrage dans la mesure où il s'agit d'aligner la présentation des contenus sur Joomla et Drupal.

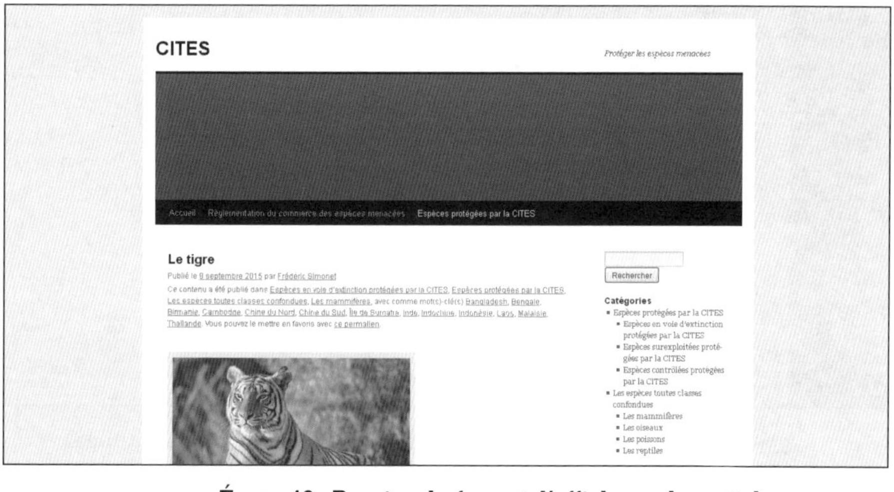

Écran 46. Reprise du format d'affichage des articles

43 Voir *supra,* section « Lot 11 : Reprise du format des titres de pages associées à une rubrique ou un mot-clé ».

Procédure W13 (tâches techniques) : Reprise du code du script concerné

L'exécution de cette procédure implique une nouvelle mise à jour du loop-single.php, qui se trouve toujours au même endroit ! (menu [principal] ; chemin : Apparence > Éditeur | section Modèles)

Tâches à réaliser :

1. Retirer les boutons de pagination.
2. Repositionner les liens sur les *catégories* et les *étiquettes*.

Il conviendra de valider cette nouvelle mise à jour en cliquant sur le bouton Mettre à Jour le Fichier.

[N2] Tâche 1 : Retrait des boutons de pagination

Instructions à supprimer dans le script loop-single.php :

a. première séquence à supprimer :

```
<div id="nav-above" class="navigation">

<div class="nav-previous"><?php previous_post_link
( '%link', '<span class="meta-nav">' . _x( '&larr;',
'Previous post link', 'twentyten' ) . '</span> %title' ); ?></div>

<div class="nav-next"><?php next_post_link( '%link',
'%title <span class="meta-nav">' . _x( '&rarr;',
'Next post link', 'twentyten' ) . '</span>' ); ?></div>

</div><!-- #nav-above -->
```

b. deuxième séquence à supprimer :

```
<div id="nav-below" class="navigation">

<div class="nav-previous"><?php previous_post_link
( '%link', '<span class="meta-nav">' . _x( '&larr;',
'Previous post link', 'twentyten' ) . '</span> %title' ); ?></div>

<div class="nav-next"><?php next_post_link( '%link',
'%title <span class="meta-nav">' . _x( '&rarr;',
'Next post link', 'twentyten' ) . '</span>' ); ?></div>

</div><!-- #nav-below -->
```

[N2] Tâche 2 : Repositionnement des liens sur les *catégories et les étiquettes*

Instructions à repositionner dans le script loop-single.php :

Déplacement de

```
<div class="entry-utility">
<?php twentyten_posted_in(); ?>
<?php edit_post_link( __( 'Edit', 'twentyten' ), '<span
class="edit-link">', '</span>' ); ?>
</div>
```

sous

```
<div class="entry-meta">
<?php twentyten_posted_on(); ?>
</div><!-- .entry-meta -->
```

Remarque. – Les deux instructions surlignées sont celles qui commandent l'affichage des liens sur les *catégories* et les *étiquettes*.

7.8 Lot 14 : Désactivation des commentaires en ligne

Cet exercice (étape 14/17) est technique, mais sa réalisation ne prend que quelques minutes (15 micro-tâches), à l'instar de l'exercice précédent. (Avancement de l'intégration des pages à l'issue de l'exercice *(statu quo)* : 18/20)

Il s'agit de désactiver les commentaires en ligne de façon à donner au contenu un caractère plus institutionnel, c'est pour cette même raison que, dans la procédure que l'on vient de traiter, les boutons de pagination ont été retirés.

Procédure W14 : Reprise du code des scripts concernés

L'exécution de cette procédure implique une mise à jour des scripts loop-single.php (la troisième) et loop.php, qui se trouve au même endroit que loop-single.php (section Modèles de l'écran de modification des *thèmes*).

Tâches à réaliser :

1. Désactiver la fonction de saisie et d'affichage des commentaires.
2. Désactiver le lien « Laisser un commentaire ».

Il conviendra, comme d'habitude, de valider les modifications apportées en cliquant sur le bouton Mettre à Jour le Fichier.

Remarque. – Les modifications apportées consistent simplement à désactiver certaines instructions, il suffit pour cela de les traiter comme des commentaires (commentaire HTML : `<!-- [instruction] -->` ; commentaire PHP : `// [instruction]` ;).

[N2] Tâche 1 : Désactivation de la fonction de saisie et d'affichage des commentaires

Il s'agit dans le cas présent de désactiver la fonction qui commande l'affichage du bloc intégrant le formulaire de saisie des commentaires et les éventuels commentaires laissés par les utilisateurs, dans les *articles*.

Instruction à désactiver dans loop-single.php :

```
<?php comments_template( '', true ); ?>
```

devient

```
<?php //comments_template( '', true ); ?>
```

[N2] Tâche 2 : Désactivation du lien « Laisser un commentaire »

Il s'agit du lien venant compléter les *articles* lorsque ceux-ci sont collectivement rattachés à une *catégorie* (« Espèces protégées par la CITES », « Espèces en voie d'extinction protégées par la CITES », etc.).

Instruction à désactiver dans loop.php :

```
<span class="meta-sep">|</span>
```

devient

```
<!--<span class="meta-sep">|</span>-->
```

D'autre part,

```
<span   class="comments-link"><?php comments_popup_link
( __( 'Leave a comment', 'twentyten' ), __( '1 Comment',
'twentyten' ), __( '% Comments', 'twentyten' ) ); ?></span>
```

devient

```
<span   class="comments-link"><?php   //comments_popup_
link( __( 'Leave a comment', 'twentyten' ), __( '1 Comment',
'twentyten' ), __( '% Comments', 'twentyten' ) ); ?></span>
```

8. LOT 15 : MISE EN LIGNE DU SUIVI DES PROJETS

Cet exercice (étape 15/17) a pour objet la mise en ligne du suivi des projets. Sa réalisation fait intervenir 40 micro-tâches représentant à peu près une demi-heure de travail. (Avancement de l'intégration des pages à l'issue de l'exercice (+1) : 19/20)

Il s'agit tout d'abord de mettre en place la rubrique *(catégorie)* « Suivi des projets » et les dépêches *(articles)* associées (Dépêche 1, Dépêche 2 et Dépêche 3). Il s'agira ensuite d'ajouter le lien pointant vers cette rubrique [dans le menu], le libellé du lien reprenant littéralement le titre de la rubrique.

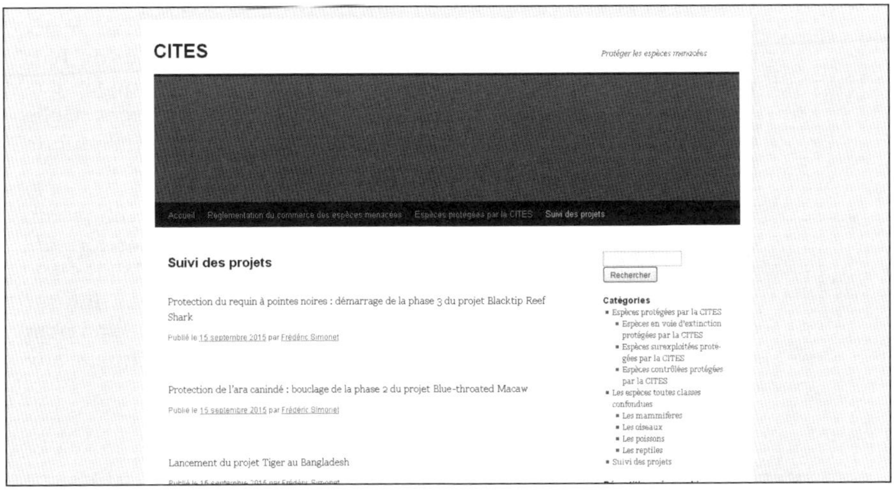

Écran 47. Suivi des projets : flux intégrant trois dépêches

Procédure W15 : Intégration des dépêches

Procédure W15.1 : Création/configuration de la *catégorie*.

Procédure W15.2 (une seule tâche) : Mise en ordre de la *catégorie*.

Procédure W15.3 : Création/configuration des *articles*.

Procédure W15.4 (une seule tâche) : Ajout du lien sur la *catégorie*.

Procédure W15.1 : Création/configuration de la *catégorie*

Le chemin à suivre est le même que celui ayant conduit à la création des *catégories* de l'espace de communication[44].

Procédure W15.2 (une seule tâche) : Mise en ordre de la *catégorie*

Cette question a été abordée lors de la mise en place des *catégories filles* de l'espace de communication[45].

Procédure W15.3 : Création/configuration des *articles*

Cette procédure nous donne l'occasion de revenir sur la création d'*article*.

Son intérêt réside dans le fait qu'elle fait appel à une fonctionnalité de base, jusque-là non abordée, la personnalisation du *format* des *articles*, que l'on exploitera (ou non) selon la nature des contenus à présenter.

Cette fonctionnalité est à rapprocher de la personnalisation du *modèle* des *pages* en ce qu'elle permet de travailler sur la façon de présenter les contenus. Pour autant, les deux fonctionnalités ne se confondent pas.

La première, celle qui nous intéresse ici, sert à personnaliser le format des contenus – à l'intérieur du bloc principal des pages –, tandis que la seconde servira à personnaliser les « formats d'affichage » plus globalement – avec un bloc principal (commun à toutes les pages) et des blocs périphériques propres à chaque *modèle*.

De là, on pourrait, à tort, voir les *modèles* comme des super-formats, responsables de l'agencement des blocs périphériques autour du bloc principal, et les *formats* comme des sous-formats, quant à eux responsables de la structuration des contenus à l'intérieur du bloc principal... Ce n'est pas faux, mais il faut garder à l'esprit que la personnalisation des *modèles* est strictement réservée aux *pages*. Celle des *formats*, aux *articles*. On ne peut donc pas appliquer n'importe quel *modèle* à n'importe quel *format* et *vice versa*.

Quoi qu'il en soit, il faut donc savoir que WordPress fait intervenir, en plus du *format* Par Défaut utilisé jusqu'à présent, des *formats* alternatifs tels que les *formats* En Passant, Image, Vidéo, Galerie, etc. Le *format* En Passant est un *format* que l'on utilisera pour diffuser des contenus de type Tweet (messages sans titre) ; comme son nom l'indique, le format Galerie est un *format* que l'on appliquera aux *articles* contenant... des galeries ; etc.

44 Voir *supra*, procédure W7.1.
45 Voir *supra*, procédure W7.2 (une seule tâche).

Pour exploiter ces *formats*, il faut se reporter au panneau déroulant Format puis tout simplement sélectionner le *format* que l'on souhaite appliquer. Dans le cas présent, c'est le *format* En Passant qui a été sélectionné.

Remarque. – À l'instar des *modèles*, les *formats* proposés sont plus ou moins nombreux, cela dépend du *thème* utilisé.

Commentaire. – Avec ce *format*, l'ajout de photos ne présente que peu d'intérêt car celles-ci n'apparaissent que si on ouvre les dépêches (en cliquant sur leur date de publication).

Procédure W15.4 (une seule tâche) : Ajout du lien sur la *catégorie*

La question de l'ajout des liens dans le menu principal a déjà été abordée plusieurs fois, mais le fait d'avoir appliqué aux *articles* un *format* spécifique (En passant), et qui plus est, de les avoir rattachés à une *catégorie* sans contenu, prête à discussion.

Il faut savoir que WordPress permet de définir des liens sur des *articles* faisant appel à un *format* spécifique (En Passant, dans le cas présent).

Dans ces conditions, et compte tenu du fait que la *catégorie* ici considérée (Suivi des projets) ne fournit aucun contenu, il est légitime de se demander si le lien sur cette *catégorie*, et la *catégorie* elle-même d'ailleurs, ont un sens.

Il s'avère que la solution proposée n'est pas sans fondement, car si l'on intègre les *articles* en s'appuyant uniquement sur leur *format* – c'est-à-dire sans les rattacher à une *catégorie* –, le chemin de la page ne sera pas optimisé (« type/aside » au lieu de « suivi-des-projets-inities-par-la-cites ») et, en plus, il faudra reprendre le code du script archives.php, car celui-ci, à l'instar des scripts précédemment traités[46], affiche un titre par défaut qui n'est pas pertinent (Blog Archives).

9. LOT 16 : MISE EN LIGNE DE LA GALERIE DE PHOTOS

Cet exercice (étape 16/17) a pour objet la mise en ligne de la galerie de photos. Sa réalisation fait intervenir 36 micro-tâches représentant à peu près 20 minutes de travail. (Avancement de l'intégration des pages à l'issue de l'exercice (+1) : 20/20)

Il s'agit tout d'abord de mettre en place la page *(page)* « Galerie de photos », puis d'ajouter le lien pointant vers celle-ci [dans le menu], le libellé [du lien] reprenant littéralement le titre de la page.

La galerie de photos fera appel au gabarit *(modèle)* déjà utilisé pour la page d'accueil. Je rappelle ici que ce gabarit permet, d'une part, de centrer la présentation du contenu et, d'autre part, d'exclure les blocs périphériques *(widgets)*.

46 Voir *supra*, procédure W11 (tâches techniques).

Écran 48. Galerie de photos

Procédure W16 : Création/configuration de la *page*-génération du lien de premier niveau

Je rappelle ici que pour créer une *page*, il faut d'abord se reporter à l'écran de gestion des pages (menu [principal] ; chemin : Pages), puis cliquer sur le bouton Ajouter.

Il faudra ensuite :

1. Saisir le titre de la *page*.
2. Reprendre l'identifiant.
3. Intégrer la galerie.
4. Sélectionner le *modèle* à considérer.
5. Reprendre le numéro d'ordre.

Il conviendra de valider la *page* en cliquant sur le bouton Publier.

Tâche 1 : Saisie du titre de la *page*

Cette question a déjà été abordée plusieurs fois. Je n'y reviens pas.

Tâche 2 : Reprise de l'identifiant

Cette question a elle aussi déjà été abordée plusieurs fois. Dans le cas présent, il conviendra de saisir comme identifiant galerie-de-photos-des-especes-protegees-par-la-cites.

[N1] Tâche 3 : Intégration de la galerie

La création de galerie est une fonctionnalité de base incontournable, au même titre que l'intégration de photo.

Pour exploiter cette fonctionnalité, il faut tout d'abord positionner le curseur là où l'on souhaite insérer la galerie, comme dans le cas des photos, puis cliquer sur le bouton Ajouter un Média.

Il faut ensuite activer l'onglet vertical Créer une Galerie, sélectionner les photos [d'un clic], puis cliquer successivement sur les boutons Créer une Nouvelle Galerie et Insérer la Galerie.

Les galeries font intervenir un certain nombre de paramètres, les légendes en particulier. Il faut savoir que ces légendes seront propres aux galeries concernées. Cela signifie que les légendes originales des photos insérées dans les *articles* ne seront pas modifiées.

D'autres paramètres interviennent, sous le panneau Réglages de la Galerie. Ces paramètres permettent de définir notamment le nombre de colonnes (liste déroulante : Colonne ; option : 3) et la taille des photos (liste déroulante : Taille ; option : Miniature/Moyenne/Grande/ Taille originale). Ils permettent aussi de lier les photos à des pages propres dans lesquelles on retrouvera leur description (Liste déroulante : Lier à : option : Page du Fichier Attaché).

Remarque. – Les photos sont affichées dans une grille et non dans un tableau. Cela signifie qu'elles sont affichées les unes à côté des autres, en suivant l'ordre de la sélection, avec une limite qui est celle du nombre de colonnes. Il est possible de les réordonner les photos, par glisser-déposer tout simplement.

Tâche 4 : Sélection du *modèle* à considérer

Cette question a déjà été abordée, lors de l'intégration de la page d'accueil[47]. Dans le cas présent, l'option à sélectionner est l'option « Une colonne, pas de colonne latérale » (Liste déroulante : Modèle).

Tâche 5 : Reprise du numéro d'ordre.

Cette question a déjà été abordée, lors de la mise en place des pages sur la réglementation[48]. Dans le cas présent, le numéro d'ordre à saisir est le numéro 5.

10. LOT 17 : TRADUCTION DES LIBELLÉS STANDARD DU SITE WEB

Cet exercice (étape 17/17) a pour objet la personnalisation et plus spécialement, la traduction des libellés standard du site Web (exemple : Continue reading/Poursuivre la lecture). Sa réalisation fait intervenir 16 micro-tâches représentant à peu près 10 minutes de travail. (Avancement de l'intégration des pages à l'issue de l'exercice *(statu quo)* : 20/20)

Premier libellé :

- Clé de référence : Proudly powered by WordPress.
- Traduction du *thème* : Fièrement propulsé par WordPress.
- Mise à jour de la traduction : Site réalisé avec WordPress.

Deuxième libellé :

- Clé de référence : Continue reading.
- Traduction du *thème* : Continuer la lecture.
- Mise à jour de la traduction : « Lire la suite… ». (Retrait de la flèche)

47 Voir *supra*, procédure W3.1, tâche 3.
48 Voir *supra*, procédure W4 (tâche 3) et procédure W5.

Troisième libellé :

- Clé de référence : Posted in.
- Traduction du *thème* : Publié dans.
- Mise à jour de la traduction : « Catégories : ».

Quatrième libellé :

- Clé de référence : Tagged.
- Traduction du *thème* : Marqué avec.
- Mise à jour de la traduction : « Répartition géographique : ».

Cinquième libellé :

- Clé de référence : « This entry was posted in [catégories] and tagged [étiquettes]. Bookmark the permalink. ».
- Traduction du *thème* : « Ce contenu a été publié dans [catégories] avec comme mot(s)-clé(s) [étiquettes]. Vous pouvez le mettre en favoris avec ce permalien. ».
- Mise à jour de la traduction : « Catégories : [catégories]`<br/>`Répartition géographique : [étiquettes] ».

10.1 Solution de base

Cette solution consiste à traduire directement « Proudly powered by WordPress » en se reportant au script footer.php :

```
<?php printf( __( 'Proudly  powered by %s.', 'twentyten' ),
'WordPress' ); ?>
```

devient

```
<?php printf( __( 'Site réalisé avec %s.', 'twentyten' ),
'WordPress' ); ?>
```

10.2 Solution retenue

WordPress faisant appel aux formats po/mo pour traiter les traductions, il est beaucoup plus pertinent d'utiliser le logiciel de traduction Poedit[49], qui justement a été conçu pour traiter ces formats.

Procédure W17 (tâches techniques) : Installation de l'outil de traduction, mise à jour, puis chargement des libellés

Tâches à réaliser :

1. Télécharger et installer le logiciel de traduction Poedit.
2. Télécharger le fichier wp-content/languages/themes/twentyten-fr_FR.po sur le poste local (PC de l'administrateur du site). (Le fichier se trouve sur le serveur qui héberge le site.)

49 « Poedit Downloads », *www.poedit.net*, http://poedit.net/download. « Créer un fichier de traduction .po sous WordPress », *www.wpchannel.com*, 11 septembre 2012, http://wpchannel.com/traduction-po-mo-wordpress-i18n.

3. Ouvrir le fichier.
4. Mettre à jour les traductions.
5. Générer le fichier twentyten-fr_FR.mo, il suffit pour cela d'enregistrer twentyten-fr_FR.po.
6. Charger les fichiers twentyten-fr_FR.po et twentyten-fr_FR.mo sur le serveur.

Attention ! Avant de charger les fichiers mis à jour, il est important de faire une sauvegarde des fichiers d'origine.

CHAPITRE VII
PROJET JOOMLA 3

1. LIGNE DIRECTRICE DE L'INTÉGRATION DES PAGES

Étape 01. Ouverture du site Web et de son back-office
Étape 02. Préparation de l'intégration des contenus
Étape 03. Mise en ligne de la page d'accueil
Étape 04. Mise en place de la rubrique et des articles sur la réglementation
Étape 05. Mise en ligne de la rubrique avec application d'un format d'affichage permettant de joindre les articles
Étape 06. Intégration du sous-menu donnant accès aux articles
Étape 07. Intégration du menu contextuel donnant accès aux articles
Étape 08. Mise en place des rubriques de l'espace de communication sur les espèces
Étape 09. Mise en place des articles
Étape 10. Intégration des fiches Projet
Étape 11. Mise en ligne de la rubrique de plus haut niveau avec application d'un format d'affichage permettant de joindre les sous-rubriques
Étape 12. Intégration du sous-menu donnant accès aux sous-rubriques avec application d'un format d'affichage permettant de joindre les articles
Étape 13. Intégration des sous-menus donnant accès aux articles
Étape 14. Intégration du menu contextuel donnant accès aux sous-rubriques
Étape 15. Intégration des menus contextuels donnant accès aux articles
Étape 16. Intégration du menu contextuel donnant accès à la répartition géographique des espèces
Étape 17. Intégration des encadrés
Étape 18. Mise en ligne du suivi des projets
Étape 19. Mise en ligne de la galerie de photos
Étape 20. Intégration du moteur de recherche de Joomla

La progression de l'intégration des pages est illustrée par la figure 17. Chacun des sauts correspond à une mise en ligne effective du fait des liens ajoutés dans le menu principal (étapes 3, 5, 6, 11, 12, 13, 18 et 19), les menus contextuels ne sont pas considérés comme des jalons, ils ne font que prolonger le travail réalisé au niveau du menu [principal].

Il faut remarquer la progression de l'avancement pendant les étapes 11, 12 et 13 qui correspondent à l'intégration des menus et sous-menus de l'espace de communication sur les espèces. Au-delà, le graphique met en évidence deux paliers traduisant les travaux à réaliser en amont (étapes 8, 9 et 10 : intégration des contenus) et en aval (étapes 14, 15 et 16 : intégration des menus contextuels visant à améliorer la navigation et à optimiser le référencement).

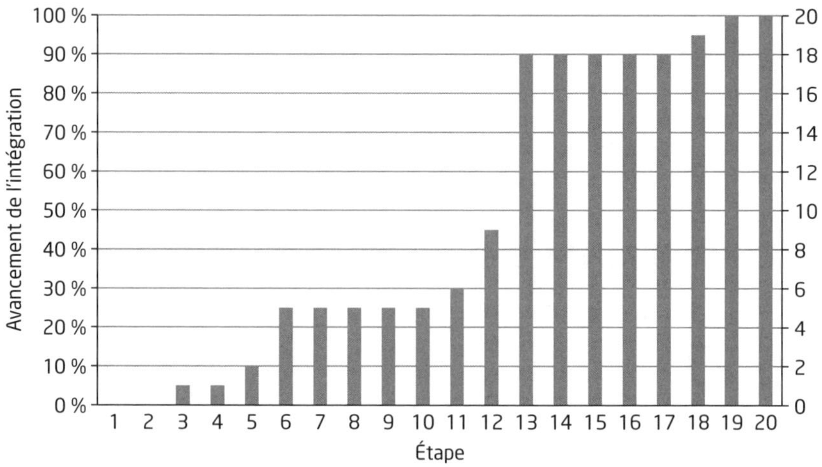

Figure 17. Progression du taux d'intégration des pages et du nombre de pages intégrées

2. COÛT DE L'INTÉGRATION

L'intégration de tous les lots représente **1 351 micro-tâches**. Avec une vitesse d'intégration de 100 micro-tâches par heure, le temps nécessaire pour réaliser ce site de **vingt pages** s'élève à environ 14 heures, soit **deux jours** de travail représentant un coût de **900 euros hors taxes**, que l'on peut considérer comme le **« ticket d'entrée » de Joomla**.

La figure 18 met en évidence le coût en micro-tâches de chacun des incréments [lots]. Comme avec WordPress, il apparaît très clairement que c'est la mise en place des neuf articles qui réclame l'effort le plus conséquent (incrément 9). L'incrément 10 correspond à l'intégration des fiches projets, les incréments 13 et 15 à l'intégration des sous-menus et des menus contextuels donnant accès aux articles.

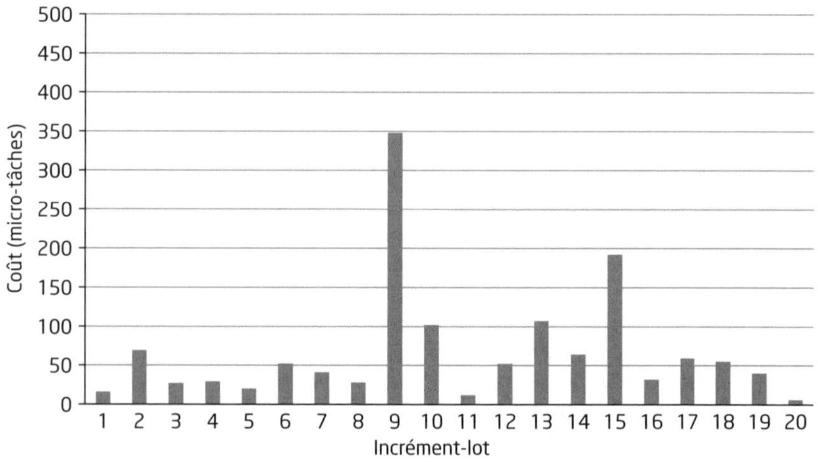

Figure 18. Coût en micro-tâches des vingt incréments [lots]

3. LOT 1 : OUVERTURE DU SITE WEB ET DE SON BACK OFFICE

Ce premier exercice (étape 1/20) a pour objet l'ouverture du site Web et de son back-office. Sa réalisation fait intervenir 16 micro-tâches représentant à peu près 10 minutes de travail. (Avancement de l'intégration des pages à l'issue de l'exercice : 0/20)

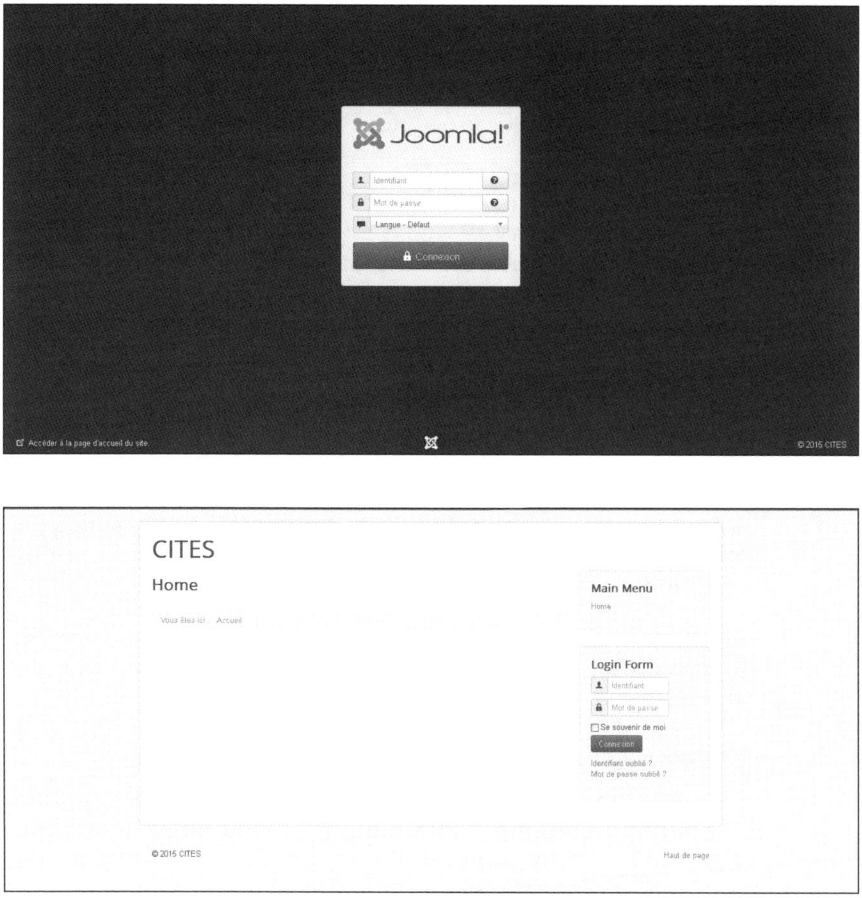

Écran 49. Ouverture du site Web

Procédure J1 : Installation de l'outil avec Softaculous

Tâches à réaliser :

1. Sélectionner la version de Joomla et le domaine.
2. Saisir le nom du site et sa description.
3. Saisir son identifiant, son mot de passe et son email.
4. Sélectionner la langue.
5. Saisir le nom de la base de données.

Il conviendra de valider la configuration mise en place en cliquant sur le bouton Installation.

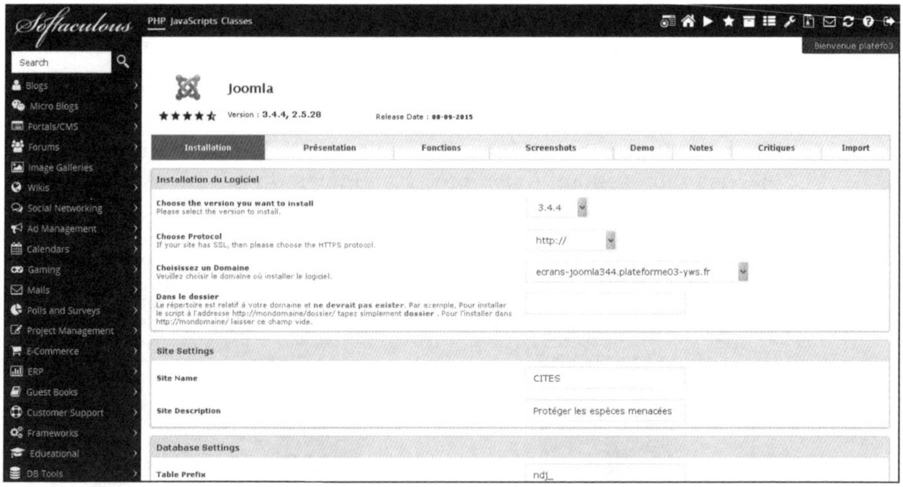

Écran 50. Installation de l'outil

[O] Tâche 1 : Sélection de la version de Joomla et du domaine

La sélection de la version (liste déroulante : Choose the Version you Want to Install ; option : 3.4.4) est obligatoire, de même que celle du domaine (liste déroulante : Choisissez un Domaine ; option : ecrans-joomla344.plateforme03-yws.fr).

Dans le cadre de notre projet, le site Web est associé au sous-domaine « ecrans-joomla344 », lui-même associé au domaine « plateforme03-yws.fr ». (Au moment où le contenu a été intégré, la version 344 était la plus récente.)

Remarque. – Que vous ayez à considérer (ou non) un sous-domaine, je rappelle ici que le dossier d'installation suggéré par l'outil doit être effacé[1].

[O] Tâche 2 : Saisie du nom du site (et de sa description)

La saisie du nom du site (champ : Site Name ; valeur : CITES) est obligatoire. La description du site Web (champ : Site Description ; valeur : Protéger les espèces menacées), qui ne l'est pas, ne sera pas exploitée en tant que slogan, comme avec WordPress, mais en tant que métadonnée. L'information n'apparaîtra pas sur le site, mais sera utilisée par les moteurs de recherche pour appréhender son positionnement.

[O] Tâche 3 : Saisie de l'identifiant, du mot de passe et de l'email

L'identifiant, le mot de passe et l'email sont à saisir obligatoirement (champs Admin Username, Admin Password et Admin Email). L'identifiant, et le mot de passe notamment[2], seront utilisés pour sécuriser l'accès au back-office, tandis que l'email sera exploité pour signaler les mises à jour à effectuer.

1 Voir *supra,* chap. précédent, procédure W1, tâche 1.
2 Voir *supra,* chap. précédent, procédure W1, tâche 3.

Tâche 4 : Sélection de la langue

La sélection du français à ce stade (liste déroulante : Select Language ; option : French) n'est pas obligatoire, cela peut toujours se faire après l'installation de l'outil. La langue sélectionnée s'appliquera aussi bien au back-office qu'au front-office.

[O] Tâche 5 : Saisie du nom de la base de données

La saisie du nom de la base de données (champ : Nom de la base de données ; valeur : ecrj344) est obligatoire. Je rappelle ici que le nom de la base de données doit être conforme à celui du domaine et que le nombre de caractères utilisables est limité.

Le libellé qui a été choisi pour nommer la base de données (ecrj344) est la contraction de « ecrans-joomla344 ». À l'instar du cas WordPress, ce nom sera préfixé avec une clé, fournie par l'hébergeur, de façon à sécuriser l'accès au contenu du site Web.

4. LOT 2 : PRÉPARATION DE L'INTÉGRATION DES CONTENUS

Cet exercice (étape 2/20) consiste à préparer l'intégration des contenus. Sa réalisation fait intervenir 69 micro-tâches représentant à peu près 40 minutes de travail. (Avancement de l'intégration des pages à l'issue de l'exercice : 0/20)

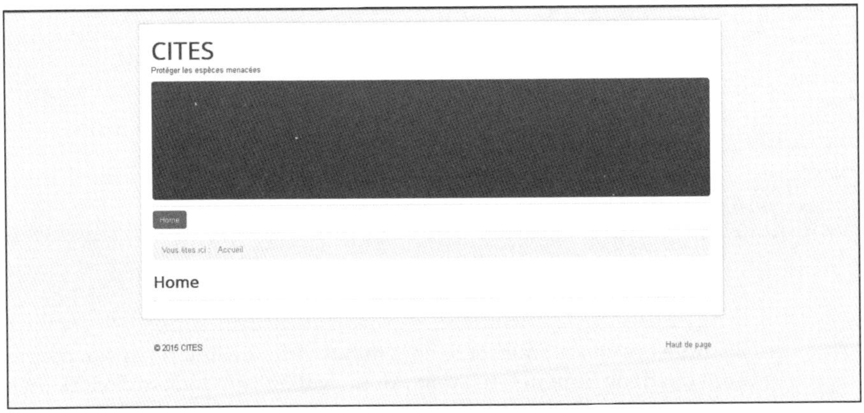

Écran 51. Page d'accueil du site Web à l'issue du travail de préintégration

Procédure J2 : Configuration générale du site Web

Procédure J2.1 : Reprise de la configuration générale.

Procédure J2.2 : Intégration des *templates* retenus – Désinstallation des *templates* inutiles.

Procédure J2.3 : Reconfiguration du menu principal.

L'exécution de ces trois procédures est facultative, mais il convient tout de même d'y prêter attention car, à l'instar des procédures W2.1 et W2.2 de WordPress, elles font intervenir des fonctionnalités que l'on ne peut pas ignorer.

Procédure J2.1 : Reprise de la configuration générale

Tâches à réaliser :

1. Mettre à jour le nom de l'administrateur.
2. Mettre à jour le descriptif du site.
3. Mettre à jour le nom de la *catégorie* Uncategorised.
4. Retirer le *module* Login Form.

[N1] Tâche 1 : Mise à jour du nom de l'administrateur

Cette tâche met en jeu une fonctionnalité de base, la personnalisation du nom de l'administrateur. Celui-ci sera utilisé pour signer les articles du site Web, il est le pendant du pseudonyme de WordPress.

Pour exploiter cette fonctionnalité, il faudra tout d'abord se reporter à l'écran de gestion des utilisateurs (menu [principal] ; chemin : Utilisateurs > Utilisateurs), puis cliquer sur Administrator (nom par défaut de l'administrateur).

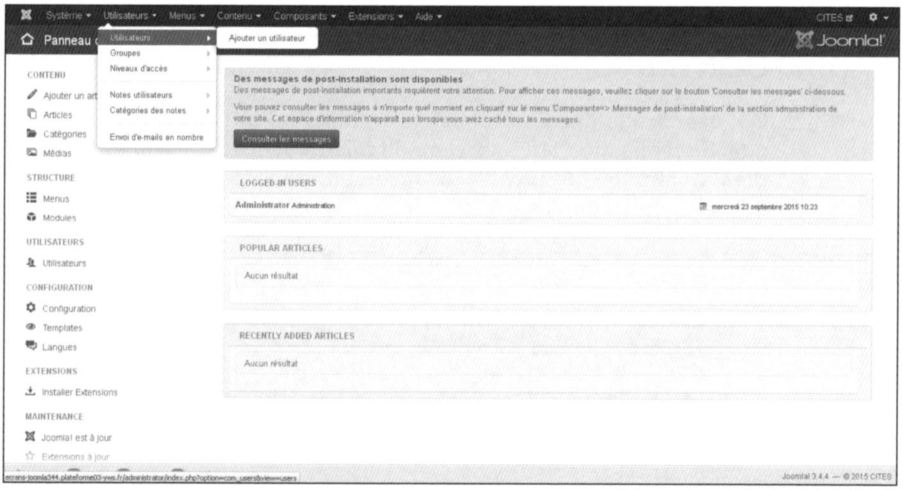

Écran 52. Sous-menu donnant accès à la gestion des utilisateurs et à leur profil

Il faudra ensuite remplacer le nom initial (Administrator) par son propre nom (Frédéric Simonet) (champ : Nom ; valeur : Frédéric Simonet), puis valider la mise à jour en cliquant sur le bouton Enregistrer & Fermer.

[N3] Tâche 2 : Mise à jour du descriptif du site

Cette tâche met en jeu une autre fonctionnalité de base, la personnalisation du descriptif du site Web, en tant que métadonnée.

Son exploitation n'est pas une obligation, mais à l'instar de la réécriture des chemins avec WordPress, il convient tout de même de l'intégrer car elle contribue à l'optimisation du référencement des pages par les moteurs de recherche.

Pour cela, il faudra d'abord se reporter à l'espace de configuration générale (menu [principal] ; chemin : Système > Configuration), et plus spécialement, à la section Paramètres des Métadonnées de l'onglet Site (partie basse de l'écran).

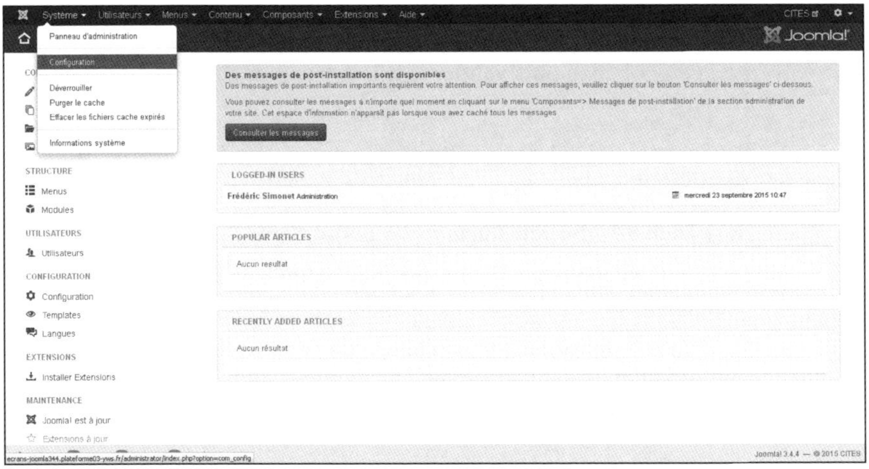

Écran 53. Sous-menu donnant accès à la configuration générale du site Web

Il faudra ensuite saisir le descriptif du site (champ : Description du site ; valeur : « Site non officiel de la CITES… ») puis valider celui-ci en cliquant sur le bouton Enregistrer & Fermer.

Remarque. – Le descriptif doit contenir environ 250 signes, soit une cinquantaine de mots.

[N2] Tâche 3 : Mise à jour du nom de la *catégorie* Uncategorised

La mise à jour du nom des *catégories* est aussi une fonctionnalité de base.

Pour l'exploiter, il faudra tout d'abord se reporter à l'écran de gestion des *catégories* (menu [principal] ; chemin : Contenu > Catégories), puis cliquer sur la référence de la *catégorie* dont on souhaite changer le nom (Uncategorised).

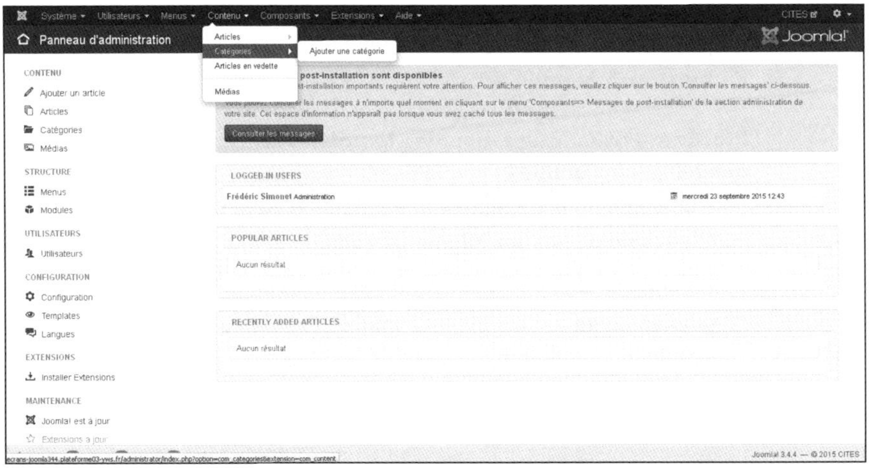

Écran 54. Sous-menu donnant accès aux catégories

Il faudra ensuite remplacer le nom initial (Uncategorised) par le nouveau (Articles non catégorisés) (champ : Titre ; valeur : Articles non catégorisés), puis valider la mise à jour en cliquant sur le bouton Enregistrer & Fermer.

Remarque. – C'est dans cette *catégorie* que sont rangés les *articles*, par défaut.

[N1] Tâche 4 : Retrait du *module* Login Form

Le retrait de *module* est une fonctionnalité élémentaire. Cette fonctionnalité est le pendant du retrait de *widget* avec WordPress[3].

Pour l'exploiter, il faut tout d'abord se reporter à l'écran de gestion des *modules* (menu [principal] ; chemin : Extensions > Modules), puis cliquer sur la référence du *module* que l'on souhaite retirer (Login Form).

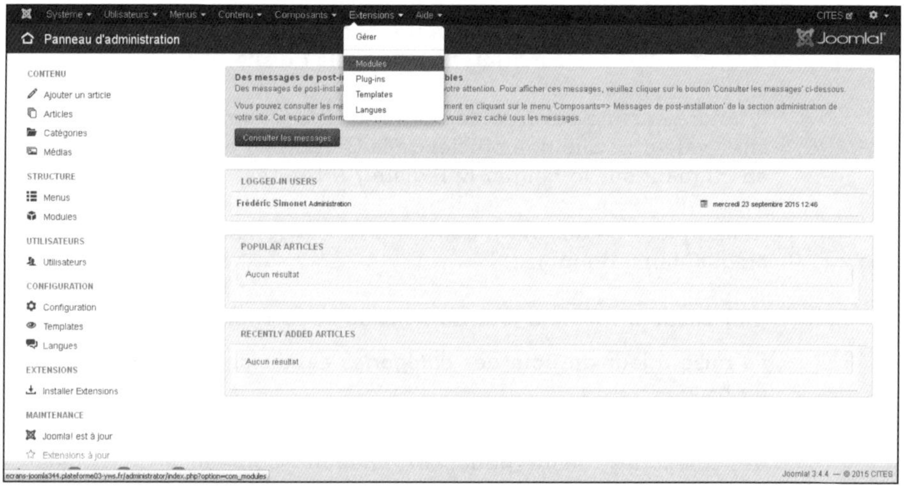

Écran 55. Sous-menu donnant accès aux modules

Il faut ensuite sélectionner l'option Non Publié dans la liste déroulante Statut, puis valider la mise à jour en cliquant sur le bouton Enregistrer & Fermer.

Procédure J2.2 : Intégration des *templates* retenus – Désinstallation des *templates* inutiles

Procédure J2.2.1 (répétition de deux tâches identiques) : Chargement des *templates* retenus.

Procédure J2.2.2 : Reconfiguration du « style » des *templates*.

Procédure J2.2.3 (une seule tâche) : Activation du *template* à utiliser par défaut.

Procédure J2.2.4 (une seule tâche) : Désinstallation des *templates* inutiles.

3 Voir *supra*, chap. précédent, procédure W2.1, tâche 5.

[N1/N4] Procédure J2.2.1 (répétition de deux tâches identiques) : Chargement des *templates* retenus

Cette procédure met en jeu une fonctionnalité incontournable, l'installation de *template*.

Pour installer un nouveau *template*, en général, et donc pour installer les deux *templates* qui nous intéressent ici (Protostar-0 et Protostar-1), il faudra tout d'abord se reporter à l'écran de gestion des extensions (menu [principal] ; chemin : Extensions > Gérer).

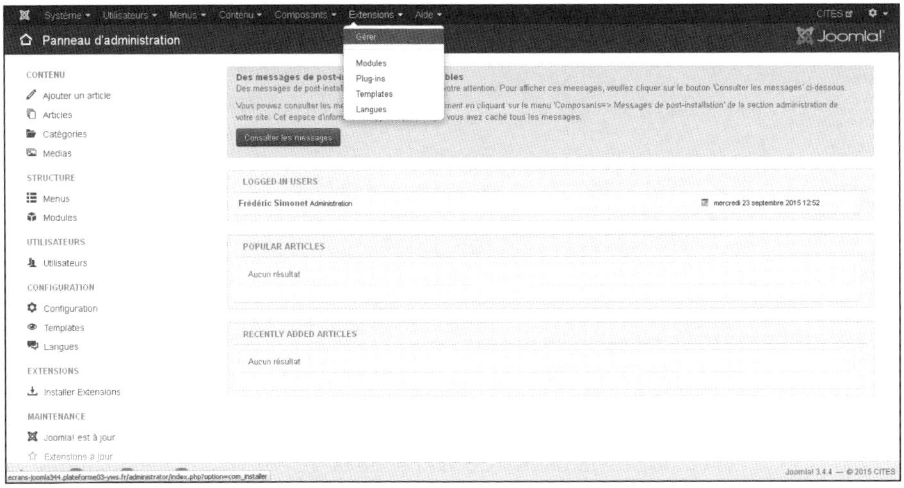

Écran 56. Sous-menu donnant accès à l'installation [ou à la désinstallation] des extensions

Il faudra ensuite cliquer sur le bouton Parcourir, sélectionner l'archive des *templates* à installer – enregistrée localement dans un format de type « zip » (protostar-0.zip, protostar-1.zip) –, cliquer sur le bouton Ouvrir et enfin cliquer sur le bouton Envoyer & Installer (il faudra répéter l'exercice avec les deux *templates*, séparément).

Remarque. – Le premier clic (bouton Ouvrir) déclenche le chargement des *templates*, le second les rend disponibles (c'est-à-dire utilisables), mais pour autant, les *templates* chargés ne sont pas encore actifs.

Commentaire. – À la manière de WordPress, Joomla donne aussi la possibilité d'installer des *templates* à partir de sa bibliothèque intégrée au back-office. Cette option n'a pas été retenue car les deux *templates* utilisés sont des *templates* personnalisés qui ont été créés localement.

[M] Procédure J2.2.2 : Reconfiguration du « style » des *templates*

Cette procédure met en jeu une fonctionnalité majeure, la personnalisation du « style » des *templates*. À la manière de WordPress, les *templates* de Joomla donnent en effet la possibilité de personnaliser, notamment, le nom du site Web et son slogan, la charte graphique et le bandeau *(header)*.

Pour personnaliser le « style » d'un *template*, en général, et plus particulièrement, celui des deux *templates* ici considérés (Protostar-0 et

Protostar-1) il faudra se reporter à l'écran de gestion des *templates* (menu [principal] ; chemin : Extensions > Templates), cliquer sur la référence des *templates* concernés, puis activer l'onglet Paramètres Avancés.

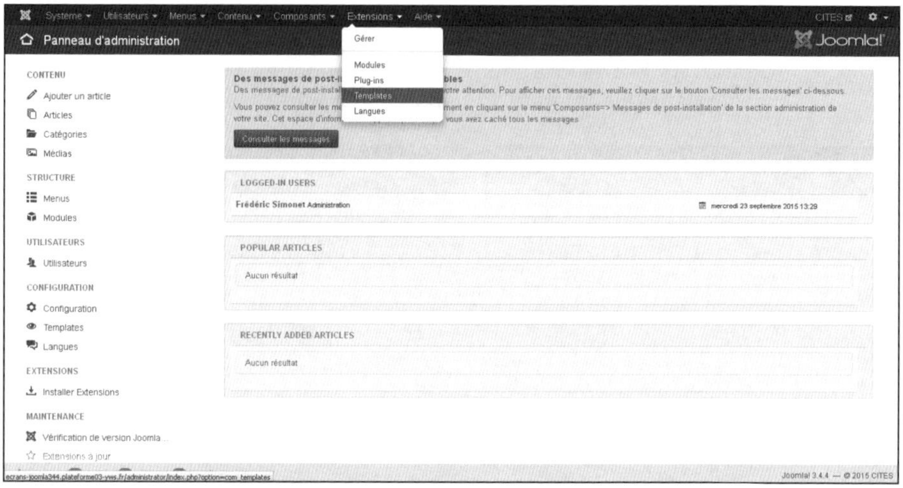

Écran 57. Sous-menu donnant accès aux templates

Avec le premier *template* (Protostar-0), qui servira de support à la présentation de la page d'accueil et de la galerie de photos, il faudra :

1. Mettre à jour le nom du « style » du *template*, de façon à améliorer la compréhensibilité du back-office et par ricochet, son utilisabilité (champ : Nom du style ; valeur : « Protostar 0 [template spécifique] : page d'accueil et galerie de photos »). (C'est important quand il y a plusieurs *templates* à considérer.)
2. Mettre à jour la couleur de fond (champ : Couleur de fond ; valeur : « #0088cc »).
3. Saisir le descriptif qui, je le rappelle ici, correspond au slogan (champ [slogan du site] : Description ; valeur : Protéger les espèces menacées).
4. Charger et intégrer le bandeau du site Web (item : Bandeau (header) ; bouton : Sélectionner).

Il conviendra de valider la configuration mise en place en cliquant sur le bouton Enregistrer & Fermer.

[Tâche 2] Remarque. – Le code couleur utilisé n'a pas été choisi au hasard, il correspond à la couleur des liens du menu principal une fois activés.

La configuration du second *template* (Protostar-1), celui que l'on utilisera comme *template* par défaut, est quasiment à la même. Le seul changement tient au fait qu'avec celui-ci, la couleur de fond par défaut ne sera pas modifiée.

Remarque. – Lorsqu'on utilise plusieurs *templates*, Joomla ne centralise pas la gestion du nom et du slogan du site Web. C'est à la fois un avantage et un inconvénient. C'est un avantage parce que cela donne la possibilité de dissocier complètement les espaces, mais dans le cas présent, c'est plutôt un inconvénient parce que cela oblige à répéter la saisie du descriptif du site (champ Description [slogan du site]) et le chargement du bandeau.

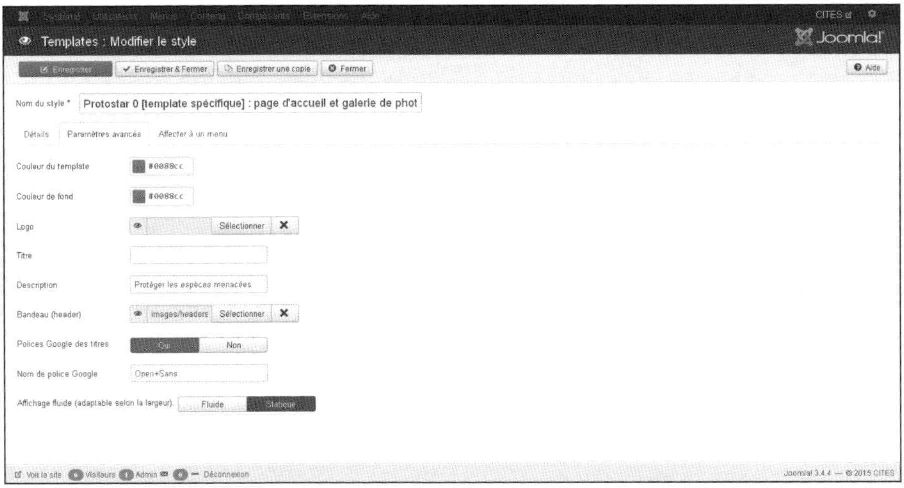

Écran 58. Intégration du slogan du site Web

[N1] Procédure J2.2.3 (une seule tâche) : Activation du *template* à utiliser par défaut

L'activation du *template* à utiliser par défaut est une fonctionnalité à la fois basique et incontournable.

Pour l'exploiter, il faut tout d'abord se reporter à l'écran de gestion des *templates* (menu [principal] ; chemin : Extensions > Templates), puis tout simplement cliquer sur l'étoile en regard du *template* à activer (Protostar-1) (colonne Défaut).

[N4] Procédure J2.2.4 (une seule tâche) : Désinstallation des *templates* inutiles

La désinstallation de *template* est une fonctionnalité de base. Son exploitation permet d'améliorer la compréhensibilité et l'utilisabilité du back-office.

Pour désinstaller un *template*, il faudra tout d'abord se reporter à l'écran dédié aux extensions (menu [principal] ; chemin : Extensions > Gérer), puis sélectionner l'item Gestion du menu contextuel (situé à gauche).

Il faudra ensuite sélectionner le ou les *template(s)* à désinstaller (références-cases à cocher : beez3, protostar), puis cliquer sur le bouton Désinstaller.

Remarque. – Il n'est pas forcément facile de retrouver les *templates* au milieu des autres extensions, mais l'outil intègre un filtre qui facilite la tâche (liste déroulante : Sélectionner un type ; option : Template).

Procédure J2.3 : Reconfiguration du menu principal

Procédure J2.3.1 : Reconfiguration du menu Main Menu.

Procédure J2.3.2 : Reconfiguration du *module* de menu Main Menu.

[STR] Procédure J2.3.1 : Reconfiguration du menu « Main Menu »

Cette procédure met en jeu une fonctionnalité structurante, la reconfiguration de menu, dont l'exploitation est dictée ici par les règles de nommage définies dans notre cahier des charges[4].

Pour reconfigurer un menu, en général, et donc pour reconfigurer celui qui nous intéresse ici, en particulier, il faudra se reporter à l'écran de gestion des menus (menu [principal] ; chemin : Menus > Gérer), sélectionner le menu à considérer (case à cocher Main Menu), puis cliquer sur le bouton Modifier.

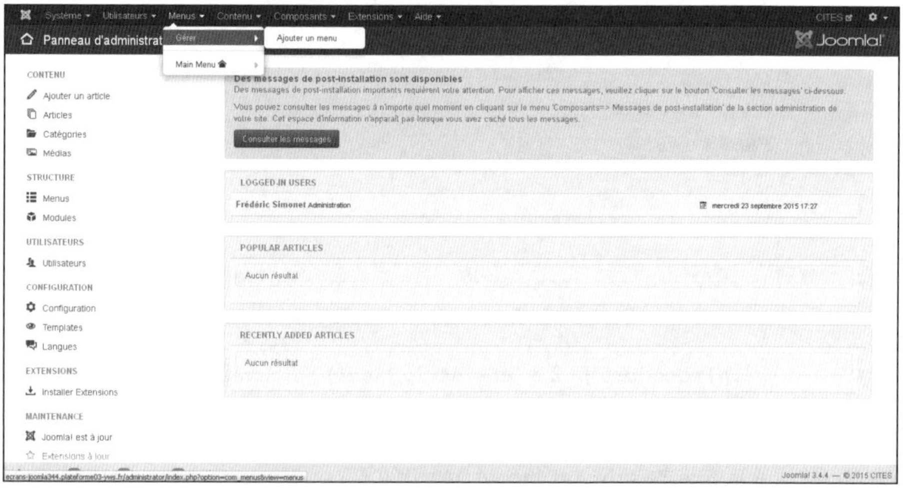

Écran 59. Sous-menu donnant accès aux menus du site Web

Il faudra ensuite :

1. Mettre à jour le nom du menu.
2. Mettre à jour le « type » du menu.

Il conviendra enfin de valider le nom et le « type » en cliquant sur le bouton Enregistrer & Fermer.

[N4][O] Tâches 1 et 2 : Mise à jour du nom et du « type » du menu

Le nom et le « type » des menus sont des paramètres techniques qui n'apparaîtront pas sur le site Web, ils servent essentiellement à référencer les menus (le « type » est exploité comme identifiant dans la base de données du site Web).

Pour mettre à jour ces deux paramètres, il suffit de remplacer libellés initiaux (Main Menu, main-menu) par les nouveaux (« MN1-01 : Menu principal », mn1-01) (champ : Titre ; valeur : « MN1-01 : Menu principal » | champ : Type de menu ; valeur : mn1-01).

Remarque I. – Le fait d'avoir à formater le nom le menu (« MN1-01 : Menu principal » au lieu de « Main Menu » tout simplement) est dicté par la nécessité de créer plusieurs menus donnant accès à des niveaux hiérarchiques propres (« MN1 » signifie « menu faisant intervenir des liens de premier niveau »).

4 Voir *supra*, chap. V, section « Règles de nommage des menus appliquées et recommandées ».

Remarque II. – Il conviendra d'utiliser pour le « type » du menu un libellé conforme à son nom, en intégrant toutefois le fait que le nombre de caractères est limité.

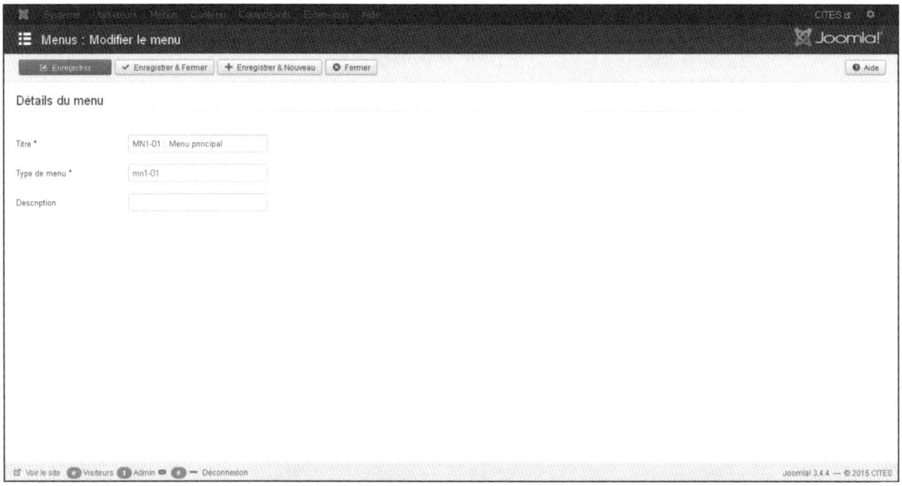

Écran 60. Configuration du menu principal

[M] Procédure J2.3.2 : Reconfiguration du *module* de menu Main Menu

Contrairement à la procédure précédente, la (re)configuration des « modules de menu », et notamment celle du *module* associé au menu principal, est un impératif car, de concert avec les *templates* utilisés, ces *modules* déterminent la façon de présenter les menus, l'endroit où les afficher et leur comportement (ouverture/fermeture).

Pour reconfigurer les *modules*, en général, et plus particulièrement le *module* de menu Main Menu dans le cadre de notre projet, il faudra tout d'abord se reporter à l'écran de gestion des *modules* (menu [principal] ; chemin : Extensions > Modules), puis cliquer sur la référence du *module* que l'on souhaite reconfigurer (Main Menu).

Il faudra ensuite :

1. Mettre à jour le titre du *module*.
2. Affecter le *module* à la *position* qui lui est dédiée.
3. Saisir le « suffixe de menu » déterminant le style à appliquer.

Il conviendra enfin de valider la configuration du *module* en cliquant sur le bouton Enregistrer & Fermer.

[N1/N4][O] Tâche 1 : Mise à jour du titre du *module*

La mise à jour du titre des *modules* est une fonctionnalité à la fois basique et incontournable. Cette fonctionnalité est importante car elle permet de définir l'en-tête des *modules*, côté front-office, mais dans le cas présent, celle-ci ne sera exploitée que pour améliorer la compréhensibilité et l'utilisabilité du back-office. Il conviendra d'utiliser un titre – qui n'apparaîtra pas sur le site – conforme à celui du menu concerné.

Pour mettre à jour le titre des *modules*, il suffit de remplacer le titre initial (Main Menu) par le nouveau (MN1-01 : Menu principal) (champ : Titre ; valeur : « MN1-01 : Menu principal »).

[N1] Tâche 2 : Affectation du *module* à la *position* qui lui est dédiée

Cette tâche met en jeu une fonctionnalité de base incontournable, l'affectation d'un *module* à une *position* donnée. Cette fonctionnalité est importante car elle commande l'affichage du contenu des *modules* qui, dans le cas présent, est un menu.

Pour l'exploiter, il faut ouvrir la liste déroulante indiquant les *positions* disponibles, puis sélectionner la *position* ad hoc (liste déroulante : Position ; [section : Protostar-1] option : « Navigation [position-1] »).

Remarque. – Le nom de la *position* à considérer est en général suffisamment parlant. Si ce n'est pas le cas, il faudra se reporter à la documentation du *template*, normalement fournie par ses concepteurs (éditeur).

[N1] Tâche 3 : Saisie du « suffixe de menu » déterminant le style à appliquer

Cette tâche met en jeu une fonctionnalité d'ordre technique, elle aussi incontournable, relative à l'intégration des « classes » de la feuille de style du *template* utilisé. L'exploitation de cette fonctionnalité est dictée par le *template* lui-même.

La tâche précédente ayant permis de positionner le menu, il s'agit maintenant de faire en sorte que celui-ci puisse être utilisé comme menu déroulant. (Dans une feuille de style CSS, les « classes » servent à définir des « règles » faisant intervenir des « propriétés » qui, en l'occurrence, détermineront la façon de présenter le menu principal.)

Pour intégrer la classe dédiée à la gestion du menu principal (`nav-pills`), il faut tout d'abord activer l'onglet Paramètres Avancés, il suffit ensuite de renseigner le champ Suffixe de Menu (`nav-pills`).

Remarque I. – Ce champ Suffixe de Menu, dont l'appellation n'est pas forcément très claire, sert en fait à indiquer quelle classe CSS utiliser en plus de la classe par défaut spécialement dédiée aux menus. Le nom de cette classe, qui ne s'improvise pas, est à rechercher dans la documentation du *template* utilisé.

Remarque II. – La saisie des paramètres techniques réserve parfois quelques surprises. Dans le cas présent, la valeur `nav-pills` doit être précédée d'une espace, sinon le style [définie par `nav-pills`] ne sera pas pris en compte. C'est un bug.

Remarque III. – Il faudrait normalement désactiver l'option qui affiche le titre du *module* (boutons radio : Montrer le titre ; options : Masquer), mais dans le cas présent, cela ne sert à rien car, avec le *template* utilisé, et plus spécialement, pour la *position* considérée, le titre ne sera pas affiché de toute façon.

Remarque IV. – Le *module* est affecté à la *position* « Navigation [position-1] » du *template* Protostar-1, mais cela n'empêchera pas qu'il soit aussi affiché par le *template* Protostar-0 car ce dernier fait intervenir cette même *position* avec un identifiant strictement identique. Si cette *position* n'avait pas été partagée par les deux *templates*, il aurait fallu dupliquer le *module* initial – affiché par le premier *template* – et affecter le *module* résultant à la *position* alternative du second *template*.

5. LOT 3 : MISE EN LIGNE DE LA PAGE D'ACCUEIL

Cet exercice (étape 3/20) a pour objet la mise en ligne de la page d'accueil. Sa réalisation fait intervenir 27 micro-tâches représentant à peu près un quart d'heure de travail. (Avancement de l'intégration des pages à l'issue de l'exercice (+1) : 1/20)

Le cheminement à suivre pour intégrer la page d'accueil rejoint en partie celui de WordPress, que je rappelle ici brièvement :

- Créer la page en tant que telle.
- Faire pointer le domaine du site Web vers la page créée.
- Ajouter dans le menu le lien sur la page.

Avec Joomla, il conviendra de créer la page *(article non catégorisé)* « Site NON officiel de la CITES », de la même manière qu'avec WordPress, mais ensuite, les chemins divergent car Joomla intègre déjà, dans sa configuration de base, le lien spécialement dédié à la définition de la page d'accueil.

Il suffira donc de le reconfigurer de façon à ce qu'il pointe vers la page tout juste intégrée (par défaut, ce lien est configuré pour afficher, en page d'accueil, la liste des articles les plus récents).

La page d'accueil sera supportée par le moteur [de gabarits] *(template)*, précédemment installé, qui permet, d'une part, d'exclure les blocs périphériques *(modules)*, et d'autre part, de centrer la présentation du contenu.

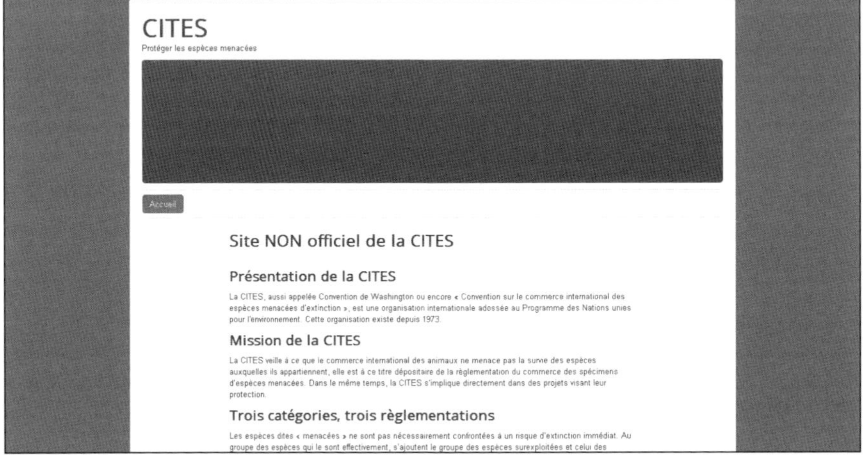

Écran 61. Page d'accueil du site Web

Procédure J3 : Intégration de la page d'accueil

Procédure J3.1 : Création/configuration de la page d'accueil en tant qu'*article*.

Procédure J3.2 : Reconfiguration du lien par défaut assurant la connexion « domaine-page [à afficher] ».

[Procédure J3.2] Commentaire. – Tandis que WordPress fournit un écran spécialement dédié à la définition de la page d'accueil, consistant à connecter le domaine et la page à afficher, Joomla considère que cette connexion « domaine-page [d'accueil] » est en fait une spécialisation de la connexion « adresse-page ». Cela explique pourquoi la configuration de la page d'accueil, avec Joomla, est liée à celle du lien concerné.

[M] Procédure J3.1 : Création/configuration de la page d'accueil en tant qu'*article*

La création d'*article* est une fonctionnalité majeure.

Pour créer un *article*, et donc pour créer l'*article* qui nous intéresse ici, en particulier, il faudra ouvrir les menu/sous-menu Contenu/Articles, puis sélectionner l'item Ajouter un Article (menu [principal] ; chemin : Contenu > Articles > Ajouter un article).

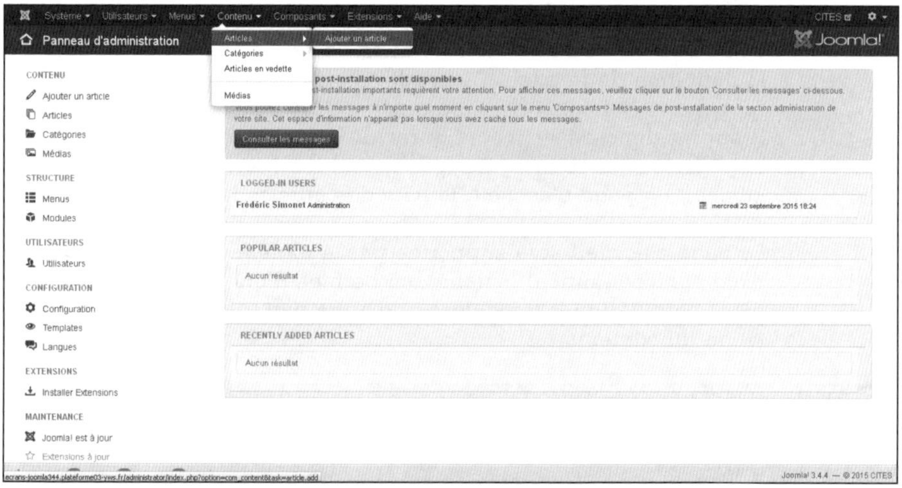

Écran 62. Sous-menu donnant accès à la création d'articles

Il faudra ensuite :

1. Saisir le titre de l'*article*.
2. Saisir le contenu.

Il conviendra enfin de valider la configuration de l'*article* en cliquant sur le bouton Enregistrer & Fermer.

Remarque. – L'*article* est rangé automatiquement dans la *catégorie* par défaut « Articles non catégorisés ».

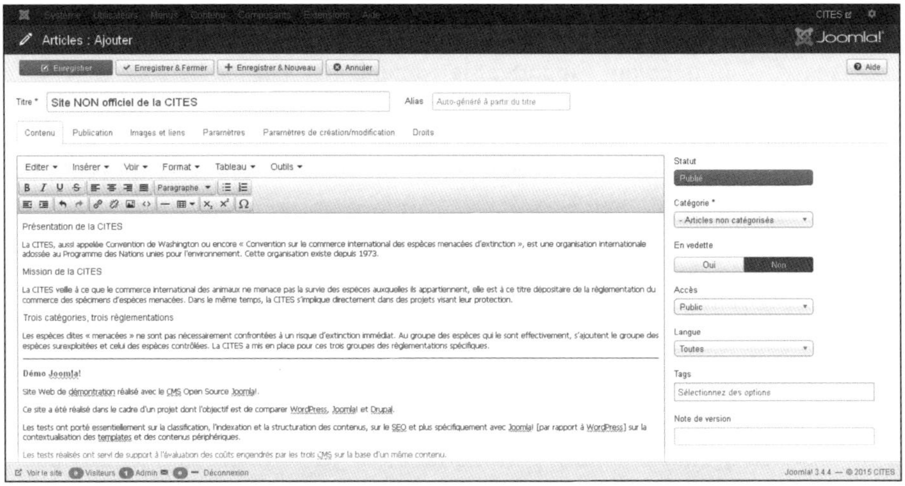

Écran 63. Configuration de la page à utiliser comme page d'accueil

[N1][O] Tâche 1 : Saisie du titre de l'*article*

La définition du titre des *articles* est à la fois basique et incontournable. Il suffit de renseigner le champ Titre (Site NON officiel de la CITES).

[N1] Tâche 2 : Saisie du contenu de l'*article*

La saisie du contenu n'est pas aussi triviale qu'elle y paraît. Il faut savoir qu'à la différence de WordPress, l'éditeur de Joomla supporte mal le copier-coller direct. Le problème vient du fait que l'outil ne filtre pas le contenu des documents sources (document Word, page Web, etc.) et que cela peut générer toutes sortes de dysfonctionnements, aussi bien du côté de la saisie des contenus que du côté de leur présentation.

Pour régler ce problème, il conviendra donc de passer par l'éditeur de code (menu [de l'éditeur] ; chemin : Outils > Code source) de façon à purger les balises des documents sources. Vous pourrez ensuite segmenter et structurer vos contenus comme bon vous semblera.

[M] Procédure J3.2 : Reconfiguration du lien par défaut assurant la connexion « domaine-page [à afficher] »

Cette procédure est particulièrement importante car elle montre qu'avec Joomla, la définition des liens, dans les menus, dépasse de très loin leur fonction première, à savoir l'adressage des différentes pages qui constituent un site Web. Avec Joomla, les liens jouent un rôle majeur.

Outre le fait que la définition de la page d'accueil se joue effectivement à l'échelle du lien qui lui est dédiée (boutons radio : Page par défaut ; option : Oui) – alors que WordPress, et Drupal, font intervenir un écran dédié –, il y a trois principes à intégrer :

Premier principe. La configuration des liens détermine la façon de présenter les pages, non seulement en termes de « format d'affichage »[5] (au travers de leur « type »), mais aussi en termes de mise en page et de charte graphique (cette fois-ci au travers du *template* supportant le contenu visé par les liens).

Deuxième principe. La configuration des liens détermine les éléments de structure à considérer en plus du titre et du texte (exemple : le nom de l'auteur du contenu visé par les liens).

Troisième principe. La configuration des liens détermine les deux titres à considérer en vue d'un meilleur référencement : d'un côté, le titre faisant appel à l'élément `h1`, exploité dans les pages du site Web ; de l'autre, le titre faisant appel à l'élément `title`, que les moteurs de recherche afficheront dans leurs pages de résultats.

Concernant le premier principe, je rappelle ici que les formats d'affichage définissent la façon de présenter les *articles* à l'intérieur du bloc principal des pages, bloc autour duquel viennent se greffer les blocs périphériques de premier niveau, définis par les *templates*, et qui servent de support à la mise en page des contenus[6].

Vous l'aurez compris, la configuration des liens met en jeu un grand nombre de fonctionnalités. Au regard de la tâche à traiter dans le cas présent, les fonctionnalités à considérer, dans un premier temps, sont :

- la mise à jour du libellé des liens ;
- la mise à jour du « type » des liens et son corollaire, celle des contenus visés ;
- la personnalisation du *template* du contenu visé par les liens.

Si la mise à jour du libellé des liens s'avère somme toute basique, il convient en revanche de prêter attention à la seconde fonctionnalité car le couplage entre le « type » des liens et le contenu qu'ils visent est un rouage de base qu'il faut intégrer. La troisième fonctionnalité, qui porte sur la personnalisation des *templates*, a aussi son importance, du fait de sa valeur ajoutée, mais son exploitation reste facultative.

Par ailleurs, il faut savoir que l'espace de configuration des liens pointant vers des *articles*, met en jeu d'autres fonctionnalités, non moins importantes, qui sont dédiées d'une part, à la personnalisation du format de ces mêmes *articles*, et d'autre part, à l'optimisation de leur référencement.

Avant d'aborder les questions d'intégration, j'attire l'attention du lecteur sur la distinction à faire entre les « formats d'affichage » et les « formats ». Les premiers définissent des formats généraux indiquant notamment si les *articles* doivent être présentés individuellement ou s'ils doivent être intégrés dans des listes[7]. Les seconds sont relatifs aux éléments de structure des *articles*, qu'il conviendra d'exploiter (ou non) en fonction des besoins, selon le type des contenus considérés.

Le cadre général étant posé, il convient maintenant de passer à la pratique. Pour reconfigurer les liens des menus, en général, et

5 Voir *supra*, partie 1, chap. I, section « Unité *vs* spécificité des terminologies ».
6 *Ibid.*
7 *Ibid.*

donc, pour reconfigurer celui qui nous intéresse ici, en particulier [le lien sur la page d'accueil], il faudra tout d'abord se reporter à l'écran de gestion des liens du menu à considérer (menu [principal] ; chemin : Menus > Main Menu), puis cliquer sur la référence du lien à considérer (Home).

Il faudra ensuite :

1. Mettre à jour le libellé du lien sur la page d'accueil.
2. Après avoir sélectionné le « type de lien de menu » Article, sélectionner l'*article* à considérer.
3. Sélectionner le « style » *ad hoc* du *template* alternatif dédié à la page d'accueil.
4. Reprendre les paramètres de présentation de l'*article*.
5. Reprendre les paramètres SEM/SEO de l'*article*[8].

Il conviendra enfin de valider la nouvelle configuration du lien en cliquant sur le bouton Enregistrer & Fermer.

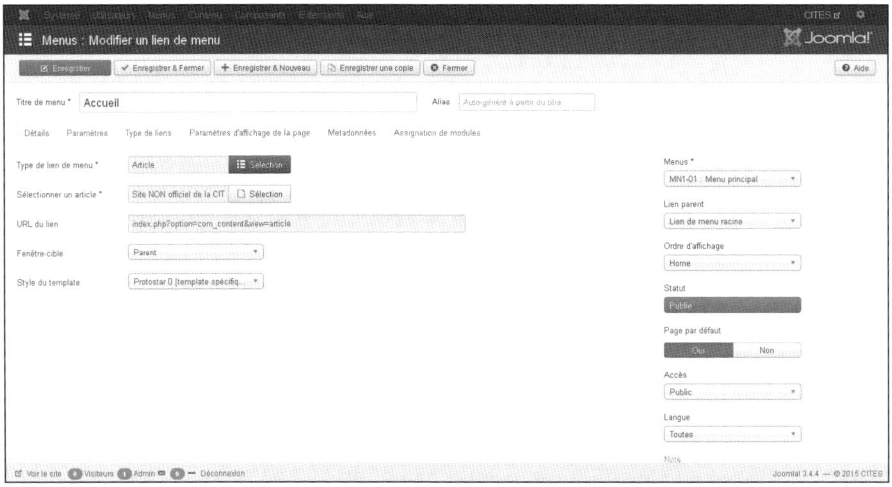

Écran 64. Configuration du lien pointant vers la page à utiliser comme page d'accueil

[N1][O] Tâche 1 : Mise à jour du libellé du lien sur la page d'accueil

La mise à jour du libellé des liens intégrés dans un menu donné est une fonctionnalité à la fois basique et incontournable. Il suffit de remplacer le libellé initial (Home) par le nouveau (Accueil) (champ : Titre de menu ; valeur : Accueil).

[N1][O] Tâche 2 : Après sélection du « type de lien de menu » Article, sélection de l'*article* à considérer

Pour mettre à jour le « type » des liens, et dans le cas présent, substituer au « type » Blog des Articles en Vedette le « type » Article, il faut se reporter à l'étiquette Type de Lien de Menu, cliquer sur le bouton Sélection, ouvrir le panneau déroulant Articles – intégré dans la *lightbox* Type de Lien de Menu –, puis sélectionner l'option Article.

8 Il s'agit des paramètres dédiés à l'optimisation du référencement et à la valorisation des titres dans les pages de résultats des moteurs de recherche.

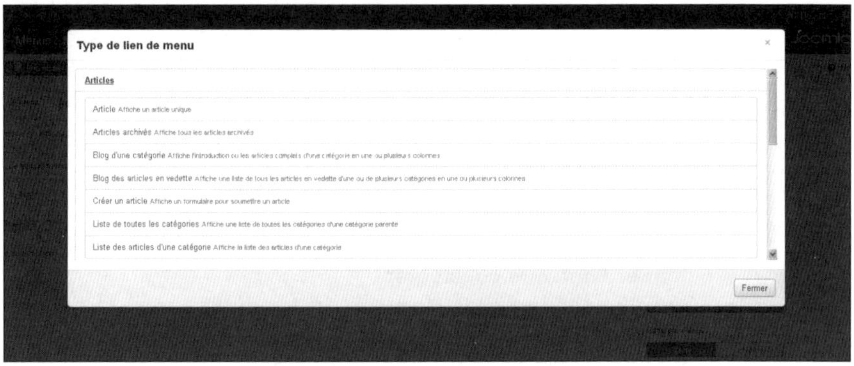

Écran 65. Le format d'affichage à utiliser est celui qui sert à afficher un « article unique »

Le « type » Article indiquant que l'on souhaite mettre en place un lien pointant justement vers un *article*, il faut ensuite sélectionner l'*article* à considérer. Pour cela, il faut se reporter à l'étiquette Sélectionner un Article, cliquer sur le bouton Sélection (le second), puis cliquer sur la référence de l'*article* à considérer (Site NON officiel de la CITES), qui est intégré dans la *lightbox* Sélectionner ou Changer cet Article.

[N2] Tâche 3 : Sélection du « style » *ad hoc* du *template* alternatif dédié à la page d'accueil

Il faut savoir que la personnalisation des *templates* est dictée par la nécessité de marquer très fortement les différents espaces d'un site Web. Cela ne concerne que les sites importants ayant à distinguer, par exemple, l'espace commercial, l'espace communautaire et l'espace institutionnel.

Dans le cadre de notre projet, l'exploitation de cette fonctionnalité ne s'imposait pas spécialement, mais elle l'a été quand même car elle fait partie des fonctionnalités qui font la valeur ajoutée de Joomla (WordPress et Drupal ne l'intègrent pas).

Par ailleurs, il faut intégrer le fait que, pour un *template* donné, Joomla donne la possibilité de définir plusieurs « styles ». Dans le cas présent, c'est le « style » par défaut du *template* Protostar-0 qui est utilisé, celui-ci (Protostar-0) ayant généré celui-là (style par défaut de Protostar-0) automatiquement lors de son installation.

Remarque. – Avec cette possibilité de définir plusieurs « styles » pour un *template* donné, on peut très bien personnaliser la présentation des contenus avec un seul *template*, mais si l'on souhaite aller au-delà du « style », c'est-à-dire travailler sur la mise en page, cette solution n'est pas pertinente.

Quoi qu'il en soit, pour personnaliser le *template* du contenu visé par les liens, il faut donc sélectionner le « style » *ad hoc* du *template* concerné, qui en l'occurrence est un *template* alternatif (Protostar-0) venant s'ajouter au *template* par défaut (Protostar-1) (liste déroulante : Style du template ; option : « Protostar-0 [template spécifique] : page d'accueil et galerie de photos »).

[N2] Tâche 4 : Reprise des paramètres de présentation de l'*article*

Pour personnaliser le format des *articles* visés par les liens, il faut activer l'onglet Paramètres. Comme son nom l'indique, cet onglet donne accès à l'ensemble des paramètres dédiés à leur formatage, il y en a une vingtaine en tout. Ils se présentent sous la forme de boutons radio, avec, en plus de l'option Paramètres Globaux que nous aborderons plus tard, les options Afficher/Masquer, Oui/Non ou Au-dessus/Au-dessous.

Dans le cadre de notre projet, la tâche à réaliser consiste à « institutionnaliser » le contenu et donc à retirer de l'*article* tous les éléments de structure ayant une connotation Blog, c'est la raison pour laquelle seront masqués :

- le titre de la *catégorie* de l'*article* (paramètre Titre de la Catégorie) ;
- le nom de l'auteur (paramètre Auteur de l'Article) ;
- la date de publication (paramètre Date de Publication) ;
- le nombre d'affichages [vues] (paramètre Nombre d'Affichages) ;
- de même que les boutons de navigation, d'impression et de partage (paramètres Navigation entre Articles/Icône 'Imprimer'/ Icône 'Email').

[N3] Tâche 5 : Reprise des paramètres SEM/SEO de l'*article*

Pour optimiser le référencement des *articles* visés par les liens, il faut tout d'abord activer l'onglet Paramètres d'Affichage de la Page.

Il y a ensuite deux titres à saisir, le premier titre (champ : Titre dans le navigateur ; valeur : Site de démonstration réalisé avec Joomla), qui fait appel à l'élément `title`, apparaîtra dans les pages de résultats des moteurs de recherche[9], le second (champ : En-tête de page ; valeur : Site NON officiel de la CITES) sera quant à lui exploité directement dans la page du site en faisant appel à l'élément `h1`.

Attention ! L'option qui permet d'exploiter l'élément `h1` n'a pas besoin d'être activée car elle l'est déjà (liste déroulante : Afficher l'en-tête de page ; option : Oui), mais c'est un cas particulier. Le lien que nous considérons ici a été généré automatiquement lors de l'installation de l'outil.

6. LOTS 4-7 : MISE EN LIGNE DES PAGES SUR LA RÉGLEMENTATION

6.1 Lot 4 : Mise en place de la rubrique et des articles associés

Cet exercice (étape 4/20) consiste à mettre place l'ensemble des pages sur la réglementation. Sa réalisation fait intervenir 29 micro-tâches représentant à peu près un quart d'heure de travail. (Avancement de l'intégration des pages à l'issue de l'exercice *(statu quo)* : 1/20)

9 Ce premier titre sera aussi exploité dans les onglets des navigateurs, cela explique le nom du champ.

Sont à considérer, la rubrique *(catégorie)* « Réglementation du commerce des espèces menacées » et ses trois articles *(articles)* :

- Réglementation du commerce des espèces en voie d'extinction.
- Réglementation du commerce des espèces surexploitées.
- Réglementation du commerce des espèces contrôlées.

Procédure J4 : Création/configuration de la *catégorie* et des *articles* associés

Procédure J4.1 : Création/configuration de la *catégorie*.

Procédure J4.2 : Création/configuration des *articles*.

Procédure J4.1 : Création/configuration de la *catégorie*

Cette procédure met en jeu une fonctionnalité importante, la création de *catégorie*, dont l'exploitation est dictée par la nécessité de classer les *articles*, en accord avec les besoins exprimés dans le cahier des charges.

Pour créer des *catégories*, en général, et donc pour créer celle qui nous intéresse ici, en particulier, il faudra ouvrir les menu/sous-menu Contenu/Catégories, puis sélectionner l'item Ajouter une Catégorie (menu [principal] ; chemin : Contenus > Catégories > Ajouter une catégorie).

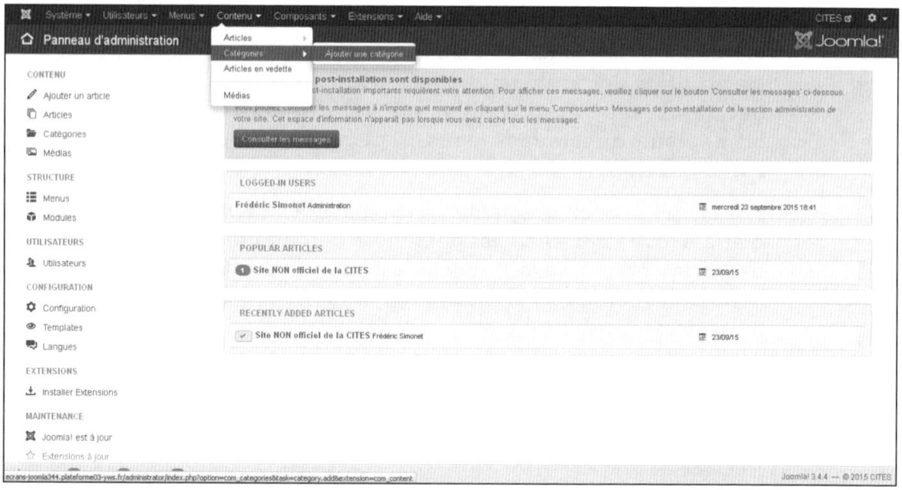

Écran 66. Sous-menu donnant accès à la création de catégories

Il faudra ensuite :

1. Saisir le titre de la *catégorie*.
2. Saisir le contenu.
3. Saisir le descriptif.

Il conviendra enfin de valider la configuration de la catégorie en cliquant sur le bouton Enregistrer & Fermer.

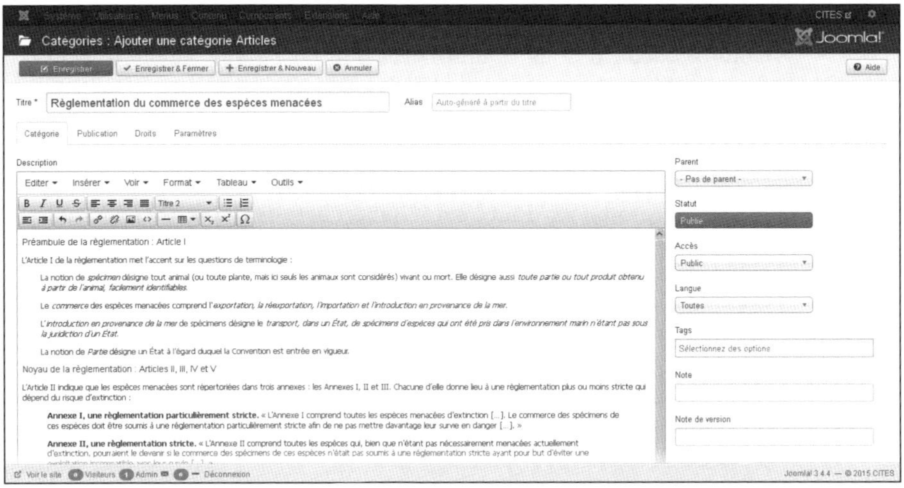

Écran 67. Configuration de la première catégorie

Tâches 1 et 2 : Saisie du titre et du contenu de la *catégorie*

Les questions relatives à la saisie du titre et à celle du contenu ont déjà été abordées lors de la mise en place de la page d'accueil[10]. Le fait d'avoir à traiter une *catégorie* ne change rien. Les contraintes relatives à la saisie du contenu, notamment, sont exactement les mêmes.

[N3] Tâche 3 : Saisie du descriptif

Il faut savoir que la configuration des *catégories* ne se limite pas forcément à la saisie de leur titre, éventuellement complété par un contenu. Il conviendra d'exploiter le fait que Joomla donne la possibilité de personnaliser le descriptif des pages affiché par les moteurs de recherche.

Pour exploiter cette fonctionnalité, qui répond au besoin de maximiser le nombre de visiteurs[11], il suffit de renseigner le champ Description (« Réglementation générale du commerce des espèces menacées… ») rattaché à l'onglet Publication.

***

Remarque. – Les questions de hiérarchisation (liste déroulante Parent) seront discutées plus loin, lors de la mise en place de l'espace de communication sur les espèces (celui-ci faisant intervenir une *catégorie parente* et trois *catégories filles*)[12].

Commentaire. – La rubrique qui est ici considérée aurait très bien pu être créée en tant qu'*article*. Le fait de la créer en tant que *catégorie* donne accès à des fonctionnalités qui, plus loin, nous permettront d'utiliser un format d'affichage plus conforme au caractère institutionnel du contenu.

10 Voir *supra*, procédure J3.1, tâches 1 et 2.

11 Les descriptifs ont pour vocation, avec les titres, de rendre les pages attractives, dans les pages de résultats des moteurs de recherche. Il est donc important de ne pas les négliger car ils permettent d'augmenter le trafic généré, c'est-à-dire le nombre de visiteurs. Idéalement, les descriptifs doivent contenir entre 150 et 160 signes.

12 Voir *infra*, section « Lot 8 : Mise en place des rubriques ».

Procédure J4.2 : Création/configuration des *articles*

Cette procédure nous donne l'occasion de revenir sur la question de la création d'*article*, déjà abordée lors de la mise en place de la page d'accueil[13], et qui à l'instar des *catégories*, ne se limite pas forcément à la saisie du titre et du contenu.

Deux fonctionnalités supplémentaires sont ici à prendre en considération : la première, dont l'exploitation est dictée par l'architecture du contenu, est relative au classement des *articles* ; la seconde, qu'il conviendra d'exploiter pour maximiser le nombre de visiteurs, est quant à elle relative à la personnalisation du descriptif des *articles* [que l'on soumettra aux moteurs de recherche].

Je rappelle ici que, pour créer des *articles*, il faut d'abord ouvrir les menu/sous-menu Contenu/Articles, puis sélectionner l'item Ajouter un Article (menu [principal] : chemin : Contenu > Articles > Ajouter un article). (Vous pourrez aussi, cliquer sur le bouton Nouveau de l'écran de gestion des *articles*, après l'enregistrement des *articles* ici considérés.)

Il faudra ensuite :

1. Saisir le titre des *articles*.
2. Saisir les contenus.
3. Classer les *articles*.
4. Saisir les descriptifs.

Il conviendra enfin de valider la configuration de chacun des *articles* en cliquant sur le bouton Enregistrer & Fermer.

Écran 68. Configuration du premier article [hors page d'accueil]

Tâches 1 et 2 : Saisie du titre et du contenu des *articles*

Les questions relatives à la saisie du titre et à celle du contenu ont déjà été abordées lors de la mise en place de la page d'accueil[14].

13 Voir *supra*, procédure J3.1.
14 Voir *supra*, procédure J3.1, tâches 1 et 2 .

[N2] Tâche 3 : Classement des *articles*

Le classement des articles est une fonctionnalité de base dont l'exploitation est dictée par l'architecture du contenu.

Pour l'exploiter, il faut se reporter à la colonne de droite, puis sélectionner la *catégorie* à considérer (Réglementation du commerce des espèces menacées) dans la liste déroulante Catégorie.

[N3] Tâche 4 : Saisie des descriptifs

La question de l'intégration du descriptif des contenus vient d'être abordée, avec la mise en place de la *catégorie* sur la réglementation[15]. Le fait d'avoir à traiter des *articles* ne change rien.

***

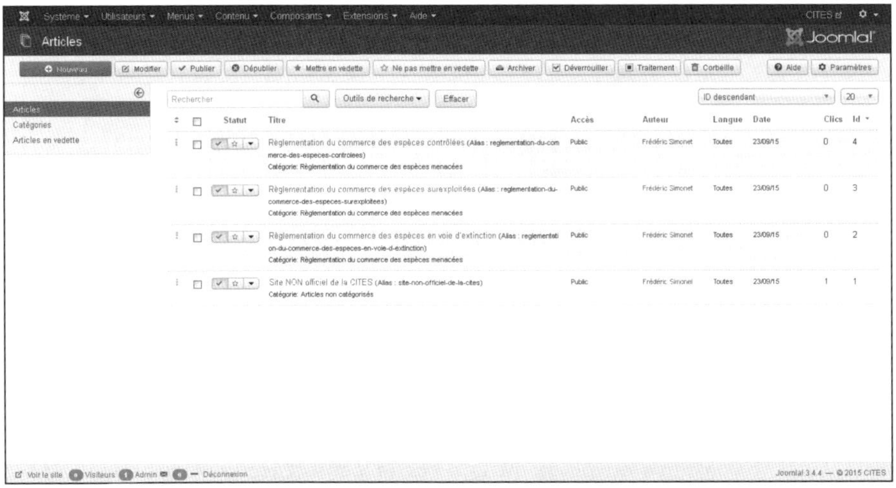

Écran 69. État de l'intégration des articles : page d'accueil et articles sur la réglementation

6.2 Lot 5 : Mise en ligne de la rubrique

Cet exercice (étape 5/20) a pour objet la mise en ligne de la rubrique sur la réglementation, avec un format d'affichage permettant de joindre les articles associés. Sa réalisation fait intervenir 20 microtâches représentant à peu près 10 minutes de travail. (Avancement de l'intégration des pages à l'issue de l'exercice (+1) : 2/20)

Il s'agit donc d'ajouter, dans le menu principal, le lien sur la rubrique *(catégorie)* « Réglementation du commerce des espèces menacées », le libellé [du lien] reprenant littéralement le titre de la rubrique.

Le contenu de la rubrique sera complété par un tableau présentant les trois articles *(articles)* intégrés précédemment. L'article sur la réglementation du commerce des espèces en voie d'extinction sera placé en tête de liste, les articles concernant les espèces surexploitées et les espèces contrôlées viendront en deuxième et troisième position.

15 Voir *supra*, procédure J4.1, tâche 3.

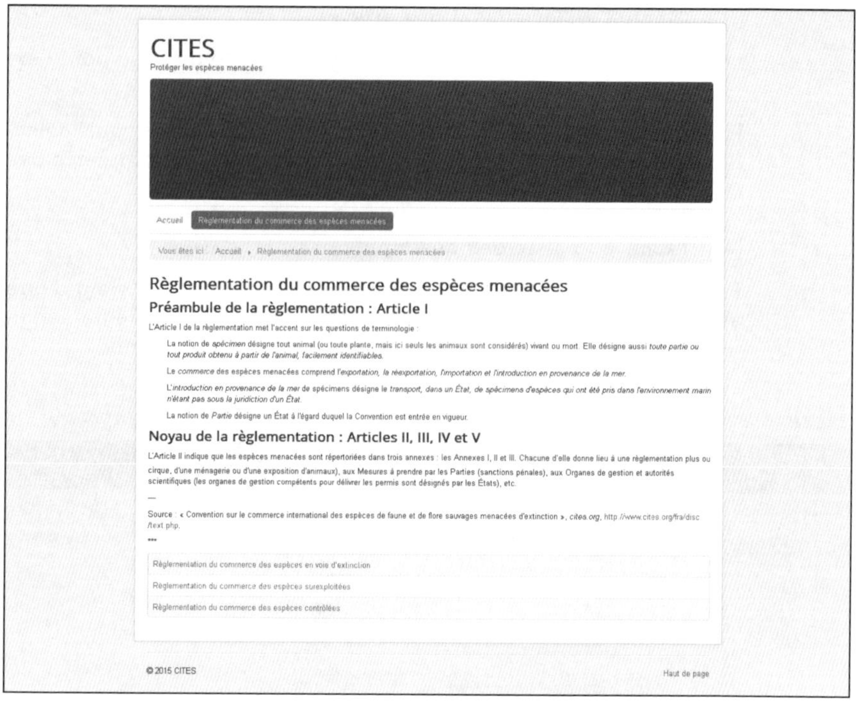

Écran 70. Rubrique relative à la réglementation

[M] Procédure J5 : Création/configuration du lien de premier niveau

Cette procédure fait référence à des principes qui ont été posés lors de la mise en place du lien sur la page d'accueil[16]. Je rappelle ici brièvement qu'en plus des deux attributs de base caractérisant les liens (libellé et URL notamment), Joomla fait intervenir des attributs complémentaires déterminant tout à la fois : a) le « format d'affichage » des contenus ciblés ; b) les éléments de structure qu'il conviendra (ou non) de considérer ; c) les titres à soumettre aux moteurs de recherche, dans le cadre du référencement. (Dans le cas présent, la personnalisation du *template* des contenus visés ne sera pas exploitée.)

Le format d'affichage des contenus étant déterminé par le « type » des liens, je rappelle par ailleurs que le « type » le plus élémentaire, le « type » Article – utilisé pour intégrer le lien sur la page d'accueil –, a pour fonction de générer le format dédié à l'affichage d'un *article* en particulier.

La procédure à exécuter dans le cas présent met en jeu un autre « type », le « type » Liste des Articles d'une Catégorie, ayant quant à lui pour fonction de générer le format dédié à l'affichage de blocs associant une *catégorie* et ses *articles*, ces derniers étant intégrés dans un tableau. L'exploitation de ce « type » est dictée non seulement par l'architecture du contenu, mais aussi par leur nature car, en effet, la présentation des *articles* dans un tableau n'est pas forcément le format d'affichage le plus pertinent (Joomla en propose d'autres). Quoi qu'il en soit, le chemin

16 Voir *supra*, procédure J3.2.

à suivre, pour mettre en place ce « type » de lien, est un décalque du chemin suivi pour mettre à jour le lien sur la page d'accueil[17].

L'ajout de lien dans un menu est une fonctionnalité majeure, au même titre que la création d'*article*.

Pour ajouter un lien dans un menu, en général, et donc pour ajouter celui qui nous intéresse ici, en particulier, il faudra tout d'abord se reporter à l'écran de gestion des liens du menu *ad hoc* (menu [principal] ; chemin : Menus > « MN1-01 : Menu principal »), puis cliquer sur le bouton Nouveau.

Il faudra ensuite :

1. Saisir le libellé du lien.
2. Après avoir sélectionné le « type de lien de menu » Liste des Articles d'une Catégorie, sélectionner la *catégorie* à considérer.
3. Afficher le contenu de la *catégorie*.
4. Reprendre les paramètres de présentation de la liste d'*articles*.
5. Reprendre les paramètres SEM/SEO de la *catégorie*.

Il conviendra enfin de valider la configuration du lien en cliquant sur le bouton Enregistrer & Fermer.

[N1][O] Tâche 1 : Saisie du libellé du lien

La définition du libellé des liens est à la fois basique et incontournable. Il suffit de renseigner le champ Titre de Menu (Réglementation du commerce des espèces menacées).

[N2][O] Tâche 2 : Après sélection du « type de lien de menu » Liste des Articles d'une Catégorie, sélection de la *catégorie* à considérer

Pour exploiter le « type » Liste des Articles d'une Catégorie, il faut cliquer sur le bouton Sélection, ouvrir le panneau déroulant Articles – intégré dans la *lightbox* Type de Lien de Menu –, puis sélectionner l'option Liste des Articles d'une Catégorie.

Le « type » sélectionné indiquant que l'on souhaite mettre en place un lien pointant vers une *catégorie* – qui sera la *catégorie* des *articles* à afficher dans un tableau –, il suffit ensuite de sélectionner la *catégorie* à considérer dans la liste déroulante Sélection de Catégorie.

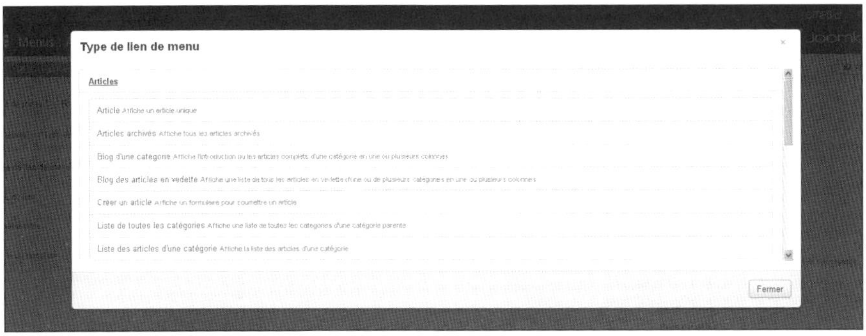

Écran 71. Le format d'affichage à utiliser est celui qui permet d'intégrer les articles d'une catégorie dans un tableau

17 Voir *supra*, procédure J3.2.

[N2] Tâche 3 : Affichage du contenu de la *catégorie*

L'affichage du contenu des *catégories* est une fonctionnalité de base. Pour l'exploiter, il faut se reporter à la liste déroulante Description (onglet Catégorie), puis sélectionner l'option Afficher.

[N2] Tâche 4 : Reprise des paramètres de présentation de la liste d'*articles*

Cette tâche nous donne l'occasion de revenir sur le formatage du contenu pointé par les liens. Cette fonctionnalité a déjà été exploitée une première fois, avec le « type » Article, pour formater l'*article* de la page d'accueil[18]. Il s'agit maintenant de traiter la question du formatage des tableaux dans lesquels les *articles* sont intégrés, avec le « type » Liste des Articles d'une Catégorie.

Pour exploiter cette fonctionnalité, il faut cette fois-ci activer l'onglet Liste (avec le « type » Article, c'est l'onglet Paramètres qui doit l'être). Les paramètres se présentent sous la forme de listes déroulantes avec, en plus de l'option Paramètres Globaux que nous aborderons plus tard, soit les options Afficher/Masquer soit les options Oui/Non.

La tâche à réaliser dans le cas présent ayant pour but d'épurer la présentation des contenus :

- le sélecteur d'affichage [du nombre d'*articles*] (paramètre Sélecteur d'Affichage) ;
- les en-têtes du tableau (paramètre En-têtes du Tableau) ;
- le nombre d'affichages [vues] (paramètre Nombre d'Affichages) ;
- et le nom de l'auteur des *articles* (paramètre Auteur) ;

... seront masqués.

Focus
Ordonner les *articles*

Par défaut, l'outil affiche en premier les *articles* les plus récents (liste déroulante : Ordre des articles ; option : Les plus anciens en premier). Cette configuration de base, que l'on peut modifier, est définie dans l'écran « Articles : Paramètres » auquel on accèdera en passant par l'écran de gestion des *articles* (on peut aussi passer par l'écran de gestion des *catégories*). Il faut ensuite cliquer sur le Bouton Paramètres qui se trouve au niveau des boutons de gestion Nouveau/Modifier/Publier... sur la droite.

Il faut savoir que l'outil donne la possibilité de réordonner les *articles* « à la main » par simple glisser-déposer (pas de numéro à saisir comme avec WordPress), mais il faut pour cela commencer par les trier dans l'Ordre Ascendant (option de la liste déroulante positionnée au-dessus des *articles*, plus précisément au-dessus des en-têtes Langue/Date/Clics). Il faut ensuite demander à l'outil d'appliquer l'ordre établi précédemment, par glisser-déposer, en sélectionnant l'option Ordre des Articles (qui porte le même nom que la liste déroulante concernée).

18 Voir *supra*, procédure J3.2, tâche 4.

[N3] Tâche 5 : Reprise des paramètres SEM/SEO de la *catégorie*

Cette tâche nous donne l'occasion de revenir sur l'optimisation du référencement[19]. Je rappelle ici qu'il y deux deux titres à saisir, le premier (champ : Titre dans le navigateur ; valeur : « Réglementation... | CITES ») apparaîtra dans les pages de résultats des moteurs de recherche, le second (champ : En-tête de page ; valeur : Réglementation du commerce des espèces menacées) sera quant à lui exploité directement dans la page du site Web.

Mais ce qu'il faut retenir du cas présent c'est que, lorsque l'on crée un lien, l'option qui permet d'exploiter les « en-têtes de page » doit être activée manuellement (liste déroulante : Afficher l'en-tête de page ; option : Oui). (Son activation, par défaut, est un cas particulier propre au seul et unique lien généré automatiquement par l'outil, lors de son installation.)

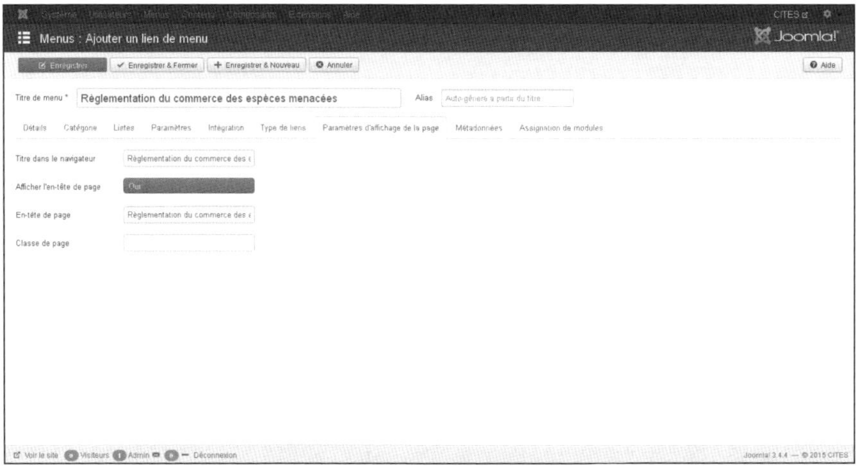

Écran 72. Dissociation des titres [en-têtes] : le premier titre n'apparaîtra que dans les pages de résultats des moteurs de recherche

6.3 Lot 6 : Intégration du sous-menu donnant accès aux articles

Cet exercice (étape 6/20) a pour objet l'intégration du sous-menu sur la réglementation. Sa réalisation fait intervenir 52 micro-tâches représentant à peu près une demi-heure de travail. (Avancement de l'intégration des pages à l'issue de l'exercice (+3) : 5/20)

Il s'agit donc d'intégrer, dans le menu principal, le sous-menu qui donnera accès aux trois articles *(articles)* sur la réglementation, sous-menu dont l'ouverture sera commandée par le survol du lien « Réglementation du commerce des espèces menacées ».

Ce sous-menu affichera les trois liens suivants :

- Espèces en voie d'extinction.
- Espèces surexploitées.
- Espèces contrôlées.

19 Voir *supra,* procédure J3.2, tâche 5.

Il n'est pas nécessaire de reprendre littéralement le titre des pages visées car le libellé du lien commandant l'ouverture du sous-menu indique le contexte général[20].

Écran 73. Sous-menu donnant accès aux articles sur la réglementation

Procédure J6 : Création/configuration des liens de deuxième niveau

Je rappelle ici que, pour ajouter des liens dans un menu, il faut tout d'abord se reporter à l'écran de gestion des liens du menu *ad hoc* (menu [principal] ; chemin : Menus > « MN1-01 : Menu principal »), puis cliquer sur le bouton Nouveau.

Il faudra ensuite :

1. Saisir le libellé des liens.
2. Après avoir sélectionné le « type de lien de menu » Article, sélectionner les *articles* à considérer.
3. Hiérarchiser les liens.
4. Reprendre les paramètres de présentation des *articles*.
5. Saisir le « titre dans le navigateur ».

Il conviendra enfin de valider la configuration des liens en cliquant sur le bouton Enregistrer & Fermer.

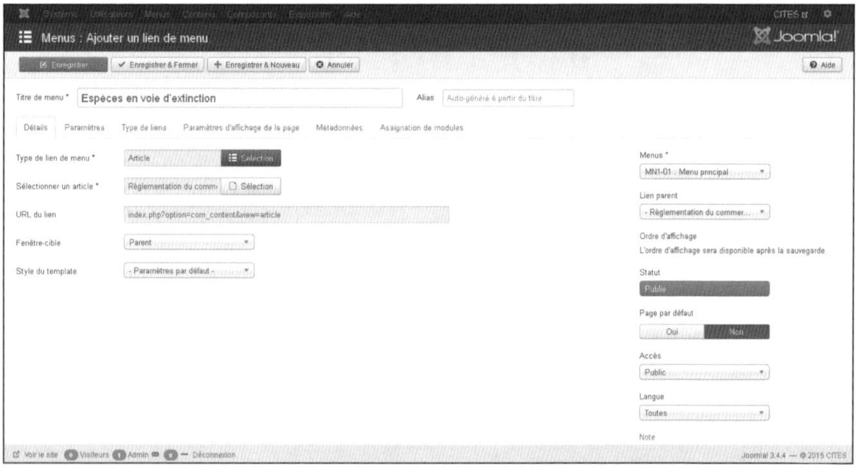

Écran 74. Configuration du lien pointant vers le premier article

20 Voir *supra*, chap. précédent, section « Lot 6 : Intégration du sous-menu donnant accès aux articles ».

Tâche 1 : Saisie du libellé des liens

Cette question vient d'être discutée, pour traiter le cas du lien sur la rubrique relative à la réglementation[21].

Tâche 2 : Après sélection du « type de lien de menu » Article, sélection des *articles* à considérer

La question de la sélection des *articles* à partir du « type » Article a déjà été abordée lors la reconfiguration du lien sur la page d'accueil[22].

[N2/N3] Tâche 3 : Hiérarchisation des liens

La hiérarchisation des liens est une fonctionnalité de base. Je rappelle ici que l'exploitation de cette fonctionnalité est dictée par l'architecture du contenu et qu'il s'agit de faire en sorte que « le menu apparaisse comme la "table des matières" que les utilisateurs, et les moteurs de recherche, utiliseront pour appréhender le propos du site Web, au travers des mots-clés intégrés dans les liens »[23].

Pour exploiter cette fonctionnalité, il faut se reporter à la colonne de droite, puis sélectionner le lien parent à considérer (Réglementation du commerce des espèces menacées) dans la liste déroulante Lien Parent.

[N2] Tâche 4 : Reprise des paramètres de présentation des *articles*

Cette tâche nous donne l'occasion de revenir à nouveau sur le formatage du contenu pointé par les liens. Cette fonctionnalité a déjà été exploitée une première fois, avec le « type » Article, pour formater l'*article* de la page d'accueil[24], puis une deuxième fois, avec le « type » Liste des Articles d'une Catégorie, pour formater le tableau des *articles* sur la réglementation du commerce des espèces menacées[25].

L'exploitation de cette fonctionnalité, toujours motivée par la volonté d'épurer la présentation des contenus, consiste à masquer les mêmes éléments que dans le cas de page d'accueil, à l'exception des boutons d'impression, de partage et de navigation. Ces boutons seront masqués ultérieurement en faisant appel à une technique, plus puissante, qui nous permettra de les retirer « globalement »[26].

Tâche 5 : Saisie du « titre dans le navigateur »

Je rappelle ici que cette tâche est motivée par l'optimisation du référencement. Les paramètres *ad hoc* ont été exploités une première fois, pour optimiser le référencement de la page d'accueil[27], puis une seconde fois, pour optimiser celui de la page (rubrique) sur la réglementation, que nous venons d'intégrer[28].

---

21 Voir *supra*, procédure J5, tâche 1.
22 Voir *supra*, procédure J3.2, tâche 2.
23 Voir *supra*, chap. précédent, procédure W6, tâche 2.
24 Voir *supra*, procédure J3.2, tâche 4.
25 Voir *supra*, procédure J5, tâche 4.
26 Voir *infra*, procédure J13.2.
27 Voir *supra*, procédure J3.2, tâche 5.
28 Voir *supra*, procédure J5, tâche 5.

La définition du « titre dans le navigateur » est certes importante, mais dans le cas présent, c'est l'impasse sur l'intégration de l'« en-tête de page » qui retiendra notre attention.

Jusqu'à présent, deux cas de figure ont été considérés. Premier cas de figure, l'affichage des « en-têtes de page » n'a pas besoin d'être activé, car ils le sont déjà, et je rappelle ici que cela ne concerne que le cas, très particulier, du lien sur la page d'accueil automatiquement généré par l'outil. Deuxième cas de figure, le plus général, ils doivent être activés puis renseignés manuellement.

Dans le cas présent, les « en-têtes de page » n'auront pas à être activés, ni même renseignés, car le *template* utilisé, spécialement conçu pour cela, les génèrera automatiquement à partir du titre des *articles*.

Le gain réalisé est somme toute dérisoire (deux micro-tâches par lien), mais ce qu'il faut retenir, c'est que – du fait de son modèle de développement, l'*open source* – Joomla donne la possibilité de dépasser relativement facilement les contraintes fonctionnelles qu'il soumet à ses utilisateurs.

6.4 Lot 7 : Intégration du menu contextuel

Cet exercice (étape 7/20) a pour objet l'intégration du menu contextuel sur la réglementation. Sa réalisation fait intervenir 41 micro-tâches représentant entre 20 et 30 minutes de travail. (Avancement de l'intégration des pages à l'issue de l'exercice *(statu quo)* : 5/20)

Il s'agit donc de mettre en place un menu supplémentaire (MN2C-01 : Réglementation) qui fera intervenir un lien de premier niveau (Réglementation) sur la rubrique *(catégorie)* « Réglementation du commerce des espèces menacées » et trois liens de deuxième niveau (Extinction/Surexploitation/Contrôle) sur les articles *(articles)* de la rubrique.

Ce menu n'apparaîtra que dans les pages sur la réglementation.

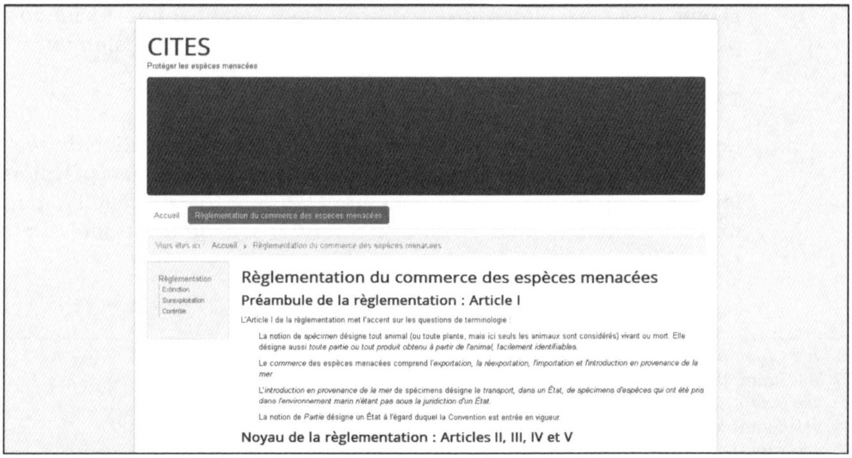

Écran 75. Premier menu contextuel

Procédure J7 : Intégration du menu contextuel

Procédure J7.1 : Création du menu.

Procédure J7.2 : Ajout des liens de « type » Alias de Lien de Menu.

Procédure J7.3 : Création/configuration du *module* de menu correspondant.

[STR] Procédure J7.1 : Création du menu

Cette procédure est du même acabit que celle ayant conduit à la reconfiguration du menu principal[29], sauf qu'il s'agit maintenant de créer un nouveau menu. L'exploitation de cette fonctionnalité est ici dictée par les règles de navigation qui ont été spécialement définies pour notre projet[30].

Pour créer un menu, en général, et donc pour créer celui qui nous intéresse ici, en particulier, il faudra tout d'abord se reporter à l'écran de gestion des menus (menu [principal] ; chemin : Menus > Gérer), puis cliquer sur le bouton Nouveau.

Il faudra ensuite :

1. Saisir le titre du menu (champ : Titre ; valeur : « MN2C-01 : Réglementation »).
2. Saisir le « type » du menu (champ : Type de menu ; valeur : mn2c-01-reglementation).

Il conviendra enfin de valider le titre et le « type » en cliquant sur le bouton Enregistrer & Fermer.

Remarque. – Je rappelle ici que le nombre de caractères du « type » est limité et qu'il convient d'utiliser un libellé conforme au nom du menu[31].

Procédure J7.2 : Ajout des liens de « type » Alias de Lien de Menu

Cette procédure met en jeu un troisième « type » de lien, le « type » Alias de Lien de Menu, celui-ci vient compléter les « types » Article[32] et Liste des Articles d'une Catégorie[33]. L'exploitation de ce « type » est dictée par le fait d'avoir à réintégrer, dans un menu, des liens qui l'ont déjà été une première fois, dans le menu principal en l'occurrence.

L'intérêt de ce « type » réside dans le fait qu'il permet de réutiliser des liens de façon dynamique. Si ces derniers doivent faire l'objet d'une mise à jour, celles-ci s'appliqueront automatiquement à leur(s) « alias ».

Je rappelle ici que, pour ajouter des liens dans un menu, il faut tout d'abord se reporter à l'écran de gestion des liens du menu *ad hoc* (menu [principal] ; chemin : Menus > « MN2C-01 : Réglementation »), puis cliquer sur le bouton Nouveau.

Il faudra ensuite :

1. Saisir le libellé des liens.

29 Voir *supra*, procédure J2.3.1.
30 Voir *supra*, chap. V, section « Présentation des règles de navigation : intégration du *siloing* ».
31 Voir *supra*, chap. V, section « Règles de nommage des menus apliquées et recommandées ».
32 Voir *supra*, procédures J3.2 et J6.
33 Voir *supra*, procédure J5.

2. Après avoir sélectionné le « type de lien de menu » Alias de Lien de Menu, sélectionner les *articles* à considérer.
3. Hiérarchiser les liens de deuxième niveau.

Il conviendra enfin de valider la configuration des liens en cliquant sur le bouton Enregistrer & Fermer.

Tâche 1 : Saisie du libellé des liens

Cette question a été abordée lors de la mise en place des liens pointant vers les pages sur la réglementation[34].

[N4][O] Tâche 2 : Après sélection du « type de lien de menu » Alias de Lien de menu, sélection des *articles* à considérer

Pour exploiter le « type » Alias de Lien de Menu, il faut cliquer sur le bouton Sélection, ouvrir le panneau déroulant Liens Divers – intégré dans la *lightbox* Type de Lien de Menu –, puis sélectionner l'option Alias de Lien de Menu.

Le « type » sélectionné indiquant que l'on souhaite réutiliser un lien déjà existant, il suffit ensuite de sélectionner le lien concerné (Réglementation du commerce des espèces menacées) dans liste déroulante Lien de Menu.

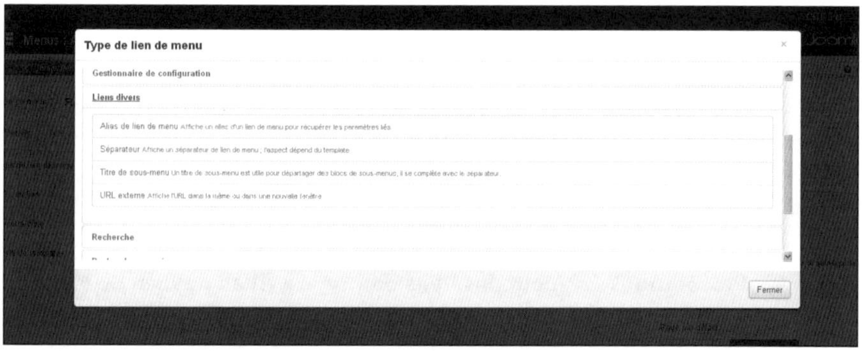

Écran 76. Le format d'affichage à utiliser est celui qui permet de réutiliser la configuration d'un lien déjà existant

Tâche 3 : Hiérarchisation des liens de deuxième niveau

Les questions de hiérarchisation ont déjà été abordées, pour traiter le cas des liens faisant appel au « type » Article[35]. Le fait d'avoir à traiter des liens de « type » Alias de Lien de Menu ne change rien. Il suffira donc de sélectionner le lien parent à considérer (Réglementation) dans la liste déroulante Lien Parent.

[STR] Procédure J7.3 : Création/configuration du *module* de menu correspondant

Cette procédure est importante, elle vient compléter les deux précédentes. Nous avons créé un menu – seulement défini par son nom et son « type » –, nous venons d'intégrer les liens de

34 Voir *supra*, tâche 1 des procédures J5 et J6.
35 Voir *supra*, procédure J6, tâche 3.

ce même menu, il s'agit maintenant de créer le *module* dont la fonction sera de le présenter, côté front-office. La tâche qui nous intéresse ici met donc en jeu la troisième fonctionnalité de base relative à l'intégration des menus, à savoir la création de *modules* de « type » Menu.

Commentaire. – WordPress ne fonctionne pas autrement, la seule différence réside dans le fait que les trois espaces de configuration (menu/liens/bloc de présentation) sont réunis dans un seul écran.

Focus

« Type » des menus *vs* « Type » des *modules*

Les deux « types » dont on parle ici ne doivent pas être confondus. Le premier « type » est un identifiant qui vient compléter le nom des menus, c'est l'utilisateur qui le définit. Le second « type », celui des *modules*, s'apparente quant à lui au « type » des liens, en tant que type dans son acception la plus commune. Le type de *module* Menu est un « type » parmi d'autres, il y en a une vingtaine en tout :

- Le « type » Articles les Plus Consultés ;
- Le « type » Contenu Personnalisé ;
- Le « type » Image Aléatoire ;
- etc.

Pour créer des *modules*, en général, et donc pour créer celui qui nous intéresse ici, en particulier, il faudra tout d'abord se reporter à l'écran de gestion des *modules* (menu [principal] ; chemin : Extensions > Modules), puis cliquer sur le bouton Nouveau.

Remarque. – Il est aussi possible de passer par l'écran de gestion des menus (menu [principal] ; chemin : Menus > Gérer). Dans ce cas, il faudra cliquer sur le lien Assigner un Module à ce Menu – qui se trouve en regard du menu concerné, sous la colonne Module(s) de Menu Assigné(s).

Il faudra ensuite :

1. Sélectionner le « type de *module* » Menu, puis le menu à considérer.
2. Saisir le titre du *module*.
3. Affecter le *module* à une *position* donnée.
4. Contextualiser le *module*.

Il conviendra enfin de valider la configuration du *module* en cliquant sur le bouton Enregistrer & Fermer.

[N4] Tâche 1 : Sélection du « type de module » Menu, puis sélection du menu à considérer

Pour exploiter le « type de module » Menu, il faut, dans un premier temps, sélectionner l'option Menu – intégrée dans la fenêtre Module-Sélectionnez un Type de Module (partie basse de l'écran, les « types » sont classés par ordre alphabétique) –, puis dans un second temps, sélectionner le menu à considérer (MN2C-01 : Réglementation) dans la liste déroulante Menu à Afficher.

Tâches 2 et 3 : Saisie du titre du *module*, puis affectation de celui-ci à une *position* donnée

La question du titre des *modules*, de même que celle de leur affectation à une *position* donnée, ont déjà été abordées, lors de la reconfiguration du *module* associé au menu principal[36]. Dans le cas présent le titre à saisir sera celui du menu (MN2C-01 : Réglementation).

[N2] Tâche 4 : Contextualisation du *module*

Il faut savoir que la configuration des *modules* ne se limite pas forcément à la saisie d'un titre et à la sélection d'une *position*. Joomla met en jeu des fonctionnalités complémentaires permettant, je le rappelle, de personnaliser leur style, mais celle qui nous intéresse ici plus particulièrement est la contextualisation de *module*.

Comme son nom l'indique, cette fonctionnalité, dont l'exploitation est dictée par le contenu, donne la possibilité de présenter les *modules* dans un contexte donné (ce sera l'espace réglementaire du site Web dans le cas présent, en vertu des règles de navigation définies dans le chapitre V[37]), alors que par défaut ils sont affichés dans toutes les pages.

Pour exploiter cette fonctionnalité, il faut tout d'abord activer l'onglet Assignation des Menus, puis sélectionner l'option Uniquement les Liens Sélectionnés (liste déroulante « Assigner à... »). Aussitôt, Joomla affiche l'ensemble des liens des différents menus, il suffit alors de sélectionner les liens représentant les pages dans lesquelles les *modules* doivent être intégrés (cases à cocher : Réglemention du commerce des espèces menacées, Espèces en voie d'extinction, Espèces surexploitées, Espèces contrôlées).

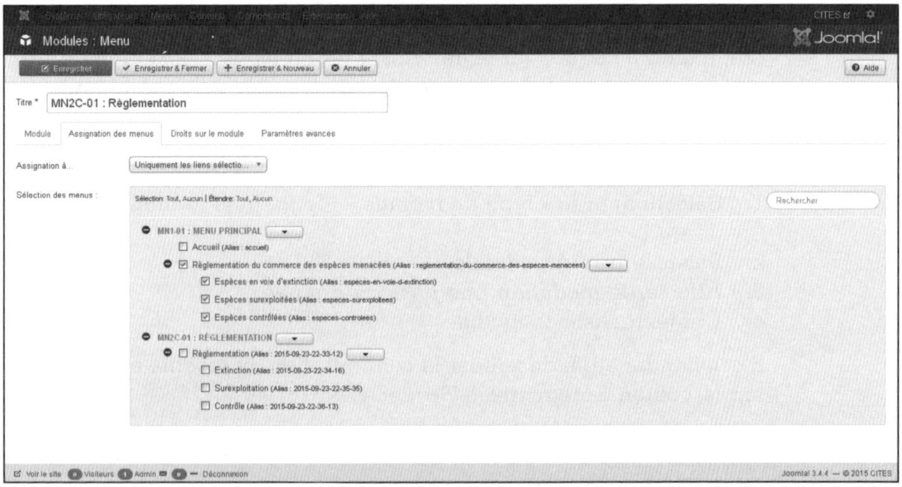

Écran 77. Contextualisation du module associé au menu

36 Voir *supra*, procédure J2.3.2, tâches 1 et 2.
37 Voir *supra*, chap. V, section « Présentation des règles de navigation : intégration du *siloing* ».

Remarque. – La sélection des liens du menu « MN2C-01 : réglementation » est inutile car les liens en question sont les « alias » des liens du menu principal. Lorsque l'utilisateur clique sur l'un d'eux, tout se passe comme s'il cliquait sur le lien correspondant dans le menu principal, pour lequel le *module* doit s'afficher.

Commentaire. – Cet exercice montre une fois de plus à quel point les liens sont importants. Nous venons de le voir, ils permettent de contextualiser les *modules*… les exercices précédents ont montré leur importance quant au formatage des contenus et à l'optimisation de leur référencement.

7. LOTS 8-17 : MISE EN LIGNE DES PAGES DE L'ESPACE DE COMMUNICATION SUR LES ESPÈCES PROTÉGÉES

7.1 Lot 8 : Mise en place des rubriques

Cet exercice (étape 8/20) consiste à mettre en place les rubriques de l'espace de communication sur les espèces. Sa réalisation fait intervenir 28 micro-tâches représentant à peu près un quart d'heure de travail. (Avancement de l'intégration des pages à l'issue de l'exercice *(statu quo)* : 5/20)

Sont à considérer, la rubrique parente *(catégorie)* « Espèces protégées par la CITES » et ses trois sous-rubriques *(catégories)* :

- Espèces en voie d'extinction protégées par la CITES.
- Espèces surexploitées protégées par la CITES.
- Espèces contrôlées protégées par la CITES.

Procédure J8 : Création/configuration de la *catégorie parente* puis des *catégories filles*

Je rappelle ici que pour créer des *catégories*, il faut d'abord ouvrir les menu/sous-menu Contenu/Catégories, puis sélectionner l'item Ajouter une Catégorie (menu [principal] ; chemin : Contenus > Catégories > Ajouter une catégorie). (Vous pourrez aussi cliquer sur le bouton Nouveau de l'écran de gestion des *catégories*, après l'enregistrement des *catégories* ici considérées.)

Il faudra ensuite :

1. Saisir le titre des *catégories*.
2. Saisir les contenus.
3. Hiérarchiser les *catégories filles*.
4. Saisir les descriptifs.

Il conviendra enfin de valider la configuration des *catégories* en cliquant sur le bouton Enregistrer & Fermer.

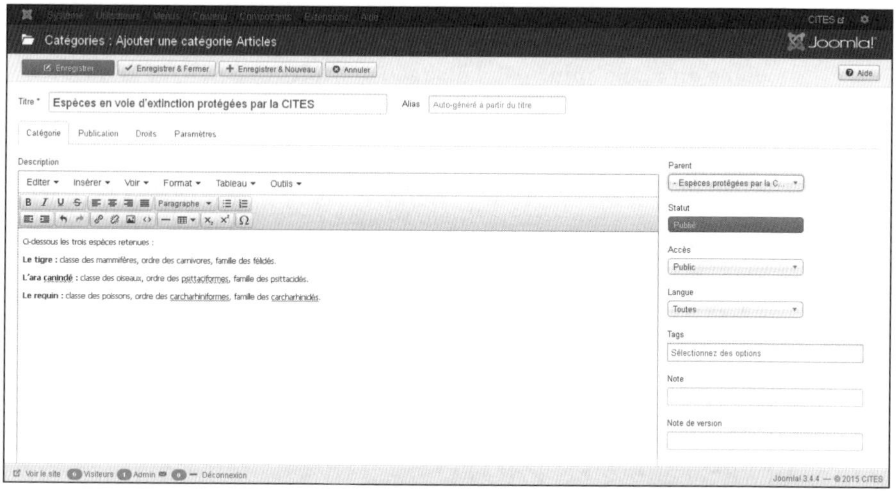

Écran 78. Configuration de la première catégorie fille

Tâches 1 et 2 : Saisie du titre et du contenu des *catégories*

Ces questions ont déjà été abordées lors de la mise en place de la rubrique sur la réglementation[38].

[N2] Tâche 3 : Hiérarchisation des *catégories filles*

La hiérarchisation des *catégories* est une fonctionnalité de base, au même titre que le *classement* des articles.

Pour l'exploiter, il faut toujours se reporter à la colonne de droite, mais cette fois-ci, on sélectionnera la *catégorie parente* à considérer (Espèces protégées par la CITES) dans la liste déroulante Parent, et non Catégorie (cas des *articles*).

Tâche 4 : Saisie des descriptifs

La question de l'intégration du descriptif des contenus a déjà été abordée une première fois, lors de la mise en place de la rubrique sur la réglementation[39], puis une deuxième fois, avec les articles de cette même rubrique.

7.2 Lot 9 : Mise en place des articles

Cet exercice (étape 9/20) consiste à mettre en place les articles de l'espace de communication sur les espèces. Sa réalisation fait intervenir en tout 348 micro-tâches représentant environ trois heures et de demi de travail. (Avancement de l'intégration des pages à l'issue de l'exercice *(statu quo)* : 5/20)

Remarque. – L'intégration des articles prend trois heures, dont trois quarts d'heure pour les mots-clés, celle des photos (chargement et insertion) prend une demi-heure.

38 Voir *supra*, procédure J4.2, tâches 1 et 2.
39 Voir *supra*, procédure J4.2, tâche 4.

Les articles *(articles)* à considérer sont : Le tigre/L'ara canindé/Le requin à pointes noires/Le Grand dauphin/Le colibri moucheté/L'alligator d'Amérique/Le gorille des Montagnes/Le paon bleu/La tortue carette.

Comme dans le cas de WordPress, les articles seront complétés par une fiche Projet indiquant : le nom des projets, leur coût, le ou les partenaire(s) impliqué(s), leur durée et leur avancement.

Intégrés dans Blog lié à une rubrique *(catégorie)*, ils se réduiront à un extrait complété par un lien donnant accès au détail du contenu.

Articles et extraits seront agrémentés de deux photos différentes : une pour l'article complet, une autre pour l'extrait.

Procédure J9 : Intégration des articles

Procédure J9.1 (une seule tâche) : Chargement des photos.

Procédure J9.2 : Intégration du contenu des *articles* hors fiches Projet.

[N1/N4] Procédure J9.1 (une seule tâche) : Chargement des photos

Le chargement de photos est une fonctionnalité de base.

Pour l'exploiter, il faut tout d'abord se reporter à l'écran de gestion des médias (menu [principal] ; chemin : Contenu > Médias).

Il faut ensuite cliquer sur le bouton Transférer, sélectionner les fichiers à charger – enregistrés localement –, cliquer sur le bouton Ouvrir, puis finalement sur le bouton Démarrer l'Envoi.

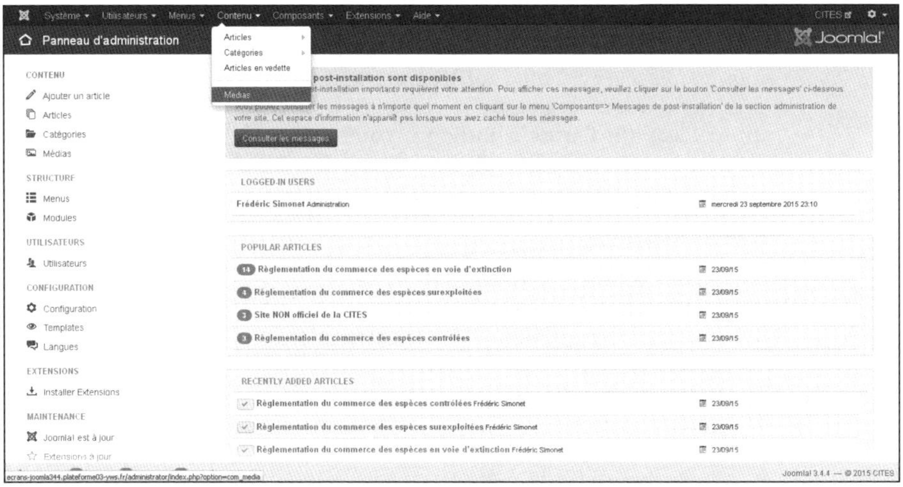

Écran 79. Sous-menu donnant accès aux contenus multimédias

Il convient d'ajouter que Joomla donne la possibilité de classer les photos dans des dossiers et des sous-dossiers, qui, du fait des mots-clés insérés dans les libellés, permettront d'optimiser le référencement des pages (exemple : especes-protegees-par-la-cites/extinction).

Pour créer un dossier, il faut cliquer sur le bouton Créer un Nouveau Dossier, saisir le nom du dossier (le champ à renseigner n'a pas d'étiquette), puis cliquer sur le bouton Créer un Dossier.

Procédure J9.2 : Intégration du contenu des *articles* hors fiches Projet

> **Procédure J9.2.1** : Création/configuration des *articles*.
>
> **Procédure J9.2.2 (une seule tâche) :** Masquage du titre des *articles* dans les « Lire la suite ».

Procédure J9.2.1 : Création/configuration des *articles*

Cette procédure nous donne l'occasion de revenir à nouveau sur la création d'*article*. Cette fonctionnalité a déjà été exploitée une première fois, pour intégrer la page d'accueil[40], puis une deuxième fois, pour intégrer les articles de la rubrique sur la réglementation[41].

Ces deux premiers cas mettant l'accent sur les paramètres de base, à savoir le titre des *articles*, leur contenu et la *catégorie* à laquelle ils appartiennent, le cas présent met en jeu des paramètres supplémentaires ayant pour objet : a) l'insertion du séparateur accroche/contenu – dans les *articles* – ; b) l'indexation des *articles* ; c) l'intégration des photos ; d) la personnalisation du « Lire la suite ». L'exploitation de ces quatre fonctionnalités est dictée par la nature des contenus à considérer et la nécessité d'optimiser leur référencement.

Il convient de préciser que, par rapport aux deux cas précédents, cette procédure implique une charge de travail plus importante, principalement due à l'intégration des photos et à la saisie des mots-clés.

Je rappelle ici que, pour créer des *articles*, il faut d'abord ouvrir les menu/sous-menu Contenu/Articles, puis sélectionner l'item Ajouter un Article (menu [principal] : chemin : Contenu > Articles > Ajouter un article). (Je l'ai déjà indiqué, vous pourrez aussi cliquer sur le bouton Nouveau de l'écran de gestion des *articles*, après l'enregistrement des *articles* ici considérés.)

Il faudra ensuite :

1. Saisir le titre des *articles*.
2. Saisir les contenus.
3. Insérer les séparateurs accroche/contenu.
4. Classer les *articles*.
5. Indexer les *articles*.
6. Saisir les descriptifs.
7. Intégrer les photos.
8. Saisir les « Lire la suite ».

Il conviendra enfin de valider la configuration des *articles* en cliquant sur le bouton Enregistrer & Fermer.

40 Voir *supra*, procédure J3.1.
41 Voir *supra*, procédure J4.2.

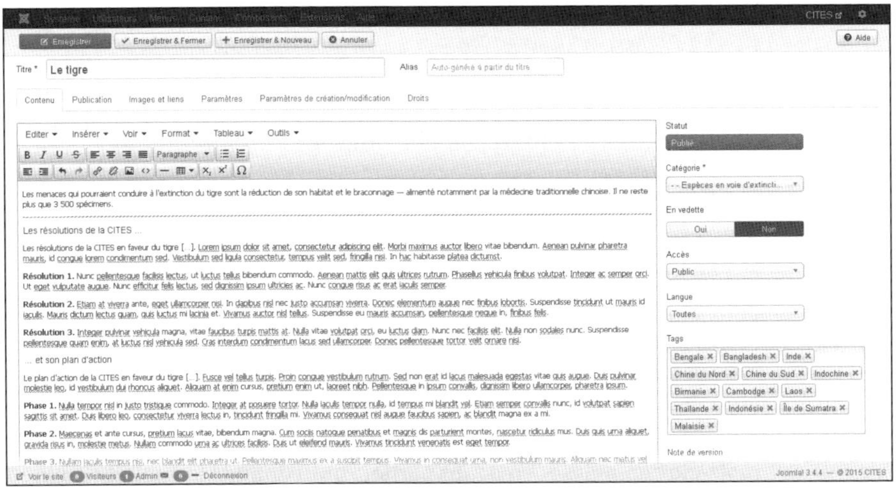

Écran 80. Configuration du premier article de l'espace de communication

Tâches 1 et 2 : Saisie du titre et du contenu des *articles*

Les questions relatives à la saisie du titre et à celle du contenu ont déjà été abordées une première fois lors de la mise en place de la page d'accueil[42], puis une deuxième fois, avec les articles sur la réglementation.

[N2] Tâche 3 : Insertion des séparateurs accroche/contenu

Cette tâche met en jeu une fonctionnalité de base, la définition de l'accroche des *articles*.

Son exploitation est dictée par la nécessité de produire des listes de type Blog. (Je rappelle ici que Joomla donne aussi la possibilité d'intégrer les *articles* dans des tableaux[43]. Avec ce type de format, les accroches n'ont pas lieu d'être.)

Pour définir l'accroche des *articles*, il faut tout d'abord positionner le curseur là où l'on souhaite insérer le séparateur, il suffit ensuite de cliquer sur le bouton Lire la Suite, qui se trouve sous l'éditeur.

Il faut savoir que, par défaut, les accroches sont traitées en tant qu'extraits et que, de ce fait, elles réapparaîtront telles quelles au début des *articles* lorsque ceux-ci seront présentés individuellement. Cette configuration de base (boutons radio : Texte d'introduction ; option : Afficher) est définie dans l'écran « Articles : Paramètres » auquel on accédera en passant par l'écran de gestion des *articles*.

Si l'on souhaite définir les accroches en tant que résumés, comme nous l'avons fait avec WordPress, il suffit de masquer le « texte d'introduction » des *articles* (boutons radio : Texte d'introduction ; option : Masquer).

42 Voir *supra*, procédure J3.1, tâches 1 et 2.
43 Voir *supra*, procédure J5, tâche 2.

Tâche 4 : Classement des *articles*

La question du classement des articles a déjà été abordée, lors de la mise en place des articles sur la réglementation[44].

[N2/N3] Tâche 5 : Indexation des *articles*

L'indexation des *articles* est une deuxième fonctionnalité de base dont l'exploitation est dictée, d'un côté, par la nature des contenus, et non par leur architecture, car il s'agit bien de décrire les *articles* et non de les classer, de l'autre, par l'optimisation du référencement.

Pour exploiter cette fonctionnalité, il faut saisir les mots-clés de l'*article* concerné (champ Tags), un par un (Bengale, Bangladesh, Inde, Chine du Nord, etc. dans le cas présent), puis les valider avec la touche d'entrée du clavier.

Il convient de préciser que Joomla ne permet pas de copier-coller les mots-clés en masse. En contrepartie, l'outil donne la possibilité d'intégrer des mots-clés composés séparés par une virgule (exemple : « Formation WordPress, Joomla, Drupal »).

Tâche 6 : Saisie des descriptifs

La question de l'intégration du descriptif des contenus a déjà été abordée plusieurs fois, notamment lors de la mise en place des premiers articles[45] (hors page d'accueil).

[N1/N3] Tâche 7 : Intégration des photos

L'intégration « libre » de photo dans un *article* est une troisième fonctionnalité de base.

Pour l'exploiter, il faut tout d'abord positionner le curseur là où l'on souhaite insérer la photo, puis cliquer sur le bouton Image, qui se trouve sous l'éditeur. Il faut ensuite sélectionner [d'un clic] la photo à insérer, saisir le texte alternatif et la légende de la photo (champs Description/Légende), puis cliquer sur le bouton Insérer.

Si la notion d'intégration « libre » a été introduite, c'est parce que Joomla donne aussi la possibilité d'intégrer les photos en tant qu'éléments de structure (onglet Images et Liens), avec une position fixe – celles-ci viendront se positionner automatiquement au-dessus du texte, sur la gauche.

L'intérêt de cette technique réside essentiellement dans le fait qu'elle permet de présenter une première photo (item Image d'Intro) pour les Blogs, et d'en utiliser une autre lorsque les *articles* sont présentés individuellement (item Image de l'Article Complet).

Quoi qu'il en soit, le chemin à suivre pour intégrer les photos reste le même : il faut cliquer sur le bouton Sélectionner, sélectionner les photos à insérer, saisir le texte alternatif des photos (champ Alt Texte), leur légende (champ Légende), puis cliquer sur le bouton Insérer.

44 Voir *supra*, procédure J4.2, tâche 3.
45 Voir *supra*, procédure J4.2, tâche 4.

Remarque. – Les questions relatives au texte alternatif et à la légende des photos, de même que celles relatives à leur positionnement et leur format, ont été évoquées précédemment lorsqu'il s'est agi d'intégrer les photos avec le CMS WordPress[46].

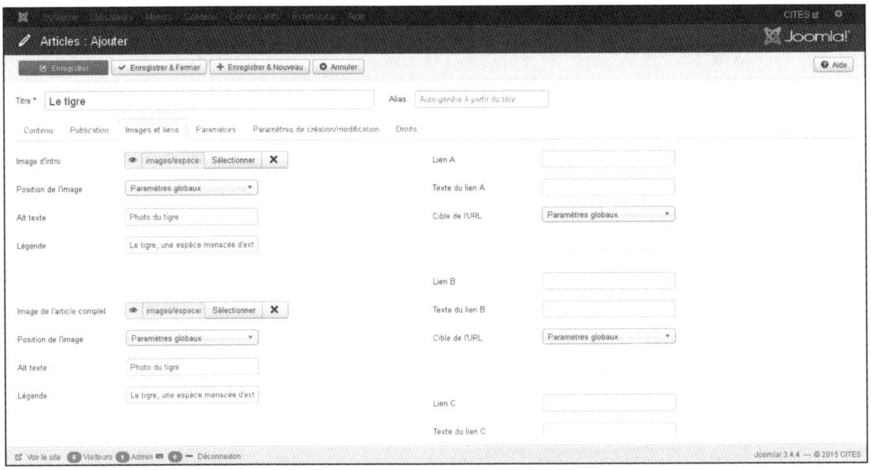

Écran 81. Configuration du sous-espace permettant d'intégrer les deux photos en tant qu'éléments de structure. Avec une première photo pour le Blog et une seconde pour l'article présenté individuellement

[N3] Tâche 8 : Saisie des « Lire la suite »

Cette tâche met en jeu une quatrième fonctionnalité de base, la personnalisation du libellé des liens donnant accès au détail des *articles*.

Son exploitation n'est pas une obligation, mais il convient tout de même de l'intégrer car elle contribue à l'optimisation du référencement des pages, et cela concerne aussi bien les pages appelantes (dans lesquelles se trouvent les liens) que les pages pointés par ces mêmes liens, en l'occurrence des *articles*.

Pour personnaliser le libellé des liens, il faut tout d'abord activer l'onglet Paramètres, il suffit ensuite de renseigner le champ « Texte Lire la Suite… ».

[N4] Procédure J9.2.2 (une seule tâche) : Masquage du titre des *articles* dans les « Lire la suite »

Cette procédure, qui se réduit à une seule tâche, est corrélée à la tâche précédente. Il s'agit de désactiver l'affichage du titre des *articles* en guise de « Lire la suite » car celui-ci vient d'être personnalisé.

En soi, l'affichage (ou non) du titre des *articles*, dans les « Lire la suite », est somme toute secondaire. Dans le cas présent, c'est la technique utilisée pour exploiter cette fonctionnalité qui retiendra notre attention.

J'ai déjà eu l'occasion de l'évoquer à deux reprises, pour traiter la question de la mise en ordre des *articles*[47] puis celle de l'intégration

46 Voir *supra,* chap. précédent, procédure W9.2.1, tâche 4.
47 Voir *supra,* focus « Ordonner les articles ».

des résumés en lieu et place des extraits[48], Joomla fait intervenir un espace de configuration « global » spécialement dédié à la gestion des contenus, et des *articles* en particulier. Le moment est venu de l'exploiter, cela nous évitera d'avoir à configurer les *articles* concernés, un par un.

Je rappelle ici que, pour accéder à cet espace de configuration, il faut tout d'abord se reporter à l'écran de gestion des *articles* (menu [principal] ; chemin : Contenu > Articles), puis cliquer sur le bouton Paramètres qui se trouve en regard des boutons de gestion Nouveau/Modifier/Publier…

Dans le cas présent, il s'agit de masquer le titre des *articles* (dans les « Lire la suite »). Pour cela, il faut d'abord se reporter au paramètre Titre de l'Article (onglet Articles), qui se trouve dans la partie basse de l'écran sous le paramètre « Lire la Suite… ». Il faut ensuite sélectionner l'option Masquer (bouton radio), puis valider la mise à jour en cliquant sur le bouton Enregistrer & Fermer.

Focus
Trois espaces de configuration

Il faut savoir que Joomla définit pour les contenus, à savoir les *catégories* et les *articles*, trois espaces de configuration dans lesquels on retrouvera quasiment les mêmes paramètres. Il y a donc un premier espace, l'espace de configuration « global » (que l'on vient d'exploiter), il y a ensuite un deuxième espace (déjà exploité à plusieurs reprises), quant à lui rattaché à l'espace de configuration des liens, et enfin un troisième espace spécialement rattaché aux contenus (qui ne sera pas exploité).

Si l'espace de configuration « global » a pour vocation de définir la configuration de base des contenus, les deux autres espaces servent quant à eux à spécialiser cette configuration. Deux cas de figure sont alors à considérer selon que les contenus seront (ou non) pointés par des liens intégrés dans des menus.

Si les contenus à considérer sont pointés par des liens intégrés dans des menus, il faudra se référer à la configuration de ceux-ci (les liens) pour spécialiser la présentation de ceux-là (les contenus). Si au contraire, les contenus ne sont pas directement accessibles depuis les menus, il faudra alors se reporter à leur espace de configuration propre, qui sera soit celui des *catégories* soit celui des *articles*.

Attention ! Il faut bien comprendre que si une page donnée est pointée par un lien de menu, avec une configuration spécifique mise en place à l'échelle du lien, celle-ci l'emportera obligatoirement sur les deux autres. En d'autres termes, cela signifie que les configurations définies globalement et à l'échelle des contenus seront ignorées et que, de ce fait, leur éventuelle modification ne produira aucun effet. Il ne s'agit pas d'un bug fonctionnel, mais d'une règle de gestion qu'il convient d'intégrer.

48 Voir *supra*, procédure J9.2.1, tâche 3.

7.3 Lot 10 : Intégration des fiches Projet

Cet exercice (étape 10/20) a pour objet l'intégration des fiches Projet. Sa réalisation fait intervenir en tout 102 micro-tâches représentant environ une heure de travail. (Avancement de l'intégration des pages à l'issue de l'exercice *(statu quo)* : 5/20)

Je l'ai déjà indiqué lors de l'intégration des contenus avec WordPress, ces fiches Projet font intervenir cinq éléments de structure :

- le nom du projet (en-tête de la fiche) ;
- le coût du projet ;
- le ou les partenaire(s) du projet ;
- la durée du projet ;
- l'avancement du projet.

Procédure J10 : Intégration des fiches Projet

Je rappelle ici qu'il s'agit de créer des champs supplémentaires ayant pour vocation de structurer la saisie des contenus et leur présentation. À la différence de WordPress[49] et surtout de Drupal[50], Joomla ne permet pas d'intégrer des champs personnalisés sans faire appel à une extension.

Notre choix s'est porté sur une extension qui s'appelle Aixeena CCK. L'usage de cette extension suppose la création d'un premier script (article.xml), dont la fonction est de définir les champs que l'on souhaite ajouter (côté back-office), puis celle d'un second script (fiche_projet.php) servant quant à lui à récupérer et à mettre en forme les contenus des fiches (côté front-office). L'usage de cette extension implique par ailleurs l'insertion des fiches (générées par fiche_projet.php) dans le script spécialement dédié à la présentation des *articles*.

Remarque. – Il existe des extensions « clés en main » qui évitent d'avoir à passer par la case « développement », mais ces extensions[51], qui sont très puissantes, ne sont pas spécialement faciles à appréhender. Aixeena CCK est une extension qui certes nécessite l'écriture de quelques lignes de codes, mais c'est une extension qui, une fois intégrée, est extrêmement facile à utiliser.

Tâches à réaliser :

1. Charger et activer le *plugin* Aixeena CCK.
2. Charger le fichier article.xml.
3. Charger le fichier fiche_projet.php.
4. Saisir le contenu des fiches.

[N1/N4] Tâche 1 : Chargement et activation du *plugin* Aixeena CCK

Cette tâche met en jeu une fonctionnalité aussi incontournable que l'installation d'un nouveau *template*, il s'agit dans le cas présent d'installer une extension qui, en l'occurrence, est un *plugin*.

49 Voir *supra*, chap. précédent, procédures W9.2.3 et W9.4 (création des champs/affichage des contenus).
50 Voir *infra*, chap. suivant, procédure D12.
51 K2, https://getk2.org ; Seblod, http://www.seblod.com ; Zoo, http://yootheme.com/zoo.

L'installation des *plugins* est conforme à celle des *templates*. Il faut tout d'abord se reporter à l'écran de gestion des extensions (menu [principal] ; chemin : Extensions > Gérer).

Il faut ensuite cliquer sur le bouton Parcourir, sélectionner l'archive du *plugin* à installer – qui est enregistrée localement dans un format de type « zip » (plg_aixeena_cck_2.0.1.zip) –, cliquer sur le bouton Ouvrir (du poste local), puis sur le bouton Envoyer & Installer.

Le premier clic (bouton Ouvrir) déclenchant le chargement du *plugin*, le second le rend disponible, c'est-à-dire utilisable, mais pour autant, le *plugin* chargé n'est pas encore actif, comme dans le cas des *templates*. Pour qu'il le devienne, il faut se reporter à l'écran de gestion des *plugins* (menu [principal] ; chemin : Extensions > Plugin), puis cliquer sur la croix située à côté du *plugin* à installer (Content – Aixeena CCK) (colonne Statut).

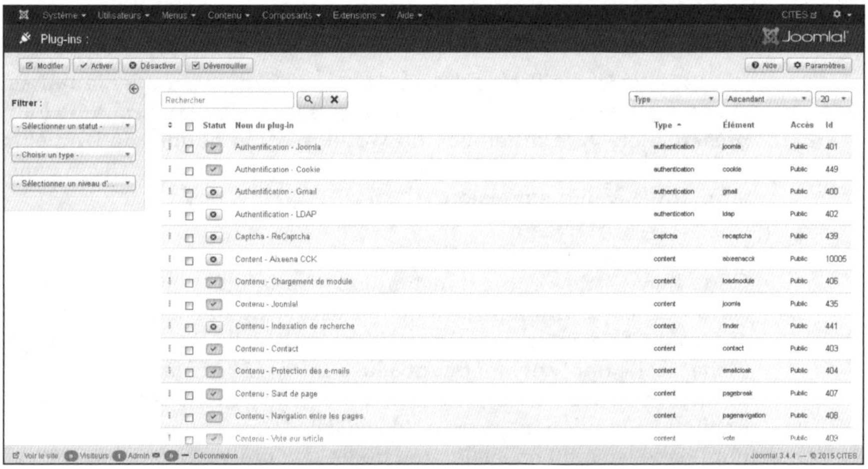

Écran 82. Après leur installation, les plugins marqués par une petite croix (colonne Statut) doivent être activés

Focus
Trois types d'extensions

Il faut savoir que, mis à part les *templates* que l'on rapprochera des *thèmes* de WordPress ou de Drupal, Joomla fait intervenir trois types d'extensions : les *plugins*, que l'on vient de traiter à travers un exemple, les *modules* et les *composants*.

Tout d'abord, il faut savoir que ces trois types d'extensions peuvent intervenir aussi bien côté back-office que front-office – à ce propos, il convient d'ailleurs de remarquer que l'extension installée dans le cas présent, Aixeena CCK, intervient des deux côtés. Ensuite, il faut savoir que les *composants*, les *modules* et les *plugins* tirent leur spécificité de leur mode d'exploitation, au regard de l'architecture matérielle des pages :

- Les *plugins* sont des extensions qui s'exploitent au sein même des contenus, à l'intérieur du bloc principal (le *plugin* Aixeena CCK est effectivement dédié à l'intégration de contenus structurés à l'intérieur des *articles*).

- Les *modules* sont des extensions qui s'exploitent autour du bloc principal, ils correspondent aux blocs de niveau 2 qui, je le rappelle ici, sont rattachés aux blocs de niveau 1, les *positions*.
- Les *composants* sont quant à eux des extensions qui s'exploitent à l'intérieur du bloc principal en lieu et place des *catégories* et des *articles*.

[N4/N5] Tâche 2 : Chargement du fichier article.xml

Cette tâche est corrélée à la tâche précédente. Elle met en jeu une opération basique, le chargement de fichier en dehors du back-office.

Pour réaliser ce type d'opération, il faut tout d'abord se connecter au serveur qui héberge le CMS. Pour cela, on utilisera soit son propre logiciel, Filezilla par exemple, soit celui de l'hébergeur (service en ligne). Il faut ensuite sélectionner le fichier à considérer – enregistré localement –, puis le charger à l'endroit souhaité.

Dans le cas présent, le fichier créé localement, article.xml, doit être placé dans le dossier plugins/content/aixeenacck/forms. L'exercice ne prend que quelques minutes (4 micro-tâches en faisant appel au service de notre hébergeur).

[N4/N5] Tâche 3 : Chargement du fichier fiche_projet.php

Cette tâche met en jeu le même type d'opération. Le fichier créé localement, fiche_projet.php, doit cette fois-ci être placé dans le dossier layouts/plugins/aixeena_cck. L'exercice ne prend lui aussi que quelques minutes.

[N2/N5] Tâche 4 : Saisie du contenu des fiches

Pour saisir le contenu des fiches, il faudra se reporter à l'écran de gestion des *articles* (menu [principal] ; chemin : Articles), cliquer sur la référence des *articles* à considérer (Le tigre), puis activer l'onglet « Fiche projet ». Il faudra ensuite saisir le contenu [des fiches] puis le valider en cliquant sur le bouton Enregistrer & Fermer.

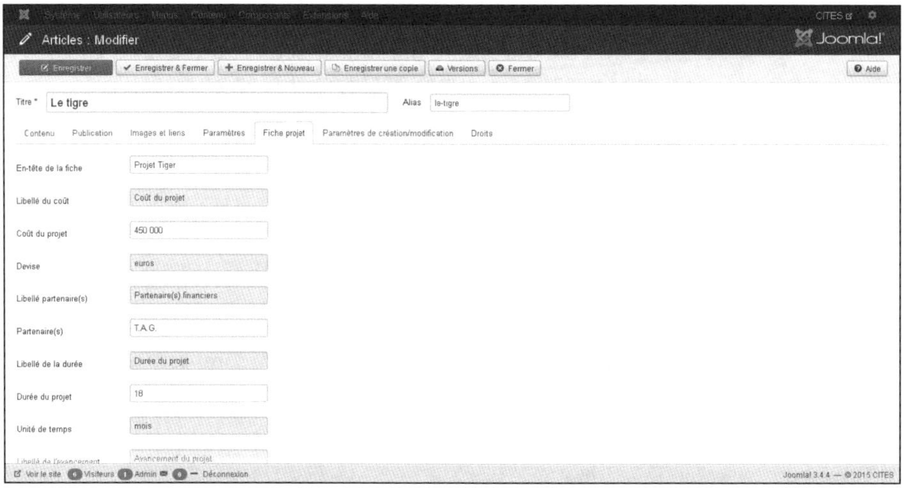

Écran 83. Intégration de la fiche Projet

7.4 Lot 11 : Mise en ligne de la rubrique de plus haut niveau

Cet exercice (étape 11/20), qui ne prend que quelques minutes (12 micro-tâches), consiste à mettre en ligne la rubrique de plus haut niveau de l'espace de communication sur les espèces en faisant appel à un format d'affichage qui permettra de joindre les sous-rubriques. (Avancement de l'intégration des pages à l'issue de l'exercice (+1) : 6/20)

Il s'agit donc d'ajouter, dans le menu principal, le lien sur la rubrique *(catégorie)* « Espèces protégées par la CITES », le libellé [du lien] reprenant littéralement le titre de la rubrique.

Le contenu de la rubrique sera complété par trois blocs présentant les trois sous-rubriques *(catégories)* intégrées précédemment. La sous-rubrique concernant les espèces en voie d'extinction sera intégrée dans le bloc de tête, les sous-rubriques relatives aux espèces surexploitées et aux espèces contrôlées seront quant à elles intégrées dans les deuxième et troisième blocs.

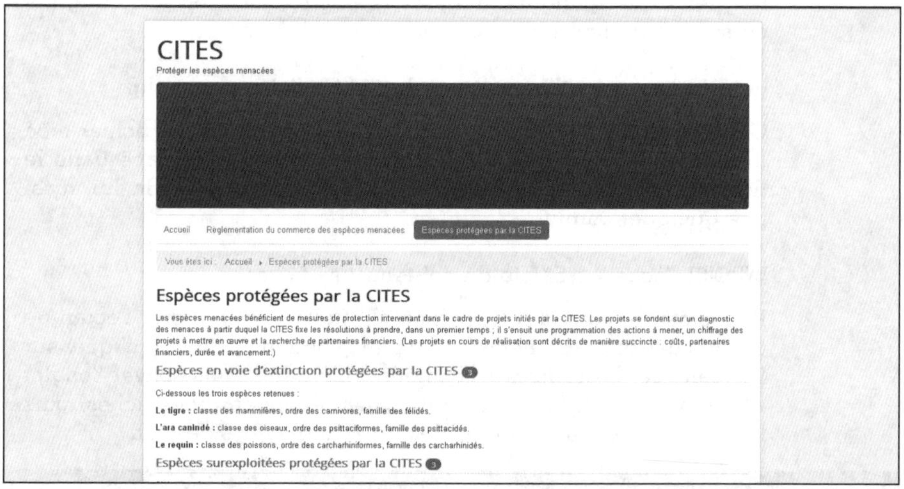

Écran 84. Rubrique parente et sous-rubriques de l'espace de communication sur les espèces

Procédure J11 : Création/configuration du lien de premier niveau

Cette procédure met en jeu un quatrième « type » de lien, le « type » Liste de Toutes les Catégories, celui-ci vient compléter les « types » Article[52], Liste des Articles d'une Catégorie[53] et Alias de Lien de Menu[54].

La fonction de ce « type » est de générer le format dédié à l'affichage d'un ensemble de *catégories* ayant en commun une même *catégorie parente*.

52 Voir *supra*, procédure J3.2, tâche 2.
53 Voir *supra*, procédure J5, tâche 2.
54 Voir *supra*, procédure J7.2, tâche 2.

Son exploitation est dictée par l'architecture du contenu. Le chemin à suivre, pour l'intégrer, est conforme à celui des liens faisant appel au « type » Liste des Articles d'une Catégorie.

Je rappelle ici que, pour ajouter un lien dans un menu, il faut d'abord se reporter à l'écran de gestion des liens du menu *ad hoc* (menu [principal] ; chemin : Menus > « MN1-01 : Menu principal »), puis cliquer sur le bouton Nouveau.

Il faudra ensuite :

1. Saisir le libellé du lien.
2. Après avoir sélectionné le « type de lien de menu » Liste de Toutes les Catégories, sélectionner la *catégorie* à considérer.
3. Reprendre les paramètres SEM/SEO de la *catégorie*.

Il conviendra enfin de valider la configuration du lien en cliquant sur le bouton Enregistrer & Fermer.

Tâche 1 : Saisie du libellé du lien

Cette question a déjà été abordée une première fois lors de la mise en place du lien sur la rubrique relative à la réglementation[55], puis une deuxième fois, avec les liens pointant vers les articles de cette même rubrique.

[N2][O] Tâche 2 : Après sélection du « type de lien de menu » Liste de Toutes les Catégories, sélection de la *catégorie* à considérer

Pour exploiter le « type » Liste de Toutes les Catégories, il faut cliquer sur le bouton Sélection, ouvrir le panneau déroulant Articles – intégré dans la *lightbox* Type de Lien de Menu –, puis sélectionner l'option Liste de Toutes les Catégories.

Le « type » sélectionné indiquant que l'on souhaite mettre en place un lien pointant vers une *catégorie* – qui sera LA *catégorie parente* des *catégories* de niveau inférieur à afficher –, il suffit ensuite de sélectionner la *catégorie parente* à considérer (Espèces protégées par la CITES) dans la liste déroulante Catégorie Principale.

Écran 85. Le format d'affichage à utiliser est celui qui permet d'afficher uniquement des catégories. (L'outil n'affiche pas les catégories qui ne contiennent pas d'articles.)

55 Voir *supra*, procédure J5, tâche 1.

Tâche 3 : Reprise des paramètres SEM/SEO de la *catégorie*

La question de l'optimisation du référencement a déjà été abordée, notamment pour traiter le cas de la page (rubrique) sur la réglementation[56]. Les paramètres à exploiter sont exactement les mêmes.

7.5 Lot 12 : Intégration du sous-menu donnant accès aux sous-rubriques

Cet exercice (étape 12/20) consiste à intégrer le sous-menu de l'espace de communication sur les espèces en faisant appel à un format d'affichage qui permettra de joindre les articles des sous-rubriques visées par les liens. Sa réalisation fait intervenir 52 micro-tâches représentant à peu près une demi-heure de travail. (Avancement de l'intégration des pages à l'issue de l'exercice (+3) : 9/20)

Il s'agit donc d'intégrer, dans le menu principal, le sous-menu qui donnera accès aux trois sous-rubriques *(catégories)* de l'espace de communication sur les espèces, sous-menu dont l'ouverture sera commandée par le survol du lien « Espèces protégées par la CITES ».

Ce sous-menu affichera les trois liens suivants :

- Espèces en voie d'extinction.
- Espèces surexploitées.
- Espèces contrôlées.

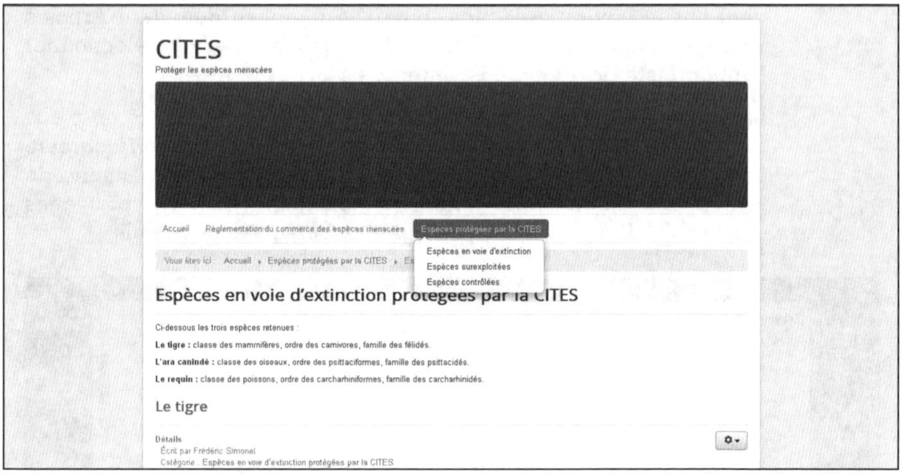

Écran 86. Sous-menu donnant accès aux rubriques de l'espace de communication sur les espèces

Le contenu des sous-rubriques sera complété par l'introduction des articles *(articles)* concernés. Ces derniers seront présentés dans un format de type Blog avec un ordre d'affichage chronologique reprenant l'ordre des enregistrements. Le format du Blog fera intervenir notamment le titre [des articles], la photo de l'espèce concernée et

56 Voir *supra*, procédure J5, tâche 5.

l'accroche [des articles]. Ces trois éléments de structure [de base] seront complétés par :

- la répartition géographique des espèces, sous la forme de mots-clés ;
- le nom de l'auteur des articles ;
- la rubrique parente des articles ;
- la date de publication [des articles] ;
- le nombre d'affichages.

L'introduction des articles sera complétée par un lien donnant accès au détail de leur contenu.

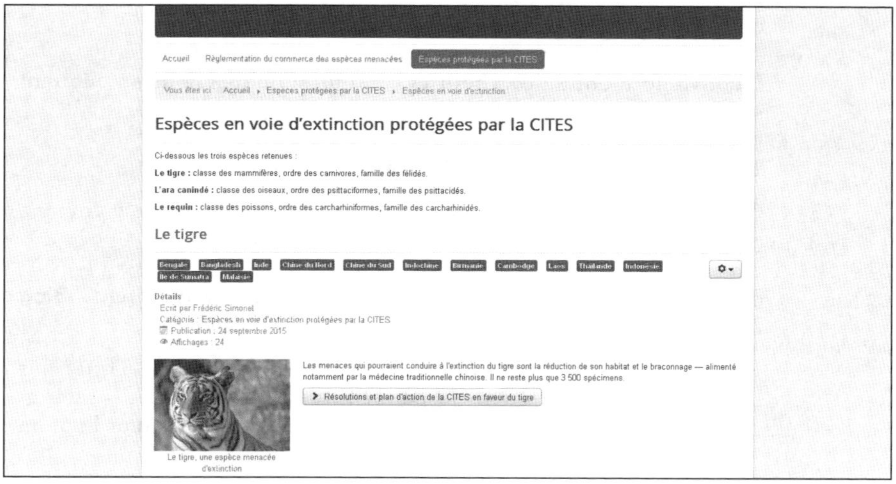

Écran 87. Articles de la première sous-rubrique de l'espace de communication sur les espèces

Procédure J12 : Création/configuration des liens de deuxième niveau

Cette procédure met en jeu un cinquième « type » de lien, le « type » Blog d'une Catégorie, celui-ci vient compléter les « types » Article[57], Liste des Articles d'une Catégorie[58], Alias de Lien de Menu[59] et Liste de Toutes les Catégories[60].

La fonction de ce « type » est de générer l'affichage de blocs associant une *catégorie* et ses *articles*, ces derniers étant intégrés dans un Blog.

Son exploitation est dictée non seulement par l'architecture du contenu, mais aussi par leur nature car, en effet, la présentation des articles dans un Blog n'est pas forcément le format d'affichage le plus pertinent. Le chemin à suivre, pour intégrer ce « type » de lien, est conforme à celui des liens faisant appel au « type » Liste des Articles d'une Catégorie.

57 Voir *supra,* procédure J3.2, tâche 2.
58 Voir *supra,* procédure J5, tâche 2.
59 Voir *supra,* procédure J7.2, tâche 2.
60 Voir *supra,* procédure J11, tâche 2.

Je rappelle ici que, pour ajouter des liens dans un menu, il faut d'abord se reporter à l'écran de gestion des liens du menu *ad hoc* (menu [principal] ; chemin : Menus > « MN1-01 : Menu principal »), puis cliquer sur le bouton Nouveau.

Il faudra ensuite :

1. Saisir le libellé des liens.
2. Après avoir sélectionné le « type de lien de menu » Blog d'une Catégorie, sélectionner les *catégories* à considérer.
3. Hiérarchiser les liens.
4. Afficher le contenu des *catégories*.
5. Saisir le nombre de colonnes à utiliser pour présenter les *articles*.
6. Reprendre les paramètres SEM/SEO des *catégories*.

Il conviendra enfin de valider la configuration des liens en cliquant sur le bouton Enregistrer & Fermer.

Tâche 1 : Saisie du libellé des liens

Cette question a déjà été abordée plusieurs fois. Je n'y reviens pas.

[N2][O] Tâche 2 : Après sélection du « type de lien de menu » Blog d'une Catégorie, sélection des *catégories* à considérer

Pour exploiter le « type » Blog d'une Catégorie, il faut cliquer sur le bouton Sélection, ouvrir le panneau déroulant Articles – intégré dans la *lightbox* Type de Lien de Menu –, puis sélectionner l'option Blog d'une Catégorie.

Le « type » sélectionné indiquant que l'on souhaite mettre en place un lien pointant vers une *catégorie* – qui sera la *catégorie* des *articles* à lister –, il suffit ensuite de sélectionner la *catégorie* à considérer (Espèces en voie d'extinction protégées par la CITES) dans la liste déroulante Sélection de Catégorie.

Tâche 3 : Hiérarchisation des liens

Les questions de hiérarchisation ont déjà été abordées une première fois, pour traiter le cas de liens faisant appel au « type » Article[61], puis une deuxième fois, avec le « type » Alias de Lien de Menu[62].

Le fait d'avoir à traiter dans le cas présent des liens de « type » Blog d'une Catégorie ne change rien. Il suffira donc de sélectionner le lien parent à considérer (Espèces protégées par la CITES) dans la liste déroulante Lien Parent.

Tâche 4 : Affichage du contenu des *catégories*

Cette question a déjà été abordée pour traiter le cas du lien faisant appel au « type » Liste des Articles d'une Catégorie[63]. Le fait d'avoir à mettre en place un lien de « type » Blog d'une Catégorie ne change rien.

61 Voir *supra*, procédure J6, tâche 3.
62 Voir *supra*, procédure J7.2, tâche 3.
63 Voir *supra*, procédure J5, tâche 3.

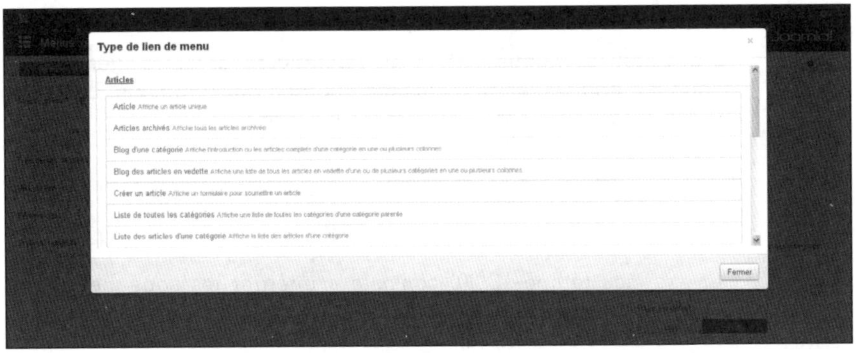

Écran 88. Le format d'affichage à utiliser est celui qui permet de « bloguer » les articles d'une catégorie

[N2] Tâche 5 : Saisie du nombre de colonnes à utiliser pour présenter les *articles*

Cette tâche met en jeu une fonctionnalité de base, la personnalisation du nombre de colonnes à utiliser pour présenter les *articles*.

Son exploitation est dictée par la nature des contenus à présenter.

Pour exploiter cette fonctionnalité, il faut tout d'abord activer l'onglet Affichage du Blog, il suffit ensuite de renseigner le champ Nombre de colonnes (1).

Commentaire. – Cet onglet est le pendant de l'onglet Liste associé au « type de lien de menu » Liste des Articles d'une Catégorie[64]. Ces deux onglets partagent un certain nombre de paramètres qui permettent d'agir, notamment, sur l'ordre des articles (liste déroulante : Ordre des articles).

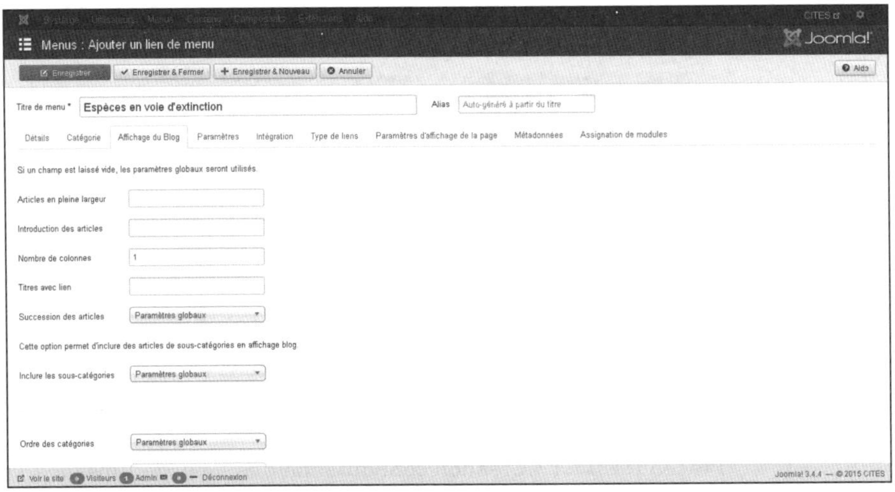

Écran 89. Les articles seront présentés dans une seule colonne, c'est-à-dire les uns en dessous des autres

64 Voir *supra*, procédure J5, tâche 4.

Tâche 6 : Reprise des paramètres SEM/SEO des *catégories*

La question de l'optimisation du référencement des pages correspondant à une *catégorie* a déjà été abordée plusieurs fois. Les paramètres à exploiter sont exactement les mêmes[65].

7.6 Lot 13 : Intégration des sous-menus donnant accès aux articles

Cet exercice (étape 13/20) consiste à intégrer les sous-menus qui donneront accès aux articles de l'espace de communication sur les espèces. Sa réalisation fait intervenir 107 micro-tâches représentant à peu près une heure de travail. (Avancement de l'intégration des pages à l'issue de l'exercice (+9) : 18/20)

Il s'agit donc d'intégrer, dans le menu principal, les trois sous-menus qui donneront accès aux neuf articles *(articles)* de l'espace de communication sur les espèces.

L'ouverture de ces trois sous-menus sera commandée par le survol des liens « Espèces en voie d'extinction », « Espèces surexploitées » et « Espèces contrôlées ».

Les trois sous-menus afficheront trois liens pointant vers les articles à considérer, les libellés des liens reprenant littéralement les titres des articles : « Le tigre », « L'ara canindé », « Le requin à pointes noires », etc.

Écran 90. Sous-menu donnant accès aux articles de l'espace de communication sur les espèces

Procédure J13 : Intégration des liens de troisième niveau

Procédure J13.1 : Création/configuration des liens de troisième niveau.

Procédure J13.2 (répétition de trois tâches identiques) : Masquage des boutons (impression/partage/navigation).

65 Voir *supra*, procédure J5, tâche 5.

Procédure J13.1 : Création/configuration des liens de troisième niveau

Cette procédure met en jeu des tâches faisant référence à des fonctionnalités déjà abordées précédemment. À *une* tâche près, le chemin à suivre pour l'exécuter reprend celui de la procédure ayant conduit à la création des liens sur les articles de la rubrique relative à la réglementation[66]. La seule différence tient au fait que, dans le cas présent, il n'est pas nécessaire de reprendre les paramètres de présentation.

Tâches à réaliser :

1. Saisir le libellé des liens.
2. Après avoir sélectionné le « type de lien de menu » Article, sélectionner les *articles* à considérer.
3. Hiérarchiser les liens.
4. Saisir le « Titre dans le navigateur ».

Il conviendra enfin de valider la configuration des liens en cliquant sur le bouton Enregistrer & Fermer.

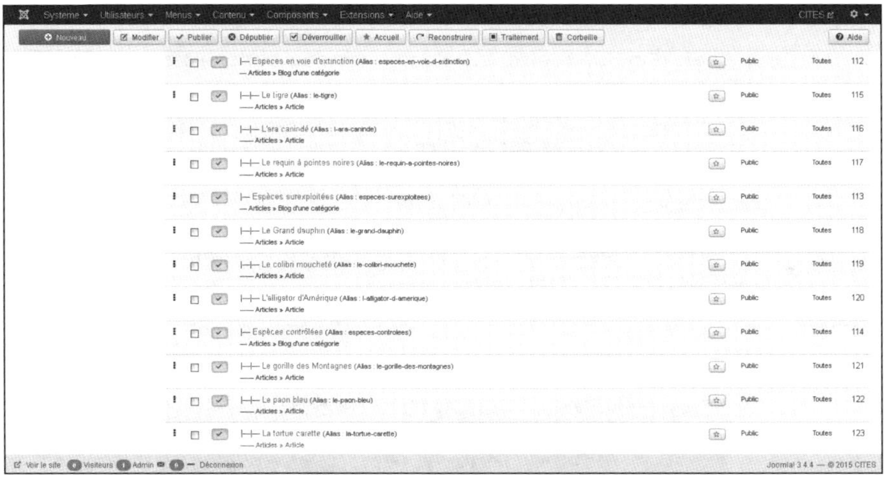

Écran 91. État de l'intégration des liens

Procédure J13.2 (répétition de trois tâches identiques) : Masquage des boutons (impression/partage/navigation)

Pour traiter la question du masquage des boutons périphériques – motivée par la volonté d'épurer la présentation des contenus –, nous aurions pu, comme précédemment[67], travailler à l'échelle de chacun des liens.

Cependant, compte tenu du nombre de liens à configurer dans le cas présent (neuf en tout), il s'avère plus judicieux de reprendre « globalement » la configuration des *articles*. Celle-ci s'appliquera automatiquement à l'ensemble des liens, et notamment à ceux qui viennent d'être créés.

Je rappelle ici que la configuration « globale » des *articles* a déjà été modifiée une première fois pour traiter le cas des « Lire la suite »[68],

66 Voir *supra*, procédure J6.
67 Voir *supra*, procédure J6, tâche 4.
68 Voir *supra*, procédure J9.2.2 (une seule tâche).

et que pour y accéder, il faut tout d'abord se reporter à l'écran de gestion des *articles*, puis cliquer sur le bouton Paramètres.

Ce sont les paramètres « Icône 'Imprimer' », « Icône 'E-mail' » et « Navigation entre articles » (onglet Articles) qui permettent de contrôler l'affichage (ou non) des boutons ici considérés (impression/partage/navigation).

Dans le cadre de notre projet, il conviendra de sélectionner l'option Masquer (bouton radio).

7.7 Lot 14 : Intégration du menu contextuel donnant accès aux sous-rubriques

Cet exercice (étape 14/20) consiste à intégrer le menu contextuel qui donnera accès aux sous-rubriques de l'espace de communication sur les espèces. Sa réalisation fait intervenir 64 micro-tâches représentant à peu près trois quarts d'heure de travail. (Avancement de l'intégration des pages à l'issue de l'exercice *(statu quo)* : 18/20)

Il s'agit donc de mettre en place un menu supplémentaire (MN2C-02 : Protection-espèces menacées) qui fera intervenir un lien de premier niveau (Espèces protégées) sur la rubrique *(catégorie)* « Espèces protégées par la CITES » et trois liens de deuxième niveau (Extinction/Surexploitation/Contrôle) sur les sous-rubriques *(catégories)* de la rubrique sus-indiquée.

Ce menu n'apparaîtra que dans les pages de l'espace de communication sur les espèces.

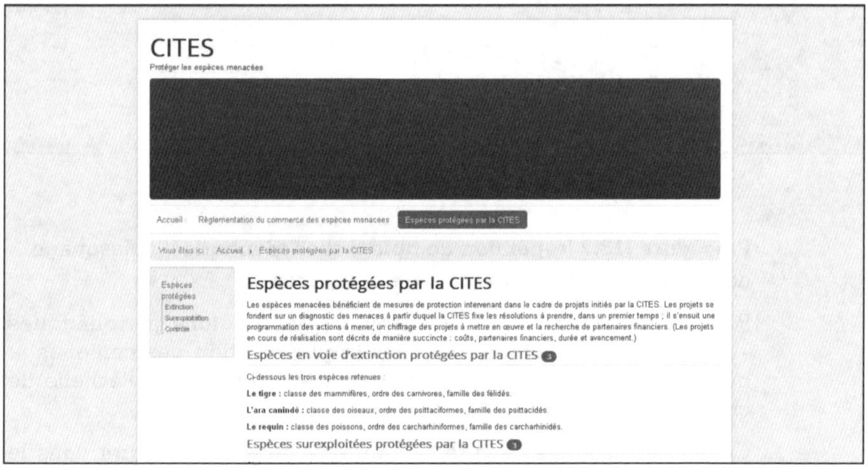

Écran 92. Premier menu contextuel de l'espace de communication sur les espèces

Procédure J14 : Intégration du menu contextuel

Procédure J14.1 : Création du menu.

Procédure J14.2 : Ajout des liens de « type » Alias de Lien de Menu.

Procédure J14.3 : Création/configuration du *module* de menu correspondant.

Cette procédure fait référence à des principes qui ont été établis précédemment[69]. Le chemin à suivre pour l'exécuter reprend celui de la procédure ayant conduit à la création du premier menu contextuel[70].

Remarque. – Pour contextualiser le *module* du menu, il n'est pas nécessaire de sélectionner un par un les treize liens à considérer dans le menu principal. Le lien de niveau supérieur « Espèces protégées par la CITES » est suivi d'un petit panneau déroulant qui permet de sélectionner en masse l'ensemble des liens de niveau inférieur.

7.8 Lot 15 : Intégration des menus contextuels donnant accès aux articles

Cet exercice (étape 15/20) consiste à intégrer les menus contextuels qui donneront accès aux articles de l'espace de communication sur les espèces. Sa réalisation fait intervenir 192 micro-tâches représentant à peu près deux heures de travail. (Avancement de l'intégration des pages à l'issue de l'exercice *(statu quo)* : 18/20)

Il s'agit de mettre en place les trois menus contextuels suivants :

- MN3C-01 : Protection-extinction ;
- MN3C-02 : Protection-surexploitation ;
- MN3C-03 : Protection-contrôle.

Ci-dessous, le contenu des menus :

MN3C-01 : Protection-extinction. Ce menu fera intervenir un lien de premier niveau (Extinction) sur la rubrique *(catégorie)* « Espèces en voie d'extinction protégées par la CITES » et trois liens de deuxième niveau (tigre/ara/requin) sur les articles *(articles)* qu'elle contient.

MN3C-02 : Protection-surexploitation. Ce menu fera intervenir un lien de premier niveau (Surexploitation) sur la rubrique « Espèces surexploitées protégées par la CITES » et trois liens de deuxième niveau (dauphin/colibri/alligator).

MN3C-03 : Protection-contrôle. Ce menu fera intervenir un lien de premier niveau (Contrôle) sur la rubrique « Espèces contrôlées protégées par la CITES » et trois liens de deuxième niveau (gorille/paon/tortue).

Ces trois menus contextuels ne seront affichés que par les pages auxquelles ils donnent accès.

Il s'agit des pages :

- « Espèces en voie d'extinction protégées par la CITES » ;
- « Le tigre » ;
- « L'ara canidé » ;
- et « Le requin à pointes noires » ;

... concernant « MN3C-01 : Protection-extinction ».

69 Voir *supra,* chap. V, section « Présentation des règles de navigation : intégration du *siloing* ».
70 Voir *supra,* procédure J7.

- « Espèces surexploitées protégées par la CITES » ;
- « Le Grand dauphin » ;
- « Le colibri moucheté » ;
- et « L'Alligator d'Amérique » :

... concernant « MN3C-02 : Protection-surexploitation ».

- « Espèces contrôlées protégées par la CITES » ;
- « Le gorille des Montagnes » ;
- « Le paon bleu » ;
- et « La tortue carette » ;

... concernant « MN3C-03 : Protection-contrôle ».

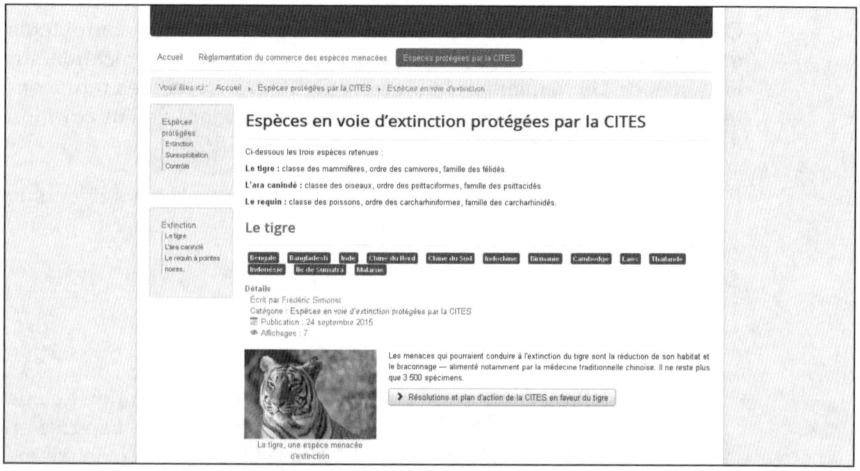

Écran 93. Menu contextuel (positionné en dessous du premier) donnant accès aux articles de la première sous-rubrique

Procédure J15 : Intégration des menus contextuels

Procédure J15.1 : Création des menus.

Procédure J15.2 : Ajout des liens dans les menus.

Procédure J15.3 : Création/configuration des *modules* de menu.

Le chemin à suivre reprend celui des procédures ayant conduit à la création des deux premiers menus contextuels[71]. Le nombre de micro-tâches impliquées – par menu – est exactement le même.

Noms et identifiants des menus à saisir :

- « MN3C-01 : Protection-extinction » ; mn3c-01-prot-ext.
- « MN3C-02 : Protection-surexploitation » ; mn3c-02-prot-sur.
- « MN3C-03 : Protection-contrôle » ; mn3c-03-prot-contr.

71 Voir *supra*, procédure J7 et procédure précédente.

Libellés des liens du menu « MN3C-01 : Protection-extinction » :

- Extinction. (Lien de premier niveau)
- Le tigre.
- L'ara canindé.
- Le requin à pointes noires.

Libellés des liens du menu « MN3C-02 : Protection-surexploitation » :

- Surexploitation. (Lien de premier niveau)
- Le Grand dauphin.
- Le colibri moucheté.
- L'alligator d'Amérique.

Libellés des liens du menu « MN3C-03 : Protection-contrôle » :

- Contrôle. (Lien de premier niveau)
- Le gorille des Montagnes.
- Le paon bleu.
- La tortue carette.

Liens du menu principal commandant l'affichage des trois *modules* :

- Cas du *module* « MN3C-01 : Protection-extinction » : Espèces en voie d'extinction / Le tigre / L'ara canindé / Le requin à pointes noires.
- Cas du *module* « MN3C-02 : Protection-surexploitation » : Espèces surexploitées / Le Grand dauphin / Le colibri moucheté / L'alligator d'Amérique.
- Cas du *module* « MN3C-03 : Protection-contrôle » : Espèces contrôlées / Le gorille des Montagnes / Le paon bleu / La tortue carette.

7.9 Lot 16 : Intégration du menu contextuel donnant accès à la répartition géographique des espèces

Cet exercice (étape 16/20) consiste à intégrer le menu contextuel qui donnera accès à la répartition géographique des espèces. Sa réalisation fait intervenir 32 micro-tâches représentant à peu près un quart d'heure de travail. (Avancement de l'intégration des pages à l'issue de l'exercice *(statu quo)* : 18/20)

Il s'agit donc mettre en place un menu supplémentaire (MN2C-03 : Répartition géographique) avec un lien qui donnera accès à la répartition géographique des espèces *(composant)*.

Ce menu n'apparaîtra pas seulement dans les pages auxquelles il donne accès (*composant* affichant l'ensemble des *tags* plus autre *composant* permettant de filtrer les *articles,* pour un *tag* donné). En tant que point d'entrée alternatif, il apparaîtra aussi dans les pages l'espace de communication sur les espèces.

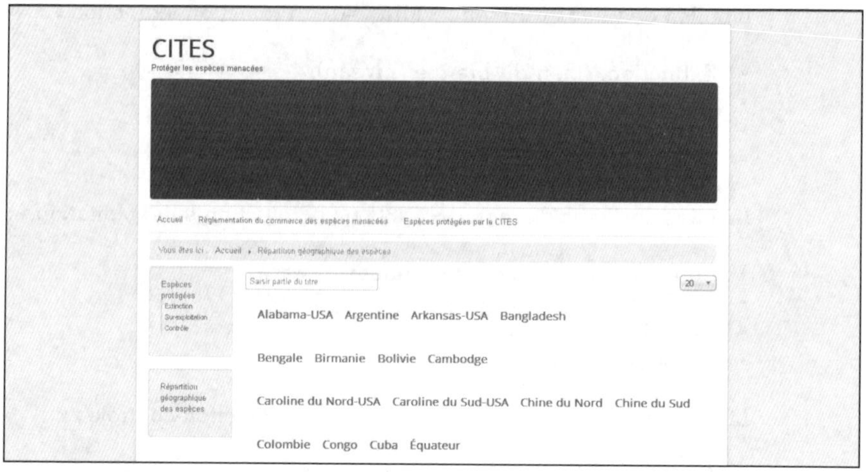

Écran 94. Menu contextuel donnant accès à la répartition géographique des espèces

Procédure J16 : Intégration du menu contextuel

Procédure J16.1 : Création du menu.

Procédure J16.2 : Ajout du lien de « type » Liste de Tous les Tags pointant vers le *composant* correspondant.

Procédure J16.3 : Création/configuration du *module* de menu correspondant.

Dans ses grandes lignes, cette procédure est quasiment un copier-coller des procédures relatives à l'intégration des menus contextuels[72]. Toutefois, il convient tout de même d'y prêter attention car elle met en jeu un sixième « type » de lien, le « type » Liste de Tous les Tags. Celui-ci vient compléter les « types » Article[73], Liste des Articles d'une Catégorie[74], Alias de Lien de Menu[75], Liste de Toutes les Catégories[76] et Blog d'une Catégorie[77].

La fonction de ce « type » est d'afficher dans une grille[78] l'ensemble des mots-clés utilisés pour décrire les *articles*.

Son exploitation est simplement dictée par le fait que les *articles* doivent (ou non) être indexés. Quoi qu'il en soit, le chemin à suivre, pour intégrer ce « type » de lien, est conforme à celui des liens faisant appel aux « types » précédemment exploités.

72 Voir *supra*, procédures J7, J14 et J15.
73 Voir *supra*, procédure J3.2, tâche 2 .
74 Voir *supra*, procédure J5, tâche 2.
75 Voir *supra*, procédure J7.2, tâche 2.
76 Voir *supra*, procédure J11, tâche 2.
77 Voir *supra*, procédure J12, tâche 2.
78 Je l'ai déjà indiqué lors de l'intégration des contenus avec WordPress, dans une grille, les contenus se lisent horizontalement, à l'inverse des tableaux (lecture verticale).

Procédure J16.1 : Création du menu

Le chemin à suivre est le même que celui ayant conduit à la création du menu contextuel utilisé jusqu'à présent comme modèle[79] .

Procédure J16.2 : Ajout du lien de « type » Liste de Tous les Tags pointant vers le *composant* correspondant

Je rappelle ici que, pour ajouter un lien dans un menu, il faut tout d'abord se reporter à l'écran de gestion des liens du menu *ad hoc* (menu [principal] ; chemin : Menus > « MN2C-03 : Répartition géographique »), puis cliquer sur le bouton Nouveau.

Il faudra ensuite :

1. Saisir le libellé du lien.
2. Sélectionner le « type de lien de menu » Liste de Tous les Tags.

Il conviendra enfin de valider la configuration du lien en cliquant sur le bouton Enregistrer & Fermer.

Tâche 1 : Saisie du libellé du lien

Cette question a déjà été abordée plusieurs fois. Je n'y reviens pas.

[N2][O] Tâche 2 : Sélection du « type de lien de menu » Liste de Tous les Tags

Pour exploiter le « type » Liste de Tous les Tags, il faut cliquer sur le bouton Sélection, ouvrir le panneau déroulant Tags – intégré dans la *lightbox* Type de Lien de Menu –, puis sélectionner l'option Liste de Tous les Tags.

À noter, le « type » sélectionné indique que l'on souhaite faire pointer le lien vers le *composant* spécialement dédié à l'affichage des mots-clés. Il n'y aura donc pas, comme dans le cas des liens créés jusqu'à présent, de contenu à sélectionner.

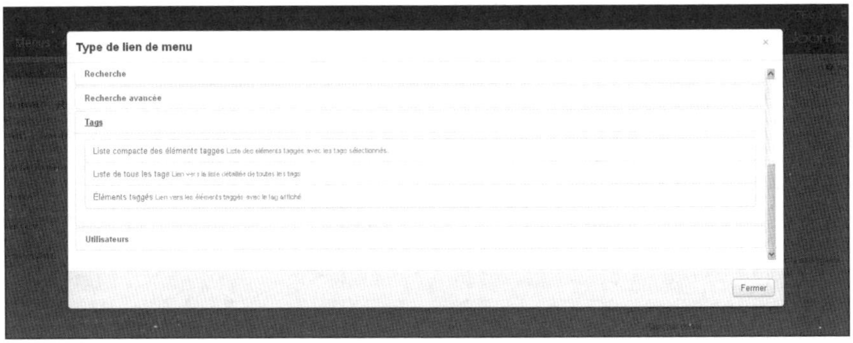

Écran 95. Le format d'affichage à utiliser est celui qui permet d'afficher la liste des tags

79 Voir *supra*, procédure J7.1 (création du menu contextuel sur la réglementation).

Procédure J16.3 : Création/configuration du *module* de menu correspondant

Le chemin à suivre est le même que celui ayant conduit à la création du *module* de menu [contextuel] sur la réglementation[80].

7.10 Lot 17 : Intégration des encadrés

Cet exercice (étape 17/20) a pour objet l'intégration des encadrés de l'espace de communication sur les espèces. Sa réalisation fait intervenir 59 micro-tâches représentant à peu près une demi-heure de travail. (Avancement de l'intégration des pages à l'issue de l'exercice *(statu quo)* : 18/20)

Il s'agit d'intégrer les encadrés *(module)* :

- « Commerce des espèces menacées » ;
- « Extrait : Annexe I » ;
- « Extrait : Annexe II » ;
- « Extrait : Annexe III » ;
- et « Le saviez-vous ? ».

Le premier encadré ne sera affiché que par la rubrique *(catégorie)* « Espèces protégées par la CITES ». Les trois encadrés suivants « Extrait : Annexe [I-II-III] » ne seront affichés, individuellement, que par les sous-rubriques *(catégories)* « Espèces en voie d'extinction protégées par la CITES », « Espèces surexploitées protégées par la CITES » et « Espèces contrôlées protégées par la CITES ». L'encadré « Le saviez-vous ? » sera quant à lui affiché par toutes les rubriques.

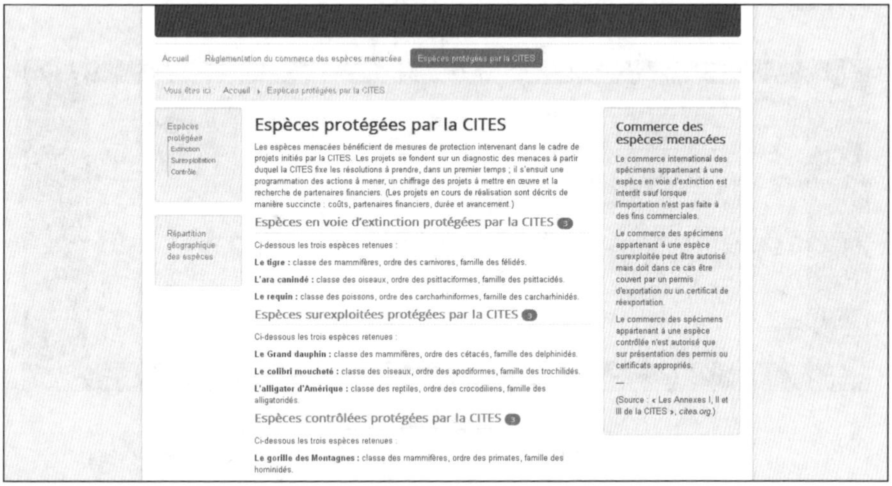

Écran 96. Intégration de l'encadré « Commerce des espèces menacées »

80 Voir *supra,* procédure J7.3.

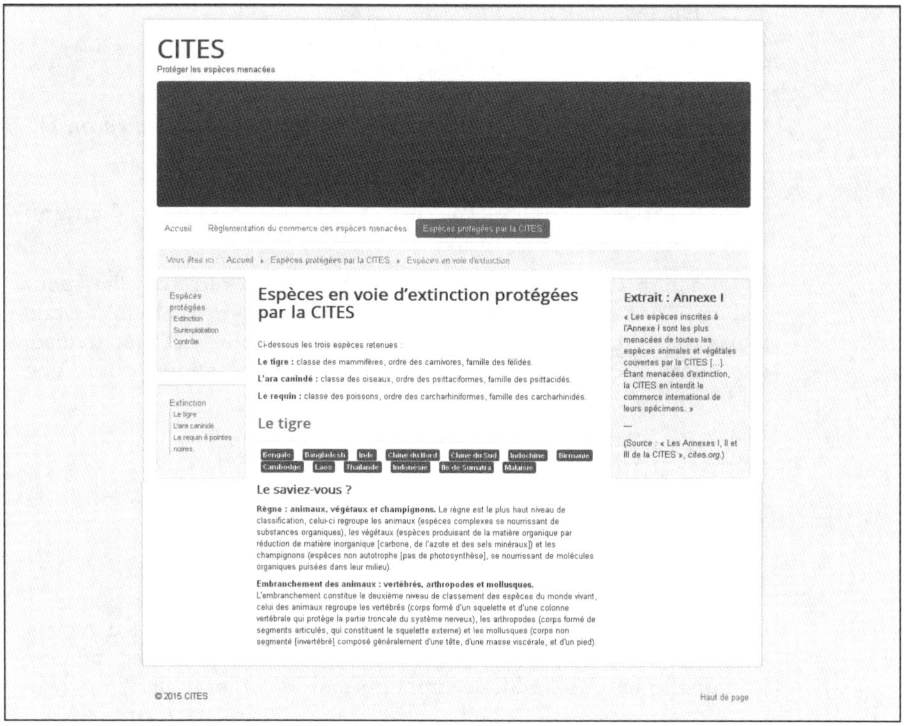

Écran 97. Intégration de l'encadré « Extrait I : Annexe I »

Procédure J17 : Création/configuration des *modules* de « type » Contenu Personnalisé

Cette procédure nous donne l'occasion de revenir sur la question du « type » des *modules*, déjà abordée une première fois avec la création de *modules* faisant appel au « type » Menu[81].

La procédure à exécuter dans le cas présent met en jeu un autre « type », le « type » Contenu Personnalisé, ayant quant à lui pour fonction de générer des blocs périphériques dédiés à l'affichage de contenus textuels.

L'intérêt de ce « type » réside dans le fait qu'il permet de distinguer visuellement les contenus de premier rang, ceux qui sont intégrés dans le bloc principal, à savoir les *catégories* et les *articles*, et les contenus de second rang.

Je rappelle ici que, pour créer des *modules*, il faut d'abord se reporter à l'écran de gestion des *modules* (menu [principal] ; chemin : Extensions > Modules), puis cliquer sur le bouton Nouveau.

Il faudra ensuite :

1. Sélectionner le « type de module » Contenu Personnalisé pour chacun des *modules*.
2. Saisir les titres [en-têtes des *modules*]

81 Voir *supra*, procédures J7.3, J14.3, J15.3 et J16.3.

3. Saisir les contenus.
4. Affecter les *modules* à une *position* donnée.
5. Contextualiser les *modules*.

Il conviendra enfin de valider la configuration des *modules* en cliquant sur le bouton Enregistrer & Fermer.

[N2][O] Tâche 1 : Sélection du « type de module » Contenu Personnalisé pour chacun des *modules*

La question de la sélection du « type » a déjà été abordée, pour traiter le cas des *modules* faisant appel au « type » Menu[82]. Dans le cas présent, il faudra sélectionner l'option Contenu Personnalisé, elle aussi intégrée dans la fenêtre « Module-Sélectionnez un Type de Module ».

Tâche 2 : Saisie des titres [en-têtes des *modules*]

La question du titre des *modules* a déjà été abordée, lors de la reconfiguration du *module* associé au menu principal[83].

Tâche 3 : Saisie des contenus

Cette question a déjà été abordée plusieurs fois. Le fait d'avoir à traiter un *module* ne change rien, les contraintes sont les mêmes. Je rappelle ici que l'éditeur supporte mal le copier-coller[84].

Tâche 4 : Affectation des *modules* à une *position* donnée

Cette question a déjà été abordée, lors de la reconfiguration du *module* associé au menu principal[85]. Je rappelle ici qu'il faut se reporter à la liste déroulante Position (liste déroulante : Position ; [section : Protostar-1] valeur : « Droite [position-4] »).

Tâche 5 : Contextualisation des *modules*

Les questions de contextualisation ont déjà été abordées, toujours avec les *modules* de « type » Menu[86]. Le fait d'avoir à traiter un module de « type » Contenu Personnalisé ne change rien.

8. LOT 18 : MISE EN LIGNE DU SUIVI DES PROJETS

Cet exercice (étape 18/20) a pour objet la mise en ligne du suivi des projets. Sa réalisation fait intervenir 55 micro-tâches représentant à peu près une demi-heure de travail. (Avancement de l'intégration des pages à l'issue de l'exercice (+1) : 19/20)

Il s'agit tout d'abord de mettre en place la rubrique *(catégorie)* « Suivi des projets » et les dépêches *(articles)* associées (Dépêche 1, Dépêche 2, Dépêche 3), il s'agira ensuite d'ajouter le lien pointant

82 Voir *supra*, procédures J7.3, J14.3, J15.3 et J16.3.
83 Voir *supra*, procédure J2.3.2, tâche 1.
84 Voir *supra*, procédure J3.1, tâche 2.
85 Voir *supra*, procédure J2.3.2, tâche 2.
86 Voir *supra*, procédures J7.3, J14.3, J15.3 et J16.3.

vers cette rubrique dans le menu principal, le libellé du lien reprenant littéralement le titre de la rubrique.

Le contenu (texte) des dépêches sera complété par la photo de l'espèce concernée et un lien sur l'article *(article)* correspondant.

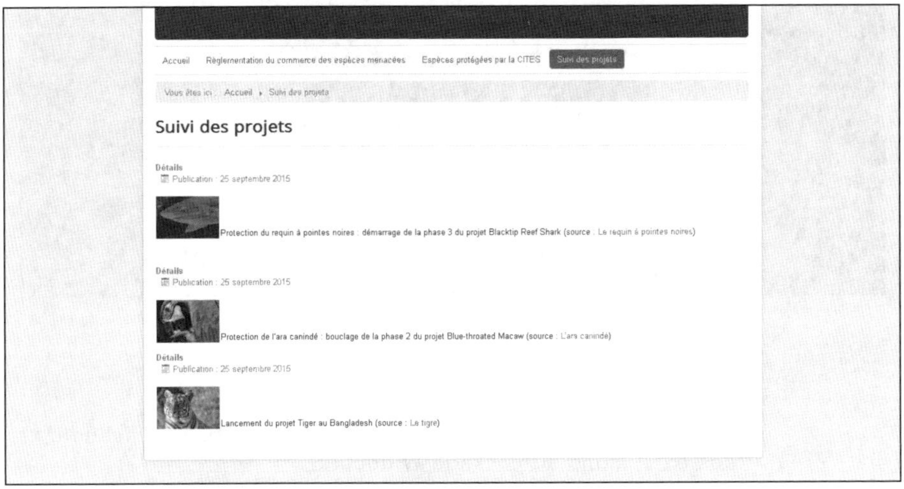

Écran 98. Suivi des projets : flux intégrant trois dépêches

Procédure J18 : Intégration des contenus

Procédure J18.1 : Création de la *catégorie*.

Procédure J18.2 : Création/configuration des *articles*.

Procédure J18.3 : Création/configuration du lien de « type » Blog d'une Catégorie.

Ces trois procédures font référence à des fonctionnalités qui ont déjà été intégrées. Pour que les *articles* ressemblent à des dépêches, il suffit de reprendre leurs paramètres de présentation, au niveau du lien.

9. LOT 19 : MISE EN LIGNE DE LA GALERIE DE PHOTOS

Cet exercice (étape 19/20) a pour objet la mise en ligne de la galerie de photos. Sa réalisation fait intervenir 40 micro-tâches représentant à peu près une demi-heure de travail. (Avancement de l'intégration des pages à l'issue de l'exercice (+1) : 20/20)

Il s'agit tout d'abord de mettre en place la page *(article)* « Galerie de photos », puis d'ajouter le lien pointant vers celle-ci dans le menu principal, le libellé [du lien] reprenant littéralement le titre de la page.

La galerie de photos fera appel au moteur [de gabarits] *(template)* permettant, d'une part, d'exclure les blocs périphériques *(modules)*, et, d'autre part, de centrer la présentation du contenu.

Écran 99. Galerie de photos

Procédure J19 : Intégration de la galerie

Procédure J19.1 (une seule tâche) : Chargement et activation des extensions du package Widgetkit.

Procédure J19.2 : Création/configuration de l'*article*.

Procédure J19.3 (une seule tâche) : Mise à jour de la feuille de style du *template* utilisé.

Procédure J19.4 : Création/configuration du lien sur l'*article*.

Procédure J19.1 (une seule tâche) : Chargement et activation des extensions du package Widgetkit

Le chemin à suivre est le même que celui ayant conduit à l'installation de l'extension dédiée à la structuration du contenu des *articles* (Aixeena CCK). Je n'y reviens pas.

Remarque. – Avec l'extension considérée dans le cas présent (Widgetkit), l'activation se fait automatiquement.

Procédure J19.2 (tâches techniques) : Création/configuration de l'*article*

Le chemin à suivre est le même que celui ayant conduit à la mise en place des autres *articles*.

Dans le cas présent, et du fait de l'extension installée (Widgetkit), il faudra passer par l'éditeur de code HTML pour intégrer le style de la galerie.

Code HTML à intégrer :

```
<table class="galerie">
  […]
  <td>
  <a title="Le tigre : spécimen photographié au Bangladesh
  le [jour]-[mois]-[année] par [auteur]" href="images/…/
  tigre.jpg"
```

```
    data-lightbox="group:especes-menacees-protection-
    cites;titlePosition:inside">
    <img src="images/.../tigre-mini.jpg" alt="Photo du tigre"/></a>
    </td>
    <td>[photo 2]</td>
    <td>[photo 3]</td>
    [...]
</table>
```

[N2] Procédure J19.3 (tâches techniques) : Mise à jour de la feuille de style du *template* utilisé

Cette procédure fait intervenir des tâches d'ordre technique étroitement liées à notre projet. Pour autant, il convient d'y prêter attention car elle indique les scripts à modifier pour personnaliser, de manière très fine, la présentation des contenus, une galerie de photos en l'occurrence.

Je l'ai déjà mentionné plus haut, lors de la reconfiguration du *module* intégrant le menu principal, les feuilles de style CSS sont des scripts faisant intervenir notamment des « classes », des « règles » et des « propriétés ».

Les classes à considérer dans le cas présent (exemple : `table.galerie`) font intervenir des règles que l'on utilisera : a) pour fixer la taille du tableau quelle que soit la taille des photos (propriété `table-layout`) ; b) pour définir les marges entre les photos (propriété `padding`) ; c) pour ajuster l'alignement des photos (propriété `display`).

Pour accéder aux feuilles de style des *templates*, en général, et au script qui nous intéresse ici, en particulier, il faudra tout d'abord se reporter à l'écran de gestion des *templates* (menu [principal] ; chemin : Extensions > Templates), puis cliquer sur la référence du *template* à considérer, celle qui se trouve sous la colonne Template[87] (ligne [template] : « Protostar 0 [template spécifique] page d'accueil et galerie de photos » ; colonne ; Template. Lien : Protostar-0).

Après avoir ouvert le dossier qui s'appelle « css », puis cliqué sur la référence du script à considérer (protostar-0.css), il faudra ensuite ajouter dans celui-ci les quelques lignes de code indiquées ci-dessous.

Il conviendra enfin de valider la mise à jour du script en cliquant successivement sur les boutons « Enregistrer & Fermer » et Fermer. (Ce n'est pas forcément logique, mais il y a bien un deuxième bouton de fermeture.)

Instructions à ajouter dans le script protostar-0.css[88] :

```
table.galerie {width:100%;table-layout:fixed;}
table.galerie td {padding:3px;border:0;}
table.galerie td div img {display:block;}
```

87 Je rappelle ici que les références de la colonne Style donnent quant à accès à la configuration des *templates*. Il ne faut pas confondre le « style » des *templates* et les feuilles de style.

88 La première ligne est importante. L'appel à la propriété table-layout permet de fixer la largeur du tableau sans avoir à reprendre la taille des photos (sans cela on observerait un débordement des photos sur la partie droite de la page). La troisième ligne l'est aussi, elle s'applique aux photos (`img`) du tableau (`table`), qui fait appel à la classe `galerie`, elle permet de supprimer la marge entre la ligne de base normalement utilisée pour asseoir le texte et la bordure basse des cellules qui contiennent les photos. (Eric A. Meyer, « Images, Tables, and Mysterious Gaps », *www.drupal.org*, 21 mars 2013, https://developer.mozilla.org/en-US/docs/Images,_Tables,_and_Mysterious_Gaps.)

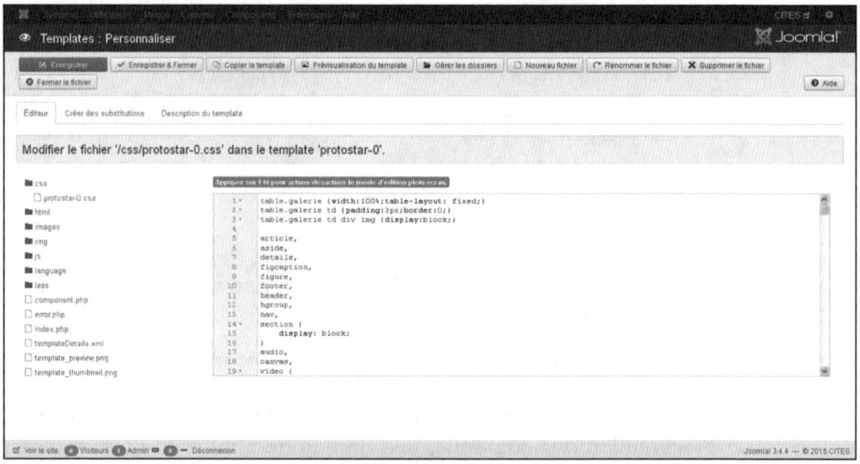

Écran 100. Ajout de trois règles dans la principale feuille de style du site Web

Procédure J19.4 : Création/configuration du lien sur l'*article*

Le chemin à suivre est le même que celui ayant conduit à la mise en place des liens faisant appel au « type » Article. Dans le cas présent, il faudra penser à activer la sélection du *template* spécialement conçu pour présenter la galerie de photos – déjà utilisé pour la page d'accueil – (liste déroulante : Style du template ; option ; « Protostar-0 [template spécifique] : page d'accueil et galerie de photos »).

10. LOT 20 : INTÉGRATION DU MOTEUR DE RECHERCHE

Cet exercice (étape 20/20), qui ne prend que quelques minutes (6 micro-tâches), a pour objet l'intégration du moteur de recherche de joomla. (Avancement de l'intégration des pages à l'issue de l'exercice *(statu quo)* : 20/20)

Le moteur de recherche *(module)* ne sera pas contextualisé, il apparaîtra dans toutes les pages du site Web.

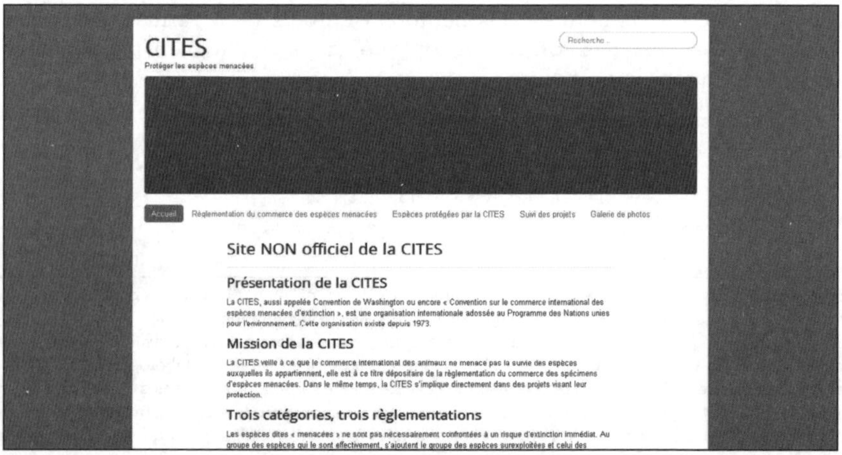

Écran 101. Intégration du moteur de recherche

Procédure J20 : Ajout du module de « type » Recherche

Cette procédure nous donne l'occasion de revenir sur la question du « type » des *modules*, avec un troisième « type, le « type » Recherche. Celui-ci vient s'ajouter aux « types » Menu et Contenu Personnalisé. Je rappelle ici que le premier a été exploité pour intégrer le menu principal et les menus contextuels ; le deuxième, pour afficher des blocs d'information périphériques.

Le chemin à suivre est le même que celui ayant conduit à la création des *modules* de « type » Contenu Personnalisé. Dans le cas présent, il faudra sélectionner le « type » Recherche et affecter le *module* à la *position* qui lui est dédiée (Recherche [position-0]). (Mais rien n'empêche de le positionner ailleurs.)

CHAPITRE VIII
PROJET DRUPAL 7

1. LIGNE DIRECTRICE DE L'INTÉGRATION DES PAGES

Étape 01. Ouverture du site Web et de son back-office
Étape 02. Préparation de l'intégration des contenus (I)
Étape 03. Préparation de l'intégration des contenus (II)
Étape 04. Intégration des pages d'erreur
Étape 05. Mise en ligne de la page d'accueil
Étape 06. Mise en place de la rubrique et des articles sur la réglementation
Étape 07. Mise en ligne de la rubrique avec application d'un format d'affichage permettant de joindre les articles
Étape 08. Intégration du sous-menu donnant accès aux articles
Étape 09. Intégration du menu contextuel donnant accès aux articles
Étape 10. Mise en place des rubriques principales de l'espace de communication sur les espèces
Étape 11. Préparation du travail de structuration des articles
Étape 12. Définition des éléments de structure des articles
Étape 13. Mise en place des articles

Attention ! La figure 19 indique **une vingtaine d'étapes supplémentaires**, correspondant à autant de lots (figure 20) qui ne seront PAS traités dans cet ouvrage. L'intégration de ces lots fait intervenir des **fonctionnalités avancées de Drupal**.

Chacun des sauts correspond à une mise en ligne effective du fait des liens ajoutés dans le menu principal (étapes 5, 7, 8, 14, 16, 19, 21, 29 et 30) (comme précédemment, avec Joomla, les menus contextuels ne sont pas considérés comme des jalons[1]).

Il faut remarquer une première vraie progression de l'avancement entre l'étape 14 et l'étape 19. Cette progression correspond à la mise en ligne de la principale rubrique de l'espace de communication sur les espèces, de la première sous-rubrique (espèces en voie d'extinction) et des trois premiers articles (tigre/ara/requin). On observe une deuxième progression, plus nette, entre l'étape 20 et l'étape 21, celle-ci correspond au bouclage de l'intégration des menus et sous-menus de l'espace de communication sur les espèces.

Dans le même temps, le graphique fait apparaître les deux paliers déjà observés avec WordPress et joomla, traduisant les travaux à réaliser en amont (étapes 10-13 : intégration des contenus) et en aval (étapes 22-28 : intégration des menus contextuels visant à améliorer la navigation et à optimiser le référencement, et intégration des points de vue alternatifs).

1 Voir *supra*, chap. précédent, section « Ligne directrice de l'intégration des pages ».

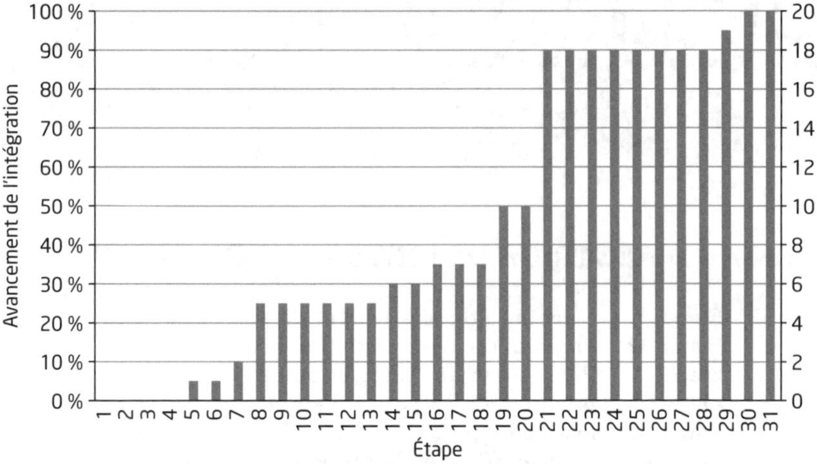

Figure 19. Progression du taux d'intégration des pages et du nombre de pages intégrées

2. COÛT DE L'INTÉGRATION

L'intégration de tous les lots représente **2 348 micro-tâches**. Avec une vitesse d'intégration de 100 micro-tâches par heure, le temps nécessaire pour réaliser ce site de **vingt pages** s'élève à environ 24 heures, soit **trois jours et demi** de travail réprésentant un coût de **1 575 euros hors taxes**, que l'on peut considérer comme le « **ticket d'entrée » de Drupal**.

La figure 20 met en évidence le coût en micro-tâches de chacun des incréments [lots]. Le graphique fait apparaître deux pics de charge (incréments 2 et 13, plus de 200 micro-tâches) correspondant respectivement à la préparation de l'intégration des contenus et à la mise en place des neuf articles. Les pics de deuxième rang générés par les incréments 17 et 22 (plus de 150 micro-tâches) correspondent à la définition du format d'affichage des articles présentés individuellement et à l'intégration de l'ensemble des menus contextuels. Les pics de troisième rang générés par les incréments 21, 25, 28 et 29 (plus de 100 micro-tâches) correspondent : a) au bouclage de l'intégration des sous-menus de l'espace de communication sur les espèces ; b) à la mise en place du point de vue géographique sur les espèces ; c) à la mise en ligne du point de vue sur la classe des espèces (mammifères) ; d) à la mise en ligne du suivi des projets.

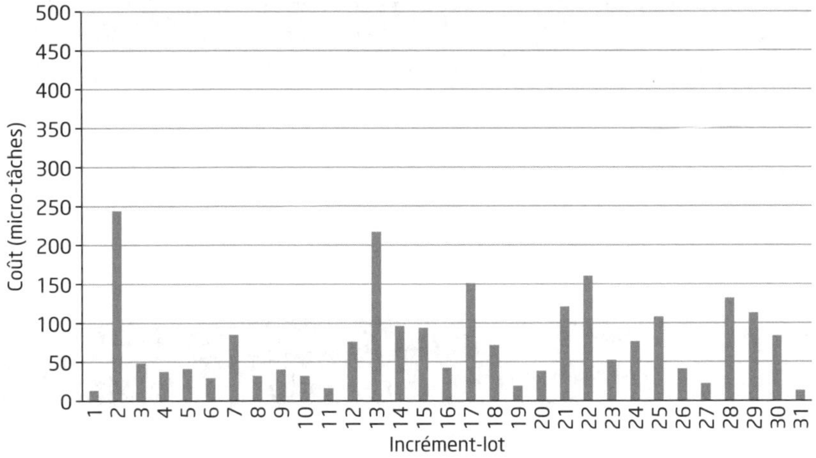

Figure 20. Coût en micro-tâches des trente et un incréments [lots]

3. LOT 1 : OUVERTURE DU SITE WEB ET DE SON BACK-OFFICE

Ce premier exercice (étape 1/31) a pour objet l'ouverture du site Web et de son back-office. Sa réalisation fait intervenir 13 micro-tâches représentant à peu près 10 minutes de travail. (Avancement de l'intégration des pages à l'issue de l'exercice : 0/20)

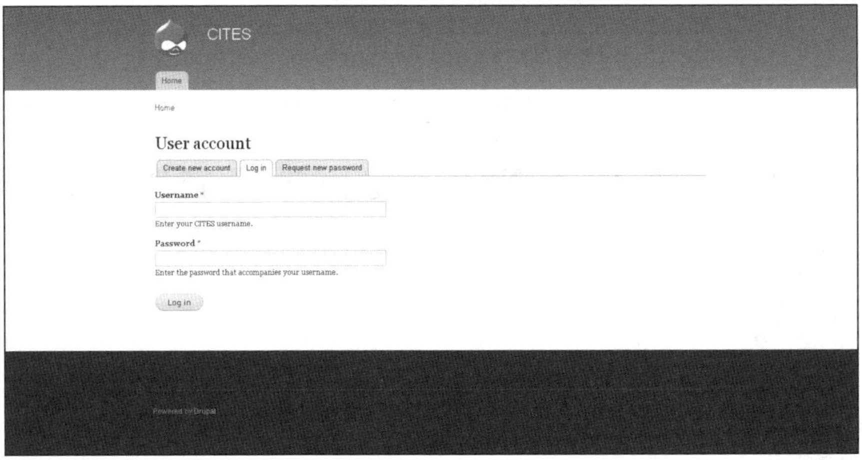

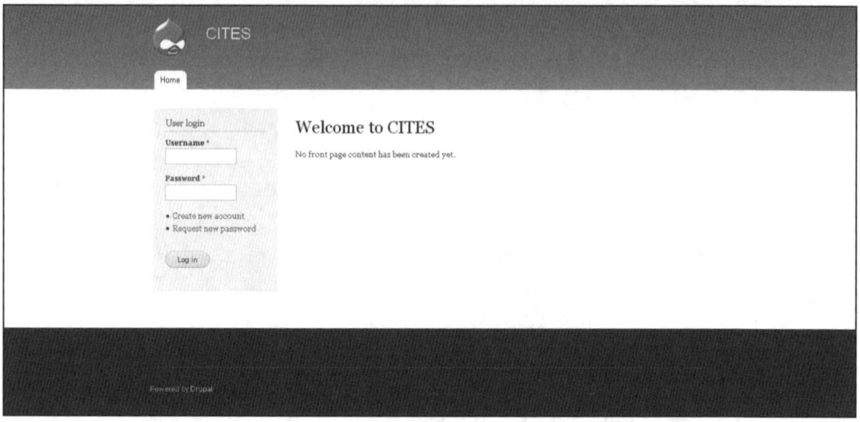

Écran 102. Ouverture du site Web

Procédure D1 : Installation de l'outil avec Softaculous

La procédure à exécuter pour installer Drupal est très voisine de celle ayant conduit à l'installation de WordPress et Joomla[2], les contraintes à prendre en considération sont exactement les mêmes. Il y a deux petites différences à noter, le choix de la langue et la définition du slogan du site Web, dans le cas présent, interviendront après l'installation de l'outil.

Tâches à réaliser :

1. Sélectionner la version de Drupal et le domaine.
2. Saisir le nom du site.
3. Saisir son identifiant, son mot de passe et son email.
4. Saisir le nom de la base de données.

Il conviendra de valider la configuration mise en place en cliquant sur le bouton Installation.

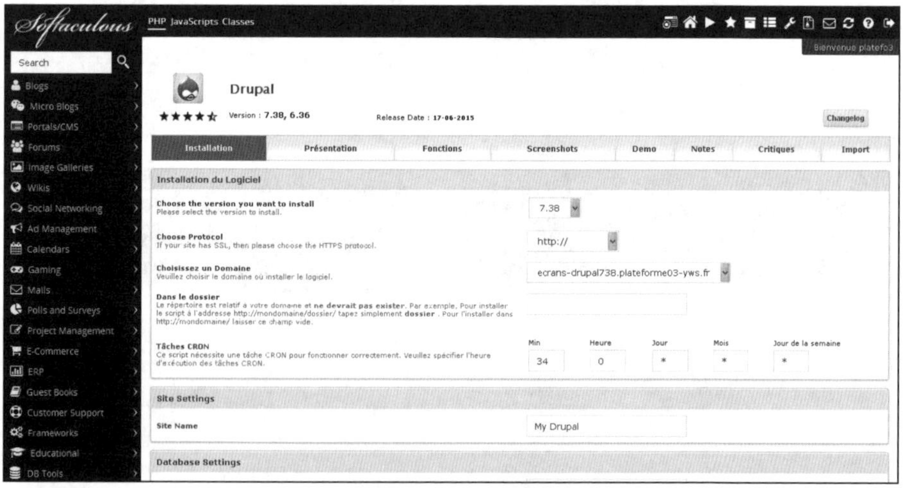

Écran 103. Installation de l'outil

2 Voir *supra*, procédures W1 et J1.

4. LOT 2 : PRÉPARATION DE L'INTÉGRATION DES CONTENUS (I)

Cet exercice (étape 2/31) consiste à préparer l'intégration des contenus, dans sa première phase. Sa réalisation fait intervenir 244 micro-tâches représentant à peu près deux heures de demi de travail. (Avancement de l'intégration des pages à l'issue de l'exercice *(statu quo)* : 0/20)

Commentaire. – Avec Drupal 8, cette première phase se réduit, fort heureusement, au strict minimum car les *modules* à installer ont tous été intégrés dans le noyau de l'outil. Les seules tâches qui soient persistantes concernent l'intégration du *thème* à utiliser.

Procédure D2 : Intégration des traductions, du *thème* retenu et des *modules*

Procédure D2.1 : Traduction du back-office et du front-office.

Procédure D2.2 : Intégration du *thème* retenu.

Procédure D2.3 : Intégration des *modules* de base.

Procédure D2.4 : Intégration des *modules* d'édition et de gestion des images.

Procédure D2.5 : Intégration des *modules* de gestion des *vues*.

Procédure D2.1 : Traduction du back-office et du front-office

Tâches à réaliser :

1. Activer les *modules* Locale et Update Manager.
2. Ajouter le français puis l'activer.
3. Charger les traductions.

[N1/N4] Tâche 1 : Activation des *modules* Locale et Update Manager

L'activation de *module* est une fonctionnalité à la fois basique et incontournable.

Pour l'exploiter, il faudra tout d'abord se reporter à l'écran de gestion des *modules* (menu [principal] ; chemin : Modules). Il faudra ensuite cocher les *modules* à considérer, puis valider la configuration mise en place en cliquant sur le bouton Save Configuration.

Dans le cas présent, il s'agit d'activer les *modules* Locale et Update Manager. Le premier est important car il commande l'accès aux fonctionnalités qui nous permettront de traduire l'interface. Le second l'est encore plus car, s'il n'est pas activé, aucun *module* ne pourra être installé.

Remarque. – Le *module* Update Manager est normalement déjà activé à l'issue de l'installation de l'outil, mais ce n'est pas toujours le cas. Cela dépend de l'environnement dans lequel celui-ci aura été installé.

Commentaire. – Drupal reprend le principe de l'activation des extensions déjà vu avec WordPress[3] et Joomla[4].

3 Voir *supra,* chap. VI, procédure W2.2, tâche 3.

4 Voir *supra,* chap. précédent, procédure J10, tâche 1.

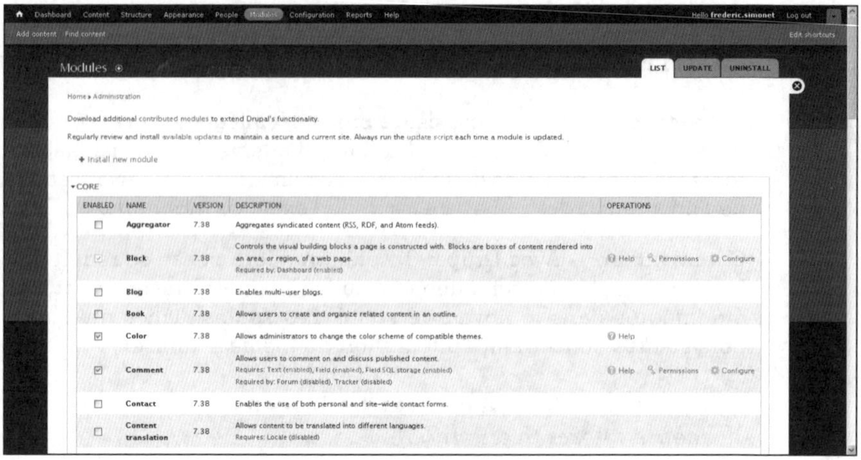

Écran 104. Espace de gestion des modules

[N4] Tâche 2 : Ajout et activation du français

L'intégration d'une nouvelle langue, qui en l'occurrence sera le français, est une fonctionnalité de base. La seule langue qui soit disponible à l'issue de l'installation est l'anglais.

Pour intégrer le français, il faudra se reporter au panneau REGIONAL AND LANGUAGE de l'écran de configuration générale (menu [principal] ; chemin : Configuration), cliquer sur l'item-lien Languages, puis cliquer sur le lien Add Language.

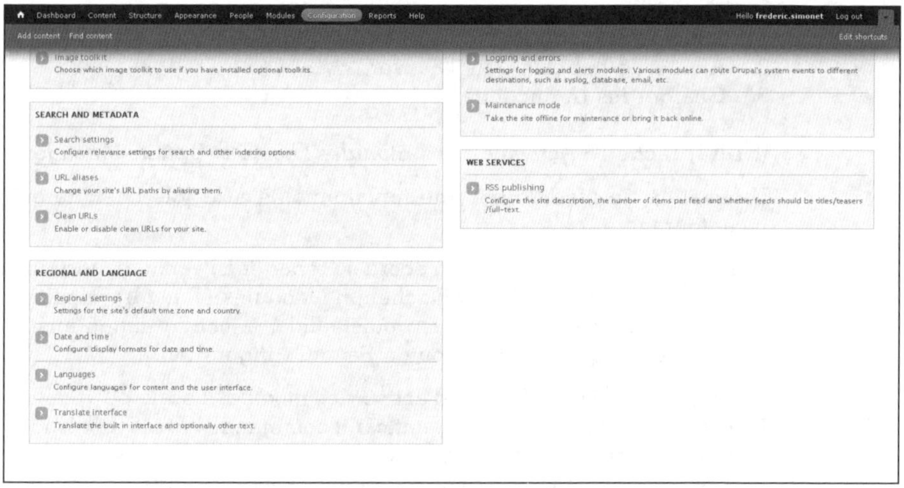

Écran 105. Regional and Language : panneau donnant accès à la gestion de la langue

Il faudra ensuite sélectionner l'option « French (Français) » dans la liste déroulante Language Name (intégrée dans le panneau PREDEFINED LANGUAGE), puis valider celle-ci en cliquant sur le bouton Add Language.

Il faudra enfin activer le français (bouton radio croisant la ligne French et la colonne DEFAULT), puis valider cette fois-ci le changement de langue en cliquant sur le bouton Save Configuration.

[N4] Tâche 3 : Chargement des traductions

Le chargement des traductions est une fonctionnalité de base venant compléter l'ajout et l'activation d'une langue donnée.

Pour l'exploiter, il faudra comme précédemment, se reporter au panneau REGIONAL AND LANGUAGE, mais au lieu de cliquer sur Languages, il faudra cliquer cette fois-ci sur l'item-lien Translate Interface.

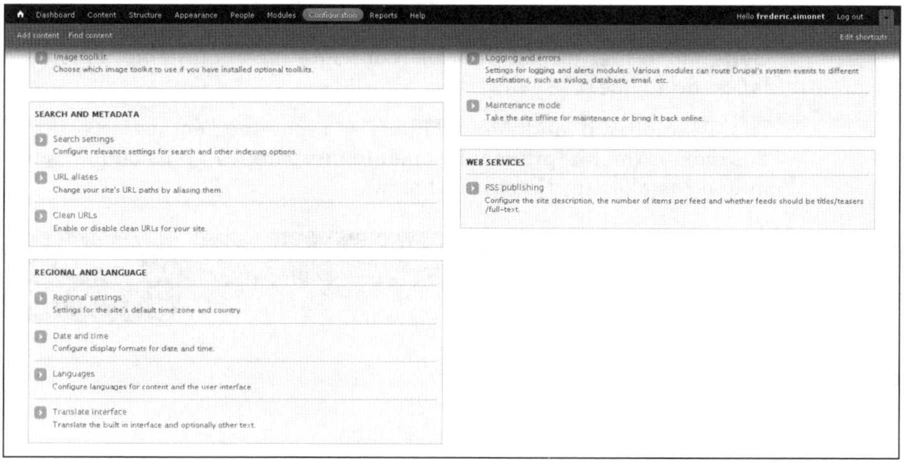

Écran 106. Regional and Language : panneau donnant accès à la gestion des traductions

Dès lors, après avoir activé l'onglet IMPORT, il faudra cliquer sur le bouton Parcourir, sélectionner les traductions enregistrées localement – dans un fichier qui fera appel au format « po », drupal-7.38.fr.po dans le cas présent –, puis cliquer sur le bouton Ouvrir.

Remarque. – C'est le clic sur le bouton Ouvrir qui déclenche le chargement du fichier, sachez que cela peut prendre plusieurs minutes.

Procédure D2.2 : Intégration du *thème* retenu

Tâches à réaliser :

1. Charger et activer le *thème* retenu.
2. Charger le framework du *thème* retenu.
3. Charger et activer le *module* de présentation du menu principal.
4. Charger la librairie du *module*.
5. Charger les traductions du *thème* et du *module*.
6. Affecter le *bloc* intégrant le menu principal à la *région* qui lui est dédiée.

> **Focus**
> Framework *vs* librairie
>
> Ces deux termes désignent des programmes qui ne sont intégrés ni dans les *thèmes* ni dans les *modules*, mais dont ces derniers ont besoin pour fonctionner. L'intérêt de ces programmes réside dans le fait qu'ils peuvent être réutilisés, c'est-à-dire exploités par plusieurs *thèmes* ou plusieurs *modules*.

Dans le contexte Drupal, et plus spécialement dans le cadre de notre projet, les frameworks sont des scripts que l'on chargera depuis le back-office. Les librairies devront quant à elles être chargées avec un logiciel de transfert tel que Filezilla.

[N1] Tâche 1 : Chargement et activation du *thème* retenu

Cette tâche met en jeu une fonctionnalité incontournable, l'installation de *thème*.

Pour l'exploiter, il faudra tout d'abord se reporter à l'écran de gestion des *thèmes* (menu [principal] ; chemin : Apparence), puis cliquer sur le lien Installer un Nouveau Thème.

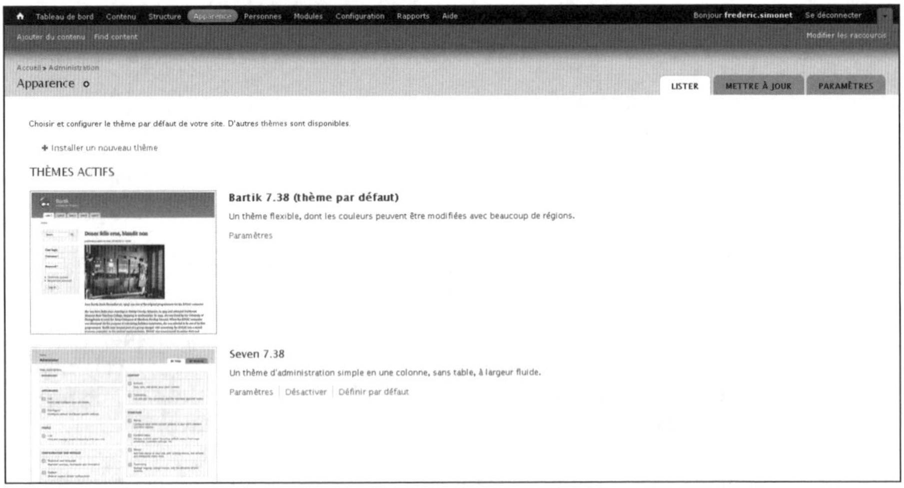

Écran 107. Espace de gestion des thèmes

Il faudra ensuite cliquer sur le bouton Parcourir, sélectionner l'archive du *thème* à installer – enregistrée localement dans un format de type « zip » (sky-7.x-3.0.tar.gz) –, cliquer sur le bouton Ouvrir, puis sur le bouton Installer.

À l'instar de Joomla avec les *templates*, le premier clic (bouton Ouvrir) déclenche le chargement du *thème*, le second le rend simplement disponible (c'est-à-dire utilisable). Pour que le *thème* chargé devienne actif, il faut cliquer sur le lien-bouton Activer et Choisir par Défaut lié au *thème* que l'on souhaite utiliser (section THÈMES DÉSACTIVÉS).

[N4] Tâche 2 : Chargement – sans activation – du framework du *thème* retenu

Le chargement de framework est une fonctionnalité de base dont l'exploitation est dictée par le *thème* utilisé.

Je rappelle ici que les frameworks sont des scripts que l'on chargera depuis le back-office. En tant que *thème*, tout simplement.

Dans le cas présent, le chargement de l'archive à considérer (adaptivetheme-7.x-3.2.tar.gz) se traduira par l'apparition de trois composants :

- AdaptiveAdmin (AT Admin 7.x-3.2).
- AdaptiveCore (AT Core 7.x-3.2).
- AdaptiveSubtheme (AT Subtheme 7.x-3.2).

C'est le composant AdaptiveCore qui doit ici être pris en considération. En tant que framework, il n'a PAS à être activé. (AdaptiveAdmin et AdaptiveSubtheme sont des *thèmes* à part entière faisant eux aussi appel à AdaptiveCore. Nous n'aurons pas à les utiliser).

[N1/N4] Tâche 3 : Chargement et activation du *module* de présentation du menu principal

Cette tâche met en jeu une fonctionnalité aussi incontournable que l'installation d'un nouveau *thème*, il s'agit dans le cas présent d'installer un nouveau *module* (Superfish) qui, en l'occurrence, servira à dynamiser l'ouverture des sous-menus intégrés dans le menu principal.

Pour installer un *module*, il faut tout d'abord se reporter à l'écran de gestion des extensions (menu [principal] ; chemin : Modules). Il faut ensuite cliquer sur le bouton Parcourir, sélectionner l'archive du *module* (superfish-7.x-1.9.tar.gz), cliquer sur le bouton Ouvrir (du poste local), puis cliquer sur le bouton Installer.

Pour autant, comme dans le cas des *thèmes*, le *module* chargé n'est pas encore actif. Pour qu'il le devienne, il faut se reporter à l'écran de gestion des *modules* en cliquant sur le lien Enable Newly Added Modules, sélectionner le *module* à considérer (case à cocher Superfish), puis cliquer sur le bouton Enregistrer la Configuration.

[N4] Tâche 4 : Chargement de la librairie du *module*

Cette tâche est corrélée à la tâche précédente. Je rappelle ici que les librairies ne peuvent pas être chargées depuis le back-office[5] et que, de ce fait, il faut faire appel à un logiciel de transfert tel que Filezilla.

Cependant, sachez que ce type d'opération ne pose aucun problème. La question du chargement des librairies rejoint en effet celle du chargement des fichiers, déjà abordée avec le CMS Joomla. Le fait d'avoir à charger, dans le cas présent, une archive contenant plusieurs fichiers ne change rien[6].

À l'instar des *thèmes* et des *modules*, les librairies se présentent sous la forme d'archives compressées (Superfish-for-Drupal-1.x.zip), elles doivent être chargées sous sites/all/librairies. Il conviendra ensuite de les décompresser, puis de renommer le dossier généré. Dans le cas présent le dossier « superfish-for-drupal-1.x » devra s'appeler « superfish ».

Remarque. – Les *modules* ne font pas forcément appel à une librairie.

5 Voir *supra*, focus « framework *vs* librairie ».
6 Voir *infra*, focus « Archive *vs* fichier ».

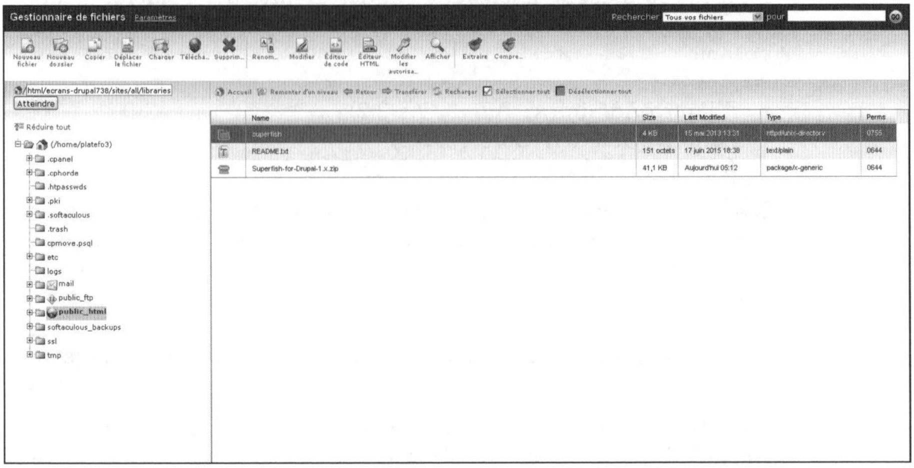

Écran 108. Gestionnaire de fichiers CPanel : chargement de la librairie Superfish

Focus. - Archive *vs* fichier

« En informatique, une archive est un fichier dans lequel se trouve tout le contenu d'un dossier (fichiers, arborescence et droits d'accès). Les archives sont généralement des fichiers portant l'extension .tar (format UNIX) ou .zip (sous Windows) [...]. Le but principal d'une archive est de transporter tout un dossier en un seul fichier. »

[N4] Tâche 5 : Chargement des traductions du *thème* et du *module*

Le chemin à suivre pour intégrer les traductions (adaptivetheme-7.x-3.2.fr.po et superfish-7.x-1.9.fr.po) est exactement le même que précédemment, sauf que maintenant, le back-office est en français.

Tableau 67. Traduction des étiquettes relatives au chargement des traductions

Libellé anglais	Libellé français
Menu [principal] ; chemin : Configuration.	Menu [principal] ; chemin : Configuration.
Panneau : REGIONAL AND LANGUAGE	Panneau : RÉGIONALISATION ET LANGUE
Item-lien : Translate interface	Item-lien : Traduire l'interface
Onglet : IMPORT	Onglet : IMPORTER
Panneau : IMPORT TRANSLATION	Panneau : IMPORTER UNE TRADUCTION

7 « Archive (informatique) », *www.wikipedia.org,* https://fr.wikipedia.org/wiki/Archive_(informatique).

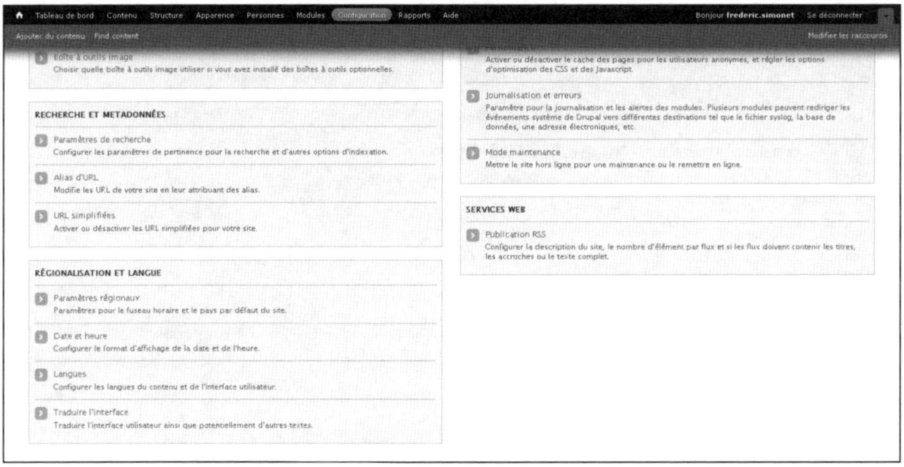

Écran 109. Traduction de l'étiquette « Regional and Language » et des items correspondants.

[N1] Tâche 6 : Affectation du *bloc* intégrant le menu principal à la *région* qui lui est dédiée

Cette tâche met en jeu une fonctionnalité de base incontournable, l'affectation d'un *bloc* à une *région* donnée. Cette fonctionnalité est le pendant de l'affectation de « module » à une « position » donnée avec Joomla[8]. Il s'agit, dans le cas présent, de rattacher le *bloc* qui intègre le menu principal à la *région* qui lui est dédiée.

Pour exploiter cette fonctionnalité, il faut tout d'abord se reporter à l'écran qui donne accès aux éléments de structure de site Web (menu [principal] ; chemin : Structure), puis cliquer sur l'item-lien Blocs.

Écran 110. Espace donnant accès aux éléments de structure matériels (blocs et menus) et logiques (taxonomie et types de contenus) du site Web

Il faut ensuite se reporter à la section « Désactivé(s) », sous laquelle se trouve le *bloc* à considérer (« Superfish 1 (Superfish) »), ouvrir la liste déroulante indiquant les *régions* disponibles (colonne RÉGION), sélectionner la *région* ad hoc (Barre de menu), puis cliquer sur le bouton Enregistrer les Blocs.

8 Voir *supra,* chap. précédent, procédure J2.3.2, tâche 2.

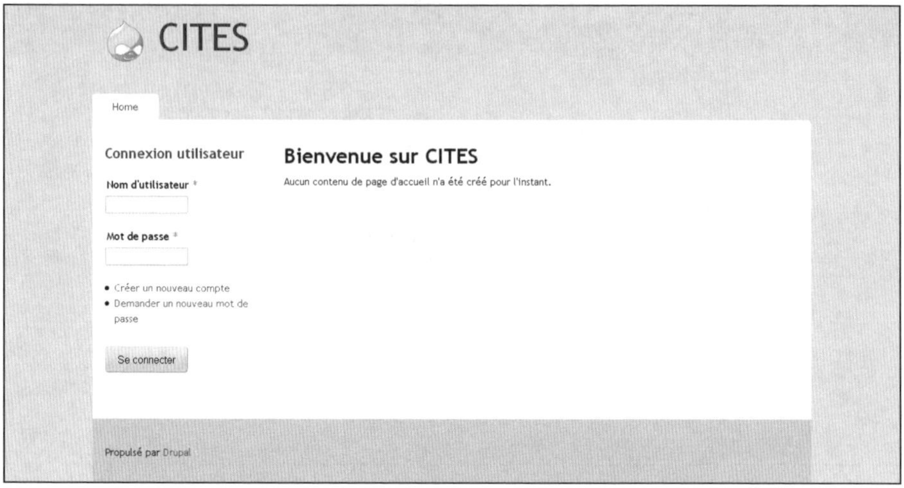

Écran 111. Page d'accueil : premier test

Commentaire. – Il est important de tester l'outil au fur et à mesure que l'on avance. Dans le cas présent, les tests ont révélé un problème quant à l'application des marges. Pour le régler, et après s'être reporté à l'écran de gestion du *thème* (menu [principal] ; chemin : Apparence | section : « Sky 7.x-3.0 (thème par défaut) » | lien : Paramètres), il a fallu désactiver l'option « Responsive » – recharger la page – puis réactiver à nouveau l'option (section : Layout & General Settings | onglet [vertical] : Paramètres globaux | case à décocher/recocher : Disable responsive layout and styles).

Procédure D2.3 : Intégration des *modules* de base

Tâches à réaliser :

1. Charger et activer les *modules* « Chaos tool suite (ctools) » et Token.
2. Charger les traductions des deux *modules*.

Tâche 1. Chargement et activation des *modules* « Chaos tool suite (ctools) » et Token

La question de l'installation des *modules* a déjà été abordée, lors de l'installation du *module* Superfish[9]. Il n'y a pas de changement quant au chemin à suivre pour installer les deux *modules* ici considérés : « Chaos tool suite (ctools) » et Token.

Ci-dessous, les archives à charger :

- ctools-7.x-1.7.tar.gz.
- token-7.x-1.6.tar.gz.

Tâche 2 : Chargement des traductions des deux *modules*

La question du chargement des traductions a déjà été abordée[10], elle aussi. Là non plus, il n'y a pas de changement quant au chemin à suivre pour charger celles des deux *modules* ici considérés.

9 Voir *supra*, procédure D2.2, tâche 3.
10 Voir *supra*, procédure D2.2, tâche 5.

Ci-dessous, les traductions à charger :

- ctools-7.x-1.7.fr.po.
- token-7.x-1.6.fr.po.

Procédure D2.4 : Intégration des *modules* d'édition et de gestion des images

Procédure D2.4.1 : Intégration de l'éditeur de contenu CKEditor.

Procédure D2.4.2 : Intégration des *modules* de gestion des images.

Procédure D2.4.3 : Intégration du *format* alternatif Full CKEditor.

L'exécution de cette super-procédure est dictée par le fait que la version 7 de Drupal n'intègre pas d'éditeur wysiwyg. En lieu et place, Drupal propose trois *formats* d'édition par défaut. Tout d'abord, le *format* Full HTML, impliquant une bonne connaissance du langage HTML ; ensuite, le *format* « Filtered HTML » (qui permet de s'affranchir du langage HTML, mais dont la portée est limitée, en termes de structuration notamment) ; et enfin, le *format* Plain text, qui interdit toute mise en forme.

Pour travailler sur les contenus (cela comprend l'insertion d'image), sans avoir à faire appel au langage HTML, il faut donc obligatoirement créer un *format* spécifique, qui viendra s'ajouter aux trois *formats* sus-indiqués.

Dans le cadre de notre projet, le *format* en question s'appellera Full CKEditor. Il donnera accès à toutes les fonctionnalités de la librairie CKEditor. Pour cela, il faut travailler tout d'abord sur l'intégration de l'éditeur de contenu CKEditor (d'ailleurs adopté avec Drupal 8), ensuite sur l'intégration des *modules* de gestion des images et enfin sur l'intégration du *format* qui nous intéresse ici, Full CKEditor.

Procédure D2.4.1 : Intégration de l'éditeur de contenu CKEditor

Tâches à réaliser :

1. Charger et activer le *module* d'édition Wysiwyg.
2. Charger les traductions.
3. Charger la librairie CKEditor.

Tâche 1 : Chargement et activation du *module* d'édition Wysiwyg

La question de l'installation des *modules* a déjà été abordée une première fois, lors de l'installation du *module* Superfish[11], puis une deuxième fois, lors de l'installation des *modules* de base (« Chaos tool suite (ctools) » et Token).

Archive à charger : wysiwyg-7.x-2.2.tar.gz.

Tâche 2 : Chargement des traductions

La question du chargement des traductions a déjà été abordée plusieurs fois, dans le cadre de l'intégration des *modules* mentionnés ci-dessus. Je n'y reviens pas.

Traductions à charger : wysiwyg-7.x-2.2.fr.po.

11 Voir *supra*, procédure D2.2, tâche 3.

Tâche 3 : Chargement de la librairie CKEditor

La question du chargement des librairies a déjà été abordée, lors de l'intégration du *module* Superfish[12]. Dans le cas présent, l'archive à charger sous sites/all/librairies sera ckeditor_4.4.7_standard.zip. Le nom du répertoire à utiliser pour packager les scripts de la librairie, ckeditor.

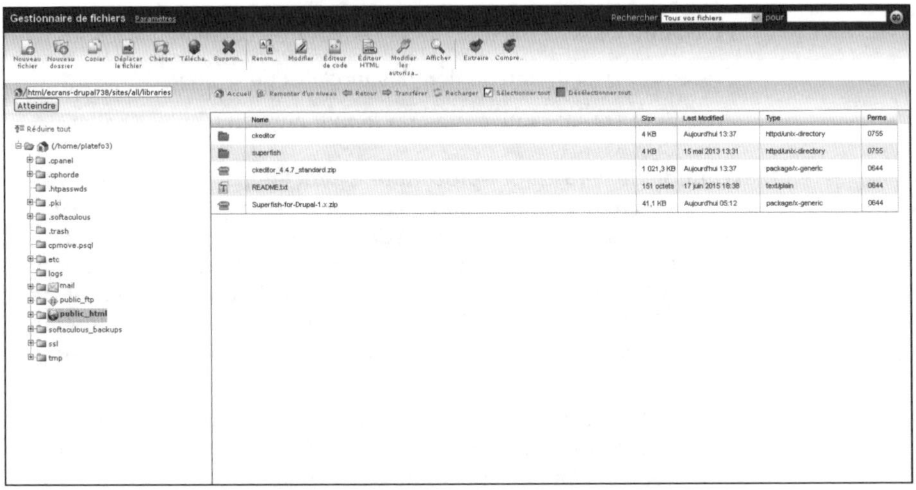

Écran 112. Gestionnaire de fichiers CPanel : chargement de la librairie CKEditor

Procédure D2.4.2 : Intégration des *modules* de gestion des images

Il y a deux *modules* à considérer, IMCE et IMCE Wysiwyg Bridge. IMCE est LE *module* de référence spécialement dédié à la gestion des images. IMCE Wysiwyg Bridge, qui joue le rôle de passerelle est entre Wysiwyg et IMCE, permettra d'insérer des images, depuis l'éditeur.

Les questions relatives à l'intégration des *modules* (installation et traductions) ont déjà été abordées plusieurs fois. Je n'y reviens pas.

Ci-dessous, les archives à charger :

- imce-7.x-1.9.tar.gz.
- imce_wysiwyg-7.x-1.0.tar.gz.

Ci-dessous, les traductions à charger :

- imce-7.x-1.9.fr.po.
- imce_wysiwyg-7.x-1.0.fr.po

Procédure D2.4.3 : Intégration du *format* alternatif Full CKEditor

Procédure D2.4.3.1 : Création/configuration du *format* Full CKEditor.

Procédure D2.4.3.2 (une seule tâche) : Repositionnement du *format* créé.

Procédure D2.4.3.3 (une seule tâche) : Affectation du *format* créé à l'éditeur CKEditor.

Procédure D2.4.3.4 : Activation des options [de l'éditeur CKEditor] propres au *format* créé.

12 Voir *supra*, procédure D2.2, tâche 4.

[STR] Procédure D2.4.3.1 : Création/configuration du *format* Full CKEditor

Cette procédure met en jeu est une fonctionnalité structurante, la création de *format*.

Pour l'exploiter, il faudra se reporter au panneau RÉDACTION DE CONTENU de l'écran de configuration générale (menu [principal] ; chemin : Configuration), cliquer sur l'item-lien Formats de Texte, puis cliquer sur le lien Ajouter un Format de Texte.

Après avoir saisi le nom du *format* (champ : Nom ; valeur : Full CKEditor), il faudra ensuite assigner celui-ci à un *rôle* donné (cases à cocher : Rôles ; option : Administrator), puis valider la configuration mise en place en cliquant sur le bouton Enregistrer la Configuration.

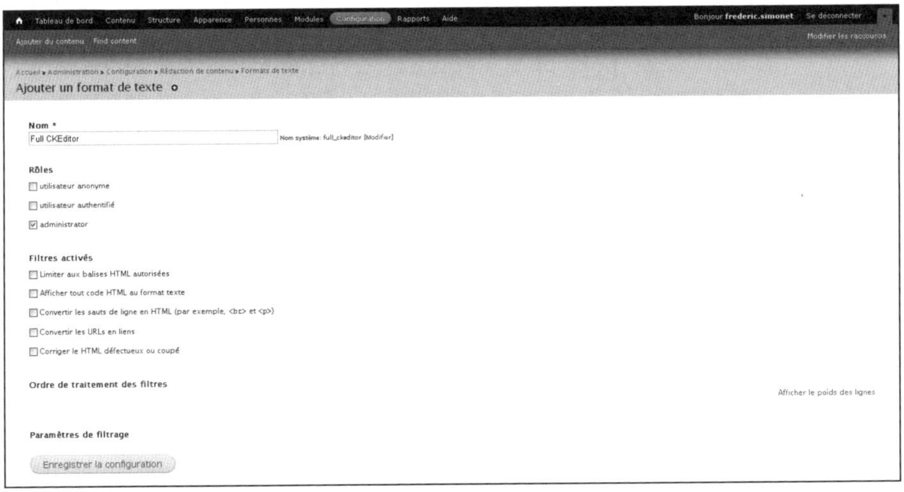

Écran 113. Configuration du format Full CKEditor

Focus. – Trois *rôles* par défaut

Drupal fait intervenir trois *rôles* par défaut :

- « Administrator » (Administrateur). (Nous aurions pu traduire cette étiquette en passant par l'écran de gestion des traductions. Voilà une autre fonctionnalité que l'on ne retrouve ni chez Joomla ni chez WordPress.)
- Utilisateur authentifié.
- Utilisateur anonyme.

Ces *rôles* correspondent à des profils donnant accès à des droits plus ou moins ouverts. Le *rôle* d'« administrateur » est automatiquement attribué à la personne ayant installé l'outil. Ce *rôle* donne accès à toutes les fonctionnalités de l'outil.

Remarque. – Je rappelle ici que Drupal donne la possibilité de créer des *rôles* venant s'ajouter aux trois *rôles* prédéfinis[13].

13 Voir *supra*, partie 1, chapitre II, section « Gestion des profils et des droits associés ».

[N4] Procédure D2.4.3.2 (une seule tâche) : Repositionnement du *format* créé

Cette procédure, qui se réduit à une seule tâche, met en jeu une fonctionnalité de base, la mise en ordre des *formats*.

Son exploitation n'est pas une obligation, il s'agit d'une fonctionnalité qui permet simplement de travailler sur l'utilisabilité de l'éditeur de contenu.

Pour cela, il faudra tout d'abord se reporter au panneau RÉDACTION DE CONTENU de l'écran de configuration générale (menu [principal] ; chemin : Configuration), puis cliquer sur l'item-lien Formats de Texte.

Il faudra ensuite saisir [d'un clic] les *formats*, puis les repositionner les uns par rapport aux autres, par simple glisser-déposer.

On validera l'ordre établi en cliquant sur le bouton Enregistrer les Modifications.

Dans le cas présent, il s'agit de repositionner le *format* créé au-dessus des trois *formats* prédéfinis de façon à ce qu'il devienne le *format* de base. Cela nous permettra de gagner un peu de temps sur l'intégration des contenus.

[N4] Procédure D2.4.3.3 (une seule tâche) : Affectation du *format* créé à l'éditeur CKEditor

Cette procédure, qui se réduit à une seule tâche et donc une seule fonctionnalité, l'affection d'un *format* à un éditeur donné, est corrélée, d'une part, à la création du *format* Full CKEditor, d'autre part, à l'intégration du nouvel éditeur CKEditor.

Pour exploiter cette fonctionnalité, il faut tout d'abord se reporter au panneau RÉDACTION DE CONTENU de l'écran de configuration générale (menu [principal] ; chemin : Configuration), puis cliquer sur l'item-lien Profils Wysiwyg.

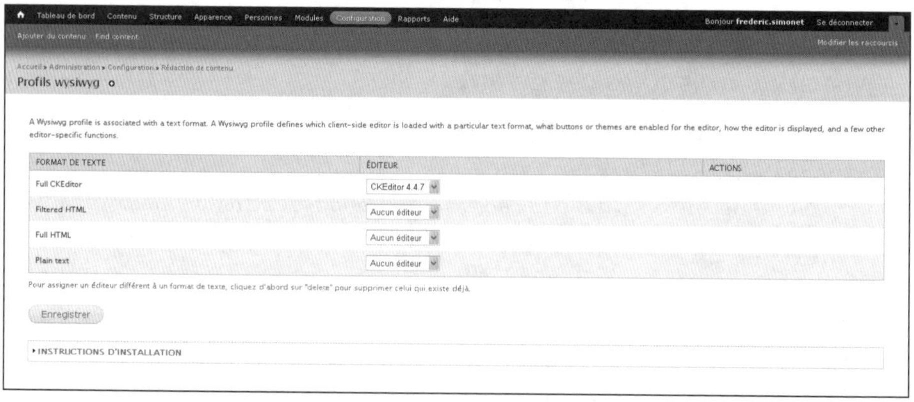

Écran 114. Affectation du format Full CKEditor à l'éditeur CKEditor

Il faut ensuite sélectionner l'éditeur *ad hoc* du *format* considéré (Ligne [format] : Full CKEditor ; colonne : ÉDITEUR. Liste déroulante [affichant les éditeurs disponibles] ; option : CKEditor 4.4.7).

Il conviendra enfin de valider la configuration mise en place en cliquant sur le bouton Enregistrer.

[N4] Procédure D2.4.3.4 : Activation des options [de l'éditeur CKEditor] propres au *format* créé

Cette procédure consiste à activer les fonctionnalités qui serviront de support à l'intégration des contenus (alignement du texte, listes, tableaux, etc.).

Pour cela, il faut se reporter au panneau RÉDACTION DE CONTENU de l'écran de configuration générale (menu [principal] ; chemin : Configuration), cliquer sur l'item-lien Profils Wysiwyg, puis cliquer sur le lien Modifier en regard du *format* à considérer (ligne [format] : Full CKEditor ; colonne : ACTIONS. Lien : Modifier).

Il faudra ensuite sélectionner les options dont on a besoin (cases à cocher intégrées dans le panneau déroulant BOUTONS ET PLUGINS). (C'est l'option IMCE qui permet d'intégrer des images depuis l'éditeur.)

Il conviendra enfin de valider la configuration mise en place en cliquant sur le bouton Enregistrer.

Remarque. – Pour traduire l'interface de l'éditeur en français, il faut se reporter à la liste déroulante Langue de l'Interface qui est intégrée dans le panneau CONFIGURATION BASIQUE. Il suffit ensuite de sélectionner l'option Français.

Procédure D2.5 : Intégration des *modules* de gestion des *vues*

Il y a deux *modules* à considérer : Views et Entity.

Les questions relatives à l'intégration des *modules* (installation et traductions) ont déjà été abordées.

Ci-dessous, les archives à charger :

- views-7.x-3.11.tar.gz.
- entity-7.x-1.6.tar.gz.

Ci-dessous, les traductions à charger :

- views-7.x-3.11.fr.po.
- entity-7.x-1.6.fr.po.

5. LOT 3 : PRÉPARATION DE L'INTÉGRATION DES CONTENUS (II)

Cet exercice (étape 3/31) consiste à préparer l'intégration des contenus, dans sa seconde phase. Sa réalisation fait intervenir 54 micro-tâches représentant à peu près une demi-heure de travail. (Avancement de l'intégration des pages à l'issue de l'exercice *(statu quo)* : 0/20)

Procédure D3 : Suppression des contenus de test et configuration générale

Procédure D3.1 : Suppression des contenus de test.

Procédure D3.2 : Configuration générale.

Procédure D3.1 : Suppression des contenus de test

Tâches à réaliser :

1. Supprimer l'article.
2. Supprimer la photo.

[N1] Tâche 1 : Suppression de l'article de test

Cette tâche met en jeu une fonctionnalité élémentaire, la suppression de *nœud*.

Pour l'exploiter, il faut tout d'abord se reporter à l'écran de gestion des contenus *(nœuds)* (menu [principal] ; chemin : Contenu).

Il faut ensuite cliquer sur le lien Supprimer en regard du *nœud* concerné (ligne [nœud] : Mon premier article ; colonne : ACTIONS. Lien : supprimer), puis valider la demande en cliquant sur le bouton Supprimer.

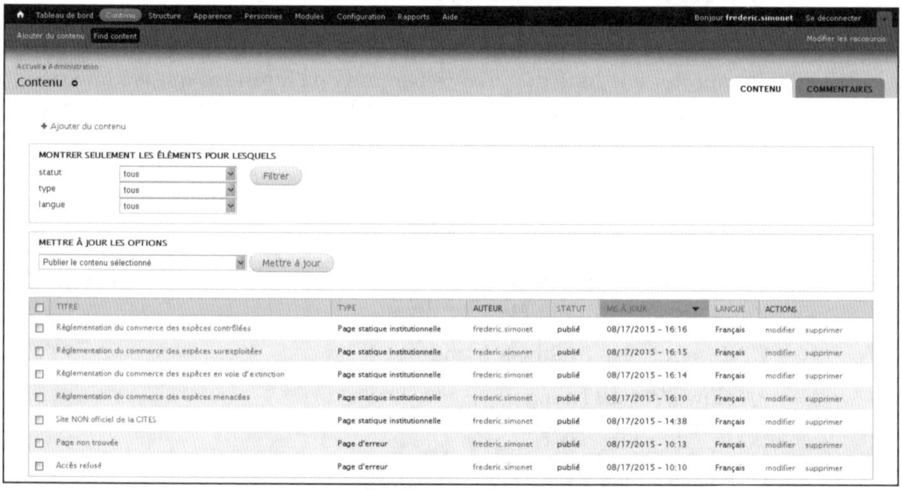

Écran 115. Espace de gestion des contenus [nœuds] : article de test à supprimer

[N1] Tâche 2 : Suppression de la photo

Cette tâche met en jeu une autre fonctionnalité élémentaire, la suppression de fichier.

Cela peut paraître surprenant, mais avec Drupal 7, la gestion des fichiers n'est pas intégrée dans un espace dédié (WordPress), ni même rattachée à la gestion des contenus (Joomla). Elle est rattachée au profil de l'administrateur.

Pour supprimer un fichier, il faut donc se reporter à l'écran de gestion des utilisateurs (menu [principal] ; chemin : Personnes), cliquer sur la référence de son propre profil (frederic.simonet), puis activer l'onglet Explorateur de Fichier.

Il faut ensuite sélectionner [d'un clic] le fichier concerné, puis cliquer sur le bouton Supprimer.

Procédure D3.2 : Configuration générale

Procédure D3.2.1 : Intégration du menu principal.

Procédure D3.2.2 : Saisie du slogan du site Web et retrait du logo.

Procédure D3.2.3 (une seule tâche) : Désactivation de l'ouverture de compte « grand public ».

Procédure D3.2.1 : Intégration du menu principal

Procédure D3.2.1.1 : Création du menu.

Procédure D3.2.1.2 (une seule tâche) : Sélection du menu en tant que nouveau menu principal.

Procédure D3.2.1.3 : Reconfiguration du lien pointant vers la page d'accueil.

Procédure D3.2.1.4 : Reconfiguration du *bloc* intégrant le menu principal.

[STR] Procédure D3.2.1.1 : Création du menu

Cette procédure met en jeu une fonctionnalité structurante, la création de menu, dont l'exploitation est ici dictée par les règles de nommage définies dans notre cahier des charges[14].

Remarque. – Il convient de préciser qu'avec Drupal, la création du menu principal n'est pas une obligation car celui-ci existe déjà. Mais pour des raisons de sécurité, sans doute, il n'est pas possible de le reconfigurer comme ce fut le cas avec Joomla[15]. On ne peut pas non plus le supprimer.

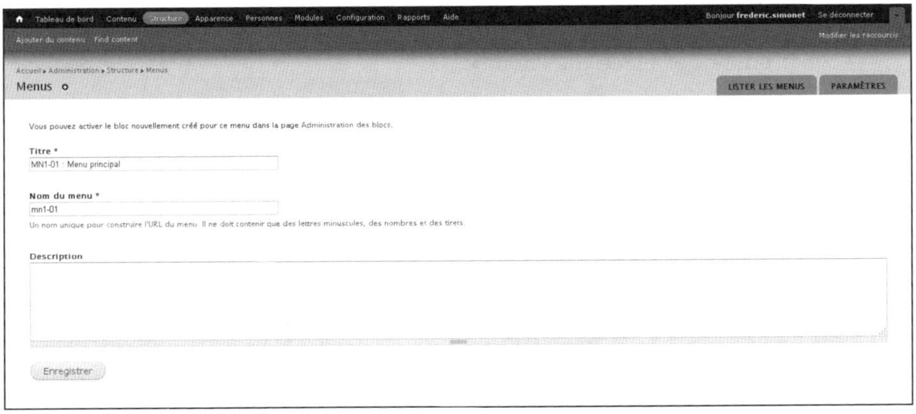

Écran 116. Configuration du menu principal

Pour créer un menu, en général, et donc pour créer celui qui nous intéresse ici, en particulier, il faudra tout d'abord se reporter à l'écran de gestion des menus (menu [principal] ; chemin : Structure | item-lien : Menus), puis cliquer sur le lien Ajouter un Menu.

14 Voir *supra,* chap. V, section « Règles de nommage des menus appliquées et recommandées ».
15 Voir *supra,* chap. précédent, procédure J2.3.1.

Il faudra ensuite :

1. Saisir le titre du menu.
2. Saisir le nom du menu.

Il conviendra enfin de valider le titre et le nom en cliquant sur le bouton Enregistrer.

[N4][O] Tâche 1 : Saisie du titre du menu

La définition du titre des menus est basique. Il suffit de renseigner le champ Titre (MN1-01 : Menu principal).

[N4][O] Tâche 2 : Saisie du nom du menu

La définition du nom des menus est presqu'aussi basique que celle de leur titre. Il faut d'abord cliquer sur le lien-bouton Modifier en regard du champ Titre, il suffit ensuite de remplacer le « nom » initial (mn1-01-menu-principal) par le nouveau (mn1-01) (champ : Nom du menu ; valeur : mn1-01).

Remarque I. – Le nombre de caractères utilisables est limité.

Remarque II. – Il convient d'utiliser un libellé conforme au titre.

Remarque III. – Une fois enregistré, le nom n'est plus modifiable. En cas d'erreur, il faudra donc supprimer le menu, puis en créer un nouveau.

***

Commentaire. – On ne peut qu'être interpellé par les similitudes avec Joomla. L'écran 116 est un quasi copier-coller de l'écran 60. Il y a deux mêmes paramètres à considérer, d'un côté (Drupal), le titre et le « nom », de l'autre (Joomla), toujours le titre, et le « type » en lieu et place du « nom ».

Procédure D3.2.1.2 (une seule tâche) : Sélection du menu en tant que nouveau menu principal

Cette procédure vient compléter la procédure précédente. Il s'agit en effet de faire en sorte que Drupal considère le menu juste créé comme étant le nouveau menu principal.

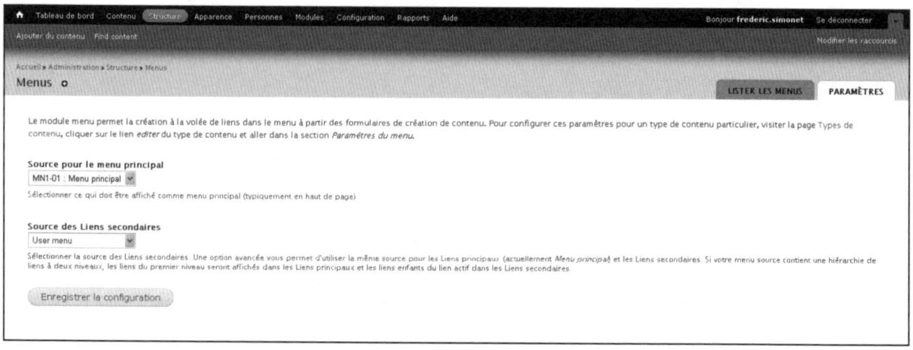

Écran 117. Le menu qui vient d'être créé devient le menu de référence

Pour cela, il faut tout d'abord se reporter à l'écran de gestion des menus (menu [principal] ; chemin : Structure | item-lien : Menus), puis activer l'onglet PARAMÈTRES.

Il faudra ensuite sélectionner le menu à considérer (MN1-01 : Menu principal) dans la liste déroulante Source pour le Menu Principal, puis le valider en cliquant sur le bouton Enregistrer la Configuration.

Procédure D3.2.1.3 : Reconfiguration du lien pointant vers la page d'accueil

Cette procédure, dont les ressorts ont déjà été évoqués[16], met en jeu deux fonctionnalités basiques, d'une part, la mise à jour du libellé des liens intégrés dans un menu, d'autre part, leur affectation à un menu autre que leur menu d'origine.

Pour exploiter ces deux fonctionnalités, il faudra tout d'abord se reporter à l'écran de gestion des menus (menu [principal] ; chemin : Structure | item-lien : Menus), cliquer sur le lien Lister les Liens, en regard du menu à considérer (ligne [menu] : Main Menu ; colonne : ACTIONS. Lien : Lister les liens), puis cliquer sur le lien Modifier, cette fois-ci en regard du lien à reconfigurer (ligne [lien] : Home ; colonne : ACTIONS. Lien : Modifier).

Il faudra ensuite :

1. Mettre à jour le libellé du lien sur la page d'accueil.
2. Affecter le lien au nouveau menu principal.

Il conviendra enfin de valider la nouvelle configuration du lien en cliquant sur le bouton Enregistrer.

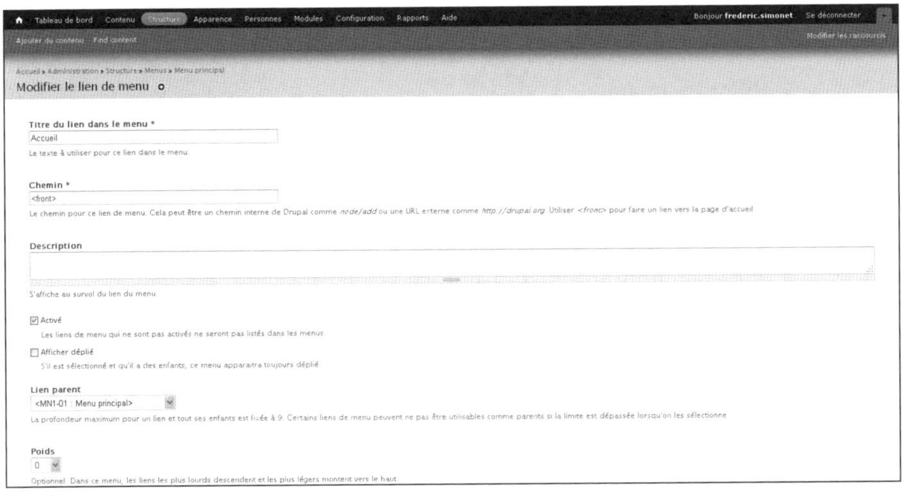

Écran 118. Reconfiguration du lien pointant vers la page d'accueil

[N1][O] Tâche 1 : Mise à jour du libellé du lien sur la page d'accueil

La mise à jour du libellé des liens intégrés dans un menu donné est une fonctionnalité à la fois basique et incontournable. Il suffit de

16 Voir *supra*, chap. VI, procédure W3.3.

remplacer le libellé initial (Home) par le nouveau (Accueil) (champ : Titre du lien dans le menu ; valeur : Accueil).

[N2] Tâche 2 : Affectation du lien au nouveau menu principal

Si la mise à jour du libellé des liens ne pose aucune difficulté, l'affectation des liens à un autre menu s'avère quant à elle plus subtile.

D'abord, parce qu'il faut se reporter à la liste déroulante qui s'appelle Lien Parent, alors qu'il s'agit de sélectionner un menu, et non un lien. Ensuite, parce qu'il faut bien faire la différence entre les items désignant les menus et ceux qui désignent les liens que ceux-ci intègrent : les premiers sont marqués par des chevrons, les seconds par un ou plusieurs traits d'union selon leur niveau hiérarchique.

Dans le cadre de notre projet, c'est l'option « <MN1-01 : Menu principal> » qui doit être sélectionnée (liste déroulante : Lien parent ; option : « <MN1-01 : Menu principal> »).

[M] Procédure D3.2.1.4 : Reconfiguration du *bloc* intégrant le menu principal

La (re)configuration des *blocs* associés aux menus est un impératif car, de concert avec le *thème* utilisé, ils déterminent la façon de les présenter, l'endroit où les afficher et leur comportement (ouverture/fermeture).

Pour reconfigurer les *blocs*, en général, et plus particulièrement le *bloc* de menu « Superfish 1 (Superfish) », il faudra se reporter à l'écran de gestion des *blocs* (Menu [principal] ; chemin : Structure | item-lien : Blocs), puis cliquer sur le lien Configurer en regard du bloc à considérer (ligne [bloc] : « Superfish 1 (Superfish) » ; colonne : ACTIONS. Lien : Configurer).

Il faudra ensuite :

1. Mettre à jour le nom du *bloc* côté back-office.
2. Affecter le *bloc* au nouveau menu principal.
3. Sélectionner le style à appliquer.

Il conviendra enfin de valider la configuration du *bloc* en cliquant sur le bouton Enregistrer le Bloc.

[N4][O] Tâche 1 : Mise à jour du nom du *bloc* côté back-office

La mise à jour du nom des *blocs*, affiché côté back-office, est une fonctionnalité basique.

Pour cela, il suffit de remplacer le titre initial (« Superfish 1 (Superfish) ») par le nouveau (MN1-01 : Menu principal) (champ : Description du bloc ; valeur : « MN1-01 : Menu principal »).

[N5] Tâche 2 : Affectation du *bloc* au nouveau menu principal

Cette tâche met en jeu une fonctionnalité propre au *module* Superfish, l'affectation du *bloc* correspondant à un menu donné.

Pour l'exploiter, il faut sélectionner le menu à considérer (<MN1-01 : Menu principal>) dans la liste déroulante Parent du Menu (intégrée dans le panneau MENU).

[N2/N5] Tâche 3 : Sélection du style à appliquer

Cette tâche met en jeu une fonctionnalité elle aussi propre au *module* Superfish, à savoir la personnalisation du style du menu.

Pour l'exploiter, il faut sélectionner le style que l'on souhaite appliquer (Default) dans la liste déroulante Style (qui est intégrée dans le panneau PARAMÈTRES DE SUPERFISH).

***

Commentaire. – La configuration des *blocs* est très voisine de celle des *modules* avec Joomla[17]. Il y a tout de même deux différences à relever. Première différence, la position des *blocs* peut se gérer directement depuis l'espace de gestion des *blocs*. Seconde différence, avec Drupal, il n'y a pas de bouton pour afficher/masquer le titre des *blocs* côté front-office. C'est la saisie (ou non) du champ Titre du Bloc (à distinguer du champ Description du Bloc) qui déterminera l'affichage (ou non) des titres.

Procédure D3.2.2 : Saisie du slogan du site Web et retrait du logo

Tâches à réaliser :

1. Saisir le slogan du site Web.
2. Retirer le logo par défaut.

[N1] Tâche 1 : Saisie du slogan du site Web

Cette tâche met en jeu une fonctionnalité à la fois basique et incontournable, la personnalisation du slogan du site Web.

Pour l'exploiter, il faudra tout d'abord se reporter au panneau SYSTÈME de l'écran de configuration générale (menu [principal] ; chemin : Configuration), puis cliquer sur l'item-lien Informations.

Il faudra ensuite de saisir le slogan (champ [intégré dans le panneau DÉTAILS DU SITE] : slogan ; valeur : Protéger les espèces menacées), puis le valider en cliquant sur le bouton Enregistrer la Configuration.

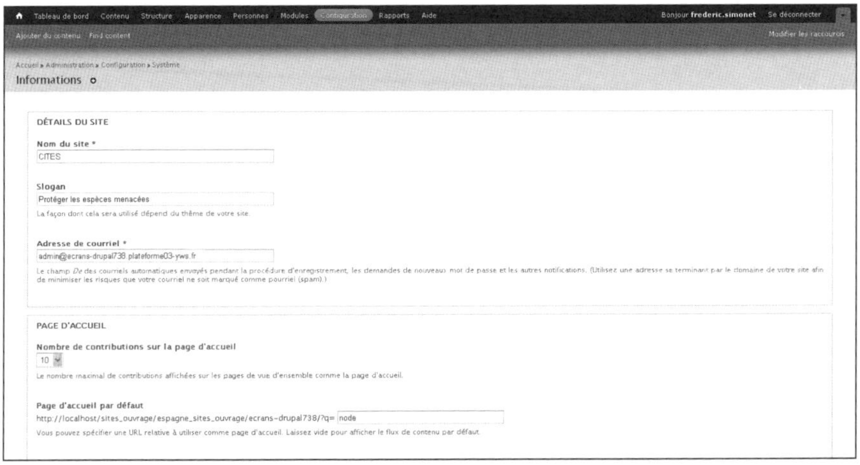

Écran 119. Définition du slogan du site Web

17 Voir *supra*, chap. précédent, procédure J2.3.2.

[N1] Tâche 2 : Retrait du logo par défaut

Le retrait du logo par défaut est une tâche élémentaire.

Pour cela, il faut tout d'abord se reporter à l'écran de gestion des *thèmes* (menu [principal] ; chemin : Apparence), et plus spécialement, à la section du *thème* utilisé (section [thème] : « Sky 7.x-3.0 (thème par défaut) »), puis cliquer sur le lien Paramètres.

Il faut ensuite décocher la case Logo, intégrée dans le panneau déroulant ACTIVER/DÉSACTIVER L'AFFICHAGE, puis valider la mise à jour en cliquant sur le bouton Enregistrer la Configuration.

Remarque. – Il faut savoir que pour les sites faisant appel à plusieurs *thèmes*, l'outil donne la possibilité de gérer ces paramètres globalement (menu [principal] ; chemin : Apparence | onglet : PARAMÈTRES | panneau : ACTIVER/DÉSACTIVER L'AFFICHAGE). Le logo et le slogan ne sont pas les seuls paramètres concernés, il en existe d'autres, ceux qui sont relatifs aux menus et aux « portraits » des utilisateurs, notamment.

[N2] Procédure D3.2.3 (une seule tâche) : Désactivation de l'ouverture de compte « grand public »

La désactivation de l'ouverture de compte « grand public » est une tâche élémentaire.

Pour cela, il faut tout d'abord se reporter au panneau PERSONNE de l'écran de configuration générale (menu [principal] ; chemin : Configuration), puis cliquer sur l'item-lien Paramètres de Comptes.

Il faut ensuite se reporter au panneau INSCRIPTION ET ANNULATION, puis sélectionner l'option Administrateurs Seulement (boutons radio : « Qui peut enregistrer des comptes ? » ; option : Administrateurs seulement).

Il conviendra enfin de valider la configuration mise en place en cliquant sur le bouton Enregistrer la Configuration.

6. LOT 4 : INTÉGRATION DES PAGES D'ERREUR

Cet exercice (étape 4/31) a pour objet l'intégration des pages d'erreur. Sa réalisation fait intervenir 37 micro-tâches représentant à peu près 20 minutes de travail. (Avancement de l'intégration des pages à l'issue de l'exercice *(statu quo)* : 0/20)

Il s'agit tout d'abord de définir le format *(type de contenu)* des pages d'erreur (Page d'erreur) auquel celles-ci feront appel. Il s'agira ensuite d'intégrer les pages *(nœuds)* « Accès refusé » et « Page non trouvée ».

Procédure D4 : Intégration des pages d'erreur

Procédure D4.1 : Création/configuration du *type de contenu*.

Procédure D4.2 : Intégration des nouvelles pages d'erreur.

[STR] Procédure D4.1 : Création/configuration du *type* de contenu

Bien qu'elle soit facultative, l'exécution de cette procédure mérite la plus grande attention car elle met en jeu une fonctionnalité structurante, propre à Drupal, la création de *type de contenu*.

Dans le cadre de votre projet, vous n'aurez pas forcément besoin de créer des « types », mais vous devrez de toute façon les exploiter, car les *nœuds* font nécessairement référence à un *type de contenu* donné.

Mais au fait, qu'est-ce qu'un *type de contenu* ? Les *types de contenu(s)* sont des entités qui servent de support à la création et à la présentation des contenus. Ils ont leur propre espace d'administration. Un espace à partir duquel on pourra les créer, les reconfigurer voire les supprimer.

Attention ! Il faut absolument éviter de se s'engager dans la l'intégration des contenus si la configuration des *types de contenus* n'est pas finalisée. Si vous reprenez un *type de contenu* donné, alors que des contenus faisant appel à celui-ci ont déjà été créés, vous devrez aussi reprendre la configuration des contenus en question, avec le risque de perdre des données. Pire encore, si vous supprimez un *type de contenu*, l'outil supprimera complètement les contenus correspondants.

Quel est l'objet des *types de contenus* ? Les *types de contenus* font intervenir des champs dont la fonction est de structurer, d'un côté, la saisie du contenu des *nœuds*, de l'autre, la présentation de ces mêmes contenus, au travers des *vues* notamment[18]. Un *nœud* de type Article fera donc intervenir au moins quatre champs : les champs Titre, Photo, Accroche et Contenu... que l'on pourra bien sûr compléter avec d'autres champs : les champs Auteur, Date de publication, Mots-clés, etc.

Quelle est la vocation des *types de contenus* ? Les types de contenus servent d'abord et avant tout à « typer » les contenus élémentaires présentés individuellement (*nœud* faisant appel au « type » Article).

Ils servent aussi de support à la constitution d'un référentiel structuré (contenu) faisant intervenir des briques élémentaires (éléments de contenu) que l'on pourra réutiliser dans plusieurs pages.

De concert avec les *vues*, ils donnent ainsi la possibilité d'appréhender les contenus sous des angles différents. Il sera donc possible de générer toutes sortes de pages (articles les plus lus, articles marqués par un même mot-clé, articles appartenant à une même rubrique, etc.), sans qu'il soit nécessaire de réintégrer ces mêmes contenus manuellement. Autre exemple. Une même photo pourra apparaître non seulement dans un article – de manière isolée –, mais aussi dans une galerie intégrant d'autres photos [liées à d'autres articles].

La configuration des *types de contenus* est-elle complexe ? La configuration des *types de contenus* ne présente pas de difficulté particulière. Il faut simplement distinguer le travail de configuration générale et la définition des champs en tant que telle.

18 Voir *infra*, procédure D7.

Dans le cas présent, l'exercice se limite à la création/configuration générale du *type de contenu* « Page d'erreur », nous nous contenterons des trois champs proposés par défaut. Le premier servira à définir le titre des pages, le deuxième, à définir leur contenu et le troisième, à définir leur alias, c'est-à-dire leur chemin. (Je rappelle ici que les chemins sont les identifiants des pages. Ils viennent compléter le domaine du site Web, dans les URL.)

Pour créer un *type de contenu*, en général, et donc pour créer celui qui nous intéresse ici, en particulier, il faudra se reporter tout d'abord à l'écran de gestion des *types de contenu(s)* (menu [principal] ; chemin : Structure | item-lien : Types de contenu), puis cliquer sur le bouton Ajouter un Type de Contenu.

Il faudra ensuite :

1. Saisir le nom du *type de contenu*.
2. Mettre à jour les options de publication.
3. Masquer le nom de l'auteur et la date de publication.
4. Désactiver les commentaires.
5. Désactiver la fonction d'intégration des liens à partir du contenu.

Il conviendra enfin de valider la configuration mise en place en cliquant sur le bouton Enregistrer le Type de Contenu.

[N4][O] Tâche 1 : Saisie du nom du *type de contenu*

La définition du nom des *types de contenus* est basique. Il suffit de renseigner le champ Nom (Page d'erreur).

[N2] Tâche 2 : Mise à jour des options de publication

Il s'agit de faire en sorte que les pages d'erreur soient exclues du flux des contenus susceptibles d'être affichés en page d'accueil. Pour cela, il faut tout d'abord activer l'onglet [vertical] Option de Publication, il suffit ensuite de décocher la case Promu en Page d'Accueil.

[N2] Tâche 3 : Masquage du nom de l'auteur et de la date de publication

Il s'agit maintenant de faire en sorte que le nom de l'auteur des pages d'erreur ainsi que leur date de publication ne soient pas affichés. Pour cela, il faut activer l'onglet [vertical] Paramètre d'Affichage, puis décocher la case Afficher l'Auteur et la Date.

[N2] Tâche 4 : Désactivation des commentaires

Pour désactiver les commentaires en ligne, il faut activer l'onglet [vertical] Paramètre des Commentaires, ouvrir la liste déroulante Paramètre de Commentaires... Nouveaux Contenus, puis sélectionner l'option Fermé.

[N2/N4] Tâche 5 : Désactivation de la fonction d'intégration des liens à partir du contenu

Cette tâche met en jeu une fonctionnalité de base, le rattachement (ou non) d'un « type » à un menu. Cette fonctionnalité permet d'intégrer des liens dans un ou plusieurs menus, à partir du contenu. Son exploitation dépend de la nature des contenus et, en l'occurrence, de leur « type ».

Dans le cas présent, il s'agit de désactiver cette fonctionnalité. Pour cela, il faut tout d'abord activer l'onglet [vertical] Paramètres de Menu, il suffit ensuite de décocher le ou les menu(s) présélectionné(s). Dans le cas présent, il n'y a qu'un menu à décocher, le menu principal par défaut (cases à cocher : Menus disponibles ; option à décocher : Menu principal).

Procédure D4.2 : Intégration des nouvelles pages d'erreur

> **Procédure D4.2.1 :** Création/configuration des *nœuds*.
>
> **Procédure D4.2.2 :** Reconfiguration des connexions « domaine-pages d'erreur [à afficher] ».

[M] Procédure D4.2.1 : Création/configuration des *nœuds*

La création de *nœud* est une fonctionnalité majeure de Drupal, au même titre que la création de *page* avec WordPress[19] ou la création d'*article* avec Joomla[20]. Les *nœuds* servent donc à définir les contenus élémentaires du site Web. Je rappelle ici qu'ils font nécessairement référence à un *type de contenu* donné.

Pour créer un *nœud*, en général, et donc pour créer les deux *nœuds* qui nous intéressent ici, en particulier, il faudra se reporter à l'écran de gestion des contenus *(nœuds)* (menu [principal] ; chemin : Contenu), cliquer sur le bouton Ajouter du Contenu, puis sélectionner le « type » du *nœud* considéré (item-lien [type de contenu] : Page d'erreur).

Il faudra ensuite :

1. Saisir le titre des *nœuds*.
2. Saisir les contenus.
3. Saisir les alias.

Il conviendra enfin de valider la configuration mise en place en cliquant sur le bouton Enregistrer.

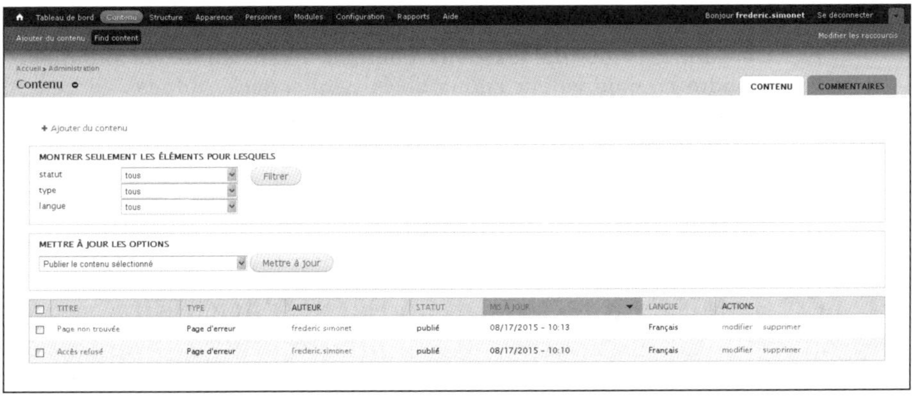

Écran 120. Le back-office affiche les pages d'erreur intégrées

19 Voir *supra*, chap. VI, procédure W3.1.
20 Voir *supra*, chap. précédent, procédure J3.1.

[N1][O] Tâche 1 : Saisie du titre des *nœuds*

La définition du titre des *nœuds* est à la fois basique et incontournable. Il suffit de renseigner le champ Title (Accès refusé). (Le nom du champ est personnalisable.)

[N1] Tâche 2 : Saisie des contenus

La saisie des contenus, en général, est une opération somme toute banale car l'éditeur utilisé (CKEditor) est relativement robuste, tout comme celui de WordPress.

[N4] Tâche 3 : Saisie des alias

Les « alias » de Drupal sont à rapprocher des « identifiants » de... WordPress. Ils permettent de définir le chemin des pages en faisant appel à des mots-clés, et cela, de façon à optimiser le référencement des pages. Dans le cas présent, il n'est pas question de référencement, il s'agit simplement d'utiliser les « alias » comme outil mnémotechnique d'identification des pages ici considérées.

Pour définir les alias, il faut renseigner le champ Alias d'URL (acces-refuse) rattaché à l'onglet [vertical] Paramètres des Chemins d'URL.

Procédure D4.2.2 (répétition de deux tâches identiques) : Reconfiguration des connexions « domaine-pages d'erreur [à afficher] »

Cette procédure fait intervenir des tâches qui sont corrélées à la création des deux nouvelles pages d'erreur. Il s'agit de faire en sorte que l'outil affiche ces deux nouvelles pages en lieu et place de celles utilisées par défaut.

Pour cela, il faut tout d'abord se reporter au panneau SYSTÈME de l'écran de configuration générale (menu [principal] ; chemin : Configuration), puis cliquer sur l'item-lien Informations.

On remarquera que l'écran à configurer est le même que celui qui nous a permis de personnaliser le slogan. Dans le cas présent, il faudra se reporter au panneau PAGES D'ERREUR.

Ce panneau intègre les deux champs à renseigner, le premier prendra comme valeur l'alias de la page « Accès refusé » (acces-refuse), le second, celui de la page « Page non trouvée » (page-non-trouvee).

Il conviendra bien sûr de valider cette nouvelle configuration en cliquant sur le bouton Enregistrer la configuration.

7. LOT 5 : MISE EN LIGNE DE LA PAGE D'ACCUEIL

Cet exercice (étape 5/31) a pour objet la mise en ligne de la page d'accueil et, plus fondamentalement, la définition de son format (que l'on réutilisera pour les pages sur la réglementation). La réalisation de l'exercice fait intervenir 41 micro-tâches représentant entre 20 et 30 minutes de travail. (Avancement de l'intégration des pages à l'issue de l'exercice (+1) : 1/20)

Le cheminement à suivre pour intégrer la page d'accueil est conforme à celui de WordPress. Il faudra donc :

- Créer la page en tant que telle.
- Faire pointer le domaine du site Web vers la page créée.
- Ajouter dans le menu le lien sur la page.

Avec Drupal, il conviendra de créer la page « Site NON officiel de la CITES » en tant que *nœud*. Dans le cadre de notre projet, cette page *(nœud)* fera appel au format *(type de contenu)* « Page statique institutionnelle » que l'on aura créé, dans un premier temps, à partir du format de base « Basic page ».

À la différence des pages d'accueil intégrées avec WordPress et Joomla, la page d'accueil ici considérée fera intervenir, en plus du contenu principal, un bloc périphérique *(bloc)* intitulé « Démo Drupal », que l'on positionnera à droite.

Ce bloc sera contextualisé de telle façon qu'il n'apparaîtra dans aucune autre page. Le bloc d'authentification automatiquement proposé par l'outil sera quant à lui retiré.

Commentaire. – Avec WordPress et Joomla, le contenu du bloc ajouté dans le cas présent a été intégré dans le corps de la page et c'est l'application de modèles de présentation spécifiques qui a été privilégiée, au travers des *modèles* et des *templates*. Il faut savoir que Drupal donne aussi cette possibilité de différencier les modèles de présentation, plusieurs moteurs de gabarits peuvent en effet cohabiter au sein d'un même site, mais cette fonctionnalité n'a pas été exploitée car il aurait fallu installer une extension supplémentaire, comme ThemeKey[21] par exemple.

Écran 121. Page d'accueil du site Web

21 Markus Kalkbrenner, « ThemeKey », *www.drupal.org*, 5 juin 2008, https://www.drupal.org/project/themekey.

Procédure D5 : Reconfigugation du « type » prédéfini « Basic page » et intégration de la page d'accueil

Procédure D5.1 : Reconfiguration du *type de contenu* prédéfini « Basic page ».

Procédure D5.2 : Création/configuration de la page d'accueil en tant que *nœud*.

Procédure D5.3 : Reconfiguration de la connexion « domaine-page [à afficher] ».

Procédure D5.4 : Création/configuration du *bloc* de contenu.

Procédure D5.5 : Retrait du *bloc* prédéfini « Connexion utilisateur ».

Procédure D5.1 : Reconfiguration du *type de contenu* prédéfini « Basic Page »

Cette procédure nous donne l'occasion de revenir sur la question des *types de contenus*, que l'on vient d'aborder avec l'intégration des pages d'erreur et la création du *type de contenu* correspondant « Page d'erreur ».

Il s'agit maintenant de reconfigurer le *type de contenu* « Basic page ».

Commentaire. – Les deux *types de contenus* par défaut sont les « types » « Basic page » et Article. Ces deux « types » sont à rapprocher des deux types de contenus de WordPress avec, d'un côté, les « pages », de l'autre, les « articles ». La procédure à exécuter dans le cas présent met l'accent sur le fait que Drupal donne la possibilité de les reconfigurer, à la différence de WordPress. Quid du positionnement de Joomla ? Je rappelle ici que Joomla ne fait intervenir qu'un seul type de contenus élémentaires, les « articles », et que c'est leur configuration qui permettra de les présenter soit en tant que page [statique] soit en tant qu'article (page dynamique).

Pour reconfigurer un *type de contenu*, en général, et plus particulièrement le « type » « Basic page », il faudra tout d'abord se reporter à l'écran de gestion des *types de contenu(s)* (menu [principal] ; chemin : Structure | item-lien : Types de contenu), puis cliquer sur le lien Modifier en regard du *type de contenu* à considérer (ligne [type de contenu] : « Basic page (Nom système : page) » ; colonne : ACTIONS. Lien : modifier).

Il faudra ensuite :

1. Mettre à jour le nom et le « nom système » du « type ».
2. Mettre à jour la description du « type ».
3. Désactiver les commentaires.
4. Rattacher le « type » au menu principal.
5. Sélectionner comme « élément parent par défaut » le menu principal.

Il conviendra enfin de valider la configuration mise en place en cliquant sur le bouton Enregistrer le Type de Contenu.

[N4][O] Tâche 1 : Mise à jour du nom du « type » et de son « nom système »

La mise à jour du nom des « types » est une fonctionnalité basique. Il suffit de remplacer le nom initial du « type » (Basic page) par le nouveau (Page statique institutionnelle) (champ : Nom ; valeur : Page statique institutionnelle).

La mise à jour du « nom système » l'est tout autant, mais il faut d'abord cliquer sur le lien-bouton Modifier en regard du champ Nom avant de pouvoir remplacer le « nom système » initial (page) par le nouveau (page_statique_institutionnelle) (champ : Nom système ; valeur : page_statique_institutionnelle).

[N4] Tâche 2 : Mise à jour de la description du « type »

La mise à jour du descriptif des « types » est une fonctionnalité elle aussi tout à fait basique.

Son exploitation n'est pas une obligation, mais il convient tout de même de l'intégrer car elle permet d'améliorer la compréhensibilité et l'utilisabilité du back-office.

Pour cela, il suffit de remplacer le descriptif initial par le nouveau (champ : Description ; valeur : Type dédié aux pages institutionnelles relatives à la réglementation).

Tâche 3 : Désactivation des commentaires

Cette question a déjà été abordée, pour traiter le cas du « type » « Page d'erreur »[22].

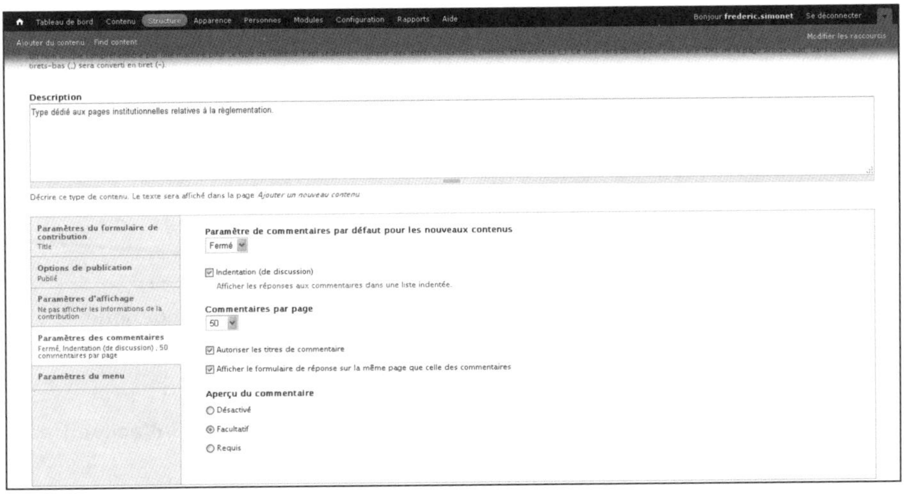

Écran 122. Type de contenu « Page statique institutionnelle » : désactivation des commentaires

22 Voir *supra*, procédure D4.1, tâche 4.

Tâche 4 : Rattachement du type [et des pages associées] au menu principal

La question du rattachement (ou non) d'un « type » à un menu a elle aussi déjà été abordée[23]. Dans le cas présent, il s'agit de faire en sorte que les liens sur les *nœuds* du « type » considéré puissent être ajoutés dans le menu principal depuis l'écran de saisie des contenus (cases à cocher : Menus disponibles ; option : « MN1-01 : Menu principal » | option à décocher : Menu principal).

[N4] Tâche 5 : Sélection du menu principal comme « élément parent par défaut »

Cette tâche est corrélée à la tâche précédente. Les liens qui seront ajoutés au menu qui a été sélectionné (MN1-01 : Menu principal) seront des liens de premier niveau qu'il faudra, éventuellement, et dans un deuxième temps, hiérarchiser (liste déroulante : Élément parent par défaut ; option : « <MN1-01 : Menu principal> ».

Commentaire. – Je rappelle ici que WordPress intègre aussi cette fonctionnalité, mais à la différence de Drupal, elle s'applique seulement aux *pages* de premier niveau[24].

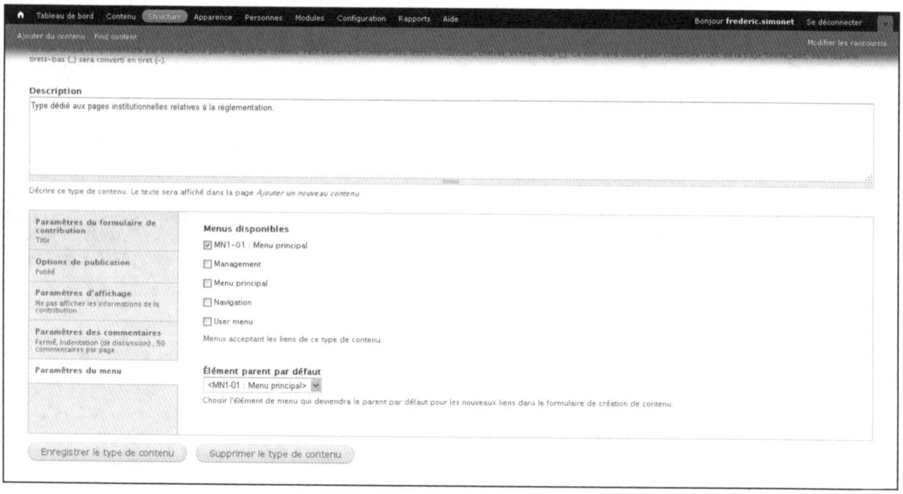

Écran 123. Type de contenu « Page statique institutionnelle » : rattachement du type [et des pages associées] au seul menu « MN1. 01 : Menu principal »

Procédure D5.2 : Création/configuration de la page d'accueil en tant que *nœud*

Le chemin à suivre reprend celui de la procédure ayant conduit à la création des pages d'erreur[25]. Dans le cas présent, il faudra sélectionner le *type de contenu* « Page statique institutionnelle » et utiliser comme alias « site-non-officiel-de-la-cites ». Celui-ci sera exploité dans la procédure suivante.

23 Voir *supra*, procédure D4.1, tâche 5.
24 Voir *supra*, chap. VI, procédure W2.3, tâche 3.
25 Voir *supra*, procédure D4.2.

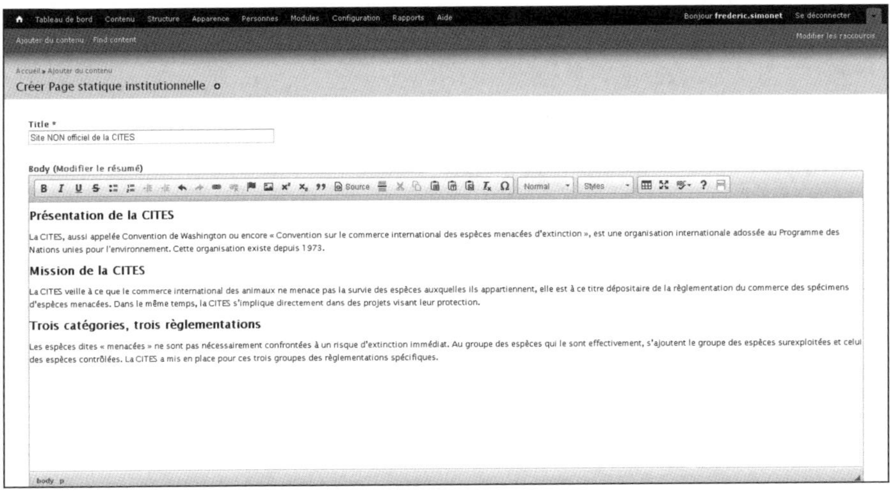

Écran 124. Configuration de la page à utiliser comme page d'accueil

Procédure D5.3 (une seule tâche) : reconfiguration de la connexion « domaine-page [à afficher] »

Cette procédure, qui est corrélée à la procédure précédente, est du même acabit que celle ayant conduit à la mise en place des connexions « domaine-pages d'erreur »[26]. Dans le cas présent, il s'agit de faire en sorte que l'outil affiche, comme page d'accueil, la page que l'on vient de créer en lieu et place des articles les plus récents. (Les articles en question sont des *nœuds* faisant référence au *type de contenu* Article. À ce stade de l'intégration, la page d'accueil est vierge, aucun contenu de ce type n'a été créé.)

Je rappelle ici que pour accéder à l'espace de configuration des paramètres de connexion, il faut tout d'abord se reporter au panneau SYSTÈME de l'écran de configuration générale (menu [principal] ; chemin : Configuration), puis cliquer sur l'item-lien Informations.

Il faudra ensuite renseigner le champ Page d'Accueil par Défaut (intégré dans le panneau PAGE D'ACCUEIL), avec l'alias défini précédemment (site-non-officiel-de-la-cites), puis valider la mise à jour en cliquant sur le bouton Enregistrer la Configuration.

26 Voir *supra*, procédure D4.2.2.

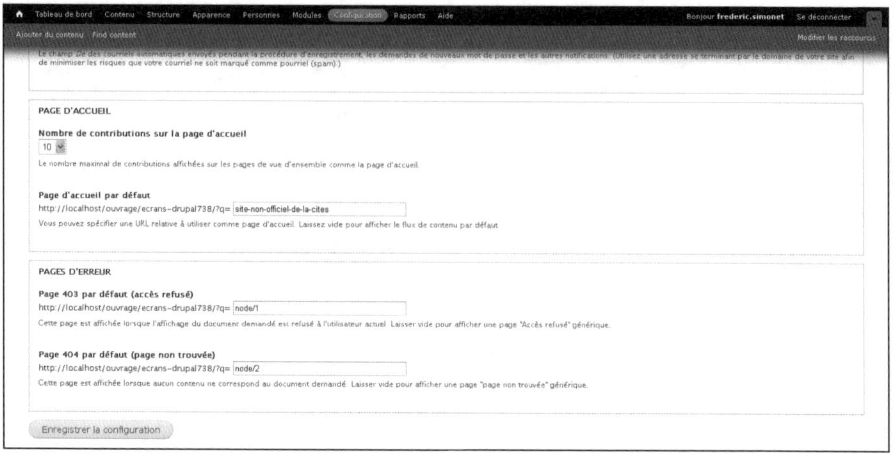

Écran 125. Configuration générale du site Web : indication de la page à utiliser comme page d'accueil

Procédure D5.4 : Création/configuration du *bloc* de contenu

La création de *blocs* intégrant des contenus textuels est une fonctionnalité de base dont l'exploitation est dictée par le contenu. Cette fonctionnalité est le pendant de la création de « module » de type Contenu Personnalisé, avec Joomla.

Pour créer des *blocs* de contenu, en général, et donc pour créer celui qui nous intéresse ici, en particulier, il faudra tout d'abord se reporter à l'écran de gestion des *blocs* (menu [principal] ; chemin : Structure | item-lien : Blocs), puis cliquer sur le lien Ajouter un Bloc.

Il faudra ensuite :

1. Saisir le titre front-office.
2. Saisir le titre back-office.
3. Saisir le contenu.
4. Affecter le *bloc* à une *région* donnée.
5. Mettre à jour les paramètres de visibilité du *bloc*.

Il conviendra enfin de valider la configuration mise en place en cliquant sur le bouton Enregistrer le Bloc.

[N1] Tâche 1 : Saisie du titre front-office

La définition du titre des blocs est à la fois basique et incontournable. Il suffit de renseigner le champ Titre du Bloc (Démo Drupal).

Tâche 2 : Saisie du titre back-office

La question du titre des *blocs* présenté côté back-office a déjà été abordée, lors de la reconfiguration du bloc intégrant le menu principal[27]. Je rappelle ici que ce titre doit être saisi obligatoirement.

Tâche 3 : Saisie du contenu

Cette question a déjà été abordée. Le fait d'avoir à traiter un *bloc* ne change rien.

27 Voir *supra*, procédure D3.2.1.4, tâche 1.

Tâche 4 : Affectation du *bloc* à une *région* donnée

Cette question a elle aussi déjà été abordée, lors de l'intégration du *thème* du site[28]. Dans le cas présent, il faudra se reporter à la liste déroulante des *régions* propres au *thème* utilisé, puis sélectionner la plus adaptée (liste déroulante [intégrée dans le panneau PARAMÈTRES DE LA RÉGION] : « Sky (thème par défaut) » ; valeur : « Seconde barre latérale »).

[N2] Tâche 5 : Mise à jour des paramètres de visibilité du *bloc*

À l'instar des « modules » de Joomla, la configuration des *blocs* ne se limitent pas à un titre (deux en l'occurrence), un contenu et une *région*. Il faut savoir que Drupal donne lui aussi la possibilité de les contextualiser.

Pour exploiter cette fonctionnalité, il faut tout d'abord se reporter à la section Paramètres de Visibilité. Dans le cadre de notre projet, il faudra ensuite activer l'onglet [vertical] Pages, sélectionner l'option Seulement les Pages Listées (bouton radio), puis saisir l'identifiant de la page d'accueil qui, cela ne s'improvise pas, est défini par le marqueur « <front> ». De cette façon, le *bloc* ici considéré n'apparaîtra dans aucune autre page.

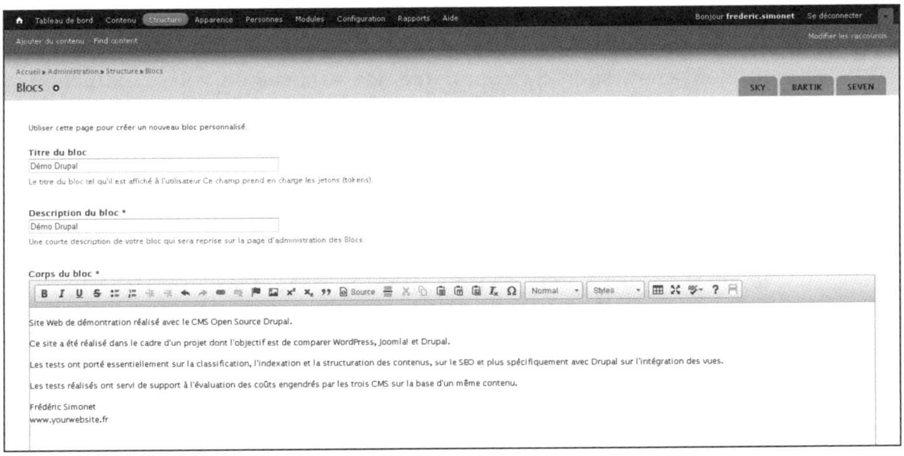

Écran 126. Configuration de l'encadré propre à la page d'accueil

[N1] Procédure D5.5 (une seule tâche) : Retrait du *bloc* prédéfini « Connexion utilisateur »

Le retrait de *bloc* est une fonctionnalité élémentaire.

Pour l'exploiter, il faut se reporter à l'écran de gestion des *blocs* (menu [principal] ; chemin : Structure | item-lien : Blocs), et plus spécialement, à la *région* du *bloc* concerné (section : Première barre latérale).

Il faut ensuite se reporter à la liste déroulante croisant la ligne du *bloc* à retirer (Connexion utilisateur) et la colonne RÉGION, sélectionner l'option « Aucun(e) », puis valider la mise à jour en cliquant sur le bouton Enregistrer les Blocs.

28 Voir *supra*, procédure D2.2, tâche 6.

8. LOTS 6-9 : MISE EN LIGNE DES PAGES SUR LA RÉGLEMENTATION

Ci-dessous, les quatre lots à considérer :

Lot 6 : Mise en place de la rubrique et des articles associés.

Lot 7 : Mise en ligne de la rubrique.

Lot 8 : Intégration du sous-menu donnant accès aux articles.

Lot 9 : Intégration du menu contextuel.

8.1 Lot 6 : Mise en place de la rubrique et des articles associés

Cet exercice (étape 6/31) consiste à mettre en place la rubrique sur la réglementation avec les articles qui lui sont associés. Sa réalisation fait intervenir 29 micro-tâches représentant à peu près un quart d'heure de travail. (Avancement de l'intégration des pages à l'issue de l'exercice *(statu quo)* : 1/20)

Sont à considérer, la rubrique *(nœud)* « Réglementation du commerce des espèces menacées » et ses trois articles *(nœuds)* :

- Réglementation du commerce des espèces en voie d'extinction.
- Réglementation du commerce des espèces surexploitées.
- Réglementation du commerce des espèces contrôlées.

Procédure D6 : Création/configuration des *nœuds*

Le chemin à suivre reprend celui des procédures ayant conduit à la création des pages d'erreur et de la page d'accueil. Dans le cas présent, il faudra sélectionner le type de contenu « Page statique institutionnelle » et utiliser les alias[29] suivants :

- reglementation-du-commerce-des-especes-menacees ;
- reglementation-du-commerce-des-especes-en-voie-d-extinction ;
- reglementation-du-commerce-des-especes-surexploitees ;
- reglementation-du-commerce-des-especes-controlees.

À ce stade de l'intégration, on ne se préoccupe pas des questions de hiérarchisation, ce sont les liens du menu qui permettront de structurer la présentation du contenu.

À ce propos, je rappelle ici qu'avec WordPress et Joomla, ces questions ont été intégrées dès la mise en place des contenus avec, d'un côté (WordPress), *une* « page parente » et trois « pages filles », de l'autre (Joomla), *une* « catégorie » et trois « articles ».

29 « N'utilisez surtout pas les caractères spéciaux (parenthèses, accolades, apostrophe, guillemets, etc.) ainsi que l'espace et les lettres diacritiques (accents). » (Olivier Duffez, « Guide d'optimisation des URL pour un bon référencement », *www.webrankinfo.com,* 28 mars 2012, http://www.webrankinfo.com/dossiers/techniques/url-et-referencement.)

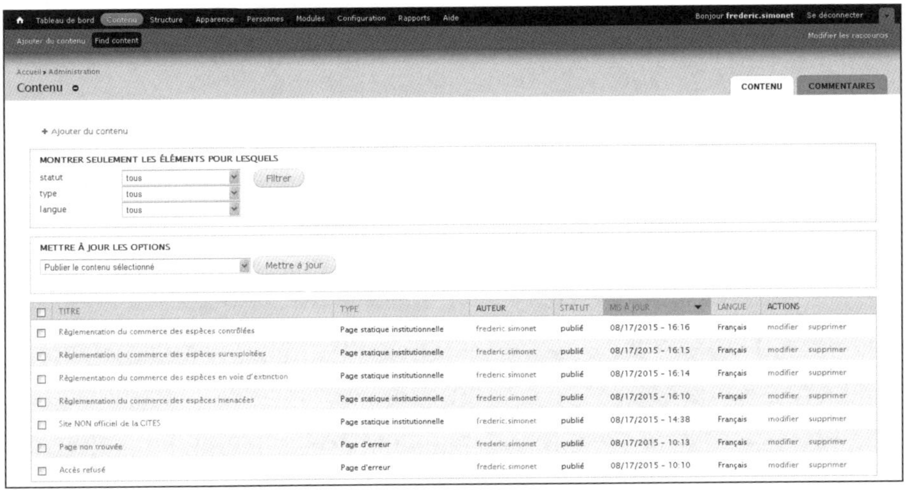

Écran 127. État de l'intégration des contenus [nœuds] : cinq pages institutionnelles et deux pages d'erreur

Nous aurions très bien pu créer la rubrique en tant que *terme parent* des trois *nœuds* correspondant aux trois articles, mais cette approche n'a pas été retenue, car elle nous aurait obligés à faire des détours qui ne se justifient pas lorsqu'on a seulement quelques pages à intégrer, comme dans le cas présent. (Les détours en question font intervenir des fonctionnalités que l'on abordera plus loin, lors de la mise en place des pages de l'espace de communication sur les espèces[30].)

8.2 Lot 7 : Mise en ligne de la rubrique

Cet exercice (étape 7/31) a pour objet la mise en ligne de la rubrique sur la réglementation, avec un format d'affichage permettant de joindre les articles associés. Sa réalisation fait intervenir 85 micro-tâches représentant à peu près trois quarts d'heure de travail. (Avancement de l'intégration des pages à l'issue de l'exercice (+1) : 2/20).

Il s'agit donc d'ajouter, dans le menu principal, le lien sur la rubrique *(nœud)* « Réglementation du commerce des espèces menacées », le libellé du lien reprenant littéralement le titre de la rubrique.

Le contenu de la rubrique sera complété par un tableau présentant les trois derniers articles *(nœuds)* intégrés précédemment. L'article sur la réglementation du commerce des espèces en voie d'extinction sera placé en tête de liste, les articles concernant les espèces surexploitées et les espèces contrôlées viendront en deuxième et troisième position.

Commentaire. – Cette page reprend le format d'affichage utilisé précedemment avec Joomla[31].

---

30 Voir *infra*, section « Lots 10-13 : Mise en place du contenu de l'espace de communication sur les espèces protégées ».
31 Voir *supra*, chap. précédent, section « Lot 5 : Mise en ligne de la rubrique ».

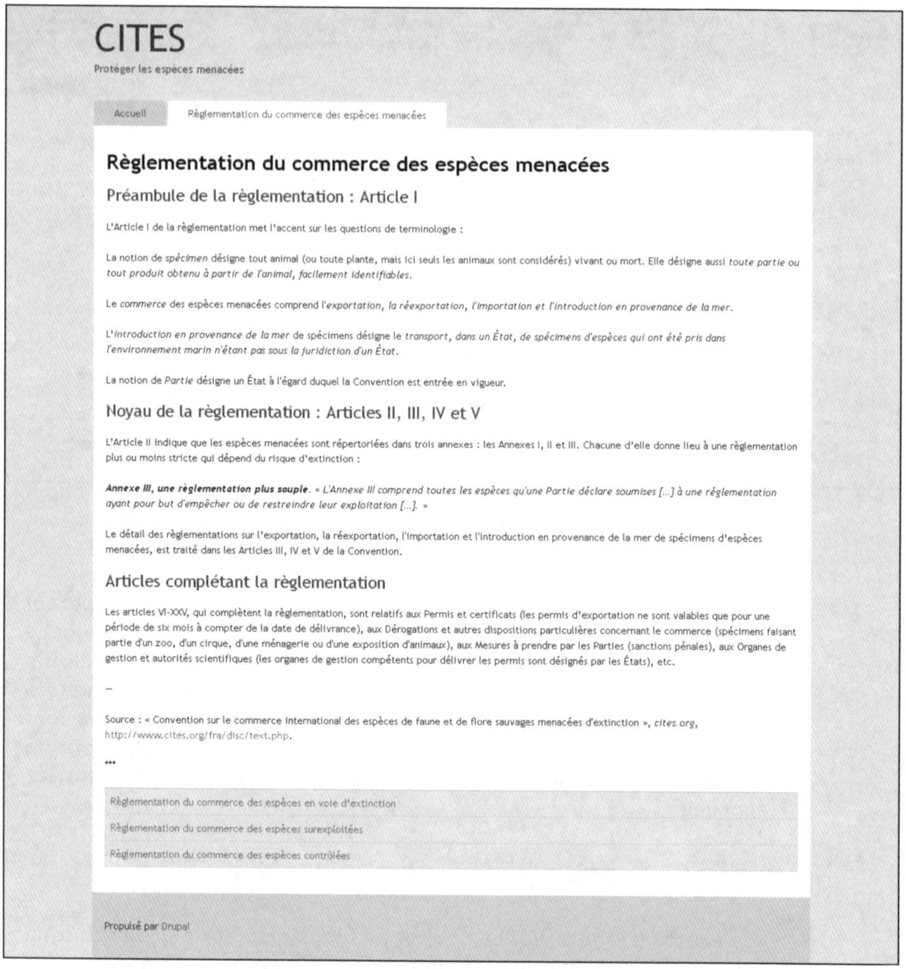

Écran 128. Rubrique relative à la réglementation

Procédure D7 : Création/configuration de la *vue*

Procédure D7.1 : Création/configuration générale de la *vue*.

Procédure D7.2 : Configuration de base du *display* « Page statique parente ».

Procédure D7.3 : Création/configuration du *display* « IDs des pages statiques ».

Procédure D7.4 : Configuration du *display* « Page statique parente » (reprise).

Procédure D7.5 : Création/configuration du *display attaché* « Pages statiques filles ».

Mais au fait, qu'est-ce qu'une *vue* ? Les *vues* sont des entités à part entière dont la fonction est de présenter des contenus, le plus souvent intégrés dans des listes. Elles ont leur propre espace d'administration. Un espace à partir duquel on peut les créer, les reconfigurer voire les supprimer. Il convient d'avoir à l'esprit que ces opérations sont sans conséquence sur les contenus en tant que tels (la suppression d'une *vue* n'entraîne pas la suppression des contenus exploités).

Quel est l'objet des *vues* ? Les *vues* servent à générer des listes impliquant toutes sortes d'entités. Elles donnent ainsi la possibilité de lister des *termes*, des *nœuds*, des commentaires, les utilisateurs du site Web, des fichiers, etc.

Remarque. – Les *vues* les plus simples n'afficheront que des entités de même type (des *nœuds* par exemple), mais rien n'interdit de combiner plusieurs types. De cette façon, on pourra par exemple afficher une liste d'articles [qui sont des *nœuds*] avec le nom de leur auteur [qui lui est un utilisateur].

Quelle est la vocation des *vues* ? Les *vues* ont pour vocation de générer des « formats d'affichage » tels que ceux proposés par le CMS Joomla, mais elles permettent aussi de travailler plus finement sur le format interne des contenus, et cela à partir des champs définis par les *types de contenus*.

Comment peut-on exploiter les *vues* ? Il y a principalement trois façons d'exploiter les *vues*. Elles peuvent tout d'abord servir à créer des pages, avec une URL propre. Elles peuvent aussi servir à présenter des contenus dans les blocs périphériques *(blocs)* et enfin elles peuvent servir à générer des flux RSS[32].

Le cas des *vues* servant à créer des pages prête à discussion. Deux cas de figure sont à considérer :

- Soit les *vues* servent à créer des pages venant s'ajouter aux pages correspondant à un *nœud*, un *terme*, un utilisateur... en tant que services (galerie de photos) et, dans ce cas, elles utilisent un chemin qui leur est propre (galerie-de-photos-des-especes-protegees-par-la-cites). (Les chemins ici considérés jouent le même rôle que les alias, ils servent à identifier les pages et à optimiser leur référencement, mais ne sont pas des alias.)
- Soit elles servent à remplacer [surcharger] les « formats d'affichage » utilisés par défaut pour les entités sus-indiquées (*nœuds*, *termes*, utilisateurs, etc.). Mais dans ce cas, le chemin des *vues* reprendra exactement le chemin original des contenus considérés (node/4), éventuellement leur alias (reglementation-du-commerce-des-especes-menacees). (Il vaut mieux faire appel aux chemins originaux du fait de leur stabilité [par rapport aux alias, qui peuvent être amenés à « bouger ».)

La configuration des *vues* est-elle complexe ? Pas forcément, mais il faut savoir que les *vues* sont extrêmement puissantes et que, de ce fait, elles font intervenir un très grand nombre de paramètres (La configuration des *vues* s'apparente à la définition de requêtes SQL. Si vous êtes compétent dans ce domaine, il est certain que cela vous aidera.)

32 Voir *supra*, partie 1, chap. II, section « Critère 9 : Interactivité du site web (fonctionnalités 2.0) ».

Sachez enfin que les *vues* font intervenir des *displays* (affichages) et que, dans le cadre de notre projet, la *vue* à créer en comptera trois :

- Le premier *display*, « Page statique parente », aura pour fonction d'afficher le contenu de la page de plus haut niveau.
- Le deuxième *display*, « IDs des pages statiques », jouera un rôle purement technique [utilitaire]. Sa fonction sera d'afficher les identifiants des pages.
- Le troisième *display*, « Pages statiques filles », aura quant à lui pour fonction d'afficher la référence (cliquable) des pages filles de la page parente. Ces références seront intégrées dans un tableau.

Il convient d'ajouter que le *display* « Pages statiques filles » sera *attaché* au display « Page statique parente » de sorte que celui-ci viendra se positionner au-dessus de celles-là. Il s'agit donc, ni plus ni moins, de reproduire le format d'affichage[33] correspondant au « type de lien de menu » Liste des Articles d'une Catégorie, propre à Joomla[34].

Le « format d'affichage » ainsi défini viendra se substituer, de manière spécifique, au format standard du *nœud* ici considéré.

Commentaire. – Le back-office français utilise le terme « affichage » au lieu de « display ». Il s'agit effectivement d'« afficher » des contenus, mais dans un contexte qui est tellement spécifique[35] qu'il nous a semblé pertinent de maintenir l'appellation anglaise. (Dans le cadre de notre ouvrage, le terme « affichage » et à rapprocher du terme « présentation », avec une connotation un peu plus technique.)

Procédure D7.1 : Création/configuration générale de la *vue*

La création de *vue* ne peut être considérée comme une fonctionnalité majeure dans le sens où vous n'aurez pas forcément à l'exploiter.

Cependant, il convient tout de même de prêter attention à l'exercice car il s'agit d'une fonctionnalité extrêmement puissante qu'on ne retrouvera ni chez Joomla ni chez WordPress[36]. J'insiste sur le fait que Drupal permet de créer [fabriquer] ses propres *vues*, à partir des briques fournies par les *types de contenus* tandis, qu'avec WordPress et Joomla, on ne pourra qu'utiliser des *« vues »* prédéfinies. (Avec Joomla, ce sont les « types » des liens qui définissent ces « vues » : Article, Liste des Articles d'une Catégorie, Blog d'une Catégorie, etc.).

Mais revenons à la création de *vue* en tant que telle. Pour créer une *vue*, en général, et donc pour créer celle qui nous intéresse ici, en

33 Voir *supra*, partie 1, chap. I, section « Unité *vs* spécificité des terminologies ».

34 Voir *supra*, chap. précédent, procédure J5, tâche 2.

35 Celui de la gestion de contenu, des CMS, de Drupal et enfin des *vues*.

36 Pour autant, cela ne signifie pas que cette notion leur est totalement étrangère. Joomla et, dans une moindre mesure, WordPress, font eux aussi appel à des *« vues »*, mais de manière sous-jacente, sans possibilité d'agir sur celles-ci.

particulier, il faudra tout d'abord se reporter à l'écran de gestion des *vues* (menu [principal] ; chemin : Structure | item-lien : Vues), puis cliquer sur le lien Ajouter une Nouvelle Vue.

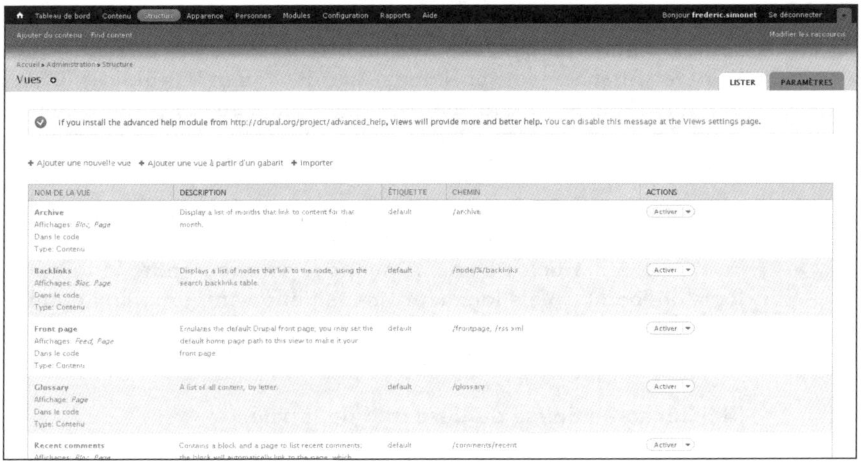

Écran 129. Espace de gestion des vues

Il faudra ensuite :

1. Saisir le nom de la *vue*.
2. Saisir le descriptif de la *vue*.
3. Définir la configuration générale de la *vue*.
4. Définir la configuration de base de la *vue*.

Il conviendra de passer à l'étape suivante en cliquant sur le bouton Continuer & Modifier. À ce stade de l'intégration, la validation de la *vue* (bouton Sauver & Quitter) n'a pas de sens, le travail de configuration ne fait que commencer.

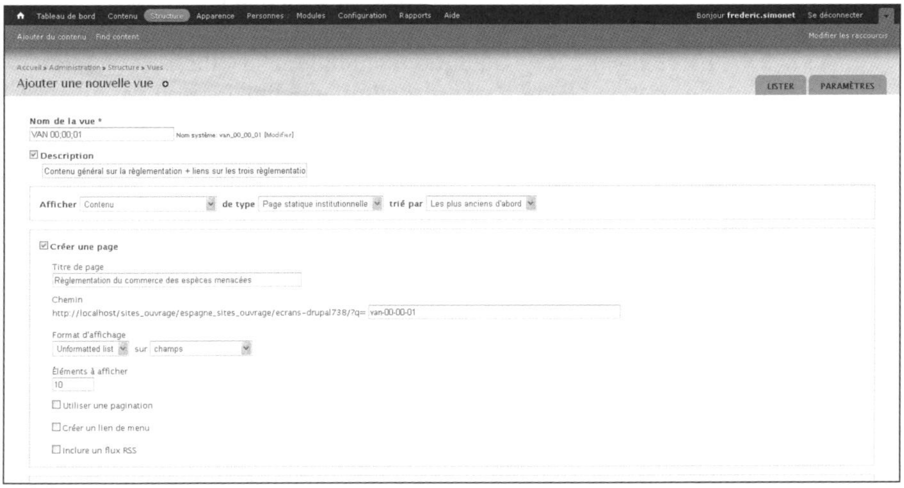

Écran 130. Configuration générale de la première vue

[N4] [O] Tâche 1 : Saisie du nom de la *vue*

La définition du nom de la *vue* est basique. Il suffit de renseigner le champ Nom de la vue (VAN 00;00;01).

Le préfixe VAN signifie, d'une part, que la *vue* s'appliquera à des *nœuds*, d'autre part, qu'elle fera intervenir un *display attaché* (VAN : Vue avec Attachement sur Nœuds). Les deux premiers indices (00;00) indiquent que les *nœuds* ne sont rattachés à aucun plan de classement. Le dernier indice signifie quant à lui qu'il s'agit de la première vue de type « VAN 00;00 ».

Je vous rassure, vous n'aurez pas forcément besoin d'utiliser un format aussi structuré. Cette vue aurait très bien pu s'appeler « Vue 1 » ou « Liste des articles d'une catégorie », pour reprendre la terminologie de Joomla. Mais lorsqu'un site fait intervenir un grand nombre de *vues*, on a tout de même intérêt à faire appel des formats qui garantiront la compréhensibilité et l'utilisabilité du back-office.

[N4] Tâche 2 : Saisie du descriptif de la *vue*

La saisie du descriptif de la *vue* n'est pas obligatoire, mais il convient tout de même de l'intégrer là encore pour des raisons de compréhensibilité et d'utilisabilité du back-office.

Pour cela, il faut tout d'abord cocher la case Description, puis renseigner le champ sitôt générer (Contenu général sur la réglementation + liens sur les trois réglementations intégrés dans un tableau).

Remarque. – Le nombre de caractères utilisables est limité.

[N2] Tâche 3 : Configuration générale de la *vue*

La configuration générale des *vues* est dictée par le « cahier des charges » que l'on s'impose.

Dans le cas présent, il s'agit de définir une *vue* dont la fonction première est d'afficher la liste des *nœuds-contenus élémentaires* (liste déroulante : Afficher ; option : Contenu) faisant référence au *type de contenu* « Page statique institutionnelle » (liste déroulante : de type ; option : Page statique institutionnelle). Il s'agit par ailleurs de présenter ces *nœuds* suivant l'ordre de leur enregistrement, c'est-à-dire dans l'ordre chronologique (liste déroulante : trié par ; option : Les plus anciens d'abord).

[N2] Tâche 4 : Configuration de base de la *vue*

La configuration à mettre en place vient compléter la configuration générale.

Il s'agit tout d'abord de définir la *vue* en tant que page (panneau-case à cocher : Créer une page), ce qui impliquera la saisie du titre de la *vue* et de la page correspondante (champ : Titre de page ; valeur : Réglementation du commerce des espèces menacées). Il s'agit ensuite de sélectionner le format qui nous permettra d'ajouter des champs (liste déroulante : Format d'affichage ; option : champs). Il s'agit enfin de désactiver la fonction de pagination qui ici ne présente aucun intérêt (case à décocher : utiliser une pagination).

Les paramètres relatifs au chemin de la page (champ : Chemin ; valeur : van-00-00-01) et à la façon de présenter les contenus (liste déroulante : Format d'affichage ; option : Unformatted list-Liste non mise en forme) prêtent à discussion, ils seront repris ultérieurement.

[N4] Procédure D7.2 (une seule tâche) : Configuration de base du *display* « Page statique parente »

Cette procédure met en jeu une fonctionnalité basique, la reprise du nom des *displays*.

Son exploitation n'est pas une obligation, mais il convient tout de même de l'intégrer car elle permet d'améliorer la compréhensibilité et l'utilisabilité du back-office.

Pour cela, il faut tout d'abord se reporter au panneau déroulant Détails sur Page, puis cliquer sur le lien-bouton Page en regard de l'item Nom de l'Affichage. Le clic déclenche l'ouverture de la *lightbox* « Page : Le nom et la description de cet affichage ».

Il faut ensuite remplacer le « nom » initial (Page) par le nouveau (Page statique parente) (champ : Nom ; valeur : Page statique parente), puis valider la mise à jour en cliquant successivement sur les boutons Appliquer (*lightbox*) et Enregistrer.

Remarque. – Si la configuration de ce *display* se limite à cette seule tâche, c'est parce que les identifiants des *nœuds* ne sont pas encore disponibles. Ils le seront une fois qu'on aura créé le *display* suivant.

Procédure D7.3 : Création/configuration du *display* « IDs des pages statiques »

La création de *display* est une fonctionnalité de base.

Je rappelle ici que le *display* à créer dans le cas présent joue un rôle purement technique. Sa fonction est d'afficher l'identifiant des *nœuds*[37].

Pour créer ce type de *display*, c'est-à-dire un *display* servant uniquement de support, il suffira de cloner le *display* de base (Page statique parente). Pour cela, il faudra tout d'abord se reporter au menu contextuel (situé à droite), puis sélectionner l'item de clonage (menu : voir Page statique parente ; chemin : cloner Page statique parente).

Il faudra ensuite :

1. Reprendre le nom du nouveau *display*.
2. Ajouter l'identifiant des *nœuds* en tant que champ.

Tâche 2 : Reprise du nom du nouveau *display*

Cette question vient d'être abordée. Je n'y reviens pas.

37 Si les alias des *nœuds* sont définis AVANT de commencer l'intégration des *vues*, l'outil donne la possibilité de récupérer les identifiants à partir de l'écran de gestion des alias (menu [principal] ; chemin : Configuration | panneau : RECHERCHE ET MÉTADONNÉES | item-lien : Alias d'URL). Pour autant, la méthode utilisée ici n'est pas sans fondement. Tout d'abord, parce qu'elle évite d'avoir à « jongler » avec les écrans et que, de ce fait, elle contribue à une meilleure utilisabilité du back-office. Ensuite, parce qu'elle permet de travailler en faisant abstraction de l'intégration (ou non) des alias.

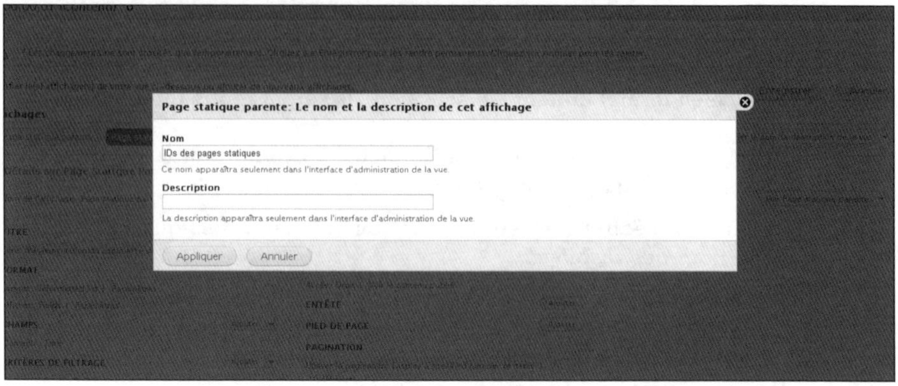

Écran 131. Renseignement du nom du display

[N4] Tâche 3 : Ajout de l'identifiant des *nœuds* en tant que champ

Cette tâche met en jeu une fonctionnalité de base, l'ajout de l'identifiant des *nœuds*… et une fonctionnalité plus avancée, la spécialisation de l'ajout, car il s'agit en effet de faire en sorte que les identifiants des *nœuds* n'apparaissent pas dans la page que l'on est en train de construire. Le champ que nous allons ajouter ne devra les faire apparaître que pour le *display* ici considéré, côté back-office.

Pour exploiter ces deux fonctionnalités, il faudra tout d'abord se reporter au menu du panneau CHAMPS, puis sélectionner l'item Ajouter. La sélection de l'item déclenchera l'ouverture de la *lightbox* Ajouter Champs.

Il faudra ensuite spécialiser la configuration (liste déroulante : Pour ; option : « Cette page (supplanter) »), puis sélectionner le champ « Contenu : Nid » (case à cocher). « Nid » signifie « node identifier », il s'agit bien de récupérer l'identifiant des *nœuds*.

Il faudra enfin valider le choix du champ, sa configuration par défaut et la spécialisation de l'ensemble en cliquant successivement sur les boutons « Appliquer (cet affichage) » (deux fois) et Enregistrer.

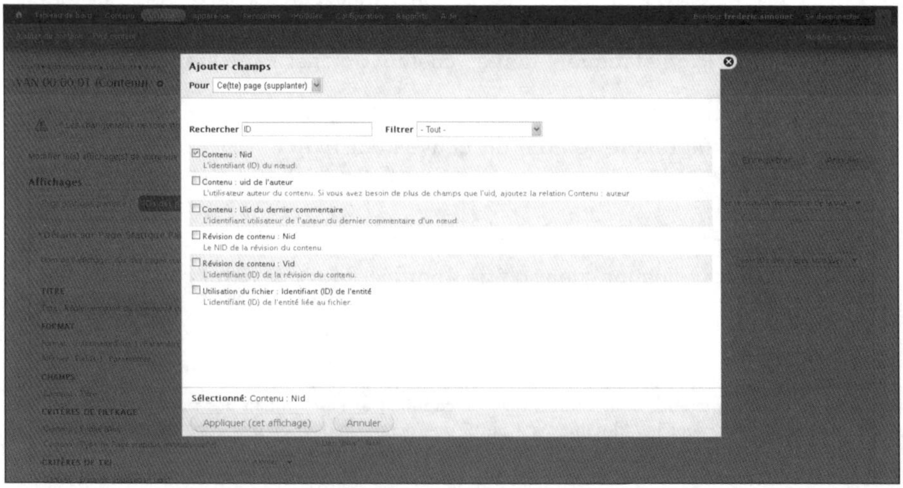

Écran 132. Ajout du champ Nid

Procédure D7.4 : Configuration du *display* « Page statique parente » (reprise)

Ce *display* est important car, au-delà du fait qu'il sert à afficher le contenu du *nœud* défini en tant que rubrique, sa configuration intègre la génération du lien qui permettra de surcharger le « format d'affichage » par défaut du *nœud* ici considéré.

Ce *display*, qui a été créé automatiquement par l'outil à l'issue du travail de configuration générale, a fait l'objet d'un premier traitement, la mise à jour de son nom original (Page), il s'agit maintenant de le configurer.

Pour répondre aux besoins de notre projet, il faudra donc :

1. Ajouter le critère de filtrage visant à afficher uniquement la page statique parente.
2. Ajouter le corps *(body)* de la page statique parente en masquant l'étiquette.
3. Retirer le titre [en tant que champ] de la page statique parente.
4. Générer le lien sur le *display*.

[N2] Tâche 1 : Ajout du critère de filtrage visant à afficher uniquement la page statique parente

Cette tâche met en jeu une fonctionnalité de base, l'ajout de filtre.

Dans le cas présent, le filtre à ajouter utilisera comme critère l'identifiant des *nœuds* avec une configuration qui, comme précédemment, fera l'objet d'une spécialisation car le filtre en question devra en effet s'appliquer uniquement au *display* ici considéré.

Pour exploiter ces fonctionnalités, il faudra tout d'abord se reporter au menu du panneau CRITÈRES DE FILTRAGE, puis sélectionner l'item Ajouter. La sélection de l'item déclenchera l'ouverture de la *lightbox* Ajouter Critères de Filtre.

Ensuite, la configuration du filtre se divisera en deux temps :

1. Dans un premier temps, il faudra spécialiser la configuration (liste déroulante : Pour ; option : « Cette page (supplanter) »), sélectionner le critère « Contenu : Nid » (case à cocher), puis passer à l'étape suivante en cliquant sur le bouton « Appliquer (cet affichage) ». Le clic déclenchera l'ouverture de la *lightbox* « Configurer critère de filtre : Contenu : Nid ».
2. Dans un second temps, il faudra tout simplement valoriser le filtre (boutons radio : Opérateur ; option : Est égal à | champ : valeur ; valeur ; 4.). (C'est le *display* « IDs des pages statiques » qui indique la valeur à renseigner.)

Il conviendra enfin de valider la configuration mise en place en cliquant successivement sur les boutons « Appliquer (cet affichage) » et Enregistrer.

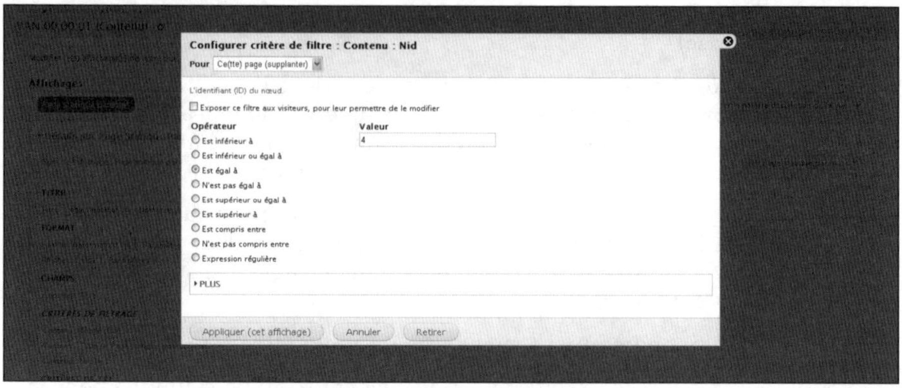

Écran 133. Configuration du filtre utilisant l'identifiant du nœud

[N2] Tâche 2 : Ajout du corps *(body)* de la page statique parente avec masquage de l'étiquette

Cette tâche met en jeu une fonctionnalité de base, l'ajout du contenu des *nœuds*, qui lui aussi sera spécialisé. Le contenu sera présenté sans étiquette. Il s'agit de faire en sorte que le nom du champ ajouté n'apparaisse pas dans la page, à côté du texte.

Pour exploiter ces fonctionnalités, il faudra, comme précédemment, se reporter au menu du panneau CHAMPS, puis sélectionner l'item Ajouter.

Ensuite, comme dans le cas du filtre venant d'être configuré, la configuration du champ à considérer ici se divisera en deux temps :

1. Dans un premier temps, il faudra, comme précédemment, spécialiser la configuration, sélectionner le champ « Contenu : Body » (case à cocher), puis passer à l'étape suivante en cliquant sur le bouton « Appliquer (cet affichage) ».
2. Dans un second temps, il faudra affiner à configuration du champ de façon à masquer l'étiquette (case à décocher : Créer une étiquette.)

Il conviendra enfin de valider la configuration mise en place cliquant successivement sur les boutons « Appliquer (cet affichage) » et Enregistrer.

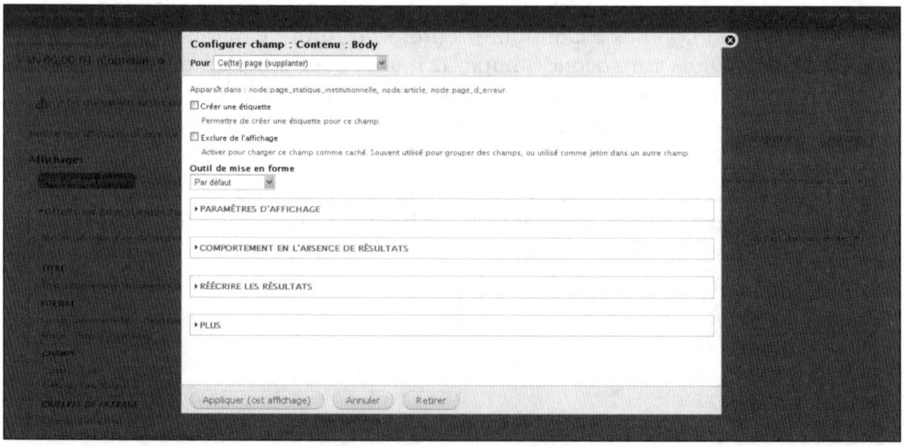

Écran 134. Configuration du champ Body : masquage de l'étiquette

[N2] Tâche 3 : Retrait du titre [en tant que champ] de la page statique parente

Le retrait de champ est une fonctionnalité élémentaire.

Son exploitation est ici dictée par le fait que le titre de la page que nous construisons est déjà défini par le titre de la *vue*.

Pour exploiter cette fonctionnalité, il faut se reporter à la section CHAMPS, cliquer sur la référence du champ que l'on souhaite retirer (« Contenu : Titre »), puis sur le bouton Retirer.

Tâche 4 : Génération du lien sur le *display*

Cette tâche met en jeu une première fonctionnalité de base, la génération de lien sur un *display* – dans un menu – et une seconde, plus fondamentale, la surcharge des « formats d'affichage »[38]. Je rappelle ici que la page que nous sommes en train de construire a pour vocation de remplacer la page par défaut sur la réglementation. Cette page est définie par le *nœud* dont le chemin original est « node/4 ».

Pour exploiter les deux fonctionnalités sus-mentionnées (lien sur *display* et surcharge de *nœud*), il faudra tout d'abord se reporter à la section PARAMÈTRES DE LA PAGE.

Pour surcharger le « format d'affichage » du *nœud* ici considéré, il faudra cliquer sur la référence du chemin d'origine de la *vue* (van-00-00-01), en regard de l'item Chemin. Le clic déclenchant l'ouverture de la *lightbox* « Page statique parente : Le chemin ou l'URL de menu pour cette vue », il faudra ensuite saisir le chemin original du *nœud* (node/4), puis le valider en cliquant sur le bouton Appliquer.

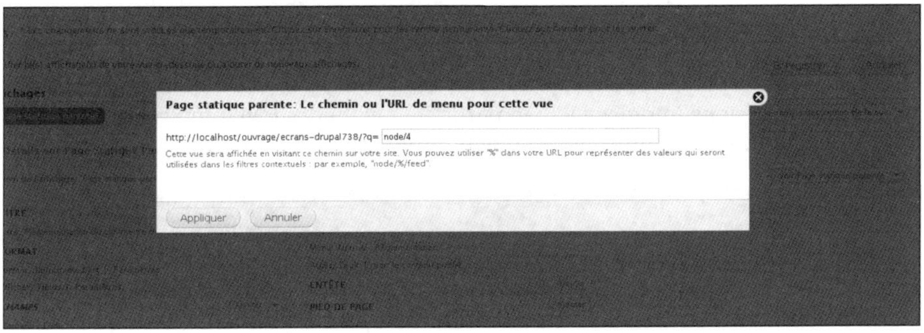

Écran 135. Renseignement du chemin de la vue

Pour générer le lien sur le *display*, il faudra cliquer sur le lien-bouton en regard de l'item Menu. Le clic déclenchant cette fois-ci l'ouverture de la *lightbox* « Page statique parente : Entrée d'élément de menu », il faudra ensuite : – activer la fonction d'« entrée » dans les menus (boutons radio : Type ; option : Entrée de menu normale) ; – saisir le libellé du lien (champ : Titre ; valeur : Réglementation du commerce des espèces menacées) ; – sélectionner le menu dans lequel celui-ci devra être intégré (liste déroulante : Menu ; option : « MN1-01 : Menu principal »). Et comme précédemment,

38 Voir *supra*, paragraphe « Comment peut-on exploiter les vues ? ».

la configuration mise en place devra être validée en cliquant sur le bouton Appliquer.

Il conviendra enfin de valider l'ensemble intégrant la surcharge et le lien à générer en cliquant sur le bouton Enregistrer.

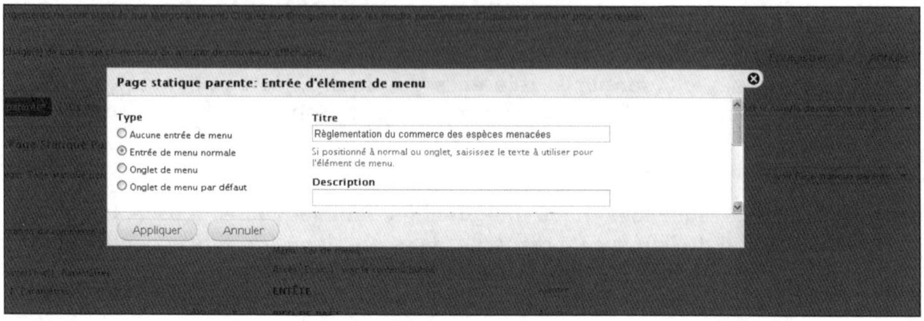

Écran 136. Intégration du lien sur la vue, depuis la vue

***

Remarque. – Lorsqu'on se reporte à l'écran de gestion des liens du menu, on s'aperçoit que le lien a bien été ajouté.

Procédure D7.5 : Création/configuration du *display* attaché « Pages statiques filles »

La création de *display* attaché est une fonctionnalité de base.

Son exploitation est ici dictée par le fait que l'on souhaite intégrer dans un tableau la référence [cliquable] des *nœuds* définis en tant qu'articles.

Pour créer un *display* attaché, en général, et donc pour créer celui qui nous intéresse ici, en particulier, il faudra tout simplement ouvrir le menu Ajouter, puis sélectionner l'item Ajouter Fichier Attaché.

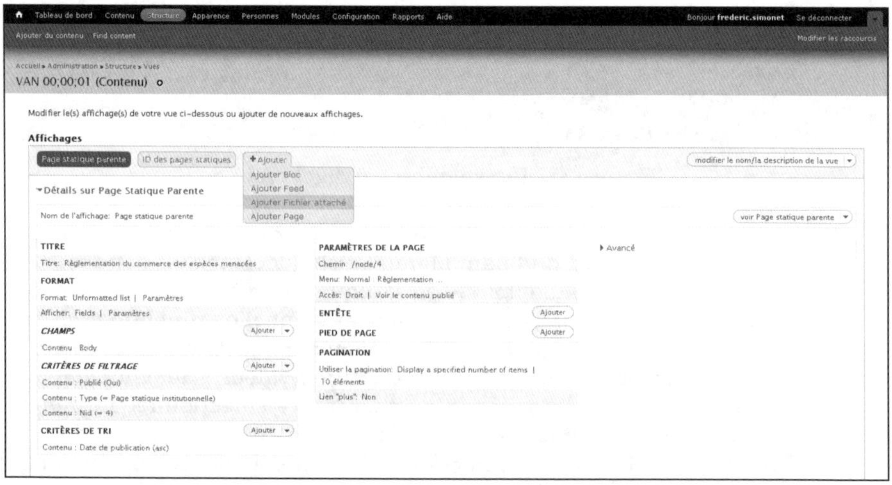

Écran 137. Sous-menu donnant accès à la création de « fichiers attachés » (vue attachée)

Il faudra ensuite :

1. Reprendre le nom du *display*.
2. Ajouter le critère de filtrage visant à afficher uniquement les pages filles.
3. Sélectionner le format [style] Tableau.
4. Rattacher le *display* au *display* « Page statique parente ».
5. Positionner le *display* sous le *display* « Page statique parente ».

Il conviendra enfin de valider la configuration mise en place en cliquant sur le bouton Enregistrer.

Tâche 1 : Reprise du nom du *display*

Cette question a déjà été abordée. Je n'y reviens pas.

Tâche 2 : Ajout du critère de filtrage visant à afficher uniquement les pages filles

Cette question vient d'être abordée. Dans le cas présent, il faudra faire appel à l'opérateur permettant de sélectionner les *nœuds* 5, 6 et 7 (boutons radio : Opérateur ; option : Est compris entre | champs : Min, Et max ; valeurs : 5, 7).

[N2] Tâche 3 : Sélection du format [style] Tableau

Cette tâche met en jeu une fonctionnalité de base, la personnalisation du format [style] des *displays*.

Pour exploiter cette fonctionnalité, il faudra tout d'abord se reporter à la section FORMAT, puis cliquer sur la référence du format d'origine (Liste non mise en forme), en regard de l'item Format. Le clic déclenchera l'ouverture de la *lightbox* « Pages statiques filles : Quel style appliquer à cette vue ».

Il faudra ensuite spécialiser la configuration (Liste déroulante : Pour ; option : « Cet attachement (supplanter) »), puis sélectionner le format [style] que l'on souhaite appliquer (Bouton radio : Tableau).

Il faudra enfin valider le choix du style, sa configuration par défaut et la spécialisation de l'ensemble en cliquant successivement sur les boutons « Appliquer (cet affichage) » (deux fois) et Enregistrer.

Écran 138. Sélection du format [style] à appliquer

[N4] Tâche 4 : Rattachement du *display* au *display* « Page statique parente »

Le rattachement d'un *display* à un autre *display* est une fonctionnalité qui sert de support au positionnement des *displays* les uns par rapport aux autres.

Pour l'exploiter, il faudra tout d'abord se reporter à la section PARAMÈTRES DE FICHIERS ATTACHÉS, puis cliquer sur le lien-bouton « Non défini », en regard de l'item « Attacher à ». Le clic déclenchera l'ouverture de la *lightbox* « Pages statiques filles : Attacher à ».

Il faudra ensuite sélectionner le *display* parent à considérer (case à cocher : Page statique parente), puis le valider en cliquant sur le bouton Appliquer.

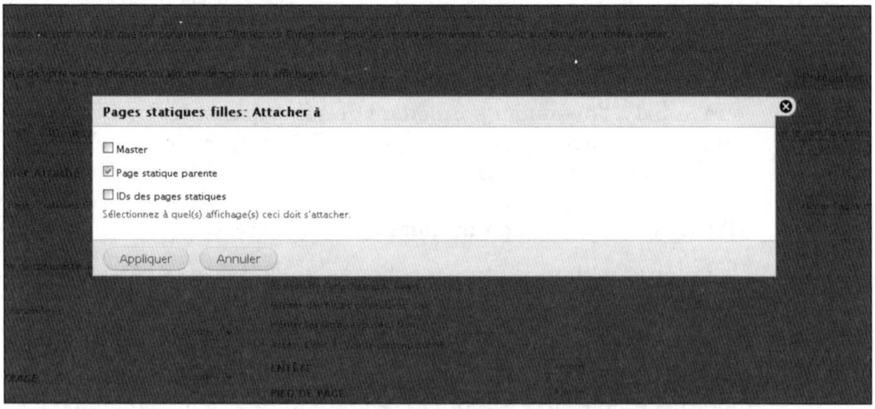

Écran 139. Sélection du display parent

[N2] Tâche 5 : Positionnement du *display* sous le *display* « Page statique parente »

Cette tâche est corrélée à la tâche précédente. Elle met en jeu une fonctionnalité de base, la définition du positionnement relatif des *displays*.

Pour l'exploiter, il faudra là encore se reporter à la section PARAMÈTRES DE FICHIERS ATTACHÉS, comme précédemment, mais cette fois-ci c'est sur le lien-bouton Avant, en regard de l'item Position de l'Attachement qu'il faudra cliquer. Cela déclenchera l'ouverture de la *lightbox* « Pages statiques filles : Position ».

Il faudra ensuite reprendre le positionnement du *display* par rapport au *display* parent (Bouton radio : Après), puis valider celui-ci en cliquant sur le bouton Appliquer.

8.3 Lot 8 : Intégration du sous-menu donnant accès aux articles

Cet exercice (étape 8/31) a pour objet l'intégration du sous-menu sur la réglementation. Sa réalisation fait intervenir 32 micro-tâches représentant à peu près 20 minutes de travail. (Avancement de l'intégration des pages à l'issue de l'exercice (+3) : 5/20).

Il s'agit donc d'intégrer, dans le menu principal, le sous-menu qui donnera accès aux trois articles *(nœuds)* sur la réglementation, sous-menu dont l'ouverture sera commandée par le survol du lien « Réglementation du commerce des espèces menacées ».

Ce sous-menu affichera les trois liens suivants :

- Espèces en voie d'extinction.
- Espèces surexploitées.
- Espèces contrôlées.

Remarque. – Ja rappelle ici qu'il n'est pas nécessaire de reprendre littéralement le titre des pages visées car le libellé du lien commandant l'ouverture du sous-menu indique le contexte général.

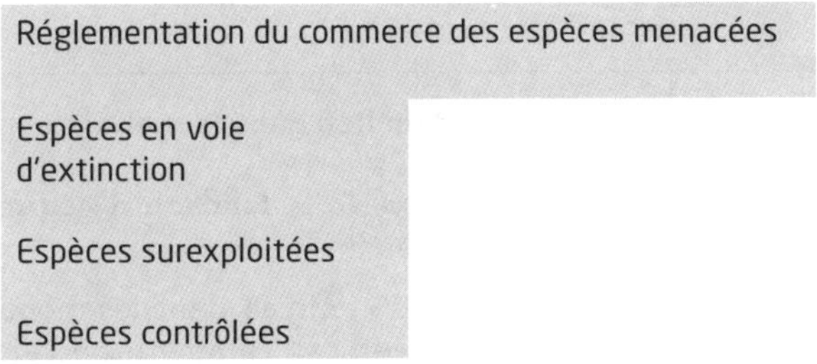

Écran 140. Sous-menu donnant accès aux articles sur la réglementation

Procédure D8 : Intégration des liens de deuxième niveau

Procédure D8.1 : Ajout des liens, depuis le contenu.

Procédure D8.2 : Mise en ordre des liens.

Procédure D8.3 : Mise à jour [simplification] du format des URL.

Procédure D8.1 : Ajout des liens, depuis le contenu

L'ajout de lien depuis les contenus – qui sont des *nœuds* – est une fonctionnalité de base.

Pour ajouter des liens sur des contenus, depuis les contenus en question, aussi bien de manière générale que dans le cas présent, il faudra tout d'abord se reporter à l'écran de gestion des contenus (menu [principal] ; chemin : Contenu), puis cliquer sur le lien Modifier en regard des contenus concernés (ligne [nœud] : Réglementation du commerce des espèces en voie d'extinction ; colonne : ACTIONS. Lien : modifier).

Il faudra ensuite :

1. Activer la fonction d'« entrée » dans le menu principal.
2. Saisir le libellé des liens.
3. Saisir le descriptif des liens.
4. Hiérarchiser les liens.

Il conviendra enfin de valider la configuration des liens en cliquant sur le bouton Enregistrer.

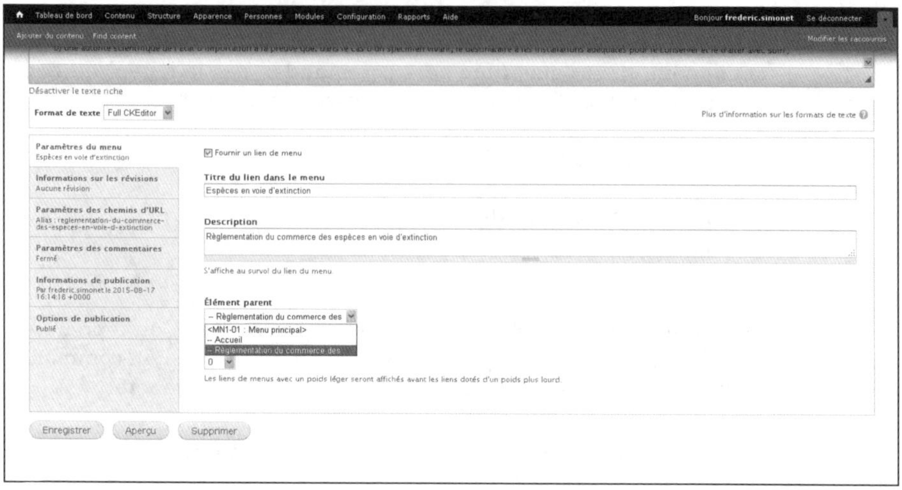

Écran 141. Ajout du lien dans le menu, depuis le contenu

[N4] Tâche 1 : Activation de la fonction d'« entrée » dans le menu principal

Pour activer la fonction d'« entrée » dans les menus, il faut commencer par activer l'onglet [vertical] Paramètres du Menu, puis cocher la case Fournir un Lien de Menu, tout simplement. Sitôt activée, Drupal affiche les différents paramètres qui permettront de configurer les liens (tâches suivantes).

[N1] Tâche 2 : Saisie du libellé des liens

La définition du libellé des liens est à la fois basique et incontournable. Il suffit de renseigner le champ Titre du Lien dans le Menu (Espèces en voie d'extinction).

[N3] Tâche 3 : Saisie du descriptif des liens

Cette tâche met en jeu une fonctionnalité de base, la personnalisation du descriptif des liens.

Son exploitation est dictée par l'optimisation du référencement.

Pour cela, il suffit de renseigner le champ Description (Réglementation du commerce des espèces en voie d'extinction).

[N2/N3] Tâche 4 : Hiérarchisation des liens

La hiérarchisation des liens est elle aussi une fonctionnalité de base. Pour l'exploiter, il suffit de sélectionner le lien parent à considérer (Réglementation du commerce des espèces menacées) dans la liste déroulante Élément Parent.

[N2/N3] Procédure D8.2 (une seule tâche) : Mise en ordre des liens

La mise en ordre des liens dans les menus est une fonctionnalité de base dont l'exploitation est dictée, d'un côté, par l'ordre des contenus à présenter, de l'autre, par l'optimisation du référencement des pages (les moteurs de recherche accorderont plus d'importance aux mots clés des premiers liens).

Remarque. – Les identifiants doivent être saisis les uns en dessous des autres.

9. LOTS 10-13 : MISE EN PLACE DU CONTENU DE L'ESPACE DE COMMUNICATION SUR LES ESPÈCES PROTÉGÉES

Ci-dessous, les quatre lots à considérer :

Lot 10 : Mise en place des rubriques.

Lot 11 : Définition du format général des articles.

Lot 12 : Définition des éléments de structure des articles.

Lot 13 : Mise en place des articles.

9.1 Lot 10 : Mise en place des rubriques

Cet exercice (étape 10/31) consiste à mettre en place les rubriques principales de l'espace de communication sur les espèces. Sa réalisation fait intervenir 32 micro-tâches représentant à peu près 20 minutes de travail. (Avancement de l'intégration des pages à l'issue de l'exercice *(statu quo)* : 5/20)

Sont à considérer la rubrique parente *(terme)* « Espèces protégées par la CITES » et ses trois sous-rubriques *(termes)* :

- Espèces en voie d'extinction protégées par la CITES.
- Espèces surexploitées protégées par la CITES.
- Espèces contrôlées protégées par la CITES.

Ces quatre rubriques *(termes)* seront intégrées dans un espace dédié *(vocabulaire)* qui s'appellera « Plan de classement de référence des espèces protégées ».

Procédure D10 : Intégration des éléments de structure macro

Procédure D10.1 : Création du *vocabulaire*.

Procédure D10.2 : Création/configuration des *termes*.

Procédure D10.3 (une seule tâche) : Mise en ordre des *termes enfants*.

[STR] Procédure D10.1 : Création du *vocabulaire*

La création de *vocabulaire* est une fonctionnalité structurante dont l'exploitation est dictée la nécessité de classer ou d'indexer les contenus *(nœuds)*. Cette fonctionnalité sert de support à la création des *termes*.

Pour créer des *vocabulaires*, en général, et donc pour créer celui qui nous intéresse ici, en particulier, il faudra se reporter à l'écran de gestion des *vocabulaires* (menu [principal] ; chemin : Structure | item-lien : Taxonomie), puis cliquer sur le lien Ajouter un Vocabulaire.

Il faudra ensuite :

1. Saisir le nom du *vocabulaire*.
2. Saisir le « nom système » du *vocabulaire*.

Il conviendra enfin de valider le nom et le « nom système » en cliquant sur le bouton Enregistrer.

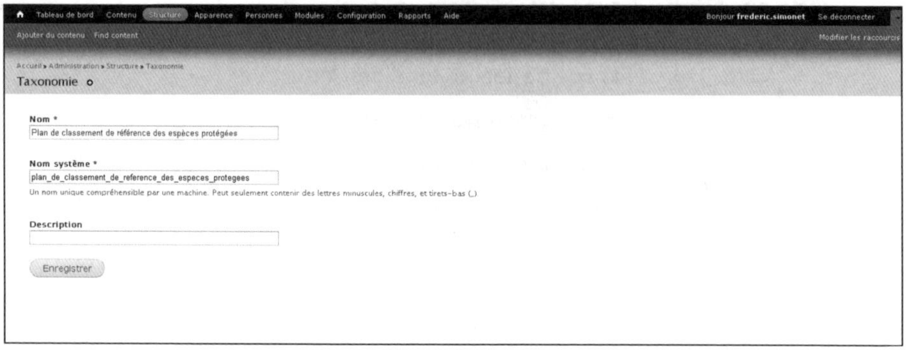

Écran 148. Configuration du vocabulaire de l'espace de communication

[N4][O] Tâche 1 : Saisie du nom du *vocabulaire*

La définition du nom des *vocabulaires* est basique. Il suffit de renseigner le champ Nom (Plan de classement de référence des espèces protégées).

[N4][O] Tâche 2 : Saisie du « nom système » du *vocabulaire*

La définition du « nom système » des *vocabulaires* est presqu'aussi basique que celle de leur nom. Il faut cliquer sur le lien-bouton Modifier en regard du champ Nom, puis remplacer le « nom système » initial par le nouveau.

Dans le cas présent, on remplacera,

plan_de_classement_de_r_f_rence_des_esp_ces_prot_g_es

par

plan_de_classement_de_reference_des_especes_protegees.

Le bénéfice en termes de compréhensibilité est évident.

Procédure D10.2 : Création/configuration des *termes*

La création de *terme* est une fonctionnalité importante, au même titre que la création de « catégorie » avec Joomla et WordPress.

Son exploitation est dictée par l'architecture du contenu.

Pour créer des *termes*, en général, et donc pour créer les quatre *termes* qui nous intéressent ici, en particulier, il faudra se reporter à l'écran de gestion des *vocabulaires* (menu [principal] ; chemin : Structure | item-lien : Taxonomie), puis cliquer sur le lien Ajouter des Termes en regard du *vocabulaire* à considérer (ligne [vocabulaire] : Plan de classement de référence des espèces protégées ; colonne : ACTIONS. Lien : ajouter des termes).

Il faudra ensuite :

1. Saisir le nom des *termes*.
2. Saisir les contenus.
3. Saisir les alias.
4. Hiérarchiser les *termes enfants*.

Il conviendra enfin de valider la configuration des *termes* en cliquant sur le bouton Enregistrer.

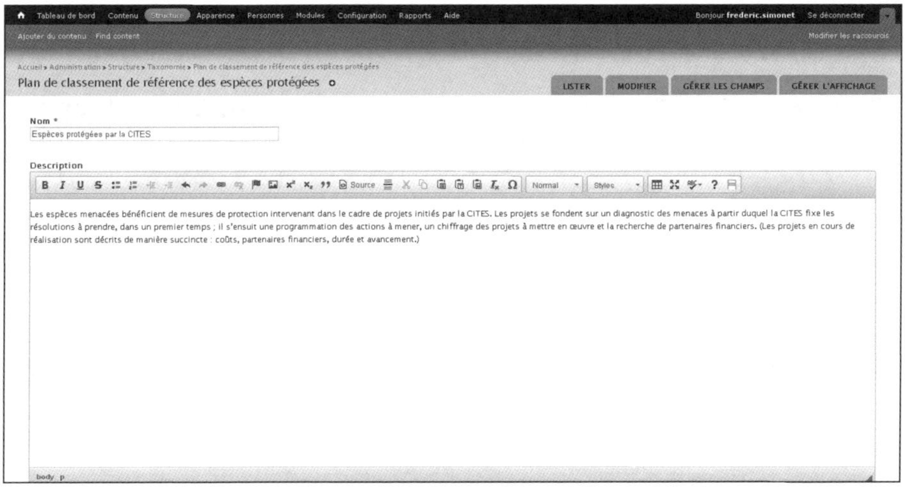

Écran 149. Configuration du terme parent du vocabulaire

[N1][O] Tâche 1 : Saisie du nom des *termes*

La définition du nom des *termes* est basique. Il suffit de renseigner le champ Nom (Espèces protégées par la CITES).

Tâche 2 : Saisie des contenus

Cette question a déjà été abordée. Le fait d'avoir à traiter des *termes* ne change rien.

[N3] Tâche 3 : Saisie des alias

Cette question a elle aussi déjà été abordée. Pas de changement.

Ci-dessous, les alias à saisir dans le cadre de notre projet :

- especes-protegees-par-la-cites ;
- especes-en-voie-d-extinction-protegees-par-la-cites ;
- especes-surexploitees-protegees-par-la-cites ;
- especes-controlees-protegees-par-la-cites.

[N2] Tâche 4 : hiérarchisation des *termes enfants*

La hiérarchisation des *termes enfants* est une fonctionnalité de base, au même titre que la hiérarchisation des « catégories » avec Joomla et WordPress.

Pour l'exploiter, il faut tout d'abord ouvrir le panneau déroulant RELATIONS, puis sélectionner le *terme parent* à considérer (Espèces protégées par la CITES) dans la liste déroulante Termes Parents.

Commentaire. – Il faut savoir que l'outil donne la possibilité d'affilier un *terme* à plusieurs *termes parents*. Le *terme* en question apparaîtra dans l'arborescence sous chacun des *termes parents*, mais en réalité il s'agira bien du même *terme*.

Procédure D10.3 (une seule tâche) : Mise en ordre des *termes enfants*

Les questions de mise en ordre ont été abordées plusieurs fois. Le fait d'avoir à traiter des *termes* ne change rien.

Remarque. – Par défaut, les *termes* sont classés par ordre alphabétique.

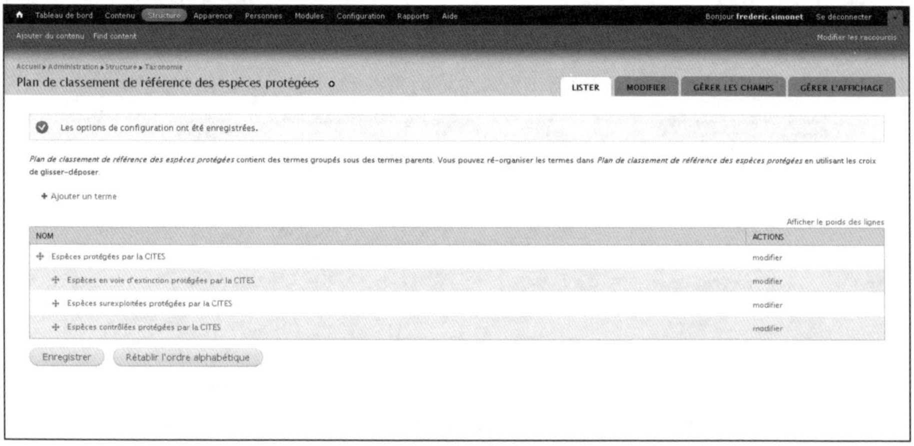

Écran 150. Ensemble des termes du vocabulaire

9.2 Lot 11 : Définition du format général des articles

Cet exercice (étape 11/31) consiste à définir le format général des articles de l'espace de communication sur les espèces. Sa réalisation fait intervenir 16 micro-tâches représentant à peu près 10 minutes de travail. (Avancement de l'intégration des pages à l'issue de l'exercice *(statu quo)* : 5/20)

Il s'agit de créer le format *(type de contenu)* « Article sur espèce protégée » à partir du format de base Article.

Le travail de reconfiguration portera essentiellement sur l'activation de la fonction d'« entrée » dans le menu principal, déjà exploitée précédemment[50], qui permet d'ajouter des liens directement depuis les contenus.

Procédure D11 : Création/configuration du *type de contenu des nœuds*

Le chemin à suivre reprend celui de la procédure ayant conduit à la création du « type » « Page statique institutionnelle ». Il s'agit dans le cas présent de créer le « type » « Article sur espèce protégée » à partir du « type » prédéfini Article.

50 Voir *supra*, procédure D5.1, tâche 4.

Ci-dessous, le titre, le nom, le « nom système » et le descriptif du « type » ici considéré :

- Nom : Article sur espèce protégée.
- Nom système : article_sur_espece_protegee.
- Descriptif : Type dédié aux articles sur les espèces protégées.

9.3 Lot 12 : Définition des éléments de structure des articles

Cet exercice (étape 12/31) consiste à définir les éléments de structure des articles de l'espace de communication sur les espèces. Sa réalisation fait intervenir 76 micro-tâches représentant à peu près trois quarts d'heure de travail. (Avancement de l'intégration des pages à l'issue de l'exercice *(statu quo)* : 5/20)

Les éléments de structure *(champs)* à intégrer spécialement sont relatifs aux photos (deux par article) et à la fiche Projet avec :

- le nom du projet (en-tête de la fiche) ;
- le coût du projet ;
- le ou les partenaire(s) du projet ;
- la durée du projet ;
- l'avancement du projet.

Il faudra aussi intégrer l'élément de structure qui nous permettra de classer les articles.

Remarque. – L'élément de structure dédié à l'indexation des articles n'aura pas besoin d'être intégré car il existe déjà. Le titre et le corps des articles sont des éléments de structure à part entière eux aussi prédéfinis.

Procédure D12 : Création/configuration des éléments de structure micro

Procédure D12.1 (une seule tâche) : Suppression du champ Image.

Procédure D12.2 : Création/configuration des champs.

Procédure D12.3 (répétition de tâches identiques) : Mise en ordre des champs.

Procédure D12.1 (une seule tâche) : Suppression du champ Image

La suppression de champ est une fonctionnalité élémentaire.

Son exploitation est ici dictée par le fait que, le champ ici considéré (qui aurait pu nous intéresser), ne peut pas être reconfiguré complètement.

Pour supprimer un champ, il faut tout d'abord se reporter à l'écran de gestion des *types de contenu(s)* (menu [principal] ; chemin : Structure | item-lien : Types de contenu), puis cliquer sur le lien Gérer les Champs en regard du *type de contenu* intégrant le champ à supprimer (ligne [type de contenu] : « Article sur espèce protégée (article_sur_espece_protegee) » ; colonne : ACTIONS. Lien : gérer les champs).

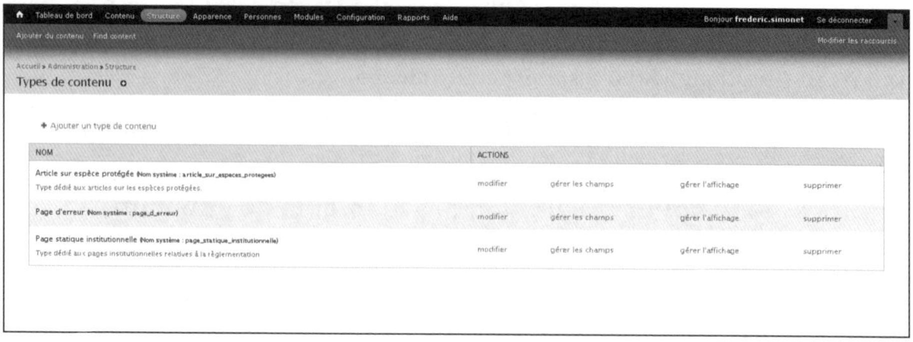

Écran 151. Espace de gestion des types de contenu(s)

Il faut ensuite cliquer sur le lien Supprimer en regard du champ concerné (ligne [champ] : Image ; colonne : ACTIONS. Lien : supprimer.), puis valider la demande en cliquant sur le bouton Supprimer.

Procédure D12.2 : Création/configuration des champs

La création de champ une fonctionnalité structurante.

Je rappelle ici que les champs constituent les *types de contenus* et que leur « fonction est de structurer, d'un côté, la saisie du contenu des *nœuds*, de l'autre, la présentation de ces mêmes contenus, au travers des vues notamment »[51].

Ensuite, il faut savoir que les champs font nécessairement référence à un « type » donné que l'on choisira en fonction de la nature des contenus à traiter (contenu textuel/image/nombre, référence à un *nœud*/un *terme*/un fichier). L'outil en propose une quinzaine.

Le « type » Référence à un Terme est le « type » à ne pas manquer car c'est lui qui permet de créer les champs que l'on utilisera pour rattacher les *nœuds* aux *termes* (soit pour les classer, soit pour les indexer). Les « types » les plus communs sont les « types » Image et Texte. Les autres « types » répondront à des besoins plus spécifiques.

Mais revenons à la création de champ en tant que telle. Pour créer des champs, il faut tout d'abord se reporter à l'écran de gestion des *types de contenu(s)* (menu [principal] ; chemin : Structure | item-lien : Types de contenu), puis cliquer sur le lien Gérer les Champs en regard du *type de contenu* concerné (ligne [type de contenu] : « Article sur espèce protégée (article_sur_espece_protegee) » ; colonne : ACTIONS. Lien : gérer les champs).

Il y a ensuite trois étapes à considérer.

La première étape consiste à définir la configuration générale du champ.

Pour cela, il faudra :

1. Saisir le libellé du champ et éventuellement reprendre son « nom système » – de façon à traiter les caractères spéciaux.
2. Sélectionner le « type » du champ.

51 Voir *supra*, paragraphe « Quel est l'objet des types de contenus ? ».

3. Sélectionner le « widget » à considérer, c'est-à-dire le composant d'interface graphique à utiliser pour le présenter (champ de saisie, boutons radio...).

Cette première étape devra être validée en cliquant sur le bouton Enregistrer.

La seconde étape consiste à définir la configuration de base du champ. Celle-ci est propre au « type » considéré et peut être complexe[52]. Elle devra être validée en cliquant sur le bouton Enregistrer les Paramètres du Champ.

La troisième et dernière étape consiste à finaliser la configuration. Celle-ci devra elle aussi être validée, cette fois-ci en cliquant sur le bouton Enregistrer.

Dans le cadre de notre projet, cinq « types » ont été considérés. Dans l'ordre de leur intégration, les « types » :

- Image ;
- Référence à un Terme ;
- Texte ;
- Entier ;
- et « Liste (Texte) » ;

... avec une attention particulière pour les « types » Texte et Entier qui seront intégrés deux fois de façon à tester quelques petites fonctionnalités de base.

Procédure D12.2.1 : Création des champs de « type » Image.

Procédure D12.2.2 : Création du champ de « type » Référence à un Terme.

Procédure D12.2.3 : Création du champ de « type » Texte.

Procédure D12.2.4 : Création du champ de « type » Entier.

Procédure D12.2.5 : Création du champ de « type » Texte avec « texte d'aide ».

Procédure D12.2.6 : Création du champ de « type » Entier avec contrôle.

Procédure D12.2.7 : Création du champ de « type » « Liste (texte) ».

Procédure D12.2.1 : Création des champs de « type » Image

Il s'agit dans le cas présent de créer deux champs. Le premier servira à générer le bouton de chargement des photos qui apparaîtront dans les Blogs. Le second servira quant à lui à traiter le cas des photos qui apparaîtront dans les articles présentées individuellement.

Pour définir le libellé des champs, en général, et donc celui des deux champs qui nous intéressent ici, en particulier, il faudra renseigner le champ Ajouter un Nouveau Champ (Photo-chapô).

Pour modifier le « nom système », il faudra cliquer sur le lien-bouton « modifier » sitôt affiché lorsqu'on commence à saisir le nom des champs, puis remplacer l'ancien nom (photo-chap_) par le nouveau

52 Le « type » Image fait intervenir une quinzaine de paramètres parmi lesquels : l'image par défaut, les extensions autorisées (png, jpg, jpeg, etc.), la définition des images (nombre de pixels), etc.

(photo-chapo) (ligne [champ] : Photo-chapô ; colonne-champ : NOM SYSTÈME ; valeur : photo_chapo).

Pour intégrer un champ de « type » Image, il suffit de sélectionner l'option… Image (ligne [champ] : Photo-chapô ; colonne : TYPE DE CHAMP. Liste déroulante [type de champ] ; option : Image).

On se contentera de la configuration par défaut des deux écrans suivants.

Remarque. – Avec le « type » Image, vous n'aurez pas à vous préoccuper du « widget » à considérer car l'outil n'en fournit qu'un seul.

Procédure D12.2.2 : Création du champ de « type » Référence à un Terme

Il s'agit de créer le champ qui permettra de rattacher les *nœuds* faisant référence au *type de contenu* ici considéré (Article sur espèce protégée) aux *termes* du *vocabulaire* créé précédemment (Plan de classement de référence des espèces protégées).

Ci-dessous, la configuration générale du champ :

- Libellé du champ : Catégorie.
- « Nom système » du champ : categorie. (Sans accent)
- « Type » du champ : Référence à un Terme.
- « Widget » du champ : Case à cocher/boutons radio.

Pour indiquer le *vocabulaire* à considérer (Plan de classement de référence des espèces protégées), il suffit de le sélectionner dans la liste déroulante Vocabulaire du deuxième écran de configuration.

Procédure D12.2.3 : Création du champ de « type » Texte

Il s'agit de créer le champ qui permettra de saisir l'en-tête des fiches Projet.

Le cahier des charges impose une valeur par défaut qui indiquera à l'utilisateur le format des en-têtes : « Projet [nom du projet] ».

Ci-dessous, la configuration générale du champ :

- Libellé du champ : En-tête fiche Projet.
- « Nom système » du champ : en_tete_fiche_projet. (Sans accent)
- « Type » du champ : Texte.
- « Widget » du champ : Champ texte.

Pour définir la valeur par défaut (Projet [nom du projet]), il faut se reporter au panneau VALEUR PAR DÉFAUT du deuxième écran de configuration, puis renseigner le champ « En-tête fiche Projet ».

Procédure D12.2.4 : Création du champ de « type » Entier

Il s'agit de créer le champ qui permettra de saisir le coût des projets.

Le cahier des charges impose l'affichage de la devise en toutes lettres comme suffixe (euros).

Ci-dessous, la configuration générale du champ :

- Libellé du champ : Coût du projet.
- « Nom système » du champ : cout_du_ projet. (Sans accent)

- « Type » du champ : Entier.
- « Widget » du champ : Champ texte.

Pour ajouter le suffixe « euros », il suffit de renseigner le champ Suffixe (euros) du deuxième écran de configuration.

Procédure D12.2.5 : Création du champ de « type » Texte avec « texte d'aide »

Cette procédure nous donne l'occasion de revenir sur le « type » Texte.

Il s'agit maintenant d'exploiter le fait qu'en plus du champ en tant que tel, l'outil donne la possibilité de définir un « texte d'aide » qui viendra se positionner sous le champ.

Dans le cas présent, le champ de saisie généré servira à indiquer les partenaires des projets. Le cahier des charges impose comme texte d'aide : « Séparer les partenaires avec une virgule s'il y en a plusieurs ».

Ci-dessous, la configuration générale du champ :

- Libellé du champ : Partenaire(s) du projet.
- « Nom système » du champ : partenaire_s_du_projet.
- « Type » du champ : Texte.
- « Widget » du champ : Champ texte.

Pour ajouter le « texte d'aide » sus-indiqué, il suffit de renseigner le champ Texte d'Aide (Séparer les partenaires avec une virgule s'il y en a plusieurs) du troisième écran de configuration.

Procédure D12.2.6 : Création du champ de « type » Entier avec contrôle

Cette procédure nous donne l'occasion de revenir sur le « type » Entier.

Il s'agit maintenant d'exploiter le fait que l'outil donne la possibilité de mettre en place des contrôles sur les valeurs saisies.

Dans le cas présent, le champ de saisie généré servira à saisir la durée des projets. Le cahier des charges impose l'affichage de l'unité de temps en toutes lettres comme suffixe (mois) et un contrôle sur les valeurs saisies (supérieures à 1, inférieures à 48).

Ci-dessous, la configuration générale du champ :

- Libellé du champ : Durée du projet.
- « Nom système » du champ : duree_du_ projet. (Sans accent)
- « Type » du champ : Entier.
- « Widget » du champ : Champ texte.

La question du suffixe a déjà été traitée. Pour fixer les bornes inférieure et supérieure des valeurs saisies, il suffit de renseigner les champs Minimum et Maximum (champ : Minimum ; valeur : 1 | Champ : Maximum ; valeur : 48).

Procédure D12.2.7 : Création du champ de « type » « Liste (texte) »

La création de champ de « type » « Liste (texte) » est une fonctionnalité de base. Cette fonctionnalité permet de générer des options qui apparaîtront soit sous la forme de boutons radio soit sous la forme de cases à cocher.

Dans le cas présent, il s'agit de générer les boutons radio qui permettront de saisir en un clic l'avancement des projets (phase 1/ phase 2/phase 3).

Ci-dessous, la configuration générale du champ :

- Libellé du champ : Avancement du projet.
- « Nom système » du champ : avancement_du_projet.
- « Type » du champ : Liste (texte).
- « Widget » du champ : Case à cocher/boutons radio.

Pour intégrer les trois phases en tant qu'options, il faut renseigner le champ Liste des Valeurs Autorisées. Les valeurs à renseigner doivent être couplées (identifiant plus libellé séparés par une barre verticale : 0|Phase 1 ; 1|Phase 2 ; 2|Phase 3) et positionnées les unes en dessous des autres, sans ponctuation.

C'est le nombre de valeurs autorisées (liste déroulante Nombre de Valeurs intégrée dans le troisième écran) qui détermine l'affichage de boutons radio ou de cases à cocher.

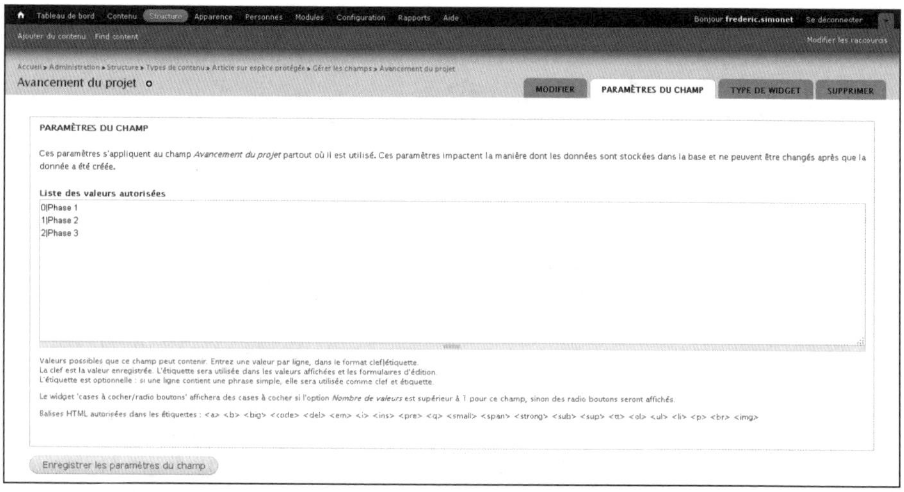

Écran 152. Définition des options du champ de type « Liste (texte) »

[N4] Procédure D12.3 (répétition de tâches identiques) : Mise en ordre des champs

Les questions de mise en ordre ont été abordées plusieurs fois. Le fait d'avoir à traiter des champs ne change rien.

L'exploitation de cette fonctionnalité n'est pas une obligation, il s'agit simplement de définir un ordre de saisie qui sera conforme aux attentes de l'utilisateur (futur intégrateur des contenus).

Remarque I. – Il est plutôt logique d'aligner l'ordre des champs sur celui des informations qui seront présentées côté front-office. Celui-ci est aussi défini par les *types de contenus*. Pour y accéder, il faudra cliquer sur le lien Gérer l'Affichage en regard du *type de contenu* à considérer (ce lien est positionné à côté du lien Gérer les Champs).

Remarque II. – L'ordre des informations affichées côté front-office est un ordre par défaut. Celui-ci peut être surchargé avec les *vues*.

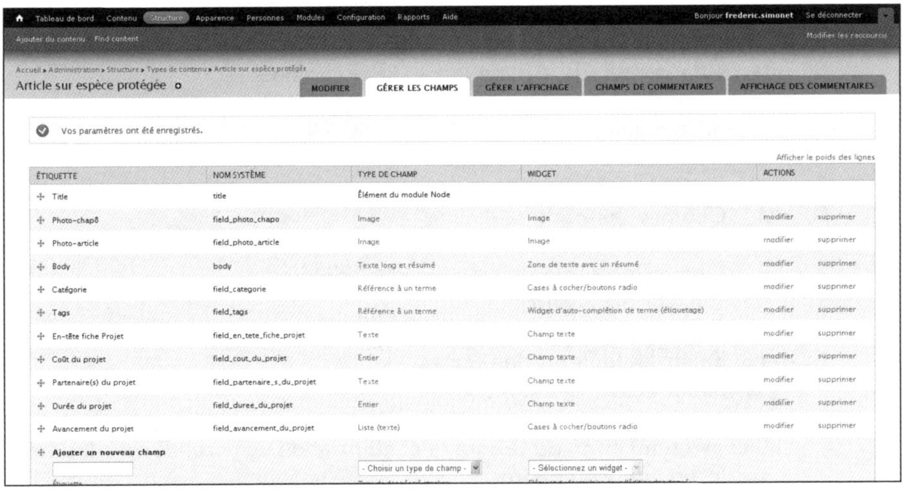

Écran 153. Ensemble des champs du type de contenu « Article sur espèce protégée »

9.4 Lot 13 : Mise en place des articles

Cet exercice (étape 13/31) consiste à mettre en place les articles de l'espace de communication sur les espèces. Sa réalisation fait intervenir 217 micro-tâches représentant à peu près deux heures de travail. (Avancement de l'intégration des pages à l'issue de l'exercice *(statu quo)* : 5/20)

Les articles *(nœuds)* à considérer sont : Le tigre/L'ara canindé/Le requin à pointes noires/Le Grand dauphin/Le colibri moucheté/L'alligator d'Amérique/Le gorille des Montagnes/Le paon bleu/La tortue carette.

Je rappelle ici que ces articles seront complétés par une fiche Projet.

Intégrés dans un Blog lié à une rubrique *(terme)*, ils se réduiront à un extrait complété par un lien donnant accès au détail du contenu.

Articles et extraits seront agrémentés de deux photos différentes. Ces photos ont été intégrées précédemment en tant qu'éléments de structure, au même titre que la fiche Projet.

Procédure D13 : Création/configuration des *nœuds*

Cette procédure nous donne l'occasion de revenir sur la création de *nœuds*. Cette fonctionnalité a déjà été exploitée plusieurs fois. Cela nous a permis d'intégrer les *nœuds* faisant référence aux *types de contenus* les plus basiques (« Page d'erreur » et « Page statique institutionnelle »).

Il s'agit maintenant d'exploiter le « type » que l'on vient juste de créer (Article sur espèce protégée).

Je rappelle ici que pour créer des *nœuds*, il faut d'abord se reporter à l'écran de gestion des contenus *(nœuds)* (menu [principal] ;

chemin : Contenu), cliquer sur le bouton Ajouter du Contenu, puis sélectionner le « type » des *nœuds* que l'on souhaite créer (item-lien [type de contenu] : Article sur espèce protégée).

Il faudra ensuite :

1. Saisir le titre des *nœuds*.
2. Charger les photos.
3. Saisir les contenus.
4. Insérer les séparateurs accroche/contenu.
5. Classer les *nœuds*.
6. Indexer les *nœuds*.
7. Saisir le contenu des fiches.
8. Saisir l'alias des *nœuds*.

Il conviendra enfin de valider la configuration des *nœuds* en cliquant sur le bouton Enregistrer.

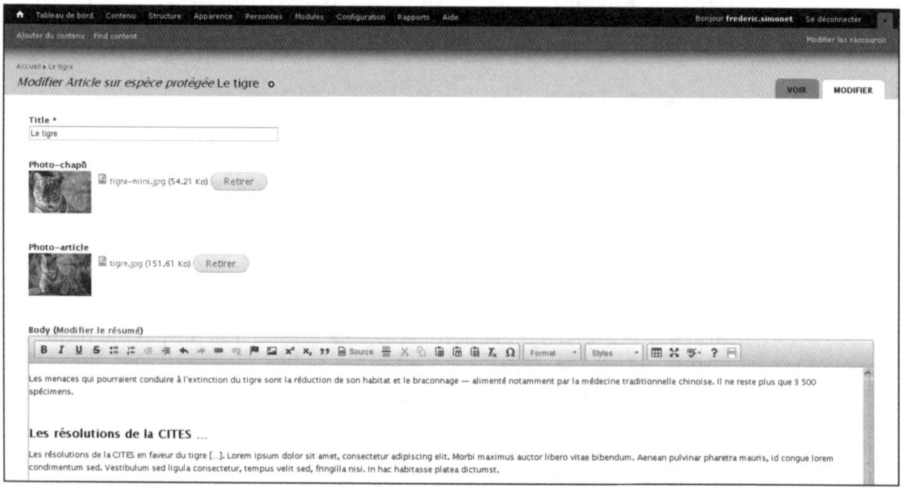

Écran 154. Configuration du premier nœud de l'espace de communication

Tâche 1 : Saisie du titre des *nœuds*

Cette question a déjà été abordée plusieurs fois. Je n'y reviens pas.

[N1] Tâche 2 : Chargement des photos

Cette question a déjà été abordée avec WordPress et Joomla. Avec Drupal, il faut initier le chargement en cliquant sur le bouton Parcourir, puis le finaliser en cliquant sur le bouton Transférer.

Tâche 3 : Saisie des contenus

Cette question a elle aussi déjà été abordée plusieurs fois. Pas de changement.

[N2] Tâche 4 : Insertion des séparateurs accroche/contenu

Cette tâche met en jeu une fonctionnalité de base, la définition de l'accroche des *nœuds*. Je rappelle ici que l'exploitation de cette fonctionnalité est dictée par la nécessité de produire des listes de type Blog[53] .

La technique à utiliser pour définir ces accroches, en tant qu'extraits, rejoint celles de Joomla[54] et WordPress[55]. Il faut tout d'abord positionner le curseur là où l'on souhaite insérer le séparateur, il suffit ensuite de cliquer sur l'icône qui se trouve à l'extrême droite de la barre d'outils (infobulle : Séparer l'accroche et le corps de ce contenu).

Pour définir les accroches en tant que résumé, il faut se reporter à l'éditeur sitôt présenté lorsqu'on clique sur le lien-bouton Modifier le Résumé qui se trouve juste au-dessus de l'éditeur.

[N2] Tâche 5 : Classement des *nœuds*

Le classement des *nœuds* est une fonctionnalité de base dont l'exploitation est dictée par l'architecture du contenu.

Pour l'exploiter, il faudra dans le cas présent sélectionner la « catégorie » à considérer (boutons radio : Catégorie ; option : Espèces en voie d'extinction protégées par la CITES).

Ces boutons radio sont à rapprocher respectivement des cases à cocher et de la liste déroulante de WordPress[56] et Joomla[57], elles aussi marquées par l'étiquette Catégorie(s). La différence tient au fait qu'ici, c'est bien nous qui avons intégré ce paramètre (défini en tant que champ du *type de contenu* « Article sur espèce protégée »), tandis qu'avec WordPress et Joomla, les paramètres concernés sont prédéfinis.

[N2] Tâche 6 : Indexation des *nœuds*

L'indexation des *nœuds* est une fonctionnalité de base.

Au même titre que l'indexation des « articles » avec WordPress[58] et Joomla[59], l'exploitation de cette fonctionnalité est dictée, d'un côté, par la nature des contenus à considérer, de l'autre, par l'optimisation du référencement.

Pour l'exploiter, il suffira de renseigner le champ Tags du *nœud* considéré (champ : Tags ; valeur : Bengale, Bangladesh, Inde, Chine du Nord, etc. dans le cas du tigre), que l'on séparera avec une virgule.

Contrairement au champ précédent, le champ qui est ici considéré est un champ prédéfini. Ce champ initialement associé au *type de contenu* Article devenu « Article sur espèce protégée » est configuré de telle façon qu'il permet de saisir en masse les mots-clés. Tout comme WordPress et à la différence de Joomla.

---

53 Voir *supra,* partie 1, chap. I, section « Unité *vs* spécificité des terminologies ».
54 Voir *supra,* chap. précédent, procédure J9.2.1, tâche 3.
55 Avec WordPress, les accroches ont été définies en tant que résumés (voir *supra,* chap. VI, procédure W9.2.2), mais nous aurions pu tout aussi bien les définir en tant qu'extraits en utilisant les techniques de Joomla, et de Drupal (qui est ici considéré).
56 Voir *supra,* chap. VI, procédure W9.2.1, tâche 5.
57 Voir *supra,* chap. précédent, procédure J9.2.1, tâche 4.
58 Voir *supra,* chap. VI, procédure W9.2.1, tâche 6.
59 Voir *supra,* chap. précédent, procédure J9.2.1, tâche 5.

Tâche 7 : Saisie du contenu des fiches

Pas de commentaire.

Tâche 8 : Saisie de l'alias des *nœuds*

Cette question a elle aussi déjà été abordée plusieurs fois. Pas de changement.

Les alias à saisir dans le cadre de notre projet correspondent exactement aux « identifiants » utilisés avec WordPress[60].

***

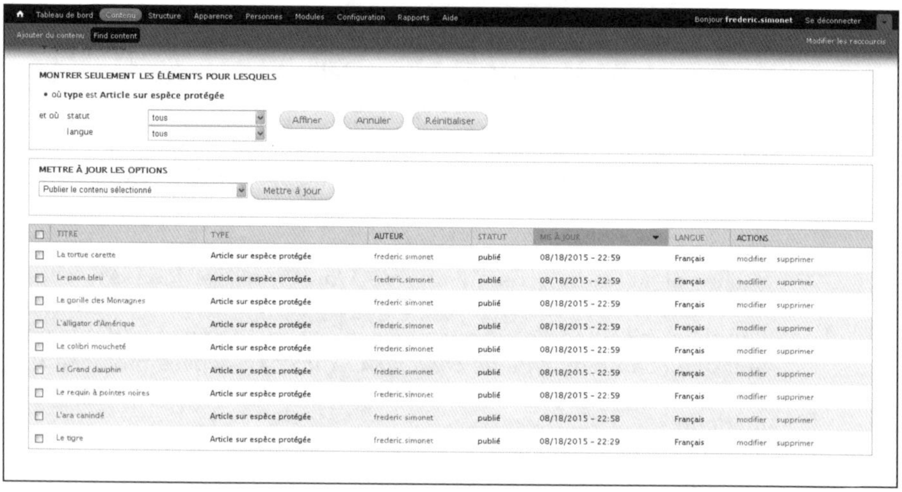

Écran 155. Ensemble des nœuds faisant appel au type de contenu « Article sur espèce protégée »

60 Voir *supra*, chap. VI, procédure W9.2.1, tâche 2.

CONCLUSION

Les technologies évoluent vite, surtout dans le domaine de l'informatique. Et les CMS n'échappent pas à la règle. Il est donc important de prendre de la hauteur et, pour cela, de saisir la logique fonctionnelle de ces outils qui, dans le cas de WordPress, Joomla et Drupal, font en vérité appel aux mêmes concepts, par delà les questions de terminologie.

UNE MÊME LOGIQUE FONCTIONNELLE

Avec WordPress, Joomla et Drupal, les pages sont générées par des moteurs de gabarits dont la fonction est de traiter, tout à la fois : – les questions de structuration matérielle (mise en page) et logique (titres et descriptifs des contenus, notamment) ; – les questions de style ; – et les questions de comportement (interactivité du front-office). Mais en tant qu'administrateur, on retiendra qu'ils servent essentiellement à travailler sur la structure matérielle des contenus, c'est-à-dire sur l'agencement des différents blocs à l'intérieur desquels seront intégrés ces mêmes contenus.

Les moteurs de gabarits font donc intervenir un bloc principal autour duquel viennent se greffer des blocs périphériques. Ils définissent la matrice des pages.

Le bloc principal servira à présenter des rubriques ou des pages élémentaires (pages institutionnelles, articles, etc.) selon des formats d'affichage que l'administrateur choisira en fonction de la nature des contenus. En plus du format de base dédié à la présentation des pages dites élémentaires, deux autres formats sont à considérer : le premier permet d'afficher une rubrique et ses sous-rubriques, tandis que le second permettra d'afficher une rubrique et les pages élémentaires qui lui sont associées [avec la possibilité d'intégrer celles-ci dans un Blog, un tableau (lecture verticale des contenus) ou une grille (lecture horizontale)].

Concernant les blocs périphériques venant se positionner autour du bloc principal, il faut savoir que ceux-ci peuvent aussi bien servir à intégrer des contenus textuels que des extensions. Mais plus fondamentalement, on retiendra qu'ils servent d'abord et avant tout à intégrer les menus du site Web.

Reste donc à traiter la question des menus. Leur fonction est de regrouper des liens que l'on pourra hiérarchiser de sorte que les liens affiliés à un lien parent donné apparaîtront sur le site Web comme des sous-menus. Le menu principal – qui peut d'ailleurs être complété par d'autres menus –, ne se limite donc pas aux liens de premier niveau donnant accès aux contenus les plus généraux, il peut aussi intégrer des liens de niveaux inférieurs, qui donneront accès à des contenus plus spécifiques.

SE CONCENTRER SUR LE CONTENU, FAIRE ABSTRACTION DES OUTILS

C'est un fait, le modèle *open source* (partage/développement/redistribution libre de briques logicielles réutilisables) et le *cloud computing* (colocation de ressources matérielles) ont très fortement réduit le coût des sites Web. Si l'on compare les coûts d'aujourd'hui avec ceux des années 2000-2005, on peut d'ailleurs considérer que l'ouverture d'un site est aujourd'hui quasiment gratuite.

Il faut donc intégrer le fait que, de nos jours, la réussite d'un projet Web réside essentiellement dans la capacité de celui qui le porte à produire des contenus pertinents. La définition du contenu ne doit pas se limiter à la rédaction de quelques pages, elle doit conduire à la production d'un tout, à la fois original et structuré, fournissant plusieurs niveaux de lecture. Le contenu est donc fondamental. Il détermine tout à la fois l'architecture et le design du futur site Web (figure 21). Sa définition doit précéder la phase d'intégration, j'ajouterai même qu'elle doit faire totalement abstraction des outils.

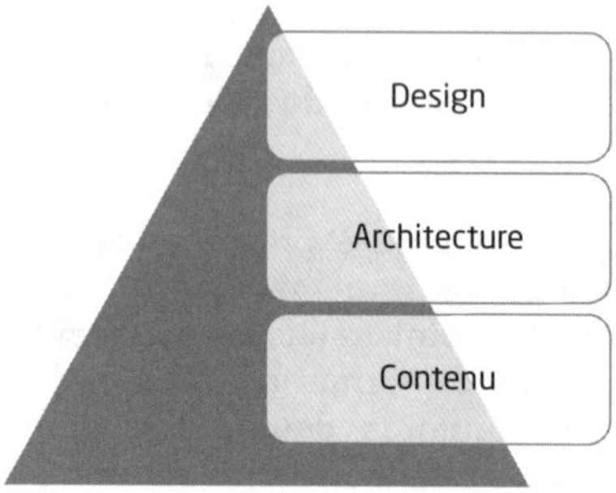

Figure 21. Pyramide de Maslow appliquée à la stratégie d'intégration[61].

Le choix se portera sur WordPress, Joomla ou Drupal en fonction du nombre d'entrées à intégrer dans le menu principal – *une* entrée pouvant donner accès à des centaines voire des milliers de pages –, de l'architecture des contenus (éléments de structure macro) et de leur structure interne (éléments de structure micro).

Si votre futur site Web doit fournir un grand nombre d'entrées – plus d'une vingtaine – et si en plus, les contenus à intégrer doivent être structurés [au niveau micro], l'étude réalisée dans cet ouvrage montre que Drupal devient très rapidement moins coûteux que WordPress et Joomla. En dessous du seuil indiqué ci-dessus

61 « The SEO Hierarchy of Needs », *bruceclay.com*, http://www.bruceclay.com/seo-hierarchy-of-needs.htm.

(une vingtaine d'entrées), il vaudra mieux, à priori, s'orienter vers WordPress ou Joomla.

Si maintenant, les contenus à intégrer doivent s'insérer dans une architecture très hiérarchisée (échelle macro), Joomla sera sans doute l'outil qui vous conviendra le mieux. Et il le sera d'autant plus si l'architecture des contenus est profonde (trois voire quatre niveaux de classement), car dans ce cas, vous aurez à intégrer des menus contextuels, d'une part, pour améliorer l'« utilisabilité » de votre site Web, d'autre part, pour optimiser le référencement des pages. Pour un site « statique » ne faisant intervenir qu'un ou deux niveaux de classement et un nombre de pages limité, WordPress sera largement suffisant.

Par ailleurs, sachez que vous aurez aussi à prendre en considération les capacités de chacun en matière de gestion des profils et des droits associés. Dans ce domaine, Drupal est mieux placé que Joomla, beaucoup mieux que WordPress. Avec WordPress, le degré de personnalisation est en effet très limité car les profils proposés et les droits qui leurs sont associés ne sont pas modifiables. Avec Joomla, vous aurez la possibilité de reprendre les droits, et mieux encore, l'outil vous donnera aussi la possibilité de créer de nouveaux profils, à partir des profils existants. Pour autant, Joomla n'atteint pas le niveau de performance de Drupal car il ne permet pas de gérer les droits avec la même finesse que ce dernier.

Se déterminer en fonction de la nature des contenus. Assurément. En fonction des droits que l'on souhaite leur appliquer, peut-être une nécessité. Mais que dire des questions de présentation ? Une évidence ! En se standardisant, les logiciels de gestion de contenu ont ouvert un nouveau marché, avec un certain nombre d'éditeurs reconnus [dans le domaine du design orienté gestion de contenu] tels que RocketTheme, Yootheme, ElegantThemes ou Themebrain. Les moteurs de gabarits qu'ils proposent sont à la fois modernes, *responsive* et optimisés pour le référencement. Sachez qu'il en existe des centaines, que leur coût n'excède pas la centaine d'euros, et qu'en plus, ils sont personnalisables. La stratégie la plus « intelligente » consistera à acheter un kit pour s'assurer les fonctions de base, puis à faire les modifications qui s'imposent, sur le plan typographique notamment, de sorte que la présentation soit conforme à l'esprit du contenu... encore et toujours.

ANNEXE
ENVIRONNEMENT TECHNOLOGIQUE DES TROIS CMS

MODÈLE D'ARCHITECTURE DES TROIS CMS

WordPress, Joomla et Drupal ont été développés à partir des mêmes technologies, celles-ci se fondent sur un modèle d'architecture qu'on appelle le *trois-tiers*. Ces « trois tiers » correspondent en fait à trois couches dites abstraites dont la seule fonction est de délimiter le périmètre des scripts [programmes] constituant les trois CMS :

- La première couche [tier 1 : présentation] est responsable de la présentation du contenu (exemple : police des titres des articles).
- La deuxième couche [tier 2 : métier] est responsable du pilotage des services [sous-programmes] à appeler et de leur définition en fonction des requêtes déclenchées par l'utilisateur (exemple : afficher l'article sur le tigre).
- La troisième couche [tier 3 : données] est responsable de l'accès au contenu et du stockage du contenu (exemple : texte de l'article sur le tigre).

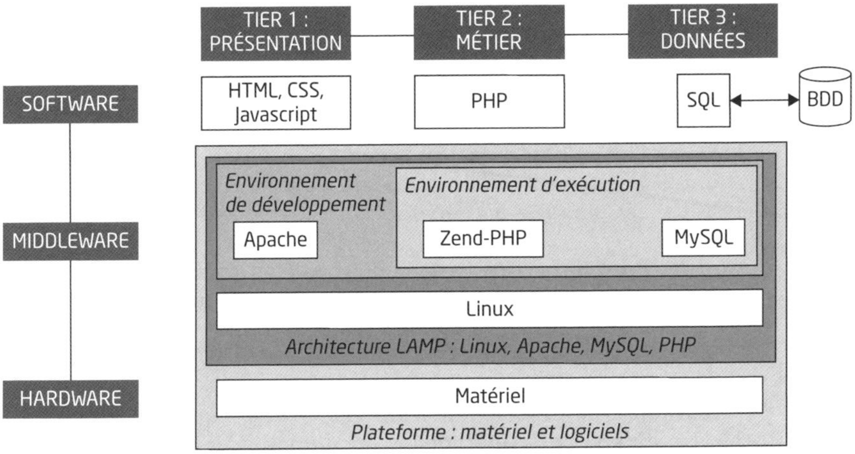

Figure 22. Environnement technologique de WordPress, Joomla et Drupal

COUCHES LOGICIELLES DES TROIS CMS

Ces trois couches – dites abstraites car elles ne mentionnent aucune technologie – servent de canevas au développement de couches logicielles [scripts, programmes, requêtes] faisant appel à des langages spécialisés :

Couche [tier] 1. La première couche fait intervenir plusieurs langages. Pour commencer, elle fait intervenir le langage [de marquage] HTML *(Hypertext Markup Language)*, dont la fonction a évolué au fil des années, et qui, aujourd'hui, sert essentiellement à décrire le contenu (exemple : l'élément `article` remplace l'élément `div`) et à le structurer (exemple : les titres et les sous-titres sont marqués par les éléments `h1`, `h2`, `h3`...). Cette première couche fait aussi intervenir des feuilles de style CSS *(Cascading Style Sheet)*, servant quant à elles à définir la mise en page du contenu (exemple : la propriété `display` permet de contrôler le positionnement des blocs les uns par rapport aux autres) et sa typographie (exemple : la propriété `font-size` permet de travailler sur le corps [taille] des caractères).

Last but not least, cette couche fait intervenir le langage Javascript. Ce langage – qu'il ne faut pas confondre avec Java – est utilisé pour définir les scripts qui vont serviront à dynamiser la présentation du contenu (exemple : ouverture/fermeture des menus).

Couche [tier] 2. La deuxième couche, qui constitue le noyau des trois CMS, fait intervenir le langage PHP *(PHP Hypertext Preprocessing)*. Ce langage a été conçu pour faciliter l'intégration des technologies utilisées pour, d'un côté, stocker le contenu, de l'autre, le présenter.

Les scripts faisant appel à ce langage assurent deux fonctions de base. Première fonction, récupérer le contenu visé par la requête de l'utilisateur. Seconde fonction, l'insérer dans les balises HTML qui serviront à structurer sa présentation.

Lorsque l'exécution du script arrive à son terme, le résultat obtenu – qui est une page Web complète associant contenu et balises HTML – est retourné au serveur HTTP (serveur de pages Web).

Couche [tier] 3. La troisième couche fait intervenir le langage [de requêtes] SQL *(Structured Query Language)*. Ce langage sert à définir des requêtes qui permettent de communiquer [interagir] avec la base de données.

Il faut faire une distinction entre les requêtes qui servent à modifier l'état de la base de données (ajout/modification/suppression de contenu) (exemple : `insert into article (titre, corps) values ('Le tigre', '[contenu de l'article]')` est une requête qui sert à ajouter un article) et celles qui servent à extraire une copie des contenus à présenter aux utilisateurs (exemple : `select titre from article order by asc` est une requête qui « remonte » les titres des articles enregistrés dans la table `article` en les classant par ordre alphabétique).

COMPOSANTS LOGICIELS DE L'ARCHITECTURE LAMP

S'il l'on veut comprendre le rôle des briques sous-jacentes de la figure 22 :

a. Il faut commencer par intégrer le fait que les scripts, les programmes et les requêtes générés à partir des différents langages ne pourront produire de résultats tangibles que s'ils font l'objet d'une traduction en code machine, c'est-à-dire en binaire (exemple : en binaire, la lettre A s'écrit 01000001).
b. Il faut ensuite intégrer le fait que, s'il existe plusieurs langages (HTML, PHP, SQL), il faut nécessairement faire appel à plusieurs traducteurs[1].

C'est dans ce contexte qu'interviennent [Zend]PHP et le serveur de bases de données MySQL. Ces deux composants [logiciels] intègrent en effet un traducteur dont la fonction est, pour l'un ([Zend]PHP), de traduire les scripts codés en PHP, et pour l'autre (MySQL), de traduire les requêtes SQL. Ces deux composants sont indispensables, s'ils ne sont pas installés sur la machine hôte qui héberge le site Web, le CMS utilisé ne peut pas fonctionner.

Par ailleurs, la figure 22 fait apparaître, au même niveau que [Zend] PHP et MySQL, le serveur HTTP Apache, lui aussi indispensable, mais pour d'autres raisons. Le serveur Apache assure quatre fonctions : sa première fonction consiste à réceptionner les requêtes [HTTP] que les utilisateurs déclenchent [quand ils cliquent sur un lien] ; sa deuxième fonction est de transmettre le contenu des requêtes aux scripts du CMS ; sa troisième fonction est de réceptionner les pages Web générées par les scripts du CMS ; sa quatrième et dernière fonction consiste à retourner les pages Web aux utilisateurs.

Le serveur [HTTP] Apache, ne sert donc pas à traduire, il sert à délivrer les pages Web visées par les utilisateurs en faisant appel aux ressources dont il dispose, en l'occurrence un CMS. Ce sont les agents utilisateurs (exemple : navigateur Chrome) installés sur l'ordinateur, la tablette ou le smartphone des utilisateurs qui auront à assumer la traduction des scripts des pages Web (HTML, CSS, Javascript), c'est d'ailleurs la raison pour laquelle le serveur [HTTP] Apache n'a pas à être intégré dans l'environnement d'exécution du CMS.

Pour compléter le commentaire sur l'architecture présentée, il ne reste plus qu'à considérer le système d'exploitation, en l'occurrence Linux, dont la fonction est de donner accès aux ressources matérielles de la machine hôte (processeurs et espaces mémoires).

Le système d'exploitation Linux, le serveur [HTTP] Apache, le composant [Zend]PHP, qui existe en tant qu'extension d'Apache, et le serveur de bases de données MySQL constituent une architecture qui s'appelle LAMP. Cette architecture est intégrée par tous les hébergeurs.

1 Les traducteurs sont des logiciels à part entière faisant appel à des langages plus pointus.

TABLE DES MATIÈRES

Pour exploiter cette fonctionnalité, il faudra tout d'abord se reporter à l'écran de gestion des menus (menu [principal] ; chemin : Structure | item-lien : Menus), puis cliquer sur le lien Lister les Liens en regard du menu à considérer (ligne [menu] : « MN1-01 : Menu principal » ; colonne : ACTIONS. Lien : lister les liens).

Il faudra ensuite saisir [d'un clic] les liens, puis les repositionner les uns par rapport aux autres par simple glisser-déposer.

On validera l'ordre établi en cliquant sur le bouton Enregistrer la Configuration.

Remarque. – Par défaut, les liens sont classés par ordre alphabétique. Si, pour tester, on les crée en suivant l'ordre inverse, l'outil retourne l'ordre des enregistrements. (Le lien de la page d'accueil échappe à la règle, il reste en première position.)

Commentaire. – Avec WordPress et Joomla, cette fonctionnalité existe aussi, mais nous n'avons pas eu besoin de l'exploiter soit parce que l'ordre des liens était corrélé à l'ordre des contenus (WordPress) soit parce que les liens ont été ajoutés manuellement les uns après les autres (Joomla).

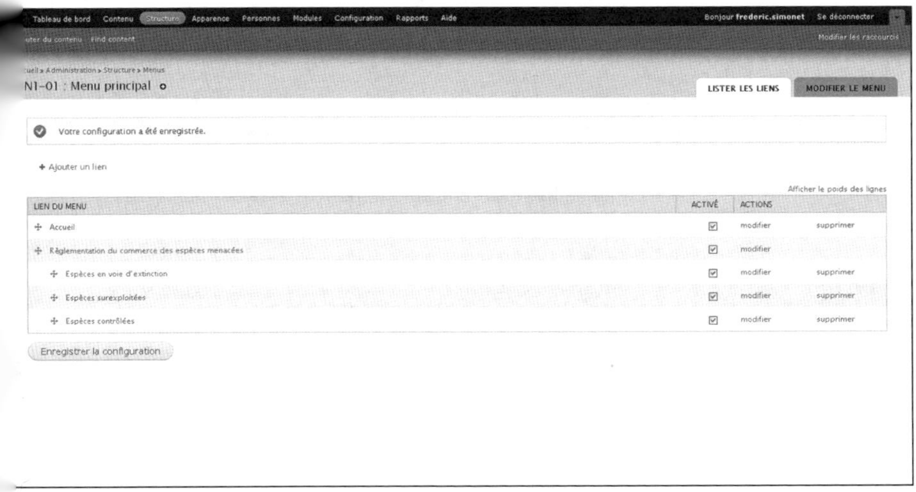

Écran 142. État de l'intégration des liens

[N3] Procédure D8.3 (une seule tâche) : Mise à jour [simplification] du format des URL

Cette procédure met en jeu une fonctionnalité de base qui permet de simplifier le format des URL. Il s'agit de retirer la chaîne de caractères « ?q= » positionnée entre le domaine et les chemins.

Son exploitation n'est pas une obligation, mais à l'instar de la réécriture des chemins avec les alias, il convient tout de même de l'intégrer car elle contribue à l'optimisation du référencement des pages par les moteurs de recherche.

Pour cela, il faut tout d'abord se reporter au panneau RECHERCHE ET MÉTADONNÉES de l'écran de configuration générale (menu [principal] ; chemin : Configuration), puis cliquer sur l'item-lien URL Simplifiées.

Il faut alors cocher la case Activer les URL Simplifiées, puis valider la mise à jour en cliquant sur le bouton Enregistrer la Configuration.

Remarque. – La simplification du format des URL n'invalide pas le format original : les pages restent accessibles avec leurs anciennes adresses.

8.4 Lot 9 : Intégration du menu contextuel

Cet exercice (étape 9/31) a pour objet l'intégration du menu contextuel sur la réglementation. Sa réalisation fait intervenir 40 micro-tâches représentant entre 20 et 30 minutes de travail. (Avancement de l'intégration des pages à l'issue de l'exercice *(statu quo)* : 5/20)

Il s'agit donc de mettre en place un menu supplémentaire (MN2C-01 : Réglementation) qui fera intervenir un lien de premier niveau (Réglementation) sur la rubrique *(nœud)* « Réglementation du commerce des espèces menacées » et trois liens de deuxième niveau (Extinction/Surexploitation/Contrôle) sur les articles *(nœuds)* de la rubrique.

Ce menu n'apparaîtra que dans les pages sur la réglementation.

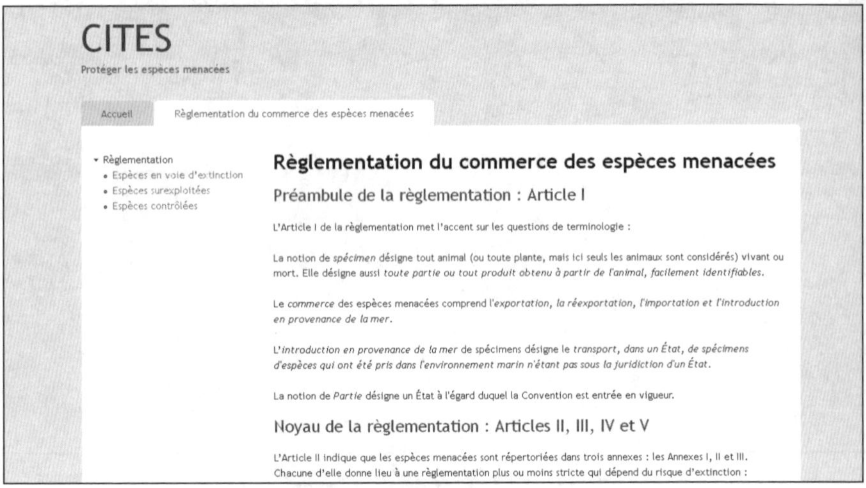

Écran 143. Premier menu contextuel

Procédure D9

Procédure D9.1 : Création du menu.

Procédure D9.2 : Ajout du lien de premier niveau.

Procédure D9.3 : Ajout des trois liens de deuxième niveau.

Procédure D9.4 (une seule tâche) : Mise en ordre des liens.

Procédure D9.5 : Reconfiguration du *bloc* associé au menu.

Procédure D9.1 : Création du menu

Le chemin à suivre reprend celui de la procédure ayant conduit à la création du menu principal[39]. La création de ce menu est ici dictée par les règles de navigation qui ont été spécialement définies pour notre projet[40].

Ci-dessous, le titre et le nom [identifiant] du menu à saisir dans le cadre de notre projet :

- MN2C-01 : Réglementation.
- mn2c-01-reglementation.

[M] Procédure D9.2 : Ajout du lien de premier niveau

L'ajout de lien dans un menu est une fonctionnalité majeure, au même titre que la création de *nœud*.

Pour ajouter un lien dans un menu, en général, et donc pour ajouter celui qui nous intéresse ici, en particulier, il faudra tout d'abord se reporter à l'écran de gestion des menus (menu [principal] ; chemin : Structure | item-lien : Menus), puis cliquer sur le lien Ajouter un Lien en regard du menu à considérer (ligne [menu] : « MN2C-01 : Réglementation » ; colonne : ACTIONS. Lien : ajouter un lien).

Il faudra ensuite :

1. Saisir le libellé du lien.
2. Saisir le chemin du lien.
3. Reprendre le mode d'affichage des liens de niveau inférieur.

Il conviendra enfin de valider la configuration du lien en cliquant sur le bouton Enregistrer.

Remarque. – Les *vues* donnent la possibilité de générer *un* lien dans *un* menu donné, mais elles ne permettent pas de distribuer un même lien dans plusieurs menus. C'est la raison pour laquelle le lien ici considéré, qui pointe vers la *vue* intégrée précédemment, doit être créé manuellement.

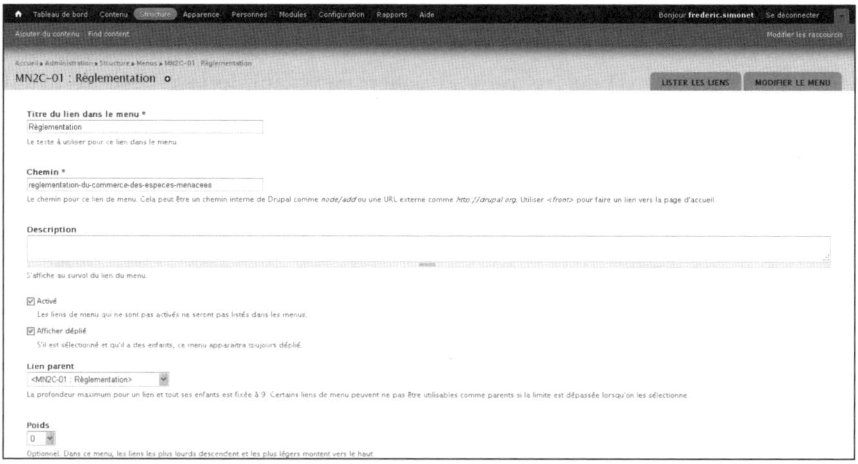

Écran 144. Configuration du lien de premier niveau

39 Voir *supra,* procédure D3.2.1.1.
40 Voir *supra,* chap. V, section « Règles de nommage des menus appliquées et recommandées ».

[N1][O] Tâche 1 : Saisie du libellé du lien

La définition du libellé des liens est à la fois basique et incontournable. Il suffit de renseigner le champ Titre de Menu (Réglementation).

[N4][O] Tâche 2 : Saisie du chemin du lien

La saisie du chemin des liens est une tâche d'ordre technique.

Il y a deux possibilités. On utilisera soit le chemin original des contenus (node/4) soit les alias (reglementation-du-commerce-des-especes-menacees). Toutefois, il faut savoir que, si vous faites le choix d'utiliser des alias, l'outil les remplacera de lui-même par les chemins originaux. Ce sont ces chemins originaux qui apparaîtront lors d'une éventuelle mise à jour.

Attention ! Dans le cas présent, les identifiants et le format des chemins originaux (node/4) sont connus, mais ils ne vous seront pas toujours donnés. Pour y accéder, la solution la plus simple consiste à survoler la référence des contenus ou des liens enregistrés et, automatiquement, votre navigateur fera apparaître les chemins correspondants dans un coin de votre écran.

Cependant, cette technique ne fonctionnera pas si vos contenus sont marqués par des alias. Il faudra dans ce cas se reporter à l'écran de gestion... des alias (menu [principal] ; chemin : Configuration | panneau : RECHERCHE ET MÉTADONNÉES | item-lien : Alias d'URL). C'est à cet endroit que se trouvent les chemins originaux... avec les alias correspondants.

[N2] Tâche 3 : Reprise du mode d'affichage des liens de niveau inférieur

Il s'agit simplement de faire en sorte que l'utilisateur n'ait pas à cliquer sur le lien ici considéré pour faire apparaître les liens de deuxième niveau qui seront ajoutés juste après. Pour cela, il suffit de cocher la case Afficher Déplié.

Procédure D9.3 : Ajout des liens de deuxième niveau

Le chemin à suivre reprend quasiment celui de la procédure ayant conduit à l'ajout du lien de premier niveau[41]. La seule vraie différence[42] tient au fait que, dans le cas présent, les trois liens ici considérés doivent être hiérarchisés. Cette question a été abordée lors de l'intégration des liens depuis les contenus[43].

Ci-dessous, les alias – ou les chemins – à saisir dans le cadre de notre projet :

- reglementation-du-commerce-des-especes-en-voie-d-extinction | node/5 ;
- reglementation-du-commerce-des-especes-surexploitees | node/6 ;
- reglementation-du-commerce-des-especes-controlees | node/7.

41 Voir *supra,* procédure D9.2.
42 Ici, la question du mode d'affichage des liens de niveau inférieur ne se pose pas.
43 Voir *supra,* procédure D8.1, tâche 4.

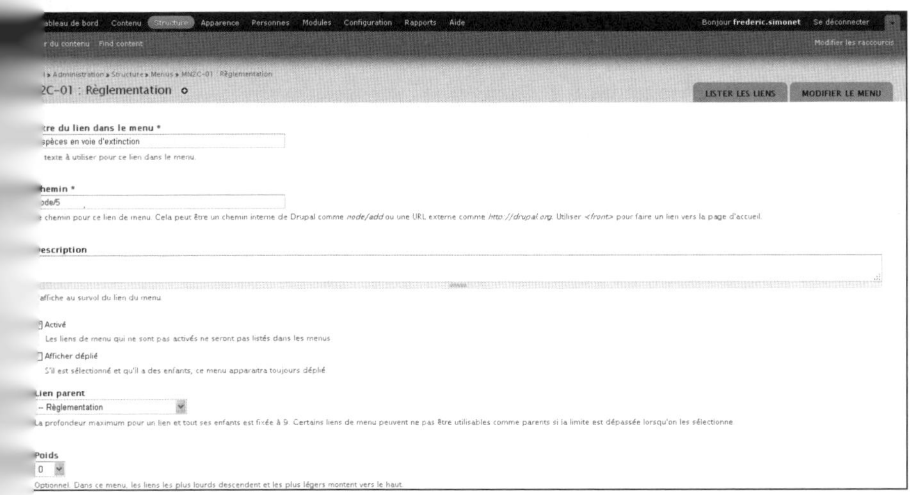

Écran 145. Configuration du premier lien de deuxième niveau

Procédure D9.4 (une seule tâche) : Mise en ordre des liens

Cette question vient d'être abordée. Je n'y reviens pas.

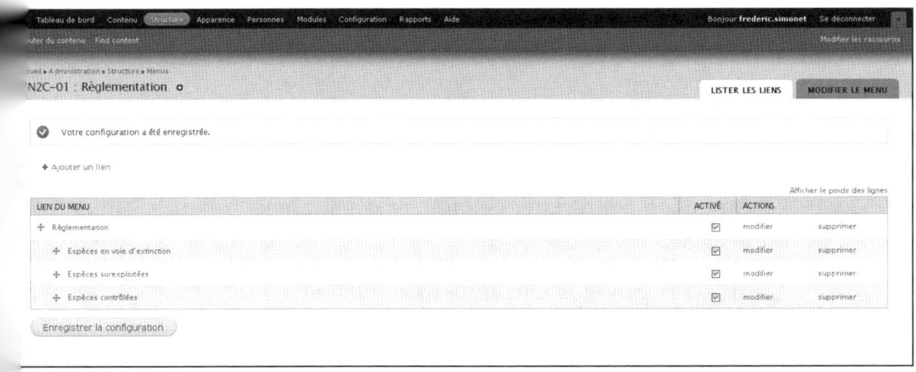

Écran 146. Ensemble des liens du menu contextuel

Procédure D9.5 : Reconfiguration du *bloc* associé au menu

Cette procédure nous donne l'occasion de revenir sur la question des *blocs* réservés aux menus, abordée une première fois avec la configuration du *bloc* spécialement dédié au menu principal[44].

Il s'agit maintenant de traiter le cas des *blocs* de menu automatiquement générés par l'outil[45] en y intégrant la question de la contextualisation, qui a été introduite lors de la mise en place du *bloc* de la page d'accueil[46].

En règle générale, pour configurer un *bloc* de menu qui n'est pas encore actif, il faut d'abord se reporter à la section « Désactivé(s) » de l'écran de gestion des *blocs* (menu [principal] ; chemin : Structure | item-lien : Blocs), puis cliquer sur le lien Configurer

44 Voir *supra*, procédure D3.2.1.4.

45 Le *bloc* du menu principal n'est pas un *bloc* natif, il été généré par un module (Superfish).

46 Voir *supra*, procédure D5.4, tâche 5.

en regard du *bloc* à considérer (ligne [bloc] : « MN2C-01 Réglementation » ; colonne : ACTIONS. Lien : Configurer).

Il faudra ensuite :

1. « Saisir » le titre du bloc.
2. Affecter le *bloc* à une *région* donnée.
3. Mettre à jour les paramètres de visibilité du *bloc*.

Il conviendra enfin de valider la configuration du *module* en cliquan sur le bouton Enregistrer.

[N1] Tâche 1 : « Saisie » du titre du bloc

La définition du titre des blocs de menu est relativement basique Il suffit de renseigner le champ Titre du Bloc. Mais si l'on souhaite présenter les menus sans en-tête, il faudra faire appel au marqueu « <none> ». Sinon, l'outil affichera le nom du menu utilisé côté back-office (MN2C-01 : Réglementation).

Tâche 2 : Affectation du *bloc* à une *région* donnée

Cette question a déjà été abordée une première fois, lors de la mise en place du *bloc* du menu principal[47], puis une deuxième avec le *bloc* de la page d'accueil[48]. Dans le cas présent, c'est l'option « Première barre latérale » qui a été retenue (liste déroulante : « Sky (thème par défaut) »).

Tâche 3 : Mise à jour des paramètres de visibilité du bloc

Les questions de contextualisation ont elles aussi déjà été abordées, lors de la mise en place du *bloc* de la page d'accueil[49]. L'identifiant qui a été utilisé pour traiter ce premier cas fut le marqueur « <front> ». Le cas présent montre que l'on peut aussi faire appel aux alias (reglementation-du-commerce-des-especes-menacees) et aux chemins originaux des contenus (node/5, 6 et 7).

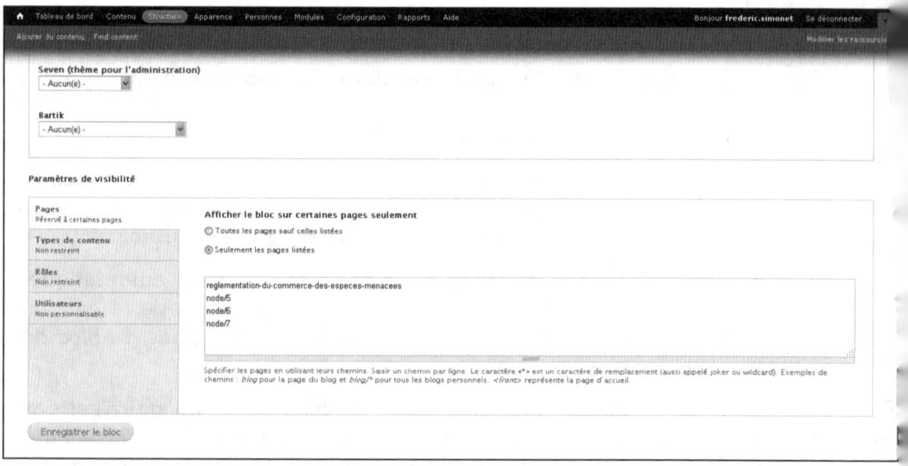

Écran 147. Contextualisation du bloc associé au menu

47 Voir *supra*, procédure D2.2, tâche 6.
48 Voir *supra*, procédure D5.4, tâche 4.
49 Voir *supra*, procédure D5.4, tâche 5.